新工科背景下地方高校
创新创业教育模式研究及实践

涂继亮 著

哈爾濱工業大學出版社

图书在版编目（CIP）数据

新工科背景下地方高校创新创业教育模式研究及实践 / 涂继亮著. — 哈尔滨：哈尔滨工业大学出版社，2023.8
ISBN 978 - 7 - 5767 - 1035 - 9

Ⅰ. ①新… Ⅱ. ①涂… Ⅲ. ①高等学校 - 创造教育 - 研究 - 中国 Ⅳ. ①G640

中国国家版本馆 CIP 数据核字（2023）第 251625 号

策划编辑 张凤涛
责任编辑 张羲琰
装帧设计 博鑫设计
出版发行 哈尔滨工业大学出版社
社　　址 哈尔滨市南岗区复华四道街 10 号　邮编 150006
传　　真 0451 - 86414749
网　　址 http://hitpress. hit. edu. cn
印　　刷 哈尔滨市石桥印务有限公司
开　　本 787mm×1 092mm　1/16　印张 18.75　字数 365 千字
版　　次 2023 年 8 月第 1 版　2023 年 8 月第 1 次印刷
书　　号 ISBN 978 - 7 - 5767 - 1035 - 9
定　　价 99.00 元

前　言

2016年,我国提出“新工科”概念,为高等工程教育的改革探索提供了一个全新视角和“中国方案”,在不到一年的时间里,教育部多次组织高校进行深入研讨,积极推进新工科建设工作,逐步形成了“复旦共识”和“天大行动”。“新工科”不是局部考量,而是在新科技革命和产业变革、新经济发展背景下高等工程教育改革的重大战略选择,其实质是高校通过提升工程科技人才的培养质量,为新业态、新产业和新经济提供持续的智力支撑和工程科技人才保障,今后将成为我国高等工程教育发展的新思维、新方式。

创新创业教育是目前高校改革的重中之重。近年来,全社会对高校毕业生工程实践能力的要求不断提升,传统的高校人才创新能力培养方式远不能适应新经济的蓬勃发展,创新创业教育模式设计成为高校和社会关注的热点。我国有关创新创业教育的文件逐一出台,国家对此项工作的支持力度越来越大。当前,我国高等教育已全面进入以提高质量为核心、以内涵式发展为特征的新阶段,高校应切实遵循创新创业人才培养的规律,在正确认识新工科专业建设要求的基础上,明确创新创业教育的目标和要求,准确把握和有效控制影响新工科背景下创新创业教育模式构建的相关因素,为培养德学兼修、德才兼备的高素质工程人才和实现新工科专业建设的初衷奠定坚实基础。在过去的十余年中,我国大部分高校对创新创业教育模式进行了积极的探索和实践,也取得了一些成效,积累了一定的经验。就其目前发展现状来看,与经济社会发展需求及个体发展需要之间尚存在一定的差距,仍有较大的发展空间。在此背景下,地方高校如何理解新工科背景下创新创业教育体系内涵,地方高校创新创业教育当前现状及影响因素有哪些,创新创业教育质量评价指标选择及实施路径有哪些,如何构建地方高校创新创业教育评价体系、理解地方高校创新创业教育资源与科技创新服务之间的关系,并能够将相关理论研究应用到教育教学实践中,等等问题已成为高校创新创业教育领域的热门研究。

同样地,新工科建设也正在进入再深化的新阶段,从轰轰烈烈逐步走向扎扎实实。显然,创新创业教育已成为我国高校新工科建设的重要新抓手,地方高校要深入学习贯彻习近平总书记关于教育的重要论述和在全国教育大会上的重要讲话精神,牢记为党育人、为国育才初心使命,以培养国家和地方经济发展急需的工程人才为目标,探索创新创业人才自主培养之路,为我国创新型国家建设贡献聪明才智。面对日益严峻的就业形势，地方高校要把创业和就业结合起来，深入认识新工科建设背景下加强创新创业教育对于培养更高层次的工程人才以应对未来高等工程教育发展的重要意义。

首先，加强地方高校创新创业教育有利于实现国家战略。人才是实现民族振兴、赢得国际竞争的战略资源，实现高水平科技自立自强归根结底要靠高水平创新人才。新工科时代是指以人工智能、大数据、智能制造、机器人、云计算等新工科专业及传统工科专业升级改造形成新兴产业的时代，所以新工科建设的根本目标就是提升大学生的创新能力，为他们提供一个好的平台，通过交叉、融合、跨学科的教育教学方式去引导学生主动发现问题、解决问题，在学习中不断将创新创业思维融会贯通；创新创业能力培养也是推动新工科建设的重要手段，为国内行业的稳定发展提供助力。当前，物联网、移动通信、区块链、人工智能和大数据等技术迅猛发展，虽然我国工科人才规模庞大，但在很多关键领域依然存在人才结构性失调和紧缺的问题，影响我国产业转型升级。尤其是近年来面对数字经济发展的新形势，我国新工科人才培养要重新审视工科人才培养理念、模式、内容等，并加以改进，逐步推动我国由人力资源大国向人才强国迈进。

我国实施强国战略，对具有科学思维、工程思维、系统思维和丰富的项目经验，能在高精尖技术创新领域发挥出“以一抵十”巨大价值的工程人才十分渴求，这就为地方高校创新创业人才培养提供了契机。地方高校应积极应对新经济挑战，瞄准新工科人才培养，紧盯新产业发展需求，为推动“大众创业、万众创新”和建设创新型国家提供人才保证。

其次，加强地方高校创新创业教育有利于促进区域经济社会发展。地方高校承载着服务地方经济社会发展的办学目标和职能。随着社会竞争日渐激烈，地方高校人才就业压力也日益提升。近年来，党中央、国务院高度重视大学生就业创业工作。在这样的背景下，高校通过开展创新创业教育，一方面鼓励教育工作者通过产学研合作和协同创新加强产业技术积累，建设服务于区域产业需求的研发中心和服务平台，大力提升社会服务能力；另一方面鼓励和引导大学生毕业后进行自主创业，不仅可以解决自己就业问题，而且能够为他人提供更多就业岗位，在实现自身价值的同时，还可以拓展就业渠道、缓解就业压力，这在很大程度上为区域经济发展创造了条件。

创新创业教育模式构建体现了地方高校办学的区域化发展特点，它集聚地方院校、企业群平台、地方政府和科研机构等主体力量，共同形成了区域化产教融合的教育模式。因此，地方高校创新创业教育将服务区域经济发展作为宗旨，有助于高校充分发挥自身优势，积极融入以企业为主体的区域、行业技术创新体系，对社会发展和区域经济的良性发展起到了非常积极的推动作用。同时，地方高校在区域经济发展中也输送了大量高素质人才，为区域经济发展提供了可靠的人才支持。在新工科建设背景下，地方高校应以传统工科为基础，紧紧抓住新工科建设机遇，结合自身办学特色和地方社会经济发展的特点，加强新经济、新产业重点人才培养，注重培育和发展新工科，为更好更多地培养地方产业发展所急需的创新人才，更好地服务地方社会发展做出积极贡献。

再次，加强地方高校创新创业教育有利于助推高等教育改革。创新创业教育已成为推动和深化高等教育综合改革的突破口，在国家创新驱动发展战略背景下，地方高校不仅要大力推进创新创业教育，更要深层次把握创新创业教育的价值，以价值引领高等教育供给侧结构性改革，并形成有效供给、精准供给、创新供给格局，满足人民群众对高等教育的期待和需要。作为推动创新型国家建设的基础性工程，创新创业教育要成为高校人才培养范式变革的领跑者、高等教育新形态的演进者、社会高质量发展的践行者，深度融入地方高校治校办学的各个方面、各个环节。

我国高校数量众多，且不同高校之间在专业、区位、培养目标等方面也各有不同。考虑到新工科涉及的专业非常广泛，既有相近专业的融合创新，又有不同专业的跨界组合，地方高校创新创业教育的培养目标与新工科的培养目标要高度契合。一方面，结合区域新经济、新产业、新业态发展需求，增设社会急需的特色学科专业，打造特色专业群；另一方面，要不断增强学科专业与学校人才培养目标定位的达成度和教育供给的有效度，对传统专业融入新的知识和技术，促进专业更新与升级。因而，地方高校需要全过程、全方位研究如何把创新创业教育真正纳入人才培养体系中，正确理解理论教学、实验实践和创业实训活动间的关系，着重研究如何构建创新创业协同育人机制，真正推动教育理念、教学内容、教学方式的大变革，并切实将创新创业教育理念贯穿到课程体系建设、实践体系建设、一流专业和一流课程建设等相关实践中，这也是本书重点探讨的内容。

最后，加强地方高校创新创业教育有利于全面提升人才培养质量。党的二十大报告指出："必须坚持科技是第一生产力、人才是第一资源、创新是第一动力，深入实施科教兴国战略、人才强国战略、创新驱动发展战略，开辟发展新领域新赛道，不断塑造发展新动能新优势。"地方高校作为人才培养的摇篮、科技创新的阵地，其创新创业教育发展水平是检验高校人才培养的关键标准。实施创新创业教育就是把高校的各种资源，如学科、人才、科研、社会服务等都转化为育人的资源。因此，要以学生为主体，激发学生学习、教师育人的积极性，建立起面向现代化、面向世界、面向未来的高校创新创业教育体系和评价标准，这样才能真正提升大学生的专业能力、职业发展能力、可持续发展能力、适应变化能力。地方高校应与政府、行业、企业及科研院所等在区域经济发展框架下构建协同育人、优势互补的人才培养体系，针对创新创业教育理论与实践并重的特点，探索新工科背景下多元交叉融合、整体高效推进的创新创业教育模式。

基于此，本书在研究中充分借鉴了前人相关研究成果，并以理论学术研究为先导，以应用与实践探索为基础，全面开展多层次、系统性的地方高校创新创业教育模式研究与实践。我们在教育部人文社会科学项目(20YJC880087)等资助下,以“新工科背景下地方高校创新创业教育模式研究及实践”为主题,重点围绕创新创业教育发展与教学实践开展研究,较为系统地分析了当前地方高校创新创业教育各方面的问题及成因,并提出了相应策略。本书着重从地方高校发展角度来分析创新创业人才的培养理念、教育模式和实施策略,并就我国高校创新创业教育发展现状、工程科技人才培养、科技创新服务和高校创新创业教育评价、创新创业教育模式构建及实践探索等内容提出前瞻性思考。本书着重思考地方高校创新创业教育模式与体系的设计,并强调结合区域特征去解决高校创新创业教育发展中所遇到的问题,对于破解地方高校创新创业教育改革与实践中的难题具有关键性的现实意义,为进一步推动地方高校创新创业教育发展、提升创新创业教育对地方高校人才培养质量的支持性提供了实践指导。

本书主要分为八章内容。第一章从概念、内涵和社会发展背景的多元视角详尽地介绍了高校创新创业教育及相关理论内容。第二章论述了国内外高校创新创业教育模式发展概况,总结了典型的创新创业教育模式组织特点及发展趋势。第三章从实证分析的角度论述了江西省高校创新创业教育的现状,分析影响高校创新创业教育质量的关键因素。第四章探讨地方高校科技创新服务功能与创新创业教育资源特征的线性关系,并对地方高校创新创业教育与科技创新服务功能之间的定量关系进行深入论述,为促进地方高校科技创新服务功能提升提供理论支撑。第五章则从工程教育专业认证视角深入论述了创新创业教育的质量要素、存在的约束,探讨了工程教育专业认证融入创新创业教育的发展思路和可行路径。第六章开展创新创业教育质量评估体系架构研究,提出了相应的评估指标及评估模型。第七章提出了地方高校“四位并举”创新创业教育模式构建的设想、模式运行机制及具体实施方案、保障措施。第八章则以南昌航空大学在创新创业人才培养方面取得的成效为例,详细介绍了地方高校创新创业教育模式的实践情况,重点论述了课程教学体系、实验教学体系及省一流课程建设实践,可为其他地方高校提供有益的参考与借鉴。

本书研究成果有助于更好地理解地方高校创新创业教育模式构建机制和运行原理,由于融入了我们教学团队近些年在创新创业教育中的诸多实践,在一定程度上可以为推进地方高校创新创业教育教学改革提供借鉴。

本书由南昌航空大学涂继亮撰写、统稿并审校。南昌航空大学陶秋香、刘辉参与了本书部分章节撰写及书稿整理、校对工作。此外,本书的撰写还借鉴和参考了部分专家学者的文章与专著,在此,向这些专家学者一并表示感谢。由于作者水平有限,不妥之处在所难免,敬请读者批评指正。

作　者

2023 年 3 月

目　　录

第一章　创新创业教育的基本概念与认知 …………………………………… 1

第一节　创新与创业 …………………………………………………………… 1
第二节　创新创业教育的本质及内涵 ………………………………………… 4
第三节　高校创新创业教育发展的内在诉求 ………………………………… 8
第四节　新工科背景下创新创业教育改革 …………………………………… 12

第二章　国内外高校创新创业教育模式及运行机理 ………………………… 20

第一节　国外创新创业教育发展述评 ………………………………………… 20
第二节　以美国为例的高校创新创业教育模式的组织结构 ………………… 28
第三节　国内创新创业教育的典型模式 ……………………………………… 34
第四节　地方高校创新创业教育的区域化特征 ……………………………… 38
第五节　高校创新创业教育模式运行与管理 ………………………………… 45

第三章　地方高校创新创业教育现状调研与影响因素分析 ………………… 51

第一节　江西省高校创新创业教育现状调查设计 …………………………… 51
第二节　地方高校创新创业教育影响因素分析 ……………………………… 61
第三节　地方高校大学生创新素质影响因素分析 …………………………… 71

第四章　地方高校创新创业教育与科技创新服务功能相关性 ……………… 82

第一节　科技创新服务功能概念内涵 ………………………………………… 82
第二节　问卷调查与分析 ……………………………………………………… 84
第三节　地方高校科技创新服务功能测度与分析 …………………………… 86
第四节　创新创业教育助力科技创新服务的政策建议 ……………………… 92

第五章　工程教育专业认证视角下创新创业教育改革 ……………………… 97

第一节　工程教育专业认证视角下创新创业教育质量要素 ………………… 97

第二节　工程教育专业认证底线思维对创新创业教育的约束 …… 113
第三节　工程教育专业认证与创新创业教育的融合发展路径 …… 115

第六章　地方高校创新创业教育评价体系构建 …… 123

第一节　地方高校创新创业教育评价的功能、原则与内容 …… 123
第二节　地方高校创新创业教育评价研究综述 …… 130
第三节　地方高校创新创业教育评价方法的分类 …… 139
第四节　地方高校创新创业教育评价体系构建——高校视角 …… 142
第五节　地方高校创新创业教育评价体系构建——学生视角 …… 148
第六节　地方高校创新创业教育评价体系构建——投融资视角 …… 161
第七节　地方高校创新创业教育评价体系构建策略 …… 165
第八节　地方高校创新创业教育质量评价 …… 172

第七章　地方高校创新创业教育模式构建 …… 193

第一节　地方高校创新创业教育模式构建的设想 …… 193
第二节　地方高校创新创业教育模式运行机制 …… 202
第三节　创新创业教育模式的运行及实施 …… 209

第八章　地方高校创新创业教育改革的实践案例 …… 221

第一节　基于创新创业教育理念的人才培养体系 …… 221
第二节　基于创新人才培养全过程的课程教学体系 …… 232
第三节　基于“专创融合”教育理念的实验教学体系 …… 240
第四节　融合创新创业理念的省一流课程建设实践 …… 257

参考文献 …… 277

后记 …… 288

第一章　创新创业教育的基本概念与认知

创新是推动社会发展和促进经济增长的核心动力,创业是提升经济活力的有效路径,创新创业是实现个人目标、增加社会就业、增强国家力量的动力之源。当下,很多高校都积极开展对创新创业教育模式的探索。创新创业教育是信息化变革时代的重要基础,并日益成为我国学界、业界十分关注的一个重要问题。

学界关于创新创业教育内涵的认识经历了比较漫长的过程,许多研究采用宽范畴的概念界定,使得创新创业教育的要素与机理难以明晰,缺少关于该主题的系统综述。目前,学界对创新创业教育内涵的认识大致经历了替代论("潜概念"阶段的内涵阐释)、整体论("前概念"阶段的内涵阐释)、综合论("概念确立"阶段的内涵阐释)、融合论("后概念"阶段的内涵阐释)的发展历程。

第一节　创新与创业

一、创新与创业的概念内涵

(一)创新的概念内涵

创新可以解决组织因重复利用固有知识而导致的路径依赖问题,有效拓展创新边界,将给组织价值判断和资源整合决策带来全新挑战。"创新理论始祖"——美籍奥地利政治经济学家约瑟夫·熊彼特于 1912 年在《经济发展理论》一书中论述了创新作用于经济发展的效果。他把"创新"描述为经济学中的一种概念,认为"创新是建立一种新的生产函数",以求获得新的经济增长,并界定了五种创新形式,分别是新产品开发、新技术引进、新市场开辟、新材料发掘、组织管理模式新构建。随后,学者们从社会学、经济学、马克思主义理论等多个角度对创新这一概念进行了不同的释义和延伸。随着技术的不断进步,消费需求变得多元化,各类产品的应用范围不断扩大,迫使行业界限逐步被打破,创新行为应运而生。从目前的研究成果来看,创新要素主要包括个体层面的创新要素(如组织内人员心理资本、认知能力、自我效能感、创新激情、资质过剩感、知识吸收能力等）和组织层面的创新要素（如组织文化、组织氛围、组织行为、战略柔性等）。

本书对“创新”做如下定义：创新是组织或团队为实现既定目标，以现有的思维模式提出有别于常规或常人思路的见解为导向，利用现有的知识和物质，在特定的环境中，本着理想化需要或为满足社会需求，而改进或创造新的事物、方法、元素、路径、环境，与其外部主体建立关系并不断互动，从而获得一定有益效果的行为。

（二）创业的概念内涵

英文中涉及“创业”的词有两个：一个是“entrepreneurship”，另一个是“venture”。“entrepreneurship”更倾向于阐述具备发展、组织和管理一个新企业的能力和意愿，以及设计、开展和运行新企业的过程，并以此获得利润。因此，创业被描述为一种经济现象，创业的概念强调经济属性。而“venture”强调在创办企业的过程中所面临的风险和冒险的行为。这两个词都没有明确指出“创业”的字面意思，但指出了个人在创业过程中所应具备的素养，强调了创业及在创业过程中普遍和明显的特点。创新创业教育的难点在于，创业不是科学，它无公式可循。当然，大学生创业并非遥不可及，这条路上已有许多先行者，为当代大学生创业者们解锁了部分路径。

当下，学者们关于创业的定义中比较有影响的定义有：“创业就是你对机会和想法有所行动，并将这样的行动转化到他人的价值中。”“企业家是指那些能识别和探索新产品、流程或市场，通过创新或拓展经济活动而寻求创造价值的人；创业活动是指上述企业家的人类创新行为。”这些定义都强调创业活动的创新性和新价值。在对“创业”这一概念的具体界定上，国际知名创业研究专家蒂蒙斯教授认为“创业是一种思考、推理和行为方式，这种行为方式是机会驱动、注重方法和与领导相平衡。创业导致价值的产生、增加、实现和更新，不只是为所有者，也为所有的参与者和利益相关者。”创业的基本要素包括承担可预计风险的意愿，组建有效风险团队的能力，统筹必备资源的创新技能，制订可靠商业计划的基本技能，当别人处于混乱、矛盾和困惑时具有识别机会的视角。创业活动往往在风险和不确定情况下发生，因此创业者必须具备假设和推断的能力，即使创业者在价值产生过程中失败了，其创业经历也非常重要。由此可见，创业不只是创办企业这么简单。创业需通过利用机会、资源调配、企业家能力和外部环境来实现价值创新；创业也是愿景、变化和创新的动态过程，它需要创业者在面对新想法和创新的解决方案时具有活力和激情；创业者独具特质，寻求机会、承担风险、推动想法变为现实的韧性已渗透其身，使其形成看待问题的独特视角。创业的概念不再是指单纯的经济现象，而是指更为广泛的商业、自然、社会和文化的活动；企业家不是天生的，而是可以后天培养的，至少创业者所需的大部分知识、技能和态度可以通过教育得以发展。

本书对“创业”做如下定义：创业是指创业个人或团队通过寻找和把握各种创业机会，调动并配置现有资源，对创业项目投入已有的知识、技能和资本，创建能够为消费者提供产品和服务的新企业，并以此增加财富和社会价值的具有创造性和创新性的活动过程。

二、创新与创业的关系

借助经济学创新理论我们可以更好地理解创新和创业二者的关系。一方面，创新是经济学的一个重要概念，领导和发起创新的是企业家，企业家作为创业者对生产要素进行重新组合推动经济发展。在此过程中，利用科技成果进行创业的过程就是一个创新的过程，即创业者是创新活动的实现者。另一方面，经济学创新理论认为，人们之所以进行创新是因为对利润的驱使，利益推动创新。从这点来说，创新是经济发展的原动力，也是成功创业的基础和前提条件，尤其是科技型企业的创办更能体现这一点。因此，成功的创业离不开创新，创新推动着创业的成功。同时，每一项成功的创业也都伴随着一种或多种创新。

由此可知，创新和创业二者的关系是辩证统一、相辅相成、无法割裂的。创业就是提出创意的想法并实现之，创新是其前提，创造价值是其本质。一方面，二者概念内涵是相互区别的，也各有侧重，存在着明确的研究边界。创新是创业的手段和基础，而创业是创新的载体。创业是在各个领域内开创新事业和新企业或者新的岗位，创造更多新价值和财富的过程，更关注行动层面；创新则是善于多角度思维和思考问题，勇于突破、善于尝试，不断开拓进取的精神和状态，是思维层面的推陈出新。例如，关于提高效率，同样是生产 A 物品，甲公司需要两天，而乙公司因为创新研发，只需要一天就能保质保量地生产出来，这就是创新的优势。关于填补市场空白，简单地说就是一个从无到有的过程。可以看到，创新是创业企业的内核，是为创业企业创造价值的一种方式。但有了创新不一定能走向创业。创新是指新的发现、改进，而有了这些，还要面临个人的选择，即这个人是否想要创业。在这之后，创业需要的各种条件，如筹款、目标市场选择、人员招纳、厂址选择等等，一系列问题都需要解决，如果有一个问题被难住，创业之路也难以前进。例如，高校掌握着大量的创新发现和技术，但是也不是每一个创新技术都能变成一个企业或者产业。创业者只有通过创新，才能使所开拓的事业生存、发展并保持持久的生命力。创新只是为创业成功提供了可能性和必要准备，创新精神所具有的意义只有作用于创业实践活动才能有所体现，才有可能最终产生创业的成功。

另一方面，二者之间又存在着一致性：创业作为创新的一种具体表现形式承载着创新，也促进创新的进一步发展，创业是行为层面的创新，不仅仅停留在观念层，更多的创业活动会激发创新创造;创新是前提和基础,指向个体心理品质;创业是目标和结果,指向个体经济行为。二者有时间序列上的差异性,但在个体身上却不可分割。创新是创业的支撑动力和基础,也是其本质和核心,有了创新的意愿再加上市场机遇的把控和实践能力则会使创业更容易成功,同时,只有包含了创新的创业才会历久弥新,也只有有了创新的创业才能长久地、持续地扩大下去,而走向创业的创新才能实现企业化、产业化,以先进技术来造福人类。正确地理解创新和创业的关系,才能更好地把握创新教育、创业教育及创新创业教育的概念。

第二节 创新创业教育的本质及内涵

一、创新教育与创业教育概述

创业教育和创新教育在相当长的时期内未有交集,直到 2010 年 5 月颁布的《教育部关于大力推进高等学校创新创业教育和大学生自主创业工作的意见》正式使用“创新创业教育”这一概念。创业教育主要用于经济领域和职业教育领域,强调就业教育和实践教育,侧重于组织形式发展和个体的经济贡献。创新教育则主要在普通教育领域,侧重于人才的潜能开发和社会领导力发展。

(一)创新教育

关于创新教育的定义,目前将其分为狭义和广义两种。狭义的创新教育是指以培养受教育者具备开展创新活动所特有的观念和素养,以及具备创新能力为目标的教育活动。广义的创新教育是指以培养受教育者的创新能力、提高其创新潜力为最终目标而进行的教育活动。事实上,对于创新教育的定义,我们在对其本质开展深入研究的时候,不仅要考虑创新教育发展的过程和现在的状况及特征,还要研究创新教育获得的巨大进展及未来的变化趋势。从大的方面来讲,创新教育的首要任务是培养学生的创新精神,应通过对教学理念、模式、内容及方法的改善,提高学生的创新意识与能力。因此,我们认为,创新教育必须重视培养学生的创新思维能力,这是创新人才的核心素质。需要强调的是,这里的创新思维不仅包括人们常说的发散思维、抽象逻辑思维,还包括形象思维。正像钱学森所说的:“科学上的创新光靠严密的逻辑思维不行,创新的思想往往开始于形象思维,从大跨度的联想中得到启迪,然后再用严密的逻辑加以验证。”创新教育是一种新的教育理念和模式,它要求未来的教育以其为核心进行全面改革。可以说,创新教育最重要的价值在于培养人的探究兴趣,有了探究兴趣,就可能产生创新理念,就容易使人站在科技前沿并发现市场潜力,从而为创业提供巨大动力。创新教育是一种面向全体学生的教育,是旨在提高学生创新素质的教育,这是它的核心目标。在这个目标基础上,它也追求培养一部分学生成为拔尖创新人才,这样的人才既包括理工科等领域的科技创新人才,也包括人文社会科学领域的创新人才。

综上所述,学者基本认同创新教育是包括教学理念、模式、内容、手段等在内的一整套体系,其直接的培养维度主要在于四个方面:创新意识与动机、创新思维、专业知识与技能、创新品格。

(二)创业教育

作为教育实践探索和教育理论研究的新兴领域,明确的“创业教育”名称提出不过30多年的时间。1989年,联合国教科文组织召开“面向21世纪教育国际研讨会”,提出了“开拓技能教育”的定义,后来被人们称为“创业教育”或“第三本教育护照”。每人都需要拥有三个“教育护照”,具体包括学术性护照、职业性护照以及能够代表人们事业心和开拓水平的护照。从构词上看,“创业教育”由“创业”“教育”两个词组合而成,创业教育的概念也可以从狭义和广义两个方面考虑。狭义的创业教育主要是指“培训创业的人从寻找工作转变成提供就业机会的人的过程中,转换自身需要的内在的品质、专业技能等具体的创业素质的教育”。它主要包括两个层次:一个是找工作,另一个是提供就业机会。而广义的创业教育是指“培训拥有创新性的人才,培训受教育者不但要有创新思维、创业能力,还要敢于挑战,有极强的事业和进取心,并且可以独立工作,有相关的专业技能,有一定的交往能力以及运营管理公司能力的相关教育活动”。广义的创业教育旨在为受教育的人提供良好的学习基础;而狭义的创业教育则是希望创业教育能够有效增加收入,特别是针对那些贫困的学生,为他们提供新的发展机遇和资源,使他们能够实现自立自主。这种趋势需要高校把创业教育的目标提升到一个新的高度,还要把它与学术研究、职业培训放到相同重要的位置。在高等教育过程中,创业教育不仅需要提升受教育者的创业素质,更要全面提升受教育者的综合素质。

综上所述,创业教育是一种培养个体创业能力的社会活动,其以创业能力的结构化、正规化培养为目标,涉及人的发展、社会的进步。它既是一种思想、一种观念,也是一种知识、一种技能,更是一个整体、一个系统。

从二者的发展历程来看,在我国,创新教育是创业教育的基础,创业教育是创新教育的发展。21世纪需要具有创新意识的人才,高校在进行人才培养的过程中要顺应市场和社会的变化需求,关注个体发展的差异性。而创新教育的本质就是在培养人的整体素质基础上注重首创精神的培养,是意识层的教育,是创业教育的基础。创业教育侧重人的创业能力的培养，关注人实现社会价值的过程，是行为层的教育。具有创新意识的主体只有具备了一定的创新创业能力，才能真正将创新付诸实践，成为推动生产力发展的实体。

从创新和创业的关系可知，二者在本质上是一致的。虽然二者提出的角度不同，也有时间上的先后顺序，但都是立足于新的时代背景下适应国家发展需要而产生的具有时代性的教育改革，都是以培养学生的创新精神和创业能力为目标和根本任务，都是我国大力推行素质教育的核心内容，对于培养创新人才具有不可替代的作用。

从世界高等教育发展趋势来看，创新和创业在实践价值上共性大于个性，高度统一于高等教育改革发展的伟大实践中，共同服务于创新型国家和创新驱动发展战略，致力于“高素质、高层次、多样化、创造性”人才培养目标。无论是创新教育，还是创业教育，它们最重要的使命都是“为培养全面发展、公能兼备、创新乐群的优秀人才而建立的教育模式和教育体系”，因此，可以放在统一的范畴中进行研究，即创新创业教育。

二、创新创业教育的概念内涵

创新创业教育是指给个体提供一种能够成长为开创新的就业岗位的市场经济行为主体、不同于“学而优则仕”的传统高等教育的新型教育。1991 年，东京创业创新教育国际会议从广义上把“创业创新教育”界定为：培养最具有开创性个性的人，包括首创精神、冒险精神、创业能力、独立工作能力以及技术、社交和管理技能的培养。创新创业教育是以培养具有创业基本素质和开创型个性的人才为目标，不仅仅是以培育在校学生的创业意识、创新精神、创新创业能力为主的教育，更是要面向全社会，针对那些打算创业、已经创业、成功创业的创业群体，分阶段、分层次地进行创新思维培养和创业能力锻炼的教育。

目前，全世界各国的高等教育都将改革的重点指向创新创业教育，将建立国家创新创业体系作为重大战略规划。国外的创新创业教育最先起步于欧美发达国家，至今已有近 60 年历史。有些学校专注于创业研究和教学，将创业教育作为学校的策略重心及竞争优势。有的学校甚至将商科学生必修的“管理学”改为“创业管理学”。发达国家的创新创业教育以美国为先驱，如麻省理工学院设有创新创业中心，百森商学院、宾夕法尼亚大学、斯坦福大学、克雷顿大学等都设有创业研究中心。在新兴工业化国家中，印度和新加坡大学的创业教育最具特点。以印度管理学院和印度理工学院创业教育为例，两个学校主要都是通过体系化的课程设置、辅助课程计划、创业项目孵化等一系列机制来实施创业教育的。为开展创业教育，南洋理工大学 2001 年与新加坡经济发展局联合创办了南洋科技创业中心，其主要任务就是创业教育、创业咨询和创业研究。在对创业教育进行本土化研究和实践的过程中，众多专家学者结合我国开展创业教育的历史背景、高校教育教学发展的社会现实和学生成长成才的客观需求，通过对高校推进创业教育必要性及重要意义的分析，以及创业教育与创新教育辩证关系的研究，在表述上逐渐确定为创新创业教育。2008 年，我国教育部通过了质量工程项目建设的 30 个创新创业教育人才培养模式试验区。以 2010 年《教育部关于大力推进高等学校创新创业教育和大学生自主创业工作的意见》和 2012 年教育部印发的《普通本科学校创业教育教学基本要求（试行）》为标志，我国高校创新创业教育开始进入了新的发展阶段。2012 年，《教育部关于做好“本科教学工程”国家级大学生创新创业训练计划实施工作的通知》将创新创业训练项目分为创新训练项目、创业训练项目和创业实践项目三类。国家发布的多项相关文件都对大学生的创新精神和创业能力的培养提出了新的要求，以服务创新驱动发展战略，把我国高校创新创业教育提高到了前所未有的新高度。

分析创新教育和创业教育，可以看出创新创业教育不是创新教育和创业教育的简单相加，而是经过历史的选择和积淀后的有机结合。通过在政策上释放活力，全面实施弹性学制，建立创新创业学分积累与转化制度、在线开放课程学习认证和学分认定制度，激发大学生创新创业的活力。以江西省为例，自 2015 年起，省内各高校将创新创业教育课程作为公共必修课，纳入各专业人才培养方案，开展了“卓越工程师、医师、律师人才培养计划”“金牌讲解班”、本科院校转型发展、本专科联合培养应用技能型人才等试点，以此来提高大学生创新创业技能。鼓励支持省内各高校创办了 76 个创业学院等专门的创新创业教育机构，建立了创新创业工作领导小组，整合了创新创业资源，理顺了高校创新创业的管理体制。此外，还组织全省近百位专家编写了《大学生创新创业基础》（分本科、专科两册）、《大学生创新创业经典案例教程》等三本省编教材。这是全国最快、最早出版省编相关教材的省份，得到了教育部等相关部门的充分肯定。

总体来说，创新创业教育是一个立体的概念，是在学校素质教育视域下形成并不断发展的，是在学习、借鉴国际经验基础上的本土化研究的教育成果。高校创新创业教育是一种教育实践活动，以全体大学生为教育对象，以专业教育为基础，并注重与实践环节相结合，实施分类培养，通过整合多方资源，融入人才培养全过程的教育教学模式；同时也是一种深化高等教育规律认识，以更新高等教育观念为先导，注重培养大学生社会责任感、创新精神和实践能力，以培养创新创业人才、提高人才质量为使命的价值取向和教育理念。

第三节　高校创新创业教育发展的内在诉求

一、地方高校转型发展的历史与必然性

地方本科高校是我国高等教育重要的组成部分，在实现地方区域经济建设、培养应用型人才、促进科技成果转化等方面起着重要作用。地方本科高校转型发展是当前我国高等教育改革实践与高等教育理论研究的热点问题之一。2010 年出台的《国家中长期教育改革和发展规划纲要（2010—2020 年）》标志着我国高等教育由过去的“规模扩张，结构调整”到“质量提升，内涵式发展”的重大转变，即地方普通高校由以往的要素规模驱动增长向要素质量驱动增长转变，以创新创业人才培养质量驱动作为地方本科高校发展转型升级的原动力，这一历史性跨越是我国高等教育快速增长累积的结果。

创新创业教育驱动发展不仅使地方普通高校成为推动区域经济社会发展的强力引擎，而且是实现地方普通高校转型发展的必然选择。引导部分地方本科高校转型发展是深化高等教育综合改革、优化高等教育结构、提高高等教育宏观质量、增强高等教育服务国家和地方经济社会发展能力的重要举措，也是地方高校深化改革内涵发展、主动服务地方需求、增强学生创业就业能力的必然要求。

二、创新创业教育与地方高校转型间的逻辑

所谓地方本科高校转型，是地方本科高校在发展过程中主动求新求变的过程，实质上是地方本科高校发展所具有的创新性和革命性的自发彰显，是高等教育的工具效用和价值实质间内在关系的再调整，是地方高校创新创业教育能力的再释放。通过梳理国内外相关文献发现，国内外对于高等教育发展及创新创业教育机制及基础理论的研究较多，从 2013 年开始，有关地方本科高校转型发展的研究报告、著作等成果也开始大量涌现，但将创新创业教育驱动与地方本科院校转型升级联系起来分析的文献不多。现有文献对于创新创业教育驱动机制和高校转型发展的研究具体可归纳为以下几个方面：

（一）高校转型与区域经济发展的耦合关系

当今世界，创新已经成为推动一个国家经济社会发展的核心驱动力。地方高校转型与区域经济社会发展存在一定的耦合关系，基于该理论的研究依赖于更少的假设和抽象，更为注重历史和比较分析，而且对区域经济增长的基本机制也更为注重知识的核

心地位和技术创新的不确定性。从现有文献可以看出,这一研究理论的主要观点有以下三点:一是经济发展方式转变、产业转型升级的趋势促使我国地方高校进行分类改革;二是地方高校所处地域的独特文化资源、产业优势要求地方高校遵循其内部办学规律,明确办学定位,走融入地方经济社会和文化生态的办学发展之路,在服务地方经济社会发展中实现转型;三是区域经济创新发展和与之相适应的高等教育制度创新共同构成地方高校可持续发展的基础。高校转型起因于高校职能的不断拓展,而由地方高校服务社会的"自身属性"所延伸出的新职能逐渐形成了"创新创业教育"新范式,它将高校过去的教学、科研、决策咨询使命与促进区域经济社会发展的新使命完美结合起来。张金福(2017)认为只有在供给侧发力,主动采取供给侧改革的系统化、结构化、创新性的思维,自觉根据地方经济社会的期望和需求调适自己的办学行为才能实现地方本科高校服务区域经济社会发展的转型目标。张蓉(2017)论述了高校转型的起因、转型过程如何影响区域经济发展以及推动高校转型升级的机制。孟庆国(2014)认为地方本科院校应当打破传统思维方式和办学模式,以全新视角看待当今的高等教育,面向实现转型发展的国家需求进行根本性变革,立足服务地方社会经济发展目标,承担社会赋予地方高校的社会责任和历史任务。

(二)创新创业教育与地方高校转型动力机制

建立健全创新创业教育体系是各层次、各类型地方本科高校转型发展的总体目标。英国教育家阿什比从遗传环境学角度叙述了大学的发展进程,分析了推动大学发展进步的各种动力影响因素。美国教育社会学家伯顿·克拉克基于学术型组织视角,从就业岗位、大学理念、行政权力三要素着手探索高等教育系统发展规律。在市场转型的背景下,就业竞争激烈导致高等教育的工具价值显现,社会分化加剧导致高等教育的个体收益率上升,社会流动状况变化导致高等教育的作用增强。姜尔林(2013)基于地位竞争的视角,分析了在市场转型的背景下我国高校扩张的动机机制,认为社会分层机制改变导致高等教育作用的增强,市场转型导致高校地位竞争激化,从而成为推动高等教育扩张的基本动力。美国斯沃斯莫尔学院的"荣誉项目"和德国应用科技大学的"应用型人才培养"作为转型发展的主要动力,其转型历程或将为我国高校自主选择转型路径、培育有利于促进转型发展的合作文化、建立有效评价转型效果的自我评估机制等提供启示。

阻碍地方高校转型发展的首要问题就是办学理念问题。当前,大众创业、万众创新已成为国家战略。地方高校转型已由最初的国家意志发展成为当下诸多地方高校的一种实践行为。就深层次原因而言,地方高校转型的原始动力仍然是创新创业教育体系,创新创业教育体系对地方高校转型升级发展具有显著驱动作用。此类研究认为，经济全球化背景下高等教育国际化是必然趋势，因而创新人才培养是地方本科高校进位赶超的关键。虽然提法不同，如“创新创业综合能力”“创新素质提升”等，但都强调了地方本科高校所培养的人才自身应该具备某种能力，能够快速地吸收或者从事技术创新。郭建如等(2018)围绕地方本科院校转型与人才培养方式变革进行实证分析，分析了转型试点院校和非转型试点院校在创新创业人才培养方式变化上的差异，具体比较了在人才培养过程中的关键要素和基本环节，即课程设置、实践教学、教学行为和综合实习等方面的差异。对于创新创业教育战略和体系的研究，多数学者认为高校大学生创新创业能力提升需要国家政策的支持和相关部门的引导，建立以国家为基本单元的创新创业支撑体系，完善地方高校高等教育基础设施服务，提高学科专业集群的强度，为地方高校的创新创业人才培养提供良好的软硬环境。

（三）创新创业教育制度变迁与地方高校转型

地方高校偏重于教学行政管理组织，学术组织特征缺失，加上处于社会转型时期，创新创业教育制度变迁与地方高校转型升级之间的关系在我国高等教育理论界产生过较大的影响，我国学者积极将创新创业教育制度理论与我国高等教育改革相结合，探讨创新创业教育制度变迁与地方高校转型升级之间的联系。这类研究重在研究创新创业教育制度差异和变迁如何影响地方高校教育资源的生产与配置，创新创业教育体制改革的实施机制与引导路径，以及政府在地方高校转型发展中的作用。

张熙(2017)基于历史制度主义视角研究了社会转型时期我国高校教育制度的变迁机制，在分析宏观制度因素与路径依赖模式的同时，深入探讨了高等教育制度场域中的权力关系、思想观念和行为互动对于制度渐进性变迁的影响，从而为高校转型发展构建出了更具解释力的高等教育制度分析框架。曾羽(2015)针对我国高等教育制度变迁及政策研究的主题，运用新制度经济学、产业经济学与教育经济学等理论，以新制度主义分析范式为指引，提出规范性的制度设计框架，将地方本科高校转型问题导向的批判性分析与高等教育制度创新建构导向的理论性研究进行融合。姚荣(2015)认为促进本科高校转型需要从国家供给主导型的制度安排走向制度性利益驱动下的高校自主变革，通过规范性、规制性以及文化－认知性制度要素的整体性重构来破除高等教育场域中各权力中心对“应用逻辑”的“系统性偏见”，实现社会制度逻辑与产业逻辑两种制度逻辑的包容性发展，为地方高校转型发展制度化建设提供了有效思路。以“自主创业为导向”的创新创业教育传统理念导致了社会各界对创新创业教育内涵与功能的理解出现偏差。现行的创新创业教育在对“创业”内涵的理解上存在着误区：仅仅将创新创业教育理解为以培养自主创业者为主的教育，这导致大多数大学生无法在高校接受系统、全面而持续性的创新创业教育，创新创业教育的功能未能有效展开。创新创业教育的本质应该是激发全体学生的创新精神和创业意识，其功能应该是分层分类地培养不同类型学生的创业知识与创业能力。然而，以培养自主创业者为理念的创新创业教育在操作层面过于偏重实践领域，大多停留在鼓励大学生参与创业实践活动而忽略了课程实施的主战场，使得学生的创业活动显得“激情有余”而“耐力不足”，无法全面而持续地对大学生发挥应有的作用。

三、新工科建设与创新创业教育间的逻辑

教育的核心使命是人才培养，工程教育也莫不如此。在新工科建设的背景下，创新创业教育如何衔接新工科人才培养，共同服务于国家发展战略需求，是新工科建设对创新创业教育发展的新要求，也是值得研究的重要命题。新工科一经提出，国内就有学者注意到了新工科与创新创业教育的关联。林健在《面向未来的中国新工科建设》(2017)一文中谈到创新创业能力是对新工科培养的工程科技人才的首要能力要求。创新创业能力是新产业形成和发展的基础，是产业和行业主导者必须具备的基本能力。创新是引领和驱动产业与经济发展的主要动力，是产业和行业得以发展并赢得市场竞争的保障，是产业和行业的工程科技骨干必须具备的核心能力。

需要指出的是，新工科视域下的创新创业教育在我国尚未引起广泛关注。林健的文章只是略有提及，迄今为止，尚未见工程学科领域的创新创业教育的系列研究。而国外的工程学科创新创业教育已是如火如荼，并在实践的基础上产出了系列学术研究成果。关于创新创业教育，国外的研究一直存在着创业是否可教的争议，这一点也延伸至工程教育领域，即工程教育领域是否应有创业教育一席之地也存在着争议。但这并没有妨碍高校普遍开展工程学科的创新创业教育，并面向工程学科的学生开设了大量创业课程。如此一来，高校教师普遍关心的问题反而成了“如何教授工程学科的学生发明、创新与创业”。

新工科专业建设是推动创新发展的重要手段，不仅有利于实现产业结构的升级，还能切实地为社会发展提供一批高素质人才。在现阶段的教育体系下，创新创业教育能够培养大学生的实践动手能力，满足各个新型产业发展的要求，这意味着创新创业教育需要以新工科专业为导向。当前对于新工科专业的创新性人才需求量十分巨大，而大数据技术、人工智能技术对于学生的专业素养能力要求很高，因此高校在培养学生创新创业能力时还要注重专业素养能力教育。

在核心素养背景下，创新创业能力培养是新工科发展建设的基础，这主要是由于新

工科专业的建立是为新兴产业服务的，所以高校如果想提高学生的能力，为社会的发展输送人才，就应该切实培养学生的创新精神、创业精神、批判思维和协调统筹等能力。通过不断发展，高校内部的创新创业教学体系也会得到不断完善，当学生能够利用本专业知识理论进行创新创业时，会为社会提供大量的新工科专业岗位，这也有利于新工科专业的建设，高校所输送的人才就会有更多的就业机会，从而促进新工科的发展，保证各个行业领域的蓬勃发展。因此，可以说新工科建设是创新创业能力培养的基础条件。

在核心素养模式下，创新创业教育和新工科建设是互相促进的，能够实现校内校外教学资源价值的最大化，对学生的学习情况进行互补，这不仅能够加速学生的理论知识学习，还会培养学生的实践能力，使他们积累一定的工作经验，这对于日后工作以及创新创业都会起到重要的作用。所以说新工科建设为创新创业教育提供了支持，同时创新创业教育也促进了新工科的长远发展，创新创业能力培养是推动新工科建设的重要手段，为国内行业的稳定发展提供助力。

第四节　新工科背景下创新创业教育改革

新一代科技革命和产业变革催生了一大批新生产业，使得高校创新创业教育对智能技术、数字环境和信息系统的依赖程度不断加深，以传统物理系统为主的教育场域逐渐被更高维度的信息－物理系统所替代，极大拓展了创新创业教育的时空维度和价值维度。数字教育、虚拟教育等新型创新创业教育形态得以迅速发展，其主要特征为创新创业教育场景“数字化”、教学工具“信息化”、教学手段“智能化”和创新创业教育指向“创造化”。在此背景下，地方高校工程教育的使命是改造传统生产模式和服务业态，缩短从科学革命、技术革命到产业革命趋势变革的时间周期，使得高等工程教育的模式真正实现顺应形势的变革。地方高校必须围绕新技术、新产业、新业态和新模式，不断改革创新创业教育模式。

一、新工科背景下人才培养特征

培养人才是高等教育的重要使命，创新创业教育不仅培养学生树立正确世界观、获取知识技能，还驱动学生主动探寻存在价值和社会责任、拓展专业创新能力，同时也是新工科建设的重要部分，是高技能人才培养的有效渠道和有力抓手。新工科建设的稳步推进必须重视人才培养环节、人才培养模式的调整等方面的建设，才能真正实现新工科建设的人才强国目标。当前，大部分地方高校创新创业教育更多还是强调普适性，并未真正面向新工科人才培养特征设计教育模式，此外创新、创业一系列的完整链条也未成型。部分应用型本科院校提供了数量较多的创新创业课程，但由于课程之间相对独立，课程内容广度深度不足，学生知识储备局限于专业课范围内，理论知识与课后实践关联不大，不利于学生的全面发展。显然，地方高校培养的工程科技人才要适应社会需求，不能仅仅满足于对学科内部的单向认知，而是应以解决问题为导向，掌控和驾驭复杂工程情境。新工科创新创业教育对工程技术人才培养需扬长避短，遵循工程科技实践的核心理念，在教学内容上注重多学科交融，在教学模式上注重学做贯通，在参与主体上注重多方协同，在建设过程中要突出“专创融合”方式。

（一）在教学内容上注重多学科交融

新工科较之传统工科对于工程科技人才能力结构、素质规格和质量标准都有新的要求，这是由它面向新经济、产业行业和未来工程技术，旨在解决复杂工程问题等目标属性决定的。新工科培养的人才需具备知识创新、转化应用及服务社会生产和工程实践的复杂工程创新能力。地方高校需顺应当前教育与教学体系的深化改革，进一步提升综合型与应用型人才的教育教学质量，积极推动各学科间的交叉融合。面对经济社会的高速发展和日益增多的社会问题，故步自封的单一学科已经日趋无力，忽视工程师的技术实践、创新能力与专业素养培育，重视学生的结构化与理论化工程专业知识获得，这种有悖于工程教育本质和社会人才需求，偏离了工程实践的培养机制已经没有生命力了。作为组织化的人才培养内容体系，学科在分化、整合和制度化力量交互下催生了不同的专业分支。

传统的工程人才培养模式以单一学科专业为主导，缘起于传统的知识生产结构；新工科背景下的工程人才培养模式则突破了学科壁垒，以多学科交叉融合为发展趋势，这也成了新知识增长的引擎，这一理念指明了高等工程教育在教学内容上的走向。工程学科包罗万象，内涵丰富，涵盖科学、技术、通信、管理、社会、人文等多个领域，多学科交叉、多技术渗透、多领域融合是未来工程科技的趋向。新工科背景下的人才培养应具有“大工程观”，打破旧的学科制度设计、院系组织壁垒，注重交叉融合、互补协作，再造多学科交叉融合的高等工程教育创新发展新样态，培养引领未来社会的高质量科技人才，培养符合行业发展需求的复合型创新人才，从而提升工程人才的跨界整合思维、多学科素养和创新行动力。

（二）在教学模式上注重学做贯通

教学模式是一定理念指导下较为稳定的教学活动结构框架和活动程序。在传统知识生产模式指导的教学理念下，作为知识生产主要承载者的高校学科多是应用学科，它因社会需求而生,重理论、轻实践的现象普遍存在,尚未适应社会需求的多样化趋势。在传统教学模式下,学科专任教师是专业知识的最高权威,教师教、学生学的讲授式工程教学模式主导整个教学。

奥苏贝尔的讲解式教学模式源于其认知同化理论。按照奥苏贝尔的观点,学生的学习是一种有意义的接受学习而不是发现学习,这种学习的实质是教师传授的新知识与学生认知结构中的已有知识建立非人为的实质性联系,即新知识为学生的原有认知结构所同化的过程。新工科在教学模式上应注重师生平等合作关系、教学探究互动及工程知识在社会问题情境中的实践应用,以方法训练改造基础课程,以跨界集成改造专业基础课程,以聚焦设计改造专业课程,注重培育学生的工程问题思维、创新素质、设计技术和实践能力。

新工科背景下工程科技人才培养需遵循以学生为本,实现工程教学从以教为主到学做贯通的教学模式变迁。为了促使这一同化过程更好地实现,教师在教学时首先要向学生呈现先行组织者,即抽象概括水平高、包容范围大、足以容纳后继信息的上位概念,以便学生在认知结构中形成能同化新的下位知识、充当固定点的已有知识。一方面,推进学生自主学习,改变教与学的角色地位,普及适应新工科高等工程教育衍生的项目式教学、研究性教学等教学情境多元形式,强调教学中的理论与实践结合、单一与交叉融合、探究与体验并重、内容和目标统一,充分对接社会问题、市场需求与工程化实践需要;另一方面,抓住人才培养方案中规定的实验实习课程、学术沙龙、学科竞赛、学术报告会、创新创业项目、科研学术活动、企业实习实训等体验情景教学机会,使学生通过同化过程将新知识与其认知结构中的已有知识固定起来。经过不断的同化,使学生的认知结构从一般到个别,不断分化,综合贯通,从而将“做中学”与“学中做”充分融合,学做互促,知行合一,助推学生的学习兴趣,提高教学质量效度。

(三)在参与主体上注重多方协同

当前,高等工程教育与产业发展的相对割裂成为工程教育改革的掣肘。显然,产教融合是推动教育优先发展、人才引领发展、产业创新发展的战略性举措,我们要尊重创新创业教育规律和经济规律,发挥市场配置资源决定性作用和政府统筹推动作用,统筹部署、协调推进。换言之,创新创业教育作为高校人才培养模式的新探索,需要政府、企业和高校三方联动,打好组合拳。经济与教育的发展互为支撑,经济增长理论认为教育主要通过增加劳动力的人力资本、提升经济体的创新能力和推动知识的流动,才能促进经济的增长。高校的发展需要产业界协同创新并提供优质教育资源,才能形成共同体。

新工科工程教育人才培养应注重人才培养结构和市场外部需求充分对接,超越浅层次的校企合作或产教融合，深度推进政、产、学、研多主体的协同合作，聚集内外各种教育资源，构建政校协同、产学融合、校企合作的新工科专业协同育人模式，使多主体参与到卓越工程科技人才培养中来，从而形成创新创业教育共同体。政府通过出台政策，深化高校创新创业教育改革，加强创新创业指导与服务，为校企合作提供依据和平台。在政府指导下，我国企业不断拓宽参与大学生创新创业教育的途径，以独资、合资、合作等方式依法参与高等教育和职业教育改革，将市场和企业实际需求传导到学校专业规划、课程设置当中，积极推动教育教学改革。建立健全学生到企业实习实训制度，通过引校进企等模式，与学校共建共享生产性实训基地。高校在大学生创新创业教育中应处于主导地位，理性认识创新驱动需求。一方面，高校要将创新创业教育根植于社会大环境，充分联合政府、企业和社会各界的力量，与各相关利益主体相互协调，集聚创新创业教育要素与资源，通过落实和争取政府关于创新创业的相关政策和资源，校企共建创业实践基地，打造集项目投融资、项目咨询、帮扶指导等于一体的创新创业服务平台，营造良好的创新创业教育生态政策环境。另一方面，高校要把完善创新创业教育体制作为深化改革的支撑点，在内部构建创业学院、招生就业处、科研处等多部门齐抓共管的协同机制，把创新创业教育融入人才培养全过程；要不断更新人才培养理念、优化师资队伍，建立集课堂教学、自主学习、实战训练、指导帮扶、文化引领于一体的创新创业教育体系。

企业与高校则围绕产业关键技术、核心工艺和共性问题开展协同创新，共同打造面向学生的创新创业实践平台，加快基础研究成果向产业技术转化，引导高校将生产一线实际需求作为研究选题的重要来源，通过参与研究培养大学生理论与实践相结合的能力。主动协调多主体之间的关系、对接社会各种需求，顺应科技与产业革命实践，致力解决国家和人类社会的重大工程技术理论与实践问题，拓展同社会企业和行业协会的协同育人关系，通过产、学、研、企等多主体协同增强高等工程人才培养的市场适应性和社会实用性。

（四）在建设过程中要突出“专创融合”方式

新工科与创新创业教育的有机融合是我国高等教育改革一项复杂且长久的系统工程，涉及各利益主体、不同层次的政策制度、资源平台等。数据表明，国内高校都十分注重对新工科与创新创业教育有机融合理念的凝练以及培养方式、培养定位等宏观层面的总体规划与革新。二者的有效融合应从顶层设计入手，在新工科与创新创业教育融合理念的指导下，树立科学的培养目标，明确责任分工，健全组织机制和政策保障体系，将二者的有效融合纳入整体人才培养体系。

首先,要深入研究新工科与创新创业教育融合的思路、内涵和路径,精准定位新工科与创新创业教育融合的宗旨、目标及发展方向,为新工科与创新创业教育的融合奠定坚实的理论基础。例如,浙江大学每年从全校各专业挑选60名本科生,旨在鼓励基于创新的创业,让大学实验室里的创新成果对接社会的需要,培养一批有自主创新能力的创业者,为社会注入有能力运用高技术于创业并建立具备持续创新能力的高科技企业健康力量,并凝练形成了"基于创新的创业"(IBE)这一理念的"三位一体"核心内涵,即学生在这一教育模式中的主体性、教育与社会的生态关联性以及IBE教育模式在技术变革中的迭代成长性。又如,电子科技大学从顶层设计出发,根据新工科与创新创业教育融合的人才培养需求,在培养目标上提出了8项毕业要求;以专业为依托,科学整合物联网工程等7个学院,强调跨学科、跨专业的交叉融合,打造"精英人才生态圈"。

其次,宏观规划需要领导层面的大力支持,高校成立专门的领导班子,结合各区域及高校的特殊性,统筹规划二者融合工作的开展。明确培养目标,革新培养模式,并据此科学设置专业结构和创新学制。深入钻研新工科与创新创业教育融合的范式,科学设定人才培养结构和培养标准,结合二者融合对人才类型的特殊要求,构建新的人才培养模式。例如,复旦大学、重庆大学等高校根据新工科人才培养需求,创新人才培养模式,通专结合、产教融合,优化学科和培养模式布局。

最后,加强法律、资金、管理、体制机制等层面对二者融合的支持力度。二者的融合需要完备的管理、资金和制度体系作为支撑,应加强制度体系建设,推动融合进程的顺利开展。

二、创新创业教育改革

高校创新创业教育是一项复杂的系统工程。在多方主体共同协作下,创新创业教育从孕育到诞生、发展,经历了从无结构到有结构、从无规则到有规则、从不确定到确定、从无序到有序的过程。作为一个开放的系统,创新创业教育面临着日趋复杂的环境和无序发展的风险。剖析创新创业教育存在的问题,消解无序风险,推动有序发展,实现提质增效,是当下创新创业教育改革的应有之举。在全球经济转型升级发展的背景下,我国高校的创新创业教育呈现出怎样的发展趋势?显然,地方高校需要在适当的监督和战略管理下,以协调的方式提供创新创业教育,打破各种战略、目标、指标、报告机制和效果评估的障碍,做到资源整合,为每一名学生提供相应的支持。未来,创新创业教育改革需从整体着眼,运用动态、系统、发展的观点看待改革发展过程中出现的各种问题,通过重塑系统内部要素和结构的良好秩序,打造无序向有序转化的灵活机制,不断优化教育生态,实现创新创业教育数量有序增长和教育质量不断提升,实现平衡、健康、可持续发展。总而言之,需要努力做到以下五个方面。

(一)要瞄准“一个方向”

这个方向就是要努力构建具有中国特色的地方高校创新创业教育体系,服务于国家发展的现实之需、当务之急,始终坚持问题导向、创新意识,以解决社会发展过程中的实际问题为基本原则。正是在此意义上,国务院印发的《关于深化高等学校创新创业教育改革的实施意见》明确将“全面贯彻党的教育方针,落实立德树人根本任务”作为高校创新创业教育改革指导思想的重要内容。创新创业教育涉及面很广,涉及教育领域的创新教育、创业教育和创新人才培养等问题,也涉及经济学、管理学领域的创新、创业、创业型经济等问题,还涉及社会学领域的国家创新驱动战略、社会转型、社会稳定等问题,更涉及哲学、马克思主义理论等领域的人的全面发展、价值与价值实现、价值观等问题。可以说,创新创业教育是一个以问题为导向的多学科交叉的领域,其蓬勃发展需要一大批高层次的人才作为支撑,需要扎实、科学的研究提供指导。因此要按照学科的建设标准来考虑和推进创新创业教育研究,加强对创新创业热点、难点问题的研究,可以从动力激发、体制机制、支撑系统等方面进行思考,逐步建立中国特色的创新创业教育学科体系。

(二)要增强“两个意识”

一个是新概念意识。新工科必须创新工程教育人才培养模式、专业结构和教育教学方式方法,深入推进创新创业教育改革,引导综合性高校、工科优势高校和地方工科院校合理定位。建设发展新工科首先要树立工程教育新理念,必然需要更多的研究者从新工科建设角度继续深入阐释创新创业教育的内涵,如分析工程学科领域的创新创业教育特点、类型、形成过程等,努力在学术和实践共同体的层面上达成共识。在核心素养模式下,创新创业培养和新工科建设是互相促进的。

另一个是新理念意识。创新创业教育实质上不是某一种教育形式,也不是将创业教育与创新教育进行简单相加,而是一种力求以创新创业人才培养为核心、全面改革传统教育教学的新理念。在理论研究和实践探索的初期,我们要研究教育理念和教学模式的创新,同时也不可避免地要讨论一些相对独立的作为某种形式的创新创业教育,如创新创业教育的专门课程等。需要注意的是,我们的最终目的是实现传统教育教学的全面改革,将创新创业教育融入人才培养全过程,培养“专业能力+创业精神”兼备的特色鲜明的复合型人才。

（三）要厘清“三层关系”

一是在创新创业教育内部的横向层面，厘清创新创业教育与传统的创业教育、创新教育、创新人才培养乃至素质教育的关系，深入分析其差异性和同一性，着重解决在新工科背景下如何实现传统的创新教育、创业教育等向创新创业教育“归一”的问题。

二是在创新创业教育内部的纵向层面，厘清大一到大四，甚至研究生阶段全部教育的关系。创新创业教育是关于创新能力培养的教育，这种培养过程必然是渐进式的、积累性的，是一种“创新创业基因”意义上的素质，需要从低年级开始培养。因此，必须深入研究创新创业教育的新结构观，强调从“科层结构”向“平台组织”的转变，将那种丧失创造性的直线职能型组织结构转变为具有内生成长性的开放平台组织，实现极致敏捷的应变能力和迭代改进的组织演化模式。

三是在创新创业教育外部的宏观层面，厘清学校教育与家庭教育、社会教育的关系。创新创业教育是一项系统的教育工程，家庭、学校和社会扮演着不同的角色，发挥着不同的作用。创新创业教育不是仅靠学校教育就能彻底完成的，需要家庭、社会、国家等多个层面的共同参与，只有找到各方之间的最优平衡点，才有助于培养出更多适应经济社会发展的创新型人才。

（四）要破解“四个难题”

一是如何面向全体。创新创业教育面向全体的问题，实际上是创新创业教育如何“分群类教”的问题。国内外的有关理论和经验都表明，创新创业教育面向全体并非要“一刀切”，相反，恰是要针对不同高校、不同学段、不同学生等有不同的设计。要结合大思政要素，全方位、多角度地强化学生的行为体验。如何实现这样的不同设计，是一个亟待破解的难题。

二是如何融入工科专业。“融入专业”不是要“替代专业”，也不是要把创新创业教育“仅办成一个专业”。工程教育的创新创业需要更加关注创新质量，关注技术突破，其实质是如何发挥各专业教学的创新创业教育功能问题，应该进一步明晰新工科专业内创新创业教育的角色定位问题，在师资队伍建设、课程开发实施和外部支撑体系上开展行动、迎接挑战，这在不同学科专业上有不同情况，需要细致研究。

三是如何在创新创业教育模式构建中将人才培养贯穿全过程。这涉及创新创业课程体系、实践体系及创业系列活动中的连贯性等问题，避免单向的创业教育，需要树立系统论的观点，全面分析，深入研究。

四是如何体系化推进高校创新创业组织的协同性、共同性实现。创新创业教育系统是一个结构复杂、功能多样的复合系统，系统内部各个子系统的发展是否协调是创新创业教育系统能否发挥整体功能的基础。要提高高校创新创业教育系统的有效性，就必然要以创新创业教育系统的协调性为契机，研究如何保证组织体系中各个层次、各个要素之间保持协调，研究区域范畴内地方高校创新创业教育发展现状。

（五）要构建“五个体系”

一是工程教育内创新创业教育理论体系。要以地方高校创新型人才培养为新定位，推进地方高校创新创业教育改革，构建中国特色的创业教育理论体系，主要是符合国情的创业教育基本原理、方法体系、史论研究和国际比较。

二是创新实践运行体系。要有效整合传统的基地班、创新创业学院、创新教育试点等实践方式，搭建更有效的创新创业教育实践载体，探索创新创业教育相关课程的创新训练体系的构建及实践，形成更为成熟的创新创业教育实践模式。

三是创新创业教育评价体系。分类评价是创新创业教育走向实践阶段的必然趋势。需要通过顶层设计，解构创新创业教育质量的分段标准、大学生成长的阶段特征，打破评价的机构壁垒，整合重复性调查，以发展的评价观重新设计创新创业教育的评价标准、评价方式等关键内容。

四是融合创新理念的一流课程体系。在创新创业教育的实践层面，最终必然体现为系统性教学改革，而教学改革的关键是“课程体系”，这就需要结合地方高校学科专业建设特点，从人才培养方案开始顶层设计，呈现课程主体的整体性、课程内容的系统性和课程教学环节的全面性，从而形成一套有效的创新创业教育课程体系。

五是实施保障体系。创新创业教育的实施需要国家政策、教育体制机制改革甚至教育投入改革等做保障。从长远而言，应聚焦地方高校创新创业教育政策的体系化、教育争议的实质性化解、教育治理效能提升以及学校法人治理结构变革等教育法治建设的基本议题，以促进创新创业教育治理迈向实质法治与人权保障的新境界，进而构建创新创业教育的良好生态。

第二章　国内外高校创新创业教育模式及运行机理

任何教育理念的形成与演进，都是路径依赖的。同样，创新创业教育的发展也与社会经济的运动轨迹密切相关。在创新创业教育逐渐成为世界范围内的社会热点以及新工科建设逐渐成为培养符合时代要求的综合性人才强有力手段的背景下，探究国外创新创业教育理念的历史与逻辑，对寻求本土教育理念的合理转向及理性表达具有重要意义。

目前，我国高校在创新创业教育实践上已经有了一些积累，如果能够在理念上进一步整合，形成面向国家战略和地方经济发展需求的创新创业教育模式，明确其运行机理，必然可以推动创新创业教育更好更快地发展。本章通过系统分析我国创新创业教育的现状、特点、优势及不足之处，并与国外先进的创新创业教育发展经验相结合，立足我国地方高校创新创业教育教育区域化发展趋势，为我国高校创新创业教育模式发展前景提出新思路、新方向。

第一节　国外创新创业教育发展述评

创新创业教育是经济全球化和高等教育全球化的共同结果，我们在对其进行本土化的过程中，需要关注和借鉴欧美国家在创新创业教育上积累的丰富政策与实践经验，以使我们的探索少走弯路。

一、美国创新创业教育发展状况及特点

美国高校的创新创业教育体系较为完善。第二次世界大战后，美国将创新创业教育作为国家战略在全国范围内推广。到20世纪80年代，美国政府更是积极地推动国内的创新创业活动。如今美国设立创业课程的高校数量已经突破1 000所，为促进经济发展和提升高校毕业生就业率做出了贡献。1947年，哈佛大学商学院开设了被许多学者认为是美国高校第一门创业学课程的“新创企业管理”。此后，美国的电子科技和网络通信等科技产品迅速发展，为社会提供了更多的创业方向和机会，开启了创业教育新

一轮的发酵,为经济复苏注入了新鲜力量。例如,斯坦福大学商学院在1979年开设了“风险资本”相关课程,在1983年开设了3门关于“创业”和“大公司领导者”的课程。此外,与创办和管理中小企业有关的课程也开始增多。20世纪90年代,美国已有约1 500所高校具备了创业课程体系,培养“创新人才”也作为一个单独的目标被提出和强调。21世纪初,美国的创业教育已经步入成熟阶段,各高校的创业教育体系也日趋完善。如今,美国已经建立起覆盖各个阶段的、完善的、系统的创新创业教育体系。总的来说,美国创新创业教育的发展目标非常明确。

美国高校创新创业教育的教学理念主要强调为“学生的自由服务”。例如,斯坦福大学的创办宗旨是“使所学的东西都对学生的生活直接有用,帮助他们取得成功”,尤其关注实用知识的传授。因此,美国高校创新创业教育内容并不局限于指导学生如何开办企业,还针对学生的技能、思维、创业知识等进行综合性、前瞻性培养。随着创业教育涉及的领域不断拓展和延伸,美国政府制定了《职业教育法》《职业培训合作法》《美国创新战略》、“创业美国”计划等一系列相应的法律法规和宏观战略文件,如“创业美国”计划规定,由美国国家科学基金会(NSF)投资1 000万美元为工程类院校建立专门教授创新创业的全国性中心。2004年6月,美国创业教育联盟发布了创业教育国家标准系列,提出了创业教育三大部分、15类标准及若干表现性指标等具体指导框架。

美国高校创业教育的特点主要体现在以下三个方面:

(1)课程设置范围广,内容针对性强。美国高校对于创业教育课程的设置,针对性普遍较强,而且各个高校根据自身的教学优势,优化课程体系。部分高校设立了专门的课程管理机构,负责统筹和整合校内教学资源,研发、管理创新创业课程,建设创新创业课程体系,制定和实施课程规划。这些机构还会储备和提供风险投资,联系初创企业帮助学生开展创新创业实践活动,为创新创业教育的发展寻找资源,保障创新创业课程顺利开展。例如,麻省理工学院、加利福尼亚大学等侧重高新技术创业;旧金山大学、约翰斯·霍普金斯大学等侧重大型企业机构创业。

(2)创业教育课程更加多样化。考虑到大学生的个人成长经历、阅历、性格等方面的差异,他们对创业课程的需求也会有不同,因此,美国高校在创业教育课程设置方面更加灵活多样,学生可以根据自身优势选择课程。在此基础上,美国高校还开展了进阶课程,通过社会资源和专业教师队伍指导不断深化教学理论和实践。一般来说,开设创新创业课程的高校会通过教授与创建或管理企业有关的知识,引导学生关注与自身学科领域相关的创新创业活动,增强学生对创新创业理论和实践的认知,提升其创新创业能力,塑造其创新创业精神。如此,学生既可以利用学校提供的实践机会,大胆尝试,增强自己的实际工作能力,又能够获得创业者应当具备的能力和素质,为未来的创新创业活动打下基础。将毕业设计融入学生创业能力训练也是美国高校创新创业课程的重要组成部分。高校把学生毕业设计作为培养其创业能力的关键环节。例如,弗吉尼亚大学利用毕业设计,鼓励学生自主创业,培养学生的实践技能和创新创业技能。毕业设计的指导教师通常会要求学生明确自己感兴趣的领域,帮助学生拓展思路并与其一起选择可行的候选项目,探索可能的项目商业化路径,最后形成报告或实施方案。

(3)教学体系中吸收市场力量。一是让市场企业适时、适量、适宜地介入高校创新创业课程,在帮助高校提升科研成果转化率和毕业生就业率方面发挥了重要作用。由于美国政府所提供的教育资源有限,高校为了寻求更加实际、广泛的资源,大力吸引市场力量加入教育体系当中,通过双方的合作,为师生提供更多的实践机会。目前,校企耦合创业课程主要有三种类型:①松散型创业课程,校企之间没有密切联系,课程开设以学校为主导,邀请校外专家或企业家以讲座的形式将创业知识与经验分享给学生。例如,北得克萨斯州大学音乐学院开设的“音乐创业和营销”课程。②有机结合型创业课程,校企之间密切联系、良性互动,形成合作关系,由学校和企业共同商榷确立培养目标、相关专业设置以及课程内容和开展方式等。例如,斯坦福大学将其创新创业课程打造成集高校、企业、社区于一体的生态互动平台。③依附型创业课程,由企业主导课程设置和开展方式,完全依照企业所需为其定向培养人才。二是各类市场投资机构成为创业教育的孵化器。部分有实力的高校为了提升学生的实践能力,收购当地一些中小企业,让学生实地参与到企业经营管理中。

同时,美国政府出台了相关的法律政策,支持高校创新创业教育的发展,还成立了创新创业教育基金,使大学生在进行创新创业实践时没有后顾之忧。例如,科罗拉多矿业大学除了目前的创业创新中心,还计划为学生提供一个集中的校园创新创业空间,包括创客空间、会议空间、创意空间,学生可以在这里做任何创业所需的事情。美国高校创新创业教育主张因地制宜、特色鲜明地发展。例如,威斯康星大学创业文化的一个重要组成部分是专利和授权办公室,被称为威斯康星校友研究基金会(Wisconsin Alumni Research Foundation,WARF),是美国第一个大学专利申请办公室。当师生有商业化的发明时,WARF支持他们保护知识产权。芝加哥大学布斯商学院为对创业感兴趣的MBA(工商管理硕士)学生开设了波尔斯基创新创业中心。该创业中心除了提供创业教育,还开展了很多活动,与研究人员共同监督技术商业化、知识产权工作,并承担了早期大学社区创业企业的孵化器和加速器的职能。堪萨斯大学启动了“堪萨斯大学催化剂”项目,该项目为学生创业者提供场地、指导和其他资源,帮助他们概念化自己的创业公司并完成公司创建。此外,在课程设置上,将专业学位课程和技术证书课程同步引入课程教学中,强调教师的主要任务是发挥学生的主体性、组织课堂和引导学生提出启发性问题。例如,威斯康星大学商学院每年为所有专业和包括本科生、硕士研究生、博士研究生在内的大多数学生提供超过10门创业课程;每年各专业超过1 600名学生选修这些课程;商学院的本科生可以修读创业专业,其他学校和学院的学生可以获得创业课程结业证书。威斯康星大学其他学院也将创业教育纳入了各自的课程。

伴随着知识经济时代的到来以及科学技术的快速发展,知识与经济领域相互渗透,经济增长更加依赖于智力而非物质投入与自然资源。作为研究型大学向创业型大学转型的经典范例,斯坦福大学已成长为世界最具影响力的大学之一。斯坦福大学在向创业型大学发展转型时重点关注应用学科建设,发展有潜力的学科,在提升自身科研实力的同时加强和外界的沟通与合作。斯坦福大学副校长弗雷德·特曼制定的发展战略包括三个方面:一是在科学与工程之间建立紧密联系。一方面,斯坦福大学从自身优势出发,弥补自身在知识转化上的能力缺陷,激发学科知识转化活力;另一方面,斯坦福大学引进有潜力领域的尖端人才,以抢占未来关键领域的研究高地。二是将学院各系与当地科学技术型公司相联系,为此,斯坦福大学创新技术专利转移模式,搭建了沟通大学与市场的桥梁——技术许可办公室。三是将有限的资源集中于应用性较强且极具发展潜力的电子工程系、物理系等,不断增强这些领域的知识应用转化能力及发展潜力。

成立于1701年的耶鲁大学是美国最早创办的三所大学之一,也是世界著名的研究型大学。20世纪90年代,耶鲁大学在坚守传统的基础上,通过战略层面制定系统的技术转移政策,核心层面推动跨学科的创新中心和创业教育项目,支撑层面着力建设合作研究办公室和耶鲁创业学院,迈出了创新创业转型的坚实步伐。耶鲁大学在创新创业转型过程中,努力处理好大学与区域、创新与创业、科技创业与社会创业三者之间的关系,重新定位大学与区域发展的关系,发挥大学在区域发展中的积极作用。为减少教师创业与大学教学、科研等使命的冲突,耶鲁大学对教师创业后的角色定位进行了严格规定:教师可以成为衍生企业咨询委员会成员,可以担任衍生企业的顾问,但是在非休假期间不允许担任全职的工作(如涉及公司管理或运作的职业)。耶鲁大学始终高度重视有利于人类福祉的创业项目,平衡科技创业与社会创业,并在全校不同层面提供社会创业教育机会。

二、英国创新创业教育发展状况及特点

英国高校的创新创业教育起步较早,一直处于全球领先地位。长期以来,英国高校内部传承着一个传统观念,即高等教育机构是享受公共资助的非营利组织,其功能是进一步探索社会并为社会创造知识财富,而将其商业化是不道德的。近年来,英国高校的创新创业教育重视内涵式发展,在校内开展创业项目和课程,以培养学生的创新思维、

意识、能力和态度为主要目标，强调知识的应用在于创造经济价值、社会和文化价值等。毕业生无论是选择创业、自我雇佣或就业，都能够发现问题、解决问题；在面临不确定性时，能够发挥自我效能。

2012 年，英国高等教育质量保障署发布《英国高校创新创业教育指南》，2018 年又颁布了该指南的修订版，明确了创新创业教育的定义。创新教育旨在培养毕业生的思维和技能，当发现需求不足的时候，他们能够创造性地提出解决方案，并付诸实践。创新技能包括：积极主动、直觉性决策、执行力强、拓展人际关系网络、发现机会、创造性解决问题、战略思维以及自我效能。创新教育不仅要教会学生知识，也涉及情感、智力、社会和实践范畴。创业教育的重点是在特定环境下，如成立新公司、拓展现有公司业务或设计创新型机构，为培养学生的创新思维和技能提供应用场景。此外，2018 年 11 月，英国的所有政党议会集团向英国政府建言献策，建议政府应确保创业教育贯穿整个教育体系，从小学到大学，并且要让学生意识到创业也是一种职业选择。

英国创新创业教育相关组织有很多，职能分工比较明确。英国创新创业教育者学会就是一个全国性的网络，其会员包括 100 多所高校，其职责是为政府建言献策，为高校教师提供教学法培训，分享创新教学经验的平台和课题研究资助，每年组织全球创新创业教育者大会，并设立了研究员资格认证，授予在创新创业教育方面做出贡献的教师、实践者和影响者。英国高等教育学会是加强高等教育教学的国家级组织。它的使命是通过培训高校教师的教学能力来提升学生的学习体验。它有一个提升学生就业力的框架和相应的师资培训项目。英国国家创新创业教育中心也是一个国家级的机构，2004 年建立之初被命名为毕业生创业全国理事会；2011 年更名为国家创新创业教育中心后，该中心一直在继续教育与高等教育领域提高创业教育形象，提供领导力和师资培训，资助泰晤士高等教育（Times Higher Education）对创新型大学的评选。全国高校学生创业者协会是一个民间慈善机构，致力于支持、连接和代表世界各地的学生创业协会和学生创业者。它与大学生合作，通过学生主导的创业社团、实践项目和活动，为年轻人提供提升技能、信心的机会。毕业生职业咨询服务协会是由高等教育职业从业者和专业指导人员组成的专业协会，为学生提供关于职业和就业的信息，为参与创新创业教育的人员提供培训、资源和交流的机会。此外，还有一些其他机构通过机构认证、咨询、培训等方式参与学生的创新创业教育。

英国的主流模式是教师在专业课程中通过多种教学方法培养学生的创新思维和能力，是一种“润物细无声”的“滴灌”模式。近年来，部分院校也设置了创业学位项目或相关课程，如剑桥大学贾奇商学院提供创意产业创业方向的课程；伦敦大学金史密斯学院提供创意和文化创业学位课程，并设有时尚、媒体、音乐、戏剧等特定专业方向；华威大学提供创意与媒体行业的硕士研究生课程，艺术、创新与发展专业的硕士研究生课程，以及创意产业的博士研究生课程；利兹大学在创意类学位课程中加入创新创业内容，包括音乐与创新、时尚与创新、创新与社会，开设社会创业学士学位；法尔茅斯大学推出了创业孵化硕士研究生课程；考文垂大学提供创新与创业学士学位和硕士学位，以及全球创业硕士学位；纽卡斯尔大学提供艺术、商业与创意硕士学位，以及创新、创意与创业硕士学位；伦敦舞蹈与戏剧艺术学院提供舞蹈与创意企业硕士学位；伦敦艺术大学设立了时尚创业与创新硕士学位等。

英国创新创业教育还建有一套完整的宏观评估体系，其中各评估框架的目的有所不同。例如，2017 年提出的知识交换框架（Knowledge Exchange Framework）评估的是大学与企业/社区的知识交换互动，评估内容覆盖了广泛的知识交换活动，强调高校评估的公平性、定性与定量手段的平衡性、评估结果呈现的互动性，这些特点可以提高评估的效度，增强对各类用户的服务性。教学卓越框架（Teaching Excellence Framework）用来评估教学质量，根据各高校的学生满意度、退学率和毕业生的就业等做出评级，将 134 所英国大专及大学分为金、银、铜评级。科研卓越框架（Research Excellence Framework）用来评估科研的质量，旨在为英国拨款机构提供高校科研经费拨款的依据，注重科研产出的卓越性以及产出的社会效益和社会影响力。

三、德国创新创业教育发展状况及特点

德国从 20 世纪 70 年代中期开始实施创业教育，在科隆大学、斯图加特大学零星开设了创业课程，并展开一些研究工作。20 世纪 80 年代，多特蒙德工业大学设立了创业教育研究中心。至 20 世纪 90 年代中期，由于失业率激增，人们迫切希望政府能提供更好的创业环境以提供更多就业岗位。自此，德国政府和高校开始全面重视创业教育。目前德国已经基本形成了创业教育政策健全、创业教育课程完善、创业教育管理科学、创业文化浓厚的高校创业教育体系。在创业教育的引导下，德国大学生创业教育意识显著提升。2009 年，慕尼黑大学的研究表明，通过创业教育，学生的创业意识显著增强、创业能力明显改善，德国每年创办的企业约有 45 万家，其中有 11 万余家能在竞争中存活下来，这与创业教育的发达是不无关系的。

德国的创业教育与工商界、政府、院校联盟等组织机构存在着紧密联系，共同促成了创业教育的融合发展。德国联邦、州和地方各级机构发起了相当多的政策措施，例如，从 1998 年起德国政府对新成立的公司直接提供最高为 5 000 欧元的财政补贴；而对于刚毕业创业的大学生，提供最高 7 500 欧元的免费培训课程；给审核通过的初创企业发放“过渡津贴”或“创业补贴”。政府对大学生创立企业给予全方位的支持，包括开展

创业培训、创业咨询、创业指导和帮助；免征商税、为新创立企业提供 10 ~ 20 年期限的创业援助贷款、减免新创立企业的部分所得税等，上述措施都是为了激发未来企业家的创业精神和促进商业初创的项目成功孵化，对大学生将创业理想付诸实践有很大促进作用。此外，建立健全了以高校自主管理为主、社会各界给予充分配合的创业教育组织体系。以盖尔森基兴应用技术大学为例，创业教育主要由执行局、董事会和顾问委员会这三个机构负责。其中执行局由三位首席科学家主管，负责创业教育的研究、教学、实践等工作；董事会由校长和学校里的教授组成，用于监督执行局创业教育实施情况；顾问委员会则由企业家、政府行政人员、政治家和科学界等领域的代表组成，主要为创业教育提供政策、实践等领域的建议和帮助。这一管理体系既保障了高校在创业教育中的主体地位，又能充分发挥社会各界对创业教育实施情况的监督和支持作用，从而实现高校创新创业教育健康有序地发展。

在社会各界的共同努力下，德国许多高校已经建设了比较完善的创业教育课程体系，包括企业家精神训练、企业创业管理、创业法律法规、商业计划书、财务管理、市场调研、新产品开发、市场营销战略等几十门课程，课程涵盖了创业意识、创业知识、创业能力、创业实践操作、企业精神等主要创业意识与能力培养领域。以慕尼黑工业大学的创业教育课程为例，设计的课程中如企业财政、风险投资、商业发展计划等是面向全校的通选课，而生物技术与医药产业的筹资与评估、创新企业家等课程则主要为创业者服务。通过大量分析典型案例、为学生提供实践机会等方式丰富学生第一手创业实践的经验，从而全面提升学生的创业能力，促进创业教育目标的实现。

一是德国政府和高校举办了不同层次的创业计划比赛促进大学生创业，以慕尼黑创业计划大赛为例，该赛事由慕尼黑劳动力与经济发展部、慕尼黑部分高校、当地商业机构、公共储备银行等共同组织筹备，在开展这一赛事的 12 年里，成功走出了 530 多家企业，创造了 4 200 多个新工作岗位。二是充分利用创业教育研究中心开展实践教育。德国高校创业教学过程中，普遍采用教师协助指导下学生自主实践的方式展开教学。例如，慕尼黑大学的商业设计课程要求学生根据慕尼黑企业发展理念设计出相应的企业发展规划，并由专家为企业提供咨询和培训，付诸企业实践。三是积极创建大学生创业教育实践平台。高校大力与当地的政府、企业等机构建立合作关系，整合资源，搭建创业教育实践平台。同时充分利用互联网这一高科技手段，将高校与政府、企业、创业中心等机构联系起来，建立大学生与社会各界的创业交流与咨询的平台，为大学生创业及新创企业提供有力支持。为推进高校创新创业教育发展，鼓励教授从事创业实践、企业管理等活动获取创业教育指导经验，如盖尔森基兴应用技术大学就支持教授专门用一个学期的时间到企业中去检验和实践企业管理知识、技术。积极吸收一些既有创业经验又有一定专业背景的社会人员担任高校兼职教授，如在慕尼黑工业大学，每年有大量的成功企业家和经理人以客座教授的身份介绍他们成功创业和企业管理方面的经验，这一举措有效弥补了高校教师实践经验不足的缺陷，丰富了创业教育的内容。

四、日本创新创业教育发展状况及特点

在日本，创新创业教育作为一个崭新的教育理念已得到广泛的传播并形成了独特的发展模式。经过多年的探索已逐渐形成了具有自身特色的教育模式，在创业教育理念推广、创业教育课程建设、社会支持体系完善等方面积累了宝贵的经验。

日本政府将官、产、学合作视为提高国家创新能力的一个关键因素，通过促进产学合作来提高经济效益。在开展创新创业教育时，政府、产业界和社会从不同方面为创业教育的顺利开展创造条件，充分体现了整个社会对创新创业教育的重视。在政府方面，经济产业省、文部科学省、厚生劳动省将创业教育作为国家发展的重要课题共同研究、共同思考、共同行动。从"青年自立挑战计划"的"政策联合部署"到《大学技术转让促进法》的颁布，从教育科研体制的系统改革到创业教育研究的"国际参与"，日本政府在创业教育系统中扮演了指导者、推动者和协助者的角色。近些年，日本政府又在简化新公司申请程序和广泛的资金援助方面出台政策，如通过立法使高校创新创业发展受到政策保障，1963 年颁布《中小企业基本法》，用来确保中小企业的合法权益，为创新创业教育的开展提供良好的服务。在产业界方面，许多大企业和中介机构为高校创业教育做出了突出贡献，从向学校提供人才需求意见，为大学生见习提供"实习基地"，为有潜力的创业计划提供"风险资金"，到企业和大学联合开发创业教育教材、课程，设计创业型人才的培养方案和实施方案，企业以更加主动的姿态出现在高校校园之中。与此同时，许多中介机构在将创新成果转化为产品的商业运作中扮演了桥梁的角色。例如，整合技术与企业需求的产业合作办公室、促进大学研究成果专利化与技术授权的技术转移机构、提供商业层面支持的创业辅导机构、提供作业场地与商业设施的科学园区以及风险投资、人力中介及律师服务等，为创业者提供全方位的保障。在高校方面，在政府和产业界的密切配合下，高校不断更新创业教育、研究理念，甚至引入了全新的办学思想。同时，在高校内设置了创新创业教育基金，对高校创新创业活动进行帮扶。日本高校在课程设置上一直坚持理论和实践有机结合，开展丰富的创新创业活动。同时，日本对于创新创业教育的连贯性和系统性也非常重视，强调在不同的教育阶段对学生进行不同形式的创新创业教育，通过全阶段的创新创业教育，为大学生将学校内所学到的知识在社会实践中应用奠定了坚实的基础。并且，各高校在原有基础设施的基础上，加强创业孵化器、创业辅导机构等创业基础设施的建设，加强与校友的广泛联系。同时，各

高校还在原有管理和经营学基础上结合本校特色开展工科创业计划，开设广泛的创业课程，开设交叉学科，如高知工科大学的创业工学、立命馆大学的创业管理学，在创业师资方面聚集了优秀创业家资质和创业经历的“双师”，通过建立与企业的双向交流制度来提升创业教育质量。

为了充分挖掘地域经济资源，日本高校尤其是私立大学在开展创业教育时很注意和地域特色产业的联系。许多高校将结合本地域产业优势，振兴地方经济发展作为高校人才培养的目标。例如，大阪商业大学的发展目标是“为社会做贡献”，成为一所“扎根地方、学习地方、贡献地方”的大学，每一名学生的思想中都有把自己培养成一个对社会有用之人的责任感。又如，濑户内海沿岸地区是钢铁和化学等日本传统产业集中的地区，当地政府借助广岛大学和香川大学的研究技术，为地区的养鸡业和制糖业提供了改进思路，高校的技术也得到了相应的应用。这种合作很好地发挥了地区和高校的资源优势，实现了与地区同步发展。在创新创业实践中，大学生还为本地区企业开展市场调查，寻找企业优势，开拓市场空间。他们利用自身知识为中小企业开展咨询，通过处理具体问题达到企业升级、创新管理的目的。这样高校的创新创业教育对地方经济起到实际的推动作用，也就容易获得地方政府的支持和地方企业的资助。此外，各地方工商联合团体、金融机构、非营利机构、经营团体、地方高校还设立了创新创业推进协议会，共同推进创业计划、开设创业中心，使有关机构人员、打算创业的人士、企业代表在此交流意见，形成促进地区经济发展的共同愿景。与此同时，创业中心通过“创业塾制度”为女性和高龄者开展短期的创业技能培训，紧密围绕地区经济发展主题，开设企业设立、财务、经营等讲座。现在许多日本新创企业多是挖掘地区产业的成功案例，为地区经济发展做出了重要贡献。

第二节　以美国为例的高校创新创业教育模式的组织结构

高校创新创业教育模式是为了更好地实现高校创新创业教育目标而设定的一种结构体系，已经成为高校人才培养模式的重要内容。高校创新创业教育模式的构建是围绕高校人才培养模式展开的，它不仅是现代高等教育对人才培养的新要求，也是确保教育促进人发展的最终目标。高校创新创业教育的效能是创新创业教育活动对大学生创新创业意识、能力及行动所产生的实际效果。高校的创新创业教育组织机构虽然有创业学院、创业中心等不同名称，但组织架构的形式主要是“自上而下”的垂直管理和条线分工模式，因此其效能的发挥受到结构和运行机制的影响，应该有一个理论最佳结构。

美国高校创新创业教育迅速有效地发展得益于其独特的培养方式和多样化的组织模式,国内学者总结了美国在创新创业教育与专业教育融合方面的几种主要形式,分别是聚焦模式(哈佛大学)、磁石模式(麻省理工学院、斯坦福大学)、辐射模式(康奈尔大学)和混合模式(密歇根大学)。它们各有千秋,又自成体系,并且取得了比较好的成效。

一、聚焦模式

聚焦模式是典型的大学生创新创业教育模式,体现了美国高校创业教育发展方向的第一点,它更多地体现了美国高校创业教育重视创业学科建设和创业教育教学的发展方向。这一模式最先出现在哈佛大学商学院或管理学院内,也就是说,将开展创新创业教育的全部细节都交给商学院或管理学院承担,并且开设整体健全的专业课程,课程内容呈现高度的系统化和专业化。在选择教学对象的时候,要求不仅必须是商学院或管理学院的学生,还要在这两个学院的学生中进行严格的挑选。所以,接受了聚焦模式教育之后出来的学生,创业成功的比例很大。此外,针对创业管理建立完整的资料和案例库,为研究者提供良好的环境,这也是哈佛大学商学院的优势所在。

哈佛大学的创新创业教育全面综合,几乎囊括了各行各业,50%的哈佛大学商学院毕业生在毕业后10~20年内都成为企业家。哈佛大学的创新创业教育对整个行业是一种引领性的存在。哈佛大学商学院创新创业教育大获成功的原因得益于它的三大教育准则:其一,创业需要团队协作,个人是团队的一分子,盲目的个人主义是不被允许的,必须重视团队间的合作;其二,每一名学生都有创业的潜力,创新创业教育的最终目标是让每一名学生都具备自主创业的意识和能力;其三,创业是一件光荣的事情,不只是因为它可能带来的光辉,更是因为在创业途中创业者所需要克服的困难和付出的汗水。

哈佛大学商学院没有专业之分,所有的MBA学生都要学习综合管理课程,但可以选择不同的发展方向。他们也没有教科书,所有的课堂都是案例学习。世界各地商学院所运用的案例中,80%是在哈佛大学商学院制作的,而在过去的10年中有1 200多个案例是关于创业的。哈佛大学商学院会尽力把每一个案例中的主人公请到校园来。“所有的人都在教学,所有的人又都在学习,包括学校的教职员工。”哈佛大学阿瑟·洛克创业中心主管梅雷迪思这样描述哈佛大学的课堂。

二、磁石模式

磁石模式又称为中心模式,它主要是由学校设立一个平台,可以是一个创业教育中心,但这个创业教育中心是通过自愿或者选拔的方式来组织的,它不仅仅为学校商学院的学生提供创新创业教育，也给予商学院以外的学生创业教育，并认为不管是否是商学院的学生都可以在创业中获得成功，所以，磁石模式为所有专业学生提供创新创业教育。由于磁石模式是在聚焦模式的基础之上进行的创新和整合，它可以更好地整合全校的资源，为非商学院的学生提供一个良好的创业平台。目前面向全校学生开展的创新创业教育都采用的是磁石模式，这些创业教育活动大都仍由商学院管理中心举办，全校学生都可以参加。磁石模式的类型划分为单一磁石模式和多重磁石模式，单一磁石模式的典型代表是麻省理工学院，仅有一个创新创业教育管理中心；多重磁石模式的典型代表是斯坦福大学，拥有多个创新创业教育管理中心。

（一）单一磁石模式

麻省理工学院是美国高校开展创新创业教育的典范院校，有着数量可观、质量极佳的师资队伍，他们活跃于各个领域，不仅有着丰富的知识储备，还有着精干的实操能力，对于知识经验的传播和学生的培养有着至关重要的导向作用。据统计，美国最优秀的50家高新技术公司有46%来自麻省理工学院的创业计划大赛，而麻省理工学院的学生及校友更是对全球的经济发展、企业建设和劳动力就职状况有着不可或缺的贡献。

麻省理工学院采用的创新创业教育就是单一磁石模式，该校的创新创业教育最早可以追溯到1916年创立的“技术计划”项目。20世纪早期和中期，该项目在促进教师和研究人员的创新技术和研究成果转让，以及在商业化开发中起着重要作用和指引，奠定了高等教育机构超越其传统使命，倡导师生和研究人员创新创业的理念和实践基础。尤其是象征麻省理工学院创新创业教育取得重大突破的“麻省理工创业中心”于1990年正式成立，则把麻省理工学院长期坚持的创新创业教育和实践活动从幕后推到前台。2013年成立了“麻省理工创新行动计划”（MIT Innovation Initiative）项目，该项目通过工学院、理学院、建筑与规划学院、人文艺术与社会科学学院和斯隆管理学院等五大学院的合作，全面提升、强化了麻省理工学院的创新创业教育和实践活动。

麻省理工学院创新创业教育模式由六大相互支撑的开放体系组成，即创新创业教育学位项目和课程体系、创新创业教育组织和管理体系、学生创新创业俱乐部体系、创新创业教育全球化体系、创新创业教育竞赛和奖项体系以及创新创业教育法律服务体系。其中，项目、课程和活动是贯穿于整个模式的关键要素。从提供的课程来看，包含五种创新创业课程：入门级创业课程、专业性强的创业课程、专业技术方面的创业课程、实践性的创业课程和个性化的创业课程。除了正式的创业教育管理中心，麻省理工学院还有不少其他自发的创业组织，由创业教育管理中心对这些组织进行统一的指导。创业教育管理中心的宗旨是：“有一个好的思想和一个好商业计划，但创业者没有足够经营技能和经验相匹配,那么刚会飞的商业是很难成功的。"所以,麻省理工学院的创业教育形成了数十个项目组织和中心,共同在校园内培养创业精神的"创业生态系统",提供创业指导教师,对学生的创业活动进行指导。

(二)多重磁石模式

斯坦福大学的创新创业教育采用的是多重磁石模式,该校的创新创业教育始于硅谷创业浪潮迸发时期,并在多年的发展中不断取得进步。斯坦福大学被誉为"硅谷心脏",斯坦福师生在硅谷创建了很多高科技公司,如苹果、谷歌、惠普、雅虎、思科、甲骨文等。斯坦福大学商学院创业研究中心(The Center for Entrepreneurial Studies,CES)成立于1996年,为后续创业研究管理中心的建成提供了借鉴。在此之后,斯坦福大学工程学院和法学、科技学院的创业管理中心也陆续创建成功,截至目前,斯坦福大学拥有三个创业管理中心为全校学生提供创新创业教育。斯坦福大学对创新创业教育的含义进行了界定,认为创业教育的主要目的就是努力培养世界范围内教育、环境、贫困以及其他事关公平正义事业的领导者。斯坦福大学积极开展社会创新项目的实施计划,为来自全世界的申请者提供社会创业执行计划和非营利组织领导者执行计划。通过创业教育将创业者的创业经验、创业知识和创业技能,以及他们对创业的理解传递给学生;并通过对学生进行创业教育,将创业精神内化为学生的精神气质,使创业成为学生的一种生活方式和思维方式,并为世界范围内的创新创业者提供了重要的学习渠道和路径,对于促进社会创新事业的发展具有十分重要的意义。

斯坦福大学创业创新教育课程有显著的特色:注重基础课和专业课的融合,理论与实践紧密结合,学院与业界良性互动。目前商学院创业研究中心已经开发了21门面向MBA学生的创业教育课程。工程学院通过技术创业项目构建了针对不同层次学生的创业教育课程,围绕科技创业设置跨学科课程,为本科生、研究生等不同层次的学生设计了不同的课程,采取多样化的授课方式为学生提供帮助。并邀请成功的创业者或企业家到学校开展讲座,让他们用自己的亲身经历为学生讲授创业的技巧,学生与他们进行面对面的交流沟通,还邀请创业成功的校友回校与学生进行交谈。除了让学生在学校接受课堂和听讲座之外,还组织他们参与创业实践活动,如商业策划书大赛,鼓励他们积极参与,并且这些创业实践活动大多数都是由学生自主举办的,这也是他们获得实践锻炼的机会。

三、辐射模式

辐射模式也是一种全校性质的创新创业教育模式,指学校给予全校学生创新创业教育,并且支持不同学院的教师、学生都参与到创新创业教育中来。也就是说,辐射模式突出了不同学院教师的参与,这也是辐射模式与磁石模式本质的区别。该模式在学校一级创建创业教育管理中心,引导学生创业活动的开展,从整体上规划学院创新创业活动的实施。辐射模式的出发点是根据不同学生的不同特点来实施创新创业教育,并且分享不同学院之间的创业教学资源。

康奈尔大学作为辐射模式的典型代表,其创业教育的设计与实施都颇具特色,是进一步了解创业教育辐射模式的最佳范本。康奈尔大学是一所快速发展的公立大学,它十分看重公平原则,认为每一名掌握了创业技能和相关知识的学生,都能够在工作环境中产生重大价值。康奈尔大学的创业教育管理中心由实施创业教育的各个学院院长构成,并且由管理中心主任对全校的创新创业活动进行统一的指导,管理中心领导任期为两年。该校的创新创业教育将创业理论课程与实践课程紧紧地联系在一起,不同学院和专业的学生都可以根据自身的条件选择不同的课程进行学习。所以,优秀丰富的教师资源必不可少,为了吸引和栽培更多优秀的教师为创业教育贡献力量,康奈尔大学每年都会拿出一部分专项资金奖励为创新创业教育事业做出杰出贡献的教师,并且与优秀校友一直维持良好的关系。

从学生的角度来说,为学生提供实践性更强的创业教育,将理论知识与实践充分结合起来;从教师的角度来说,让不同专业的师生相互沟通,在交流中不断提升思维能力;从学校的角度来说,不同学院培养出来的学生能够更加具有竞争性。需要注意的是,辐射模式在使用和管理过程中依然有协调、课程设置、教师资源稀缺等不足之处,并且协调是辐射模式最大的困难。康奈尔大学共有 9 个学院加入到创新创业教育中,每个学院根据自己的专业特征为学生开设了不同的创业课程。协调不同学院之间的课程便是一项极具挑战的任务,协调不好便会导致整个创新创业教育的混乱和失调。此外,辐射模式的实质要求不同学院的教师能够融会贯通不同的创业课程,所以,怎样培训创业教育课程教师,激发其他教师主动参与创新创业教育是采用辐射模式开展创业教育的高校需要考虑的问题。

四、混合模式

混合模式由学校成立的创业教育委员会协调指导,不同学院分别负责与其相关的师资、项目及经费;在课程设置方面,依据不同专业的学生,将创业教育的课程和他们的学科背景结合,强调全校教师参与。创新创业教育的对象一部分是商学院、工程学院的学生,另一部分则是全校学生,也就意味着专业教育和普及教育相结合。如今,创业不再只是商学院的专利,不少其他学院的学生也纷纷走上创业的道路,他们学习计算机、化学等各个方面的专业，在这些行业进行创业将大有所为，所以，采取混合模式进行创新创业教育的高校愈发增多。如今，很多大学生热衷于自主创业，不少学生在进入大学之前就着手寻求创业的时机，调查发现，将近15%的学生在正式进入大学之前就已经开始了自己的创业计划。因此，目前高校创新创业教育需要解决的问题是怎样引导和支持学生的创业热情。

混合模式的典型代表是密歇根大学。该校创建于1817年，是美国历史最悠久的公立大学之一。该校一直有着良好的创新教育传统，其医学院于2012年启动了一项创新教育战略研究计划——快速医疗创新项目(Fast Forward Medical Innovation，FFMI)。

密歇根大学医学院以FFMI为中轴，以各医学创新项目为支点，将课程、团队、资本及文化无缝衔接，构成一个完整的闭环生态链，将创新理念商业化，应用于患者身上，体现社会价值。FFMI有三个基本要素：一是为技术创新者接洽有实战经验的导师；二是为科研人员寻找行业合作伙伴；三是项目化定制创新课程。其依托的相关资源主要包含课程、师资、拓展性资源、项目、学生社团等。

FFMI个性化定制创新教育课程，以教育项目为单位进行课程设计，为不同的项目主题设置不同的课程体系。目前，FFMI共有12个项目主题，每个项目课程的设计都是根据该项目的教育目标进行个性化的课程内容设计。FFMI广开渠道，创设各类种子基金、校友捐赠、奖学金、孵化基金等，为创新项目寻找资金来源。目前，FFMI共设有五大基金，不同基金资助的项目内容也不同。

密歇根大学创新教育独具特色的一点是多元化的团队构建，“团队的多元化”不仅是教师的多元化，也包括学生的多元化。从教师层面来说，FFMI提供的各种创新教育项目，不论是在线教育还是线下课程，都会配备与该项目相关的各个方面的专家，为项目提供足够的智力支持。除了专业教师外，其余领域皆配备具有实战经验的专家，这些专家大多是成功企业家、行业领导者、风险投资经理、当地企业的高管、行业监管专家和食品药品监督管理局的政府工作人员等。从学生层面来说，学生团队的创建也强调多元化，学生团队的多元化体现在两个方面：一是学生的学历层次多元化，包括本科生、硕士研究生、博士研究生及博士后，只要大家目标相同就可以组建团队；二是专业的多元化，FFMI鼓励交叉学科的团队创建，需要专业的多样性，这样才能从不同的视角考虑涉众需求，从而提出“帕累托最优”的解决方案。

密歇根大学医学院致力于营造全校性的创新文化，实现文化改变的一个重要方式就是构筑资源和教育的基础，让医生、实习医生、学生、企业、学者都参与进来。FFMI的创新教育项目的最终目的就是培养一种全校性的创新文化，打造一个集群的创新社区。在这个社区里，一群聪明又富有激情的年轻人聚集在一起，FFMI给予其教育和资源，帮助其成功。此外,密歇根大学和本州的另外两所大学——密歇根州立大学及韦恩州立大学结成了长期的伙伴关系,并将它们之间的合作命名为“大学研究走廊”。这个组织的目标在于推动促进密歇根州经济的增长、进步、多样性和长期发展,为学生的创业行为提供更多的机会,这也是推动当地经济增长的重要途径。

第三节 国内创新创业教育的典型模式

在探索国外高校创新创业教育模式的过程中,我国高校也摸索出具有中国特色的教育模式,各高校面向全体学生开设创新创业类通识课程或专业课程,并且纳入学分管理。大多数高校根据政策和自身状况打造出行政部门和教学部门相结合的创新创业教育组织形式,师资配备形成专兼职一体的教师队伍,大部分地方高校也都建立了颇具特色的创新创业学院。此外,“创青春”“互联网+”“挑战杯”等创新创业类比赛也如火如荼地开办起来,学生创新精神、创业意识和创新创业能力得到增强,投身创业实践的学生数量显著增加。经过20多年的发展,创新创业教育在我国高校基本建立起了一套符合如今基本国情的教育体系,摸索出符合我国学生价值取向的教育培养模式。

高校创新创业教育的普及为新工科的建设铺垫了基石;而在新工科背景下,创新创业教育又具备了学科交叉融合性、前瞻性以及实践性的特点。当前,地方高校创新创业教育发展趋势与新工科的建设需求具有高度一致性,地方高校应着力推动创新创业教育改革,提高学生创新创业能力。我国创新创业教育起步较晚,在创新创业教育上还缺乏一定的经验,因此大多数国内高校采用更为保守的“渐进式”教育模式。目前大部分地方高校创新创业教育已构建了较为完整的体系,同时结合学校学科优势进行创新创业教育改革,如借助学科优势开设小班特色的创新创业教学、结合学科方向的创新人才培养体系、与企业联合培养创新创业人才等。但由于各地方高校情况不同、学科特色不同,目前地方高校创新创业教育模式并没有形成一定的通式,结合新工科对工科院校人才培养模式提出的新要求,如何将创新创业教育与学科专业教育深度融合成为高校创新创业人才培养研究中亟待解决的核心问题。目前,我国高校创新创业教育模式主要有三种。

一、综合型创新创业教育模式

综合型高校主要以课程建设为核心,以实践孵化为导向,以构建创新创业平台为辅助,联合政校企行合作,实现产学研创的一体化,从而实现学生从创意培养到实践孵化再到优质就业的一体化。在课程体系建设上,大部分高校开展分层分类教育,首先对全体学生开设通识课程，普及创新创业知识，形式上多以“必修+选修”的课程设置引起学生重视。这一阶段的课程大纲和内容是在教育主管部门批准下，由企业与高校共同设计开发的创新创业教育的相关课程，课程将专业教育与创新创业教育有机融合；在创新实践基地建设上，通过建设创新教育师资队伍和学生创业团队，构建完善的创新创业实践教学和科研基地，将创新创业与学科专业结合，建立课程体系、学科竞赛、工程实践、项目孵化、科技成果转化等创新创业多维立体平台，开展分层级、分类别、有针对性的一系列创新创业教育活动。而后筛选出部分优秀学生，对其进行有针对性的能力培养，通过安排相应的实践教育教学环节，或配以专业导师进行辅导，或开办训练营进行集体培训。这种模式克服了以往本科教育教学课时安排比较松散的弊端，有效弥补了传统课堂教学的不足，课时在时间安排上比较紧凑；最后引导有兴趣且有能力的拔尖学生进行真实项目的实践，帮助学生完成项目孵化并给予丰厚的资金奖金支持。该模式具有三大特征：

（一）依托校内外基地，使创新创业实训落地见效

多个工程实训基地免费向学生开放，逐步完善工程实训体系，通过基础实验、专业实践、综合训练和创新实践四个层次，逐级提升学生对“专业+创新”的认知。

（二）聚焦“专创融合”，打造创新创业教育课程体系

重构学生培养目标，结合学科特色方向制定创新创业课程体系，构建创新创业+学科核心课程、创新创业+领域核心课程、创新创业+方向特色课程、创新创业+创新创业课程的课程设置模式。

（三）注重导师领航，打造创新创业资深师资队伍

以专业学科教师为主，聘请国内外知名院校学术教授和企业、行业技术专家，建设具有广泛影响力的高素质师资队伍；通过校企协同打造“校内导师+企业导师+创业导师”三位一体创新创业导师队伍，给予学生专业技能指导。

清华大学的创新创业教育模式是我国创新创业教育模式的典型代表，它构建了“三位一体、‘三创’融合、开放共享”的培养模式，对创新创业教育平台和实践活动进行了全面设计。2013年，清华大学建立了“三创”教育平台，从创新、创意、创业三个方面重点培养学生的创新精神、创意思维和创业能力，实现了跨院、跨学科、跨专业的交叉培养；并于2015年建立了清华创客空间，给学生提供了一个集知识、能力、素质和创新实践于一体的平台。另外，清华大学改革了课程考核方式，用等级制取代传统的百分制，建立

小组学习模式，共同完成课程的商业企划书，还根据创业项目进行路演，团队由教师、企业者或天使投资人等进行评估，给出的综合评分作为学生的考核成绩。

山东大学大力推进创新创业教育，通过"自培+外培"的方式，实现校内外师资融合；厘清利益相关方关系，重整权责，构建多元参与、上下协同的治理体系，努力建设科研成果的转化平台，成立山东省技术转移联盟，实现学校内资源互补，将科技成果向企业产业方面发展；加强国际产学合作，分别与剑桥大学、哈佛大学、亥姆霍兹联合会等共同建立创新创业科研平台，极大地促进了关于创新创业的国内外交流，也为其他高校创新创业教育的开展提供了思路。

二、以专业为主体的特色型创新创业教育模式

以专业为主体的特色型创新创业教育模式在培养模式、课程建设、实践孵化、师资建设上有着很大的共同点，那就是以专业为载体，以就业为导向，开设与专业课程同向同行的创新创业课程，重视针对专业的创业孵化平台建设，加强与未来职业及就业岗位的融合，为学生未来就业发展提供前期的准备。在教师团队的建设方面，不仅对创新创业授课教师有专业上的要求，还邀请校外专家、企业家进行项目指导及就业规划，实现专业、产业、就业一体化培养模式。

湖南大学是"全国首批深化创新创业教育改革示范高校"和"全国创新创业典型经验高校"，其控制科学与工程学科是国家级重点学科，近年来在研究生创新创业教育方面进行了一些改革探索，提出了"四轴四螺旋"研究生创新创业教育模式，通过"课程牵引轴""团队推动轴""竞赛训练轴""平台提升轴"四轴联动，实现研究生在意识、文化、能力、实践方面的提升，通过推进专业课程教育与创新创业教育相融合来培养研究生创新创业能力。随着研究生创新创业能力的不断提高，该校学生参与创新创业大赛的热情持续高涨，并取得了优异的成绩。

面向新工科对创新实践人才的培养要求，上海交通大学采用"一体两翼三纵四横"模式推动本校的创新创业教育发展，在保留并加强原有工程实践教学的基础上，改建"学生创新中心"，形成以劳树德、以劳启智、以劳育美、以劳创新的勤"劳"创"新"育人理念，着力打造"科技领军人才的练武堂，工业界和大学的握手区"。具体表现为设立创业学院，对有创业想法的学生进行创新创业课程培训，加强其创业精神与创新意识培养，做到面上覆盖和点上突破，构建了"开放共享、学科交叉、产教融合、学创互促"的实践育人体系。

地方高校长春理工大学充分发挥激光技术、光电仪器、光通信技术、光电功能材料、现代光学设计与先进制造技术、计算机技术、纳米技术等专业优势，不断探索创新创业

教育模式,完善教育体系和培养机制,改善实践教学条件,坚持以培养创新应用型人才为目标,积极探索“个性化发展”的人才培养模式。通过构建“大光电”学科体系,依托高水平的学科平台,增进光电特色与其他专业的相互融合,用优势学科带动其他学科,实现理论育人与实践育人相结合,有针对性地催生学生的创新创业成果,帮助学生成才就业。以优势特色专业为核心,发挥其辐射和连带作用,有效带动其他专业的协调发展。

以专业为主体的特色型创新创业教育模式非常适合采用“订单式”人才培养。即在政府的主导下,企业与高校预定专业签订协同创新创业教育、科学研究的相关协议,有效发挥各自的资源优势,实现资源优势互补,双方共同参与创新创新创业教育,在学生毕业后,直接到最匹配的企业实现就业。“订单式”培养使高校、企业均处于主体地位,通过发挥各自的比较优势实现共赢。在“订单式”培养方式下,企业和高校严格遵循人岗匹配的原则,以职业岗位能力培养为主,采取一个专业对应一个企业岗位,并按照要求组建创新创业教育班级,既体现了本科高校人才培养以企业需求为导向,也体现了人才培养与服务地方经济紧密相连。此类型的人才培养方式有效避免了一定的人、财、物等资源的浪费,实现了人才培养的针对性和精准性。

三、以区域为主体的特色型创新创业教育模式

一个区域的经济发展速度、质量与创新创业人才的参与有关,优秀的创新创业人才的加入,可以促进社会生产方式的转变,也可以提高社会劳动生产率,促进社会经济稳定发展。因而,地方高校或依托区域经济带,或依托区域产业链,或依托区域创业圈,形成了以区域经济为主导、服务于区域经济的良性循环,以产业指引创业、创业带动就业的思维模式,将地方高校所在的区域价值最大化。通过与企业构建互助、互需的关系,为学生提供更多的实践机会,进而为社会输送更多的复合型人才,推动地方经济发展升级、更新换代、稳定发展。同时,这些学校推动高校创业模式适应地区产业、技术的发展需要,针对区域企业的真实需求,搭建学校创新实践平台,将理论知识应用到企业行业发展中以实现共赢,以传承地区精神为己任,培养高素质、有实力的人才。

东华理工大学作为核地质领域特色高校,在服务国家战略发展的同时,围绕促进地方经济建设,不断探索创新创业教育新模式,成功获批“江西省大众创业万众创新示范基地”。近年来,东华理工大学主动对接地方经济建设需求,深入对接江西省“2 +6 +*N*”产业发展行动计划,推动服务行业区域发展,聚焦行业和地方产业需求,加强产学研协同创新,推动科技成果转化,拓宽与抚州市“2 +4”六大主导产业及县(区)“1 +1”产业合作空间,不断提升学校服务国家和地方发展的能力,通过汇聚水文地质、工程地质、

环境地质、旅游地质等特色学科优势，形成了“大地质”发展理念。这些地学类新兴工科专业，为新工科背景下探索专业人才多学科交叉融合的创新创业教育模式提供了重要“试验场”，也为地方经济发展增添新活力。

江西农业大学则依托江西省的农业特色，坚持以农为特色，一、二、三产业协调发展的办学方向，将非农专业转型为涉农专业，形成涵盖种植、加工、流通、营销等环节，环环相扣的农业专业链。学校制定了《江西农业大学新农科建设实施办法》等规章制度，完善了涵盖专业培养方案、课程教学大纲、教学环节质量等模块的实践教学制度体系。学校积极整合校内外实践教学资源，构筑多元化的实践育人平台；加强校内外基地建设，构建开放式教学型实验室体系；建立了江西农业大学农业科技园，集教学、科研、示范与推广等功能于一体，已成为省级农业高新科技园。在课程建设上，学校遵循“通识—专业—项目—实战”培训体系，使创新创业与专业实现有机融合；施行校内本科导师制、校内外“双师”制，校企、校所、校地共同拟定学生实习计划，协同开展科学研究、成果推广和技术培训，推动协同育人；制定《江西农业大学大学生创新创业与第二课堂学分认定办法(试行)》，促进第一课堂与第二课堂有效融合。通过科技下乡、科普宣教、社会调研、科技扶贫等服务活动，让大学生学以致用，解决社会生产中的实际问题。

第四节　地方高校创新创业教育的区域化特征

新工科建设是我国建设高等教育强国的战略选择，必然会对我国高等教育发展战略、高等教育资源配置、学科布局、专业调整带来一定影响。为了更好地对接国家新工科建设，做强“双一流”地方版，国内大部分省市都启动了高水平地方本科高校建设计划，通过实施“省市共建”，有效激发了地方本科高校改革发展的内生动力，从而提升地方本科高校教育综合实力、核心竞争力和国际影响力。例如，航空产业是江西省重要的战略性新兴产业，随着江西省加快实施航空产业发展升级、产业平台打造、基础设施建设、科技创新引领、通航市场培育等五大工程进度，具有高度专业知识和操作技巧的复合型人才越来越受到航空企事业单位的青睐。教育界与产业界也充分意识到创新创业教育是培育和催生区域经济社会发展新动力的必然选择，更是提高江西省人才培养质量的重要举措。

一、创新创业教育组织体系的形成

高校创新创业教育与区域发展良性互动，是高质量服务国家创新驱动发展战略，实现高校与区域协同发展的重要举措。尤其在“大众创业、万众创新”的理念引导下，创新创业教育要培养好创新创业型人才、支撑产业发展战略是地方高校面临的重要任务，也成为地方本科高校走内涵式发展道路所面临的挑战和重要选择。下面以南昌航空大学为例，研究侧重地方本科高校创新创业教育组织社会网模式的建构过程。系统性的创新创业教育模式是组织社会网的建构关键，通过它可以实现地方本科高校创新创业教育组织创新和高层次航空产业人才培养模式对接，形成区域化发展模式，推动地方本科高校建立产学研协同育人平台和区域化发展，并进行构建面向行业发展需求的创新创业教育“样板间”的有益探索。

（一）创新创业教育体系的组织过程

创新创业教育本质上是服务于区域内新兴技术或产业发展的需求，为其提供具有一定知识结构、创新能力、自主学习能力和综合职业素养的高层次人才。高校创新创业教育离不开全社会的支持，必须将创新创业教育涉及的利益相关方全部纳入组织体系中，如图 2－1 所示。创新创业教育体系必须从系统工程的角度整体设计，着力构建地方高校、地方政府、企业用人单位、社会群体等良性互动的机制，抓住机会变革并重建育人机制，紧盯行业特色，共享创新创业教育资源，把控人才培养品质，建立创新创业平台和普适性评估指标，从而形成全社会参与的具有高度开放性的组织结构体系。

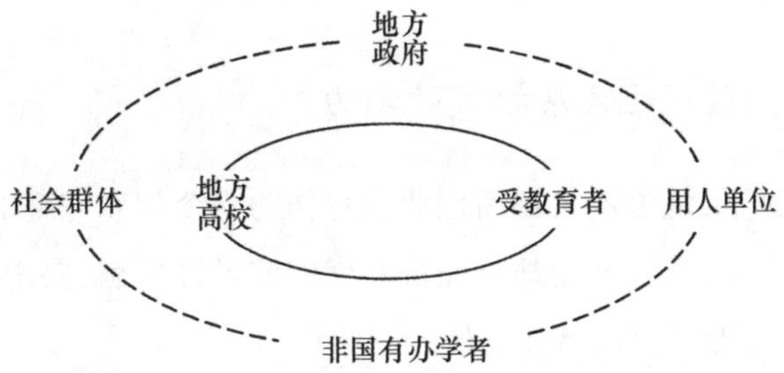

图 2－1　创新创业教育组织体系

该组织结构体系也是地方本科高校创新创业教育组织过程能动性的表现，即地方本科高校通过识别组织结构内外部环境，动态调整不同组织相关方策略，最终满足或兼顾其所有相关方的利益或者要求，实现创新创业教育目标与生态优化。

（二）地方高校创新创业教育的区域化

创新创业教育的组织结构体系决定了其区域化发展的道路。《国家中长期教育改革和发展规划纲要（2010—2020 年）》明确指出地方高校创新创业教育体系构建必须以服务区域经济发展为导向。不少学者在研究高校治理结构与治理力量的博弈，认为地方高校区域化发展是必然途径,完全受高校治理主体、治理结构、治理形态与方式所决定。因此,以地方本科高校为主要载体的创新创业教育也必然表现出一系列区域化特征,尤其在政府宏观调控下,盲目追求升格、硕博点申报未必是高校发展的最佳选择。尽管大部分地方高校都意识到创新创业教育特色发展的重要性,但在目标、专业设置、学科布局、课程体系、师资结构等环节还是没有将特色发展变成自觉行动,使得创新创业教育的区域化发展内涵建设不足,很难进一步获取外部环境支撑。从创新创业教育组织体系来看,区域化的产业集群、企业技术协同合作、地方政府教育政策、"双一流"高校的全局辐射带动效应是地方本科高校创新创业教育的区域化发展的核心影响要素。地方高校在区域化发展过程中,应着重考虑将大学生培养与服务区域经济、行业需求作为出发点,积极找准与区域经济社会发展的结合点。地方政府也应该通过适当的教育政策引导地方高校(尤其是行业特色型高校)向应用型转变,根据区域经济发展功能和规划调整,积极谋划区域内高校转型发展,充分利用区域内"双一流"建设高校的创新创业教育资源,促进高校间创新创业教育资源的共享与协同。显然,在地方本科高校创新创业教育区域化发展的组织结构体系下,必须通过建立产学研协同机制最终实现产教深度融合。

二、区域化发展的案例分析

(一)地方高校区域化发展模式的动力

新工科建设背景下,地方高校创新创业教育作为一个相对完整的系统,既面临区域内教育资源分配的不平衡性,又受地方经济发展的差异性限制,要想为学校赢得发展空间,就必须厘清创新创业教育区域化发展的原始动力。

1. 创新创业教育制度和机制保障

创新创业教育是全过程、全覆盖、全链条、面向未来的,虽然大部分地方高校都强调将大学生培养体系纳入学校制度顶层设计中,但由于缺乏明确的制度和机制保障,创新创业教育实际情况与预期效果有一定差距。创新创业教育组织结构体系中的各利益相关方应该主动对接,建立稳固有效的服务与协同关系,确定彼此的工作目标、责任与义务,通过系列化制度建设来完善全社会参与创新创业教育改革、支持创新创业教育改革的合作机制,促进优质创新创业资源共享,为创新创业教育提供综合化保障。

2. 局部市场非竞争性战略合作

区域化经济发展的差异性使得地方本科高校必须调整和优化创新创业教育的层级和专业设置,这与地方企业对接区域经济发展存在很大不同。随着数字化时代来临,以大数据、人工智能、虚拟现实为代表的新工科专业已渗透至创新创业教育的主要领域，学术与科研的国际交流与合作，校际的战略合作，师生之间的交流、校企之间的合作逐渐频繁，因而在整个创新创业教育体系结构内形成了有组织的非竞争性战略合作，有利于建立企业、地方政府和高校之间的“可信承诺”。以南昌市高新区为例，该区依托南昌航空城的建设，陆续引进落户了江西北航航空航天产业基地有限公司、江西天祥通用航空股份有限公司、江西海空行直升机科技有限公司的直升机、无人机、航空发动机零部件及航空转包等一批配套产业项目，初步形成了整机制造及服务配套相协同的航空产业集群，为产教深度融合创造了良好的物质基础。这些航空类企业需要根据不同职能和不同岗位，对航空产业人才的知识和技能有甄别地进行培养，迫切需要构建不同层次、不同特色的多元化航空产业人才培养模式。

3. 地方本科高校转型发展的内在需求

早在 2015 年，为推动地方本科高校更好地服务经济社会发展和产业转型升级，江西省教育厅遴选确定了以南昌航空大学为首的 10 所本科高校作为首批转型试点高校，对创新创业教育资源、校企合作、实训基地建设项目方面专项拨款。在航空产业发展方面，江西省政府更是先后出台了多项政策大力推动全省航空产业发展，并在产业规划、扶持政策及各种福利等方面领跑全国。2018 年 12 月 8 日，江西省产教融合高峰论坛在南昌举行，论坛聚焦新工科发展，旨在通过政策解读、产教融合实践案例分享，推动地方本科高校把办学思路转到产教融合上来。要求地方本科高校坚持观念创新和制度创新，不断探索构建校企合作新路径，提升省内高校服务赣鄱大地创新发展和区域经济社会发展的能力。

4. 省内“双一流”学科建设高校的教育示范及辐射作用

“双一流”学科建设高校承载着江西省实现高等教育高质量发展的重任，因而地方教育政策和资金投入倾斜性明显，这必然给地方高校生存发展带来一定冲击。地方高校在经历过扩大招生规模和体量的发展阶段，着手创新创业教育内涵式发展是必然趋势。地方高校既要关注“双一流”高校学科布局和专业建设，又要在挖掘自身专业优势基础上，确立服务区域经济和行业需求的创新创业教育目标和模式。

（二）创新创业教育的社会网模式

创新创业教育的社会网模式完全基于图 2 – 1 的组织结构体系进行构建。南昌航空大学在顶层设计和提升人才培养能力的创新创业教育实践中，坚持江西省高等教育改革方向和创新创业教育内涵要求，将服务江西省航空产业发展确立为差异化发展的主攻方向，努力促进全省范围内人力、资金、信息、设备、政策共享，积极调动各方力量投入创新创业教育中,谋求在服务江西省地方经济和航空产业发展领域形成自身的发展空间。

1. 学校区域化发展的组织环境

作为江西省唯一一所航空航天类本科高校,南昌航空大学建校以来,始终坚持以航空国防需求为导向,积极服务国家航空工业和地方经济社会发展。学校在构建区域化产教深度融合发展模式时,充分意识到社会网模式的建构是一个多主体共同建设的过程,必须明确地方本科高校组织环境和组织间关系多元利益相关方的互动与博弈。

(1)省教育厅及地方行政机构为地方本科高校创新创业教育提供政策保障。南昌航空大学响应江西省委省政府大力发展航空产业的号召,坚持"创新引领、改革攻坚、开放提升、绿色崛起、担当实干、兴赣富民"政策引领,以博士点申报、新工科建设为契机,积极加强学校内涵建设和航空特色建设,以"三融三化"为载体着力打造区域化产教融合共同体,即坚持专业教育与创新创业教育融合、理论教育与实验实践教育融合、教育育人与科研育人融合,将创新创业教育理念、载体和利益相关方主体进行融合,推动航空教育优势转化、科技成果转化和教育资源转化,着力培养面向航空产业发展的高层次人才创新精神和实践能力。2018 年,学校被教育部认定为"国防教育特色学校"。近年来,学校积极抢抓航空航天产业难得的黄金发展期,大力开展校企合作,推进产教融合;构建了面向江西省航空产业发展需求的创新创业课程体系;将专业胜任能力、职业道德、工程实践能力和创新创业能力贯穿人才培养全过程;突出行业专家参与人才培养全过程,航空类企业技术专家共同参与课程建设,整合政策、产业、高校、资金、人才等创新创业教育要素与资源。以破解通航产业发展难题为导向,整合优势、汇聚资源,着力打造航空产业的"人才培养基地""特色学科基地""高端智库基地"和"成果转化基地"。

(2)省内航空企业集群和龙头航空企业促进了区域化产教融合社会网的形成。江西省具备相对深厚的航空工业基础,学校进一步密切了与省内这些航空企事业骨干单位的联系,建设了一批航空类专业的校外实践基地,为深入开展面向航空产业发展的区域化产教融合模式提供了非常好的外部组织环境。

2. 学校区域化发展的组织创新

南昌航空大学区域化发展模式的组织创新主要体现在组织技术、技术环境及区域化校企合作平台的创新等方面。学校通过三年的建设和投入,依托教务处、各专业学院、研究生院及航空企业研发基地,陆续完成了协调型创新创业教育组织机构和实体型创新创业教育组织机构的建设,设置了职能完善的"平台型"创新创业学院,使得创新创业教育区域化协同体制机制更加优化高效。学校近三年累计投入 1 000 万元陆续完成了约 300 门融合创新创业教育理念的课程体系建设,覆盖了学科基础课、专业核心课与实验平台课三大类，极大地增强了全校教师投身创新创业教育的积极性。

（1）识别组织制度和技术环境。首先，吃透悟懂教育部关于高校深化创新创业文件精神及相关政策文件。我国大型飞机研制专项、民航运输业大发展、江西航空产业潜力和优势不断释放，为南昌航空大学创新创业教育开拓了更多制度空间，提升了其市场获取资源的能力。学校利用灵活、多层次的组织制度环境，树立了“学生中心、目标导向、持续改进”的教育理念，提出了与“一流本科、一流专业、一流人才”建设紧密结合的人才培养方案，特别是融合了省委省政府、航空特色鲜明的教育资源和省内重点航空企事业单位支持，建立和完善了校企协同育人模式，突出特色，建立多层次、多类型的人才培养模式。其次，识别江西省航空产业区域化发展的结构及组织形式。江西航空产业有以下特点：①产业基础雄厚；②产品结构完善；③研发实力强大；④空域资源良好；⑤发展环境优越。2018 年 12 月，江西省委人才办、省人社厅等九部门为进一步加强航空领域人才队伍建设，印发了《关于加强全省航空产业人才队伍建设的若干措施》，充分表明了江西省对航空产业人才的求贤若渴。

（2）构建创新创业教育区域化产教融合平台。学校聚焦航空优势学科，全方位、多渠道加强航空特色学科与专业人才培养的创新创业教育，积极与省内航空企事业合作探索人才培养。例如，学校率先成立国内首家航空发动机学院，陆续建立稳定的校外实践育人平台 200 多个，不断引入航空企业管理机制。学校优势学科专业陆续构建，完成了以实验、实践、实训为主体的四年不断线的工程实践教育体系，并要求每个专业都有 3 个以上固定的实践教学基地，进一步拓宽了校外实习内容，将学生的课程设计、专业实习、毕业实习、毕业设计等实践环节安排到企业进行，学生完成相关环节后可直接入职企业，实现航空类高层次技术人才的“精准供给”，通过校企合作联动机制实现过程管理和培养质量控制。在校企合作联动机制中，让企业深度介入学校人才培养方案的制定，同时也让师生参与到企业具体的业务处理中，案例式、项目式教学更为普遍。

三、地方高校创新创业教育“样板间”的启示

地方本科高校需要将创新创业教育作为学校改革发展的突破口，充分把握好国家及地方政府关于创新创业教育政策制定的有效性、创新创业教育政策实施的整体性和创新创业教育政策推进的联动性，让创新创业教育融入教育的内核。通过组织创新、组织实施方式创新及校企合作平台化建设，形成地方政府、航空产业集群、行业协会、“双一流”学科几个创新创业教育社会网主体合力，实现区域化产教融合，共同服务江西省航空产业人才培养模式的创新，不断实现由政策优惠向制度红利转型。在区域化模式下的地方本科高校创新创业教育社会网构建过程中，建立了政府推动、行业指导、校企

主导、学校企业双主体实施的合作机制，明晰了不同主体之间的职责和利益分配关系，在航空产业人才培养、科技创新、就业创业、社会服务、航空国防文化传承等多个方面开展了产教融合试验，为研究地方本科高校区域化深度产教融合发展模式提供了启示，也实现了地方高校创新创业教育"样板间"的有益探索。

（一）地方政府是创新创业教育区域化发展的"指挥中枢"

在创新创业教育推进机制中，如果说政策传递路径、政策落实反馈和组织实施方式是硬机制，那么地方政府实施创新创业教育的意识则可以看成是一种软机制。地方政府要树立创新创业教育是全面提高高等教育质量应有之义的理念。当前，地方政府担当意识主要体现在一些地方本科高校"转型发展"的试验性改革上，尤其在具体操作层面，地方政府和高校的政策和举措的对接至关重要。在创新创业教育区域化发展模式中，江西省和南昌市政府主管部门充分发挥了政府组织职能，支持高校创新创业教育，有效发挥出教育政策的引导作用，决定一部分地方本科高校率先向应用型本科转型发展，有力地支持了创新创业教育生态系统生成及创新创业教育区域化产教融合社会网模式构建，增强了创新创业教育改革风险的驾驭能力。

（二）跨企业协作能够实现区域技术协调和局部市场化

航空产业具有科技含量高、涉及领域广、运营涉及面多、辐射面宽、联动效应强、经济拉动作用大等特征，被国务院国有企业改革领导小组确定为国有资本投资公司试点产业，也是当下我国重点发展的军民融合、利国利民的新兴战略性产业。军民融合国家战略为民机、"三同三高"、海外业务的发展提供了新的市场动力和发展路径。近年来，江西省航空产业发展成效显著，南昌、景德镇抓住获批国家通用航空产业综合示范区的机遇，先后形成了整机厂齐头并进、产业配套企业协同发展的规模化产业集群，为地方行业特色高校实现协同创新创造了有利条件。显然，跨企业协作能够很好地实现区域内技术共享，通过建立产教融合机制，打破地方高校内部及企业外部环境之间的壁垒障碍。

（三）制度设计是地方高校教育治理模式的创新

地方本科高校治理的现代化本质上是指以良好的先进制度设计与制度安排，将各种看似冲突和矛盾的价值构筑成有序的价值体系，也就是通过构建创新创业教育社会网模式多主体之间的新型关系来寻求一个合适的平衡点，促进高校的共治与善治。南昌航空大学在建立产教融合深度区域化发展模式中，通过创新创业教育，联系地方政府和企业、市场等多方面力量，完成了创新创业教育制度的顶层设计。

(1)从政策和制度层面明确了创新创业教育在高等教育中的核心地位，地方政府要结合区域发展需求对高校提要求，并通过多种方式对高校创新创业教育中的核心要素建设提供资金支持。

(2)强调将创新创业教育全面融入人才培养体系，特别把科学精神、人文精神、创新精神贯穿创新创业教育教学各方面，拓展学科育人功能。积极构建适应创新创业教育体系的学籍管理制度，建立和完善创新创业学分积累与转换制度。

(3)将创新创业教育贯穿人才培养全过程，一体化构建创新创业教育体系，打破传统学科之间的壁垒，发挥所有课程的育人功能和所有教师的育人职责，重新进行课程思政体系的制度化建设，让学生获得有意义的学习经历，引领学生精神成长与专业成才。

(4)学校坚持“服务需求，成果导向”原则，把创新创业教育评估作为重要内容，坚持定性和定量、主观和客观相结合原则，以人才培养的目标达成度、社会适应度、条件保障度、质保有效度和结果满意度为指标，构建和完善一整套创新创业教育质量保障评估体系。

第五节　高校创新创业教育模式运行与管理

创新创业教育模式描述与规范了创业者创造价值、传递价值及获取价值的核心逻辑和运作机制。强化国内高校创新创业教育模式的运行机理分析对于加强大学生创新创业教育意义重大，它既有助于高素质人才的培养，缓解就业压力，也有助于深化高等教育的改革和高新技术成果产业化。

高校深化创新创业教育改革离不开政府、企业的支持和参与，三者都是推动创新创业教育的重要力量。三方各有边界又相互融合，是三螺旋动态系统中的领导者、组织者和参与者。为了实现各自的不同利益和社会价值，需要三方相互协作、角色转换、资源共享，促进创新创业人才培养。三螺旋概念最初产生于20世纪50年代，20世纪90年代中期美国学者亨瑞·埃茨科瓦茨等提出使用该理论模型来分析政府、产业和大学的协同关系，如今三螺旋概念已成为创新创业教育研究的重要理论之一。

本节基于三螺旋理论和高校创新创业模式，构建以知识、能力、素质为内部三螺旋，以专业教育、创新教育、创业教育为中间三螺旋，以高校、企业和政府为外部三螺旋的人才培养多层次三螺旋模型。

一、知识、能力、素质三者的定位与关系

关于素质与知识和能力这三者之间的关系，目前存在着两种认知：一种是并列关

系，另一种是递进关系。并列认知把素质与知识、能力作为三个相互独立或者并列的要素来看待，在论述上表现为将所有的课程大致分为三组：传授知识的课程、培养能力的课程和提高素质的课程。递进认知强调这三者的内在联系，认为这三者不能用课程内容来区分，每一门课都要兼有传授知识、培养能力、提高素质的作用。或者说知识、能力、素质这三者的提高是打散了并贯穿在整个教育过程中，小到一堂课，大到整个的人才培养方案，都要体现这三者的均衡。

知识是指人类文明的成果和经验，是人类认识自然、社会和人的精神产物，是对实践的理论总结、概括和反思；同时它具有能动作用，可以反作用于实践，即指导实践。教育的首要任务是知识的传授和传承，创新创业教育也不例外。由于高校创新创业教育是在专业教育基础上开展的，所以这些知识首先是基础知识和专业知识。一般来说，创新创业教育知识体系框架应包括创业理论和基础知识。前者包括创业的定义、创业的过程、创业的成功因素等基本理论知识，创业技能和实践知识。后者包括如何进行市场调研、如何制定创业计划、如何进行资金筹措等创业技能和实践知识；此外还包含创新与创业的相关知识，如交叉学科知识、信息获取知识、创业基础知识、管理知识等。

能力是指运用和发挥知识的水平，以实现和达到人类文明的新目标、新成果，使知识转化为生产力，促进经济社会发展。创业者应具备以下能力：

（1）诚信：调查显示，几乎所有的榜上企业家都认为诚信非常重要。做事情首先是做人，做人必须讲诚信，做大事者忌与无诚信之人来往，没有诚信不可能创造财富。

（2）把握机遇：我国正处于高速发展阶段，机会很多，许多人遇事瞻前顾后，犹豫不决，导致许多机会白白错过，创业成功者赢得财富的关键在于比一般人更能把握机遇。

（3）创新精神：具有创新精神，可以使创业者充分发挥潜能，打破条条框框，开创新局面。

（4）务实：创业是一项需要全身心投入的事业，只有具备积极的态度和务实的精神方能创业成功。通过务实，建立自己过硬的产品和服务，取得市场和消费者的认可和信赖，这才是企业长盛不衰的保证。

（5）终身学习：我们已经进入知识经济时代，终身学习越来越成为人们生存和发展的第一要务。终身学习的价值在于培养一种学习习惯，不断提升个体的自身能力和素养，以适应事业发展和社会发展的需要。

（6）勤奋努力：勤奋几乎是所有成功者的普遍特征，他们在巨大热情或美好愿景的鼓舞下，身先士卒，勤奋不辍，面对任何工作总是全力以赴、追求卓越，力求每一次都交出一份最佳的成绩单。

（7）非凡的领导才能：现在已经不是一个人单打独斗的年代，领导才能已日渐成为衡量创业成功的重要标志,正直、公正、信念、恒心、毅力、进取精神等优秀的人格品质无疑会提升领导者的影响力和个人魅力,从而扩大其追随者队伍。

(8)坚忍执着:执着是创业者坚定的个性,面对创业中的艰难险阻,坚忍不拔,有无比的耐性和持久性,永不言弃。

(9)敏锐的直觉:直觉是运用自己已有的经验和知识,对问题从总体上加以认识和把握,以一种高度简练的方式洞察问题的实质,并迅速解决问题或对问题做出某种猜测的思维形式。

(10)敢于冒险:在决定创业之时,必然伴随风险、未知困难,只有敢于冒险并抓住机遇,创业才有可能成功。

素质是指构成人的基本要素的内在规定性,即人的各种属性在现实的人身上的具体实现以及它们所达到的质量和水准。素质是内在的,能力是外显的,素质是能力的基础,能力是素质的表现,能力的大小是由素质的高低决定的。因此,提高人的素质,既是人自身发展和社会发展的需要,也是提高人的能力的有效手段。创新创业教育的最终目的是培养具有创新意识和创业能力的高素质的人才,这些素质包括职业素养、身心素质、思想素质、审美素质、人文素养等内容。

二、政府、高校、企业三者的定位与关系

通过引入生物学中的三螺旋概念,亨瑞·埃茨科瓦茨(1995)首次提出使用三螺旋模型来分析政府、产业和大学之间关系的动力学,并用以解释政府、企业和大学三者间在知识经济时代的新关系。自此,三螺旋理论被认为是一种创新结构理论。勒特·雷德斯道夫(1995)对此概念进行了发展。高校—产业—政府关系的三螺旋理论提供了一个方法论意义上的研究工具。其核心价值在于将具有不同价值体系的政府、企业和高校在促进区域经济社会发展上统一起来,形成知识领域、行政领域和生产领域的三力合一,进而为经济与社会发展提供坚实的基础。创造这种合力的基石在于打破传统的边界,包括学科边界、行业边界、地域边界、观念边界等,并在边界切面上建立起新的管理、教育和社会运作机制。

三螺旋理论认为,在知识经济背景下,“高校—产业—政府”三方应当相互协调,以推动知识的生产、转化、应用、产业化及升级,促进系统在三者相互作用的动态过程中不断提升。它强调产业、学术界和政府的合作关系,强调这些群体的共同利益是为他们所处其中的社会创造价值。其中关键是,在公共与私立、科学和技术、高校和产业之间的边界是流动的。高校和企业正承担以前由其他部门领衔的任务,对政府来说,在不同层次的科学和技术政策中去塑造这些相互关系成为工作主线。总之,高校—产业—政府

关系可以认为是以沟通为核心的进化网络的三螺旋。显然，与双螺旋直接地相互作用相比，三螺旋结构要更复杂得多，也更可能贴近现实状况。下面结合三螺旋理论，分析政府、高校、企业三个主体在协同推进创新创业教育过程中的定位、作用和功能。

政府是创新创业教育的引导者和推动者。政府作为机关，承担了宏观调控角色，通过出台政策法规、加强顶层设计、加大资金支持等方式，建立制度化的创新创业教育协同机制，支持并推动高校与企业的协同发展，共同促进高校创新创业教育实施和改革。政府要专门设立创新创业教育协调机构，协调各级部门、各类社会主体，促进政校企深度可持续合作，探索建立校内多部门联动、校外多主体参与的协同育人机制。政府还要充分发挥对创新创业教育的监督职能，对高校、企业等参与主体进行阶段性评估和必要的质询与追责，及时发现问题，成功防范和抵制系统性风险。

高校是创新创业教育的主导者和实施者。高校在协同关系中处于重要位置，一方面要将创新创业教育根植于社会大环境，充分联合政府、企业和社会各界的力量，与各相关利益主体相互协调。集聚创新创业教育要素与资源，通过落实和争取政府关于创新创业的相关政策和资源，校企共建创业实践基地，打造集项目投融资、项目咨询、帮扶指导等于一体的创新创业服务平台，营造良好的创新创业教育生态政策环境。另一方面要把完善创新创业教育体制作为深化改革的支撑点，在学校内部构建创业学院、招生就业处、科研处等多部门齐抓共管的协同机制，把创新创业教育融入人才培养全过程。要不断更新人才培养理念，优化师资队伍，建立集课堂教学、自主学习、实战训练、指导帮扶、文化引领于一体的创新创业教育体系。

企业是创新创业教育的支持者和参与者。企业与高校的无缝对接是推动创新创业教育高质量、内涵式发展的必要条件。企业的发展需要高校现有科研成果的支持，而高校大量的科研项目刚好满足了企业在这方面的需求。企业可以利用自身优势，将一些具有较高价值的成果进行市场化来获取经济收益，同时反哺高校科研工作；还可以与高校共同打造面向学生的创新创业实践平台，培养学生的创新创业能力，挖掘、选拔优秀的创新创业人才。

三、高校创新创业教育模式的运行机理

在知识经济发展过程中，市场对人才知识、能力、素质的要求越来越高，仅靠高校这一单一主体难以培养出满足市场需要的创新创业人才，这就要求企业和政府都积极参与，构建符合创新创业人才知识、能力、素质要求的生态化教育体系，从而满足人才培养的需要。在此过程中，由于市场需求的变化而导致人才培养目标——知识、能力、素质的不断变化，相应也需要创新创业教育模式及高校、企业、政府所构成的环境保障体系

随之不断改变,推动整个创新创业教育不断升级。

创新创业教育的实施离不开专业教育的支持和配合,而专业教育需要依靠创新创业教育进行优化和升级,因此,需要对专业教育、创新教育和创业教育进行有效融合,形成一体化的教育模式。

(一)进行教育理念的融合

传统的专业教育以专业知识和专业技能的学习为主,忽视综合素质培养,已经无法满足知识经济时代对人才的需求,而培养既掌握专业知识,又具有创新思维和创业能力的高素质人才成为当下的需要。因此,需要将传统的专业教育与创新教育、创业教育的理念进行融合,形成"专业+创新+创业"融合型的教育理念。

(二)进行课程体系的融合

专业教育是基础,创新教育和创业教育是实践,三者不能相互替代,但可以相互融合、相互促进。

(1)在专业教育基础上开展深层次的创新创业教育,改革现有专业教育的教学内容,特别是增加创新创业类课程的比重。

(2)建立多层次、立体化的课程结构。具体来说,在完善原有专业知识教学课程的基础上,引入创新教育、创业教育课程,将创新意识、创新个性、创业能力等理念融合其中,形成综合性的课程教育体系。

(3)开设跨学科、交叉学科、边缘学科课程,从而拓宽学生的知识面,提高创新力。

(4)课程设计要注重系统化,不仅要协调好课程教学内部关系,还要协调好与之密切相关的发展学生实践能力的第二课堂的关系。

(三)进行师资队伍融合

目前,国内高校具备熟练专业知识和讲授技巧的教师较多,而具有创新创业经验或企业任职经历的教师较少,难以对学生的创新创业能力进行培养,因此,可以采取"走出去,引进来"的方式,进行师资队伍的融合。一方面,高校选派既有扎实知识基础、又具有一定创新意识和创新能力的教师到企业挂职学习,熟悉企业的运作流程和技术创新模式,提高教师的实践教学能力;另一方面,高校引进和聘任一批经验丰富的企业家、创业成功者、企业管理人员、政府政策制定者等做兼职教师,建立专兼职结合的创新创业师资队伍,并加强双方的沟通交流,不断提高整个师资队伍的专业化水平。

(四)进行教学方式方法的融合

传统的教学方式虽然有利于知识的传授,却不利于创新思维的训练和创业能力的培养。创新创业教育是培养具有创新思维和创造能力的人才,因此,应打破传统的教学模式,以学生为主体,采用启发、讨论、参与项目化(创新训练、创业训练、创业实践)的教学方式,培养学生的创造性思维。在实际教学过程中,可以将各种方式有机结合起来,根据不同课程的特点,采取合适的教学模式,从而达到人才培养的效果。

总之,创新创业教育是一个系统工程,这个系统的有效运行在创新创业教育要达到的目标——知识、能力、素质的提高的指引下,通过专业教育、创新教育和创业教育的融合具体实施,而在实施过程中又离不开高校、产业与政府所构成的外部环境的有力支持。这三螺旋系统既相互独立又互相联系,协同运作,共同推动人才培养质量的不断提高。

第三章　地方高校创新创业教育现状调研与影响因素分析

高校创新创业教育是塑造大学生创新品行，形成创新思维训练，提升创新能力，促进大学生全面和谐发展的重要途径，必须将大学生创新创业教育工作摆到更加突出的位置。积极开展切实有效的创新创业教育，需要识别创新创业教育体系中存在的关键影响因素，否则会直接影响到大学生的参与意愿、兴趣及创新创业能力的培养。目前，关于高校创新创业教育的研究多以定性的理论分析和对策建议为主，系统地研究高校创新创业教育现状、大学生创新素质提升影响因素的文献数量不多，缺乏广泛调研基础上的实证研究，导致所提出的政策建议或实施方案略显空泛，实际可操作性不强。

本章基于现有创业理论和国内相关创新创业研究及数据，在摸清现阶段创新创业教育的整体发展现状基础上，通过识别影响大学生创新创业教育倾向的关键因素，探究这些影响因素对不同年级、不同学科专业学生创新创业教育的影响程度及影响关系，通过信度检验、因子分析、回归模型识别了影响地方高校工程技术类大学生创新素质提升的关键因素，并探究了这些影响因素分别在创新素质不同维度下的影响程度及影响关系。只有将江西省高校创新创业教育作为一个完整的系统，通过聚合省内高校优质创新创业教育资源，将创新创业教育与地方区域经济发展相结合，将科学研究与创新创业教学过程深度融合，才能够实现创新创业人才培养的整体目标、实现创新创业教育资源全面共享与产学研一体化发展，从而更好地适应江西省经济快速发展的要求。

第一节　江西省高校创新创业教育现状调查设计

2015 年，《国务院办公厅关于深化高等学校创新创业教育改革的实施意见》颁布以来，江西省委教育工作委员会（以下简称江西省委教工委）、省教育厅始终把构建创新创业人才培养模式作为高等教育改革的重点任务列入《江西省教育事业发展“十三五”规划》，通过采取创新创业教育协同机制，不断推动全省高校创新创业教育工作向纵深发展，陆续出台了一系列关于支持高校开展创新创业教育的纲领性文件，从教育改革政策、资金支持、金融支撑等角度进行全方位支持，取得了相对不错的成绩，积累了一些好的经验。

一、调查对象及问卷设计

基于系统工程的研究视角，我们将江西省高校创新创业教育作为完整的系统，同时结合江西省高校创新创业教育的现状调查结果，通过参考国内外关于地方高校创新创业教育发展的研究文献和国内外相关高校实施创新创业教育的相关经验，设计了江西省创新创业教育质量关键影响因素的调查问卷。为使问卷更加符合调查实际，提高问卷调查的效率和准确度，问卷内容先期经江西省多位教育规划领域专家论证，在小规模测试后再对调查问卷修改后最终确定。同时通过走访调研、访谈等方式对江西省高校创新创业教育实施的基本情况进行了解。其中，江西省高校创新创业教育发展现状调查问卷发放与回收信息见表 3－1。

表 3－1 江西省高校创新创业发展现状调查问卷发放与回收信息

调查对象	发放/份	回收/份	有效/份	回收率/%	有效率/%
教师	200	186	184	93	98.9
校主管部门	50	48	47	94	97.9
在校生	1600	1520	1496	95	98.4
毕业生	280	212	198	75.7	93.4

以省内 10 所高校在校生、部分毕业生、教师、学校创业教育主管部门几类对象作为研究总体，采用多阶段随机（按照学校—院系—专业分层）抽样方法来选取样本。调查具有一定的代表性，能够反映出当下大学生创新创业教育的主要特征和发展状况。之所以选择省内高校进行调查，是出于便利原则，希望能扩大调查的范围，确保问卷结果的真实性；同时在调查中选择了不同类型的高校，突出不同层次高校创新创业教育的现状，以此增加研究结论的科学性和典型性，更加突出地反映新工科背景下地方高校大学生创新创业教育的情况。

首先，按理工、农、医、文等学科性质依次选取南昌大学、南昌航空大学、华东交通大学、江西理工大学、东华理工大学、江西农业大学、江西中医药大学、江西财经大学、江西师范大学、江西科技师范大学等 10 所高校作为抽样框。其次，根据 10 所高校的学生规模分配定额的样本数量。再次，根据不同高校在学科建设上的特点，分别在这 10 所高校中抽取 4 个学院作为第二级抽样框，并根据在校生数量比例确定调查对象。最后，按随机抽样原则在 4 个院系中抽取一定数量的专业学生作为最终的调查样本（其中毕业生主要依靠该校学工处提供的毕业生就业去向表联系后进行网络问卷调查）。

从问卷调查对象来看，覆盖的高校面广，样本数量较大。调查问卷根据调查对象主要分为三大类，分别为学校主管部门问卷、教师问卷、学生问卷（细分为在校生及毕业生）。根据问卷调查对象不同，问卷测量指标也不同。其中，学校主管部门问卷侧重调查学校创新创业教育发展现状，涵盖校团委、科技处、就业处、学工处、教务处五部门，具体指标细分为观点认识、组织管理、条件保障、创新创业教育体系、创新创业教育成果五大部分。教师问卷和学生问卷测量指标主要分类两大类：一类是大学生（或教师）基本信息指标，主要包括性别、年龄、专业、职称、政治面貌、学历等。基本信息指标的测量，有利于更好地了解调查对象特征，体现样本的代表性，而且有利于掌握不同调查对象对创新创业影响因素的理解和认识。另一类是高校创新创业教育的影响因素具体指标。

调查对象的学科性质、专业、性别、年级等分布相对均衡、较为合理，实施范围和调查层次都具有一定的代表性，获得的数据能够满足研究分析的要求，由此提高了调查统计结果推断相关结论的科学性、准确性。为获取全省高校创新创业教育发展现状的整体认识，我们建立了10个一级指标、21个二级指标的调查体系，见表3－2。调查指标中侧重高校创新创业支持力度及相关成果的统计，能够很好地反映江西省高校创新创业教育发展的现状，体现了调查研究的科学性和数据分析的全面性。

表3－2　高校创新创业教育发展现状调查体系

一级调查指标	二级调查指标	一级调查指标	二级调查指标
（1）创新创业工作机构数	校级领导机构	（6）创新创业课程数及课时数	课程数
	创新创业教学机构		课时数
（2）用于创新创业教育工作经费		（7）创新创业参与人数	社团数量
			学生人数
（3）创新创业教材编写		（8）创新创业师资情况	专职教师
			兼职教师
（4）分类创新创业平台数	大学科技园	（9）竞赛获奖情况	国际竞赛
	创新创业基地（园）		全国竞赛
	孵化基地		
	实验实训基地		省级竞赛
	其他创新创业平台		
（5）创新创业平台级别	国家级	（10）自主创业情况	毕业生创业人数
	省部级		
	校级		教师创业人数

二、问卷结果数据

目前针对工科大学生创新创业教育的研究比较少,多集中在教育模式和质量评估层面的探讨。我们进行了地方高校工科专业大学生创新创业教育有关问题的问卷调查,问卷主要基于国内外已有问卷基础,同时结合地方高校创新创业教育实践及多位创新创业导师半结构式深度访谈所形成,调查对象的基本情况见表 3 - 3。通过对江西省高校大学生进行调查并对问卷结果进行分析,了解地方高校大学生对创新创业教育的态度、在新工科背景下工科学生创新创业教育的发展现状等多方面的情况。

表 3 - 3　调查对象基本情况

变量	变量内容	数量/人	百分比/%
年级	大一	301	20.12
	大二	343	22.93
	大三	281	18.78
	大四	571	36.17
生源地区	大城市	118	7.89
	中等城市	377	25.2
	小城市	526	35.16
	乡镇	475	31.75
就业基本意向	找工作	686	45.86
	考研	448	29.95
	考公务员	224	14.97
	创新创业	138	9.22
创新创业实践经历	有	271	18.1
	否	1 225	81.9

调查问卷显示:(1)对于大学生来说,他们在毕业时的首要选择还是就业,一部分大学生选择考研,在应对当下严峻的就业形势的同时提升自身的未来竞争力。(2)地方高校大学生在面对就业选择时主动选择创业的人依然较少。(3)地方高校大学生的职业选择呈现多样化的特点,也可以看出随着江西省社会经济快速发展,各行业普遍存在着就业形势严峻和社会对人才学历要求的提高等问题。大学生对创新创业的态度调查统计见表 3 - 4。

表 3-4　大学生对创新创业的态度调查统计表

变量	变量内容	数量/人	百分比/%
是否考虑创新创业	非常愿意	194	12.97
	可以考虑	544	36.36
	不考虑	758	50.67
创新创业中最大的障碍（多选）	资金	1 492	85.55
	社会资源	1 300	74.54
	创业政策支持	1 164	66.74
	信息渠道	1 072	61.46
	社会关注度	732	41.97
	学校鼓励与支持	620	35.55

利用调查获取的数据，将性别、独生子女、户口类型、年级、创业经历、学校所在地、学校类型、父母创业经历、参与教师科研项目等诸多因素纳入二分类 Logistic 回归模型。结果显示，除户口类型外，剩余变量对工科大学生创业教育满意度有显著影响，其中，性别、是否独生子女、创业经历、专业类别、父母创业经历、参与教师科研项目 6 个变量对工科大学生创业教育满意度的影响在 0.1% 显著性水平上显著。

调查问卷显示，江西省地方高校大学生对创新创业不是非常排斥，部分大学生愿意去尝试进行创新创业，但大多数大学生还是不愿意去进行创新创业的相关活动，这从侧面说明了地方高校大学生进行创新创业活动的意识已经有了萌芽。从调查中我们可以发现，创业竞赛对工科大学生创业教育满意度有一定的影响，但影响程度小于创业政策和创业实践。对地方高校大学生而言，资金问题是他们进行创新创业最大的障碍，其次是社会的资源和国家的政策支持因素等。由此可知，虽然地方高校大学生创新创业的意识在逐步提高，这是值得肯定的，但是主动选择进行创新创业活动的大学生人数不多。他们受到多种因素影响，其相关创新创业活动还需要多方面的帮助和指导。创新创业教育实践情况统计见表 3-5。

表 3-5　创新创业教育实践情况统计表

变量	变量内容	数量/人	百分比/%
对学校创新创业教育参与情况	非常积极	220	14.71
	比较积极	584	39.04
	一般	532	35.56
	不积极	160	10.7

续表 3-5

变量	变量内容	数量/人	百分比/%
学校创新创业教育实施情况(多选)	创新创业课程	1 496	100
	创新创业讲座	875	58.49
	互联网平台	587	39.24
	校内外孵化基地	445	29.75
	校企合作	386	25.8
	其他相关学科课程	302	20.19
创新创业导师(多选)	专业教师兼任	1 024	68.45
	辅导员	346	23.13
	外聘技术人员	174	11.63
	企业家	77	5.15
当前创新创业教育的不足(多选)	教育观念落后	1 020	68.18
	师资力量不完善	1 142	76.34
	资金支持不充分	1 398	93.45
	氛围不浓厚	1 174	78.48
	课程体系过于应付	986	65.9
	政策支持不到位	782	52.27

由调查问卷可知:

(1)在新工科背景下,很多地方高校工科大学生都有参与到创新创业教育中的想法,但整体上对创新创业教育的参与程度依然不高,这说明地方高校大学生依旧没有从思想上真正接受创新创业教育。

(2)地方高校除了在国家的政策要求下都设置了创新创业教育课程,一些高校创新创业教育的其他实施形式不够完善和多样化。当前不少地方高校的创业课程还没有发挥真正的功能,甚至在调研中发现有 28.6% 的受访工科大学生表示自己从未上过创业课程。

(3)师资也是影响地方高校工科大学生创业教育满意度的一个重要因素。在约束其他因素的情况下,可以看出对创业教育教师的满意度每提升一个等级,创业教育满意度发生比增加 2% 左右。实际中,教授创新创业教育课程的教师大多都是兼职教师或是辅导员,教师自身的专业性不强,不能给予大学生更加专业的指导和帮助。研究表明,未来我国地方高校创新创业教育质量很大的阻碍就是高质量创业师资短缺。

(4)除了师资、资金等因素外,教育观念的落后、课程体系的不全面、创新创业教育气氛不够浓厚、政策支持覆盖面窄等多方面因素都已成为新工科背景下地方高校工科大学生创新创业教育发展的阻碍,而创业政策环境对大学生创业的影响是最大的。作为创业政策实施的直接作用对象和感受者,工科大学生对创业政策高度关注,创业政策是否有利于下一步的创业行为,必然是影响其创业教育满意度的核心因素。

另外,在调查中,我们发现社会提供创业的免费培训、学校提供创业的启动基金、地方政府简化大学生企业注册申请流程、国家减免大学生自主创业企业税等一系列创业政策,都是调查对象高度关注的情况。各种创业优惠政策也成为政府引导大学生自主创业的重要手段。

三、江西省高校创新创业教育发展现状分析

地方高校作为我国高等教育主体,不同区域的高校在社会服务功能的体现上也不尽相同。因此,面对新工科建设的新形式、新要求,地方高校如何积极作为,更好地把握住新工科建设时机;如何通过调整学科专业结构,以及重点扶持、重点建设实现重点工科专业突破;等等问题成为各类地方高校参与新工科建设亟待探索解决的。

(一)江西省高等教育整体情况分析

江西省高校在数量上处于全国中上游水平,截至 2021 年 7 月共有高校 107 所。然而,江西省高校在“211 工程”“985 工程”这两轮高教改革发展进程中表现并不突出,因此“双一流”建设是江西省高等教育崛起的重要机遇。从教育部“十三五”期间公布的“双一流”名单看,江西省没有入选一流大学,仅南昌大学“材料科学与工程”入选一流学科。为此,江西省在“十四五”规划中,明确提出“力争南昌大学进入国家世界一流大学建设高校行列”。按照“做示范、勇争先”的目标定位和省委省政府关于高等教育“求突围”的重要部署,不断加快推进江西省高校“双一流”建设,加强了对省属高水平大学和优势特色学科建设的指导和支持,陆续出台了《江西省有特色高水平大学和一流学科专业实施方案》《江西省有特色高水平大学和一流学科建设(2018—2020 年)绩效评估办法(试行)》《江西省有特色高水平大学和双一流建设财政资金管理办法(暂行)》等文件,扎实推进特色建设、高质量建设。

根据《江西省“十四五”期间“双一流”建设实施方案》和《江西省“十四五”期间“双一流”建设实施办法》的要求,江西省将继续加大资金投入加快推进“双一流”建设。目前,南昌大学已入选省一流大学整体建设名单,并且紧盯重点学科和学科关键重点指标,确定了 42 个学科入选省一流学科建设名单,其中高峰优势学科 11 个、高峰特色学科 12 个、潜力发展学科 19 个。以江西省优势学科和“$2+6+N$”产业战略需求学科为基

础,拟安排30亿元重点建设南昌大学,安排30亿元建设其他高校,位居中部地区前列。安排19亿元重点建设10个左右高峰优势学科,全力冲击“世界一流学科”和国内学科评估A档;安排8亿元重点建设10个左右高峰特色学科,支撑江西省经济社会发展;安排若干自筹经费建设的潜力发展学科,末期按评价结果进行财政奖补。同时,拟安排3亿元用于支持省一流专业建设。

江西省几所行业特色高校在国内同行业领域的竞争力还是不错的,所培养的毕业生在行业企事业单位也有不错的口碑,这反映出江西省高校具有争创“世界一流学科”建设的基础;也说明江西省地方行业特色型高校需要加快特色建设,结合自身优势布局相关专业,促进学科专业更好地融入江西省高等教育区域化发展之路,符合江西省地方经济社会发展需求。

(二)江西省高校创新创业教育成就

从江西省10所高校主管部门获取的调查统计数据来看,各高校高度重视创新创业教育,组织管理工作富有成效。在省委省政府大力支持下,各高校在创新创业教育上的硬件与资金投入逐年增加,创新创业教育质量得到较快提升,取得了较好的发展。

1.创新创业基地建设初显成效

创新创业基地是地方经济快速发展的动力源泉,在创新创业的浪潮下,建设好创新创业基地是摆在政府、教育部门、企业和地方高校面前的重要课题。江西省委教工委、省教育厅作为全省创新创业教育的组织者,统筹协调规划,狠抓落实,在创新创业基地建设方面取得了一些实质性进展。例如,省教育厅始终坚持政府扶持、市场化运作的原则,依托现有工业园区、经济技术开发区、大学科技园、小微企业等,要求各级人社、财政部门会同相关部门做好创新创业基地的认定工作,在全省31家申报基地中遴选出一批创新创业示范基地,如南昌航空大学“大学生创新创业园”、江西财经大学“江财众创空间”等,为全省大学生创新创业创建了诸多综合服务平台。与南昌市政府共建大学生创新创业示范基地,带动3万余名大学生创业就业,推动创新创业教育向纵深发展。在教育部评比的全国创新创业典型经验“五十强”高校中,江西省华东交通大学、江西理工大学、江西财经大学3所高校相继入选。在教育部“深化创新创业教育改革示范高校名单”中,江西省先后有6所高校入选,为江西省高校开展创新创业教育起到很好的示范作用。江西省委教工委、教育厅在全国率先编写了《大学生创新创业基础》和《大学生创新创业经典案例教程》,为省内高校创新创业教育提供了理论基础。通过学校教育,激发全体学生的创新精神和创业意识,全省各高校争当创新创业的改革者,在人才培养、课程建设、教学方法改革、教师队伍建设等方面下大功夫,各具特色的创新创业教育新模式遍地开花。

2. 创新创业师资队伍进一步加强

创新创业师资队伍是高校创新创业教育运行机制中的基础环节。由于江西省高校没有开设创新创业教育的专门学科，多数高校的创新创业师资队伍基本以就业指导教师和学工管理人员为主，普遍缺乏企业工作经历和管理经验，更缺乏创业或投资经历，难以在大学生创业过程中提供精准性的指导。省教育厅意识到该问题的重要性，十分重视创新创业指导教师队伍建设，通过与省委统战部、国资委、工商联等部门协同作战，从全省高校、科研机构及典型企业中遴选了近100名教授、科研人员、企业家担任大学生创新创业导师，组建了500余名企业家创业导师库，并要求省内高校采取“双聘双挂、双元双育”机制建设创新创业教育师资队伍，全省高校创业人才储备达到8 000余人。

3. 大学生创新创业大赛成绩显著

大学生参加创新创业大赛是大学期间专业教育的延伸，也是培养学生创新创业能力的有效方法。江西省高校以“互联网＋”大学生创新创业大赛等竞赛活动为驱动，通过以赛促教、以赛促学、以赛促改的方式，在培养学生创新创业能力、创新创业成果成效方面成绩显著。例如，在连续六届中国国际“互联网＋”大学生创新创业大赛上，江西省共获得21金、59银、196铜和6个最佳单项奖，荣获7个优秀组织奖和15个高校集体奖。各类创新创业类赛事也为江西省高校营造了重视与支持学生创新创业的良好氛围。

4. 产学研用深度融合促进科技成果转化明显

以高水平研究平台建设推动高校创新创业教育改革，全省高校共建立14个国家级研发平台、4个国家大学科技园、4个国家技术转移示范机构，构建起了政校社企、产学研用“立交桥”。省政府出台《关于依托高校科研平台推动产学研用发展的意见》，在南昌大学、南昌航空大学建立了3个国际合作创新研究院，打通了省内高校与国内外知名高校、企业的合作渠道；研究制定《关于进一步促进高等学校科技成果落地江西的实施意见》，用18条意见激发高校科研人员的创新创造活力，打通高校科技成果转移转化通道，加速高校科技成果落地生根；成功举办了三届江西高校科技成果对接会，签约金额达9.34亿元。在线下发力的同时，省教育厅还组织开发“校企通”平台，为高校和企业搭建长期的线上服务、联络、对接平台。江西省多措并举，打通产业链、营造生态圈，让更多的创意开花结果、更多的项目投放市场，为高校创客成就梦想铺桥搭路。

（三）江西省高校“双一流”建设关键要素

以江西省几所行业特色鲜明的地方高校为研究对象，从学科规划、专业结构、师资队伍、学生培养、相关支持及产业、建设环境等建设要素的角度研究识别提取出“双一流”建设的关键因素，并对各因素进行阐释。

1. 市场需求

通过对江西省一流建设学科的数量进行分析，江西省首轮“双一流”建设的优势学科与社会需求尤其是江西省科技创新战略发展之间明显呈现不相称的问题。因为建设数量上居于高位的，是人们习惯上认为的冷门专业——农林水矿环化材等事关国计民生的基础行业，几乎占据了江西省一流学科建设的大部分，很大程度上确实反映了这些地方高校的行业特色，但客观上还是未能很好地满足地方经济发展的需求。随着数字经济时代的来临，江西省现有的一流学科建设体系面临着巨大的挑战，互联网、云计算、区块链、物联网等信息技术对学科、专业发展产生了巨大影响。显然，江西省高校在农林水矿环化材等就业数量严重偏少的专业上进行资源投入，但在这些专业领域的原始创新和科技创新却没有得到很大突破，这不利于江西省高校与时俱进地建设一流学科。

2. 学科规划、专业结构

地方高校办学能否准确定位，不仅关系到自身的可持续发展，而且直接影响所处地区经济社会发展。在高等教育大众化的背景下，江西省部分行业特色型大学为了追求规模发展，纷纷增设专业，追求外延式发展；有的高校追求综合化发展，对传统特色专业进行了不科学的调整、撤销，盲目攀比硕士点、博士点和学科门类；在服务区域、领域和层次定位方面偏离了轨道，脱离了地方经济社会发展需求，割裂了自己发展与所处地方的联系，这些都导致学校自身定位的迷失。

3. 相关及支持产业

对于江西省大部分行业特色型大学来说，划转之后面临的现实是：与原行业部门的联系和沟通渠道减少，原行业部门对它的政策和经费支撑力度弱化，行业“输血量”减少，校企合作的广度、深度也随之降低。由于地方行业特色型高校大多是工程类学校，人才培养成本相对较高，行业和学校的关系体制上没有保障，企业对高校投入缺乏积极性。行业特色型高校与行业脱钩之后，不能享有独占行业资源的地位，而综合型院校逐步涉及了行业领域，导致行业特色型高校学科建设经费缺乏。

4. 师资队伍

从现阶段来看，江西省高校对高层次人才聚集力有待增强，与周边省份大学相比，在一流人才的选择空间与吸引力上处于整体性的不利地位，自身的人才培养供给能力也偏弱。例如，省内缺乏高层次人才引进配套机制，一些高校“公租房”“工作房”政策不透明，未能发挥公用房作为办学资源的使用效益；在项目申报、职称评审、评级定岗、住房安置等方面执行随意性较强,使得不少高校一线教师归属感不强。同时,优秀师资也存在向省会南昌流动的趋势。总之,江西省高校存在人才主动流失、隐性流失问题,需要引起高度重视。

5. 教育资源及建设环境

江西省行业特色型高校的治理模式与组织制度还在存在一些突出问题,如治校思想传统、权力结构不规范、行政机构臃肿、监督制约不力、执行力不足、制度不科学等,造成开拓创新性不足、一些教学科研平台或管理机制流于形式,在一定程度上限制了一流学科建设的步伐和成效。例如,SCI 或 EI 论文不能完全衡量基础研究水平,更不能成为地方行业特色型高校科研考核体系的唯一,地方行业特色型高校的学科特色不是用论文写出来的。目前,江西省内高校考核的指挥棒高度重视 SCI 文章和国家基金等纵向课题,并由此决定教师年终待遇分配及职称评审,评价标准也仅简单地区分"理工"和"人文",这种"一刀切"的考核方式完全忽视了不同院校、不同学科间的差异。地方高校现行职称评审体系对学科建设也极为不利,一些专业发展急需的工程实践型人才得不到重视,也无法吸引优秀的行业工程师加入,极大挫伤了教师从事基础课程教学和实验教学工作的积极性。

第二节　地方高校创新创业教育影响因素分析

保证大学生创新创业教育质量是提高地方高校办学质量的重要措施,而目前多种影响因素(既有来自高校内部、外部的因素,又有因内部、外部相互作用衍生出的交互动态因素)的存在使得江西省高校创新创业教育质量有不同的表现,需要从深度和广度两个角度分析影响创新创业教育质量的关键因素,并对影响因素之间的相关性进行分析,着重构建以关键影响因素为前因变量、高校创新创业教育质量为后果变量的研究体系。

一、影响因素层次分析模型构建

按照高校创新创业教育成效的纵向和横向标准来划分,可以从深度和广度两个角度来探讨分析创新创业教育质量的影响因素。就高校创新创业教育质量的广度而言,最直接的体现就是看省内高校对创新创业教育的认识程度,参与到创新创业教育中的受众面,如省内各高校参与创新创业教育的学科专业数、大学生人数,各企业、科研机构在创新活动中的融合程度。就高校创新创业教育质量的深度而言,最直接的体现就是看省内各高校在创新创业教育方面的成果等级,如创新创业团队参加各类创新创业大赛的名次等级、创新人员申请的专利、发表的论文、科研成果转化率等。在研究过程中,我们围绕江西省创新创业教育发展现状及对新工科专业人才需求特征分析、人才培养质量关键影响因素、政校企协同创新培养机制指标体系的构建，人才协同创新培养机制理论模型的构建及验证等问题展开研究，同时做出如下假设：

假设1：学生创新创业动机对高校创新创业教育质量的深度具有正面影响；学生创新创业动机对高校创新创业教育质量的广度具有正面影响。

学习理论研究表明，学生创新动机、创新行为对创新创业实践的结果有决定作用，创新动机在创新创业教育中所起的作用不但是积极的，而且是巨大的。在高校课程教学背景下讨论学生如何提升自身的创新创业能力，以及这些变量对创新创业教育质量的作用机理及其与其他教育变量之间的相互作用。

假设2：大学生创新创业素质对高校创新创业教育质量的深度具有正面影响；大学生创新创业素质对高校创新创业教育质量的广度具有正面影响。

创新创业素质是大学生综合素质的核心。创新创业素质是获取知识的基本素质，缺乏这些素质会导致学生无法将课堂所学知识转化为创新创业的实际能力。创新创业素质已成为衡量学生培养质量的一个重要指标。尊重大学生能力培养的多样化目标，加强创新创业素质教育，是高校创新创业教育改革的重点。

假设3：高校教师素质对高校创新创业教育质量的深度具有正面影响；高校教师素质对高校创新创业教育质量的广度具有正面影响。

以学生学习为中心的高校创新创业教育环境要求高校教师，尤其是承担创新创业辅导的教师具备丰富的文化知识、专业知识结构，还要有适当的教育、哲学、语言学、心理学相关知识和理论与教育教学方法，并运用于创新创业教育活动的设计与评价等。高校教师自身素质将密切影响学生创新创业效果，是提高创新创业教育活动水平，使创新创业教育成功实施并取得高质量成果的决定性因素。

假设4：创新创业内容对高校创新创业教育质量的深度存在正面影响；创新创业内容对高校创新创业教育质量的广度存在正面影响。

要提高创新创业教育的质量，需要进一步优化体系设置，更新教学内容，既要体现科技发展的成果，又要指引社会发展的方向，同时还应将不同学科专业的知识交叉融合，实现对学生综合能力的培养。

假设5：创新创业教学方法对高校创新创业教育质量的深度存在正面影响；创新创业教学方法对高校创新创业教育质量的广度存在正面影响。

教师实施引导式、探究式的教学方法，不仅可以让学生掌握课堂传授的知识，更有利于培养学生获取知识、运用知识的能力，培养学生的创新思维和创新能力，提升创新创业教育质量。教师的教学方法影响创新创业教育质量。

假设6:创新创业教育环境对高校创新创业教育质量的深度存在正面影响;创新创业教育环境对高校创新创业教育质量的广度存在正面影响。

本书主要在三螺旋理论和系统自组织理论基础上,根据上述假设,结合相关文献研究,拟从地方政府层面保障机制、行业层面协同机制、高校层面运行机制三个维度来设定专业人才协同创新培养机制的影响因素。对江西省高校创新创业教育政校企协同创新培养机制的构成要素则从形成自组织系统的开放性、远离平衡态、非线性相互作用和涨落四个必备模块进行设定,研究初始模型假设如图3－1所示。

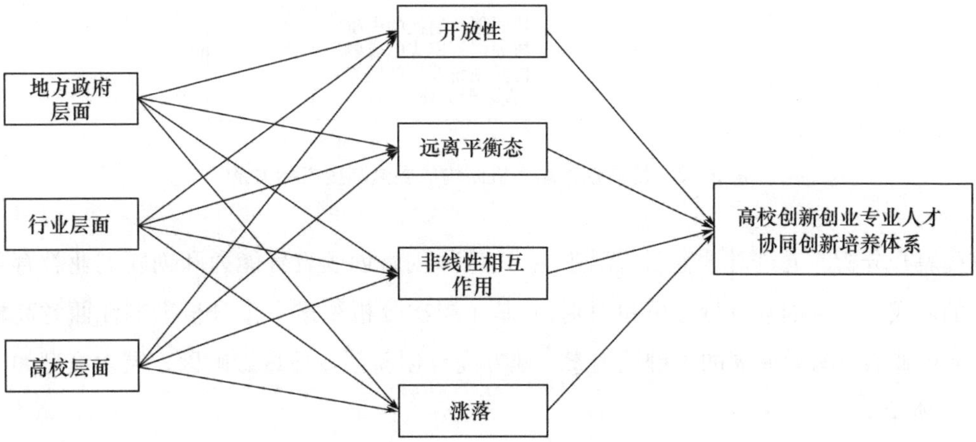

图3－1　研究初始模型假设

协同创新培养机制构成要素测度指标关系如图3－2所示。其中,开放性包括资金流、信息流、人才流、知识流的交换。对于企业而言,开放性体现在加工原材料的输入、市场信息和工业新技术的输入、产品及服务的输出三个方面。远离平衡态包括资源差异、目标差异、权益分工、激励政策。在人才协同创新培养体系框架下,高校、企业、地方政府各自掌握的资源彼此差异越大,就越满足自组织远离平衡态的条件。专业人才培养非线性相互作用包括主体之间相互作用、服务机构的中间作用、参与者竞争协同和创新人才培养环境非线性作用。非线性相互作用意味着专业高层次人才协同创新培养机制内部存在有机的矛盾体系;专业人才协同创新培养是由多方参与的自组织系统,因此可以通过人为地促进涨落,使人才协同创新培养机制向更高的层次演化。涨落包括协同创新层次的进阶、协同创新模式的成熟、协同创新效率的提升和人才创新能力培养。

综合来看,在高校创新创业教育实施过程中,大学生、创新创业导师、外部创新创业环境是决定创新创业教育质量的关键。因此,影响江西省高校创新创业教育质量的关键因素可分别从参加创新创业的学生、创业指导教师和高校内外部创新创业环境三个

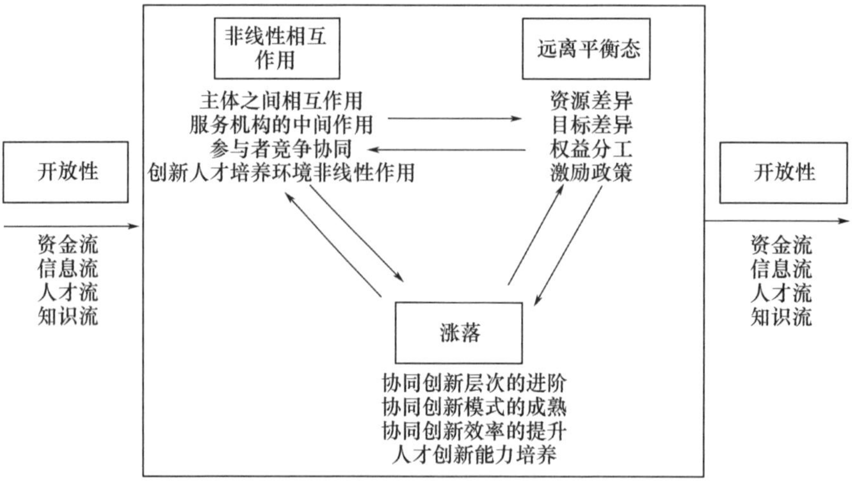

图 3－2　协同创新培养机制构成要素测度指标关系

维度展开分析。通过对学生创新创业能力、教师创新创业教育能力和创新创业教育环境的形成及影响因素进行分析和识别，并基于层次分析法进一步分析影响江西省高校创新创业教育有效开展的关键性因素。地方高校创新创业质量影响因素层次模型如图 3－3 所示。

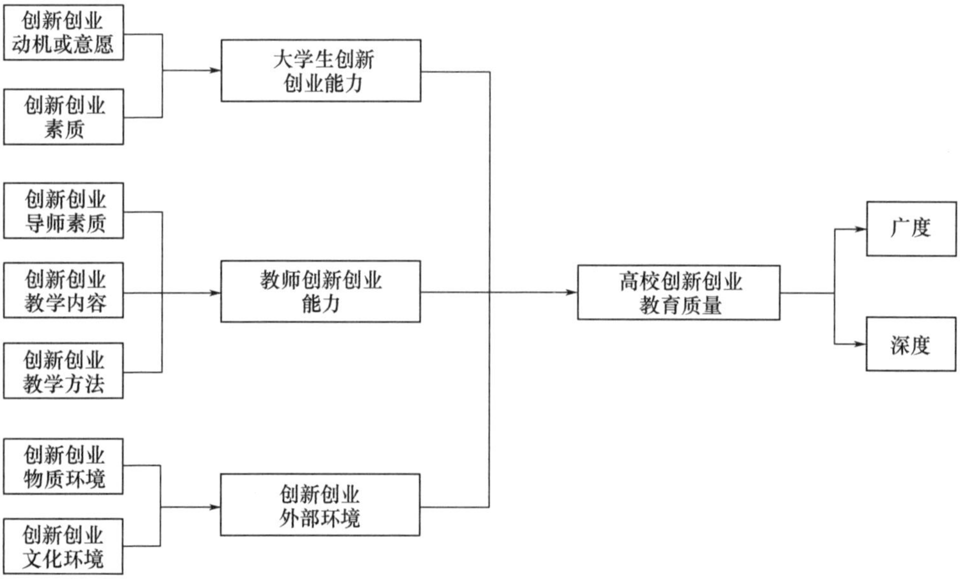

图 3－3　地方高校创新创业质量影响因素层次模型

由图 3－3 可知，影响学生创新创业能力的因素包括主观方面的创新创业动机或意愿、客观方面的创新创业素质，而创新创业动机或意愿对创新创业教育质量的促进作用最为明显；影响教师创新创业能力的因素包括创新创业导师素质、创新创业教学内容、创新创业教学方法，而创新创业导师素质和创新创业教学内容则是影响高校创新创业教育有效开展的重要因素。影响江西省高校创新创业教育环境的关键因素分为物质环境和文化环境，而省内高校如何加强与政府机构、科研院所、企业合作，共推高校创新创业教育的文化环境建设则是该维度的关键因素。

二、关键影响因素的统计分析

为了更清晰地了解上述每个因素对地方高校创新创业的影响，基于江西省 10 所本科高校创新创业教育现状调研数据、专家访谈和半开放式问卷调查，采用项目分析法等统计手段建立创新创业教育质量影响评估模型，发掘出江西省高校创新创业教育质量与其关键影响因素等研究变量之间的路径关系。基于全体对象调查统计数据（N = 1 925），创新创业教育质量与影响因素相关性分析见表 3 – 6。利用卡方检验来检验创新创业影响因素和创新创业教育质量两个变量是否独立，其中创新创业教育质量作为行，影响因素作为列，确定自由度为$(7-1)*(3-1)=12$。

表 3 – 6　创新创业教育质量与影响因素相关性分析

影响因素	教育质量（全体调查对象 N = 1 925）		
	有影响	没影响	不好说
创新创业动机	1 811	23	91
创业者自身素质	1 884	9	32
创业导师素质	1 511	238	176
创新创业课程内容	1 544	121	260
创新创业教学方法	1 631	84	210
创新创业物质环境	1 698	40	187
创新创业文化环境	1 721	28	176
合计	11 800	543	1 132

假设变量影响因素不影响创新创业教育质量，即两个变量独立不相关。选择显著水平 $\alpha=0.05$，经 Excel 软件计算，得 X^2 统计值 786.38 远远大于临界值 21.03，故拒绝不相关假设，即本书列出的关键影响因素对高校创新创业教育质量的深度和广度均具有重要影响。在对上述 7 个关键影响因素与高校创新创业教育质量相关性调查时，我

们同时就上述 7 个关键因素对高校创业教育的影响程度进行了调查。如果调查者认为该因素对创新创业教育质量有影响,则要求采用李克特五级量表对上述 7 个因素对创业教育的影响程度进行评价打分。例如,对于创新创业动机因素得分 1 ~ 5 的人数分别为 79、311、476、583、362,分数越高代表该因素对创新创业教育的影响程度越大。图 3 - 4 列出了影响江西省高校创新创业教育质量各关键因素不同等级评价的调查百分比结果。

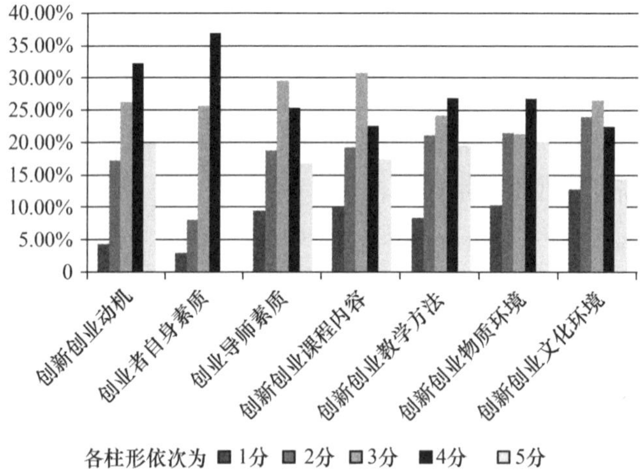

图 3 - 4　影响江西省高校创新创业教育质量各关键因素不同等级评价的调查百分比结果

根据图 3 - 4,能够定量计算出不同因素对高校创新创业教育质量的影响程度。

为了更清晰地了解上述每个因素对高校创新创业的影响,我们在对江西省 10 所本科高校创新创业教育现状调研数据、专家访谈和半开放式问卷调查的基础上,采用项目分析法等统计手段建立创新创业教育质量影响评估模型,发掘出江西省高校创新创业教育质量与其关键影响因素等研究变量之间的路径关系。在教师创新创业能力维度下,我们分别调查了创新创业教学内容、创新创业教学方法、创新创业导师素质三个子项目对高校创新创业教育质量的影响。限于篇幅,这里仅以教师创新创业能力维度下创新创业课程内容的定量分析为例,阐述该质量评估模型建立过程及思路。一般而言,高校开设创新创业课程教学内容主要分为以下几个层次:第一层次(理论层),旨在培养学生创新创业意识,提高创业动力;第二层次(能力层),旨在提高不同学生对象的创业能力,包含基本知识、技巧、技能,以及对创业环境的适应性等教学内容;第三层次(时间层),旨在培养学生创新创业实际运用能力,主要以各种实践模拟为引导,在介绍相关创业政策基础上,有针对性地加强对学生创业过程的指导。

创新创业教学内容的开展作为高校创新创业教育理念的重要形式和有效载体，创新创业教育的最终落脚点在学生，其教学对象目标的确立直接关系到创新创业教育的实施成效。从调查统计数据（表 3 – 7）来看，不同年级的学生（含毕业生）对于创新创业意识培养的需求比例差不多，二者的相关性程度不高，没有明显区别。对于第二层次（能力层）的需求，随着学生年级的增长反而呈现需求下降的趋势，这是符合江西省高校创新创业教育现状的。学生随着年级增长，对自身创业能力的认识更明确，也意识到创业能力提升不是一蹴而就的，对于相关需求自然下降。有几点值得注意：(1) 在校生对创新创业环境认知需求远低于毕业生，由此可见，毕业生因为有一定的社会经验，更加敏感于创业环境对创业的影响；(2) 相对于在校生，毕业生更注重创新创业政策的讲解，通过政策可以更好地捕捉创新创业的方向和目标。上述统计结果要求高校在制定创新创业教育教学内容方面必须充分考虑学生的这种内在需求，应该适当增加创新创业环境认知和创新创业政策方面的内容，而这部分内容恰恰是在校生容易忽略的需求。

表 3 – 7　不同学生对象对创新创业教学内容需求

创新创业教学内容层次结构	创新创业教学内容	学生对象（N = 1 694）（人数，百分比%）				
		大一（352）	大二（367）	大三（385）	大四（392）	毕业生（198）
第一层次（理论层）	创新创业意识培养	265	269	282	296	157
		75.3	73.3	73.2	75.5	79.3
第二层次（能力层）	创新创业能力提升	302	321	314	303	128
		85.8	87.5	81.6	77.3	64.6
	创新创业环境认知	245	256	261	317	131
		69.6	69.7	67.8	80.9	66.2
第三层次（时间层）	创新创业实践模拟	311	308	322	321	114
		88.4	83.9	83.6	81.9	57.6
	创新创业政策讲解	198	212	234	296	166
		56.3	57.8	60.8	75.5	83.8

（注：本调研项目允许多选，故各项百分比之和 100%）

由表 3 – 8 的调查统计数据，可以看出不同学科（这里仅分为自然科学和人文社科两大类）学生对创新创业教学内容的需求。

表 3-8 不同学科学生对创新创业教学内容需求

创新创业教学内容层次结构	创新创业教学内容	学生对象(N=1 694)(人数)	
		自然科学类(1 238 人)	人文社科类(456 人)
第一层次(理论层)	创新创业意识培养	950	319
第二层次(能力层)	创新创业能力提升	1 022	346
	创新创业环境认知	918	292
第三层次(时间层)	创新创业实践模拟	1 014	362
	创新创业政策讲解	864	242

(注:同上,本调研项目允许多选)

假设 H:两大学科对创新创业教学内容的需求程度相同,确定自由度为(5-1)*(2-1)=4,选择显著水平 $\alpha=0.05$,求解卡方检验的临界值,利用 Excel 中"CHIINV(0.05,4)"得出临界值 9.49,计算卡方统计量,得 X^2 统计值 7.24,小于临界值 9.49,故接受零假设,即不同学科学生对创新创业教育内容不存在明显差异。

三、关键影响因素分析

根据上述过程,我们分别就调查统计数据,利用卡方检验、Logistic 回归分析依次分析高校创新创业教育质量与其他影响因素之间的相关性。同时,根据影响因素之间的层次分析模型,提出各项假设并基于调研数据进行验证,可分析得出其他各影响因素与高校创新创业教育质量之间的相关性。限于篇幅,这里仅对上述研究过程总结如下:

(一)从学生维度来分析

学生创新创业动机及创新创业素质对高校创新创业教育质量从深度和广度两方面均具有影响。通过细分,基于调查数据的卡方检验,可以看出大学生自身创业特质层面(如性别、年级、个人心理因素)、创业技能层面(如实践能力、学习能力)、家庭层面(如父母支持力度、家庭经济等)对大学生创新创业能力有着显著影响。其中,创业技能层面的实践能力、学习能力和学生层面的父母支持力度、家庭经济条件对大学生创业动机和素质都起着显著的正向作用。通过上述基于影响因素的分层模型还可以建立大学生不同层面因素与学生创新创业能力的回归模型,通过回归方程的形式描述和反映不同影响因素与学生创新创业能力之间的关系,并得出大学生创新创业素质较创新动机对创新创业教育质量影响更大的结论。

（二）从教师维度来分析

创新创业导师素质、创新创业教学内容和教学方法三个变量至少在5%的显著性水平上显著，这三个变量对大学生积极参与创新创业项目能够起到很好的引导作用。创新创业教学方法这一变量在10%的显著性水平上显著，说明教学方法虽然对创新创业教育质量的深度和广度都会产生一定的影响，但是影响并不如创新创业教学内容、创新创业导师素质那般明显。根据表3－8中不同学科学生对创新创业教学内容需求的调查统计数据可以看出，创新创业教学内容显著相关于学科，由此可见，应该针对不同学科学生选择不同的创新创业教学内容，以有针对性地提高创新创业教育的教学效果。

（三）从外部环境维度来分析

调查显示，创新创业教育物质环境较文化环境对高校创新创业教育质量影响更大。通过皮尔逊相关分析，高校创新创业物质环境的营造与创新创业教育资源、创新创业课程设置、教学体系、创新创业平台、创新人才培养方案等存在显著的正相关性（设显著性水平为0.05），当上述因素越完善，创新创业物质环境就越优越；而创新创业文化环境则与创新创业教育政策、激励制度、创新创业氛围等子因素显著相关。由此说明创新创业环境的营造具有加强高校创新创业教育效果的作用和功能。

四、研究结论

综上所述，江西省高校创新创业教育面临的主要问题就是加快发展、内涵式发展。这要求我们必须从基本省情出发，遵循江西省高校创新创业教育发展的内在规律，根据江西省经济社会发展的实际需要，在对江西省高校创新创业教育现状正确认识和质量关键因素分析之上，着眼全局、通盘规划，构建普及与发散相结合的创新创业教育模式。因此，在上述定量分析基础上，我们提出了立足实际，具有较高可操作性，能进一步提高江西省高校创新创业教育质量的有效对策。

（一）以转变理念为先导，使创新创业教育成为高校自觉行动

江西省教育厅应当发挥统筹规划的组织功能，指导全省高校创新创业教育深入持久有效开展，探索建立具有江西省特色的创新创业教育理论和实践体系。例如，可以继续举办省级深化创新创业教育改革示范高校评审活动，不断加强高校创新创业教育的必要性、紧迫性、重要性宣传，组织各高校开展创新创业理论与实践探讨，举办以创新创业教育为主题的征文演讲比赛活动等，形成全社会关心支持创新创业教育和学生创新

创业的良好生态环境。

（二）以国家创新驱动发展战略为动力，健全创新创业教育课程体系

江西省各高校应当把解决高校创新创业教育存在的突出问题作为深化高校创新创业教育改革的着力点，集聚全省高校创新创业教育要素与资源，进一步深化建立校校、校企、校地、校所以及国际合作的协同育人新机制，形成大学、政府、企业和非营利组织的多层次社会援助网络。全省高校可通过健全创新创业教育课程体系，深化创新创业课程内容和教学方式方法改革，建立有利于支持大学生创新创业的学籍管理制度。

（三）以构建创新创业实践平台为基础，为江西省大学生创新创业实践提供保障

构建大学生创新创业实践平台是地方高校创新创业教育的重要组成部分，是培养学生学习兴趣、创造激情、团队意识和实践能力的关键。省内高校要进一步加强创新创业实习实训平台、社团活动平台、大学科技园、学科竞赛平台、创业孵化基地等的建设，制定相关运行机制及评价机制，并可通过整合全校实践教学资源建设创新创业学院的方式促进上述平台的深度交叉互补、共享融合，进而实现全省范围内创新创业教育资源共享。

（四）以加强高校创新创业师资队伍建设为核心，提高创新创业教育的有效性

江西省内各高校在师资队伍建设中要融入创新创业教育，应该有意识地组建一些跨学科、跨院系、跨学校的创新创业导师团队，共同开发研究创新创业教育，提高创新创业教育教学质量；在创新创业教师绩效考核监督制度方面需要进一步完善，建立起行之有效的激励机制，鼓励相关专业教师、创新创业教育专职教师到企业挂职锻炼，也可以聘请创业成功者兼职来加强高校创新创业教师团队，弥补高校教师缺乏实践经验的不足，从而使一大批创新创业教育的专职教师脱颖而出。

（五）以开展校园创业活动为载体，营造良好的创新创业氛围

江西省各高校应当积极宣传“敢创新、想创业、会创业”的精神，坚持以校园社团为载体，组织开展丰富多彩的校园实践及创业教育活动，广泛邀请知名校友、社会各界创业人士来学校做创业沙龙讲座，让高校师生及时了解当前创业热点，以榜样力量激发他们的创新创业热情与潜能。各高校可联合相关企业、政府机构联合举办系列专题对接洽谈活动和高峰技术论坛，以先进事迹简介、科技成果汇编展示、项目路演、洽谈交流等

方式为载体,全力以赴为高校师生营造最佳的创新创业环境,广泛开展内容丰富、喜闻乐见的宣传活动,拓宽大学生创业视野,让更多的大学生投身到创业、创新队伍中来,为江西省经济社会发展注入新的不竭动力。

第三节　地方高校大学生创新素质影响因素分析

创新型人才培养是一个复杂的系统工程,其关键在于人才创新素质的培养。而从创新教育过程来看,大学生创新素质提升受到多方面因素的影响,并且这些影响因素是无序的,多种影响因素(既有来自高校内部、外部的因素,又有因内部、外部相互作用衍生而出的交互动态因素)的存在必然使得地方高校大学生具有不同的创新素质表现,这就要求地方高校在服务地方经济建设的过程中结合自身专业优势来识别影响大学生创新素质提升方面的关键因素,明晰大学生培养的素质开发取向。

目前,关于地方高校创新型人才培养的研究多以定性的理论分析和对策建议为主,多采取传统的统计分析方法。研究的内容则涉及高等工程教育理念、培养模式与制度、人才质量标准、创新创业课程设置及创新科技政策等方面;研究的核心问题主要集中于如何建立人才创新型培养模式及相关机制。

一、核心概念界定

工程技术通常被认为通过将科学知识或相关技术发展的研究成果应用于工业生产过程,实现改造自然的预定目的的物质手段、知识和规则方法的总和,它不仅是各种手段的静态总和,而且是综合运用各种工具、规则和程序去实现特定目标的动态过程。在工程活动中,那些负担工程技术和工程技术管理工作并具有工程技术能力的人员都可以被认定为工程技术人才,如工程师、企业家、管理者和生产工人。工程技术人才不仅要懂得科学、技术和工程,还要懂得科学、技术与人、社会之间的复杂关系。

国内外学术界、教育界及企业界对工程技术人才创新素质的研究颇多,他们从各个角度加以研究、论述,从而使其内涵不断丰富。目前较为统一的观点是:创新素质是指人在先天遗传素质基础上,后天通过环境影响和教育所获得的稳定的在创新活动中必备的基本心理品质与特征,其构成要素一般包括创新意识、创新能力、创新知识和创新人格。创新意识是一种总想用新的思路、新的方法去解决问题的态度和意愿,它是引起工程技术人才创造性思维的前提和条件,是创造性工程技术人才所必须具备的,无论是学习专业理论知识,还是解决实际工程技术问题,都需要把创新意识培养摆到突出位置;创新能力是工程技术人才创新素质的核心部分,主要指在技术和各种实践活动领域不断提供具有经济价值、社会价值、生态价值的新思想、新理论、新方法和新发明的能力;创新知识是在创新过程中对知识进行学习、储备并在此过程中发挥一定的主观能动性对知识进行消化吸收,从而对知识结构进行不断完善的过程,它既包括个人知识由少到多的纵向积累,也包括知识在多方之间传播的横向积累;创新人格定义为一般个体在进行创造性活动中所展现并形成的稳定的人格特征,它具有高度的自觉性和独立性。对于工程技术人才而言,创新人格的核心特征分别是内部动力、内部意识、外部表现和外部情感。

二、问卷调查基本情况

本节将江西省地方高校工程技术人才创新素质培养作为完整的研究对象,依照工程技术类学生创新素质的构成要素、内在结构、要素间的交互作用机理,构建出影响创新素质提升的指标体系;依照设计出的指标评价体系制作影响地方高校工程技术类人才创新素质提升因素调查量表,并选取省内若干高校进行现状调查,采用分析调查问卷的信度、效度检验及因子分析、主成分多元线性回归分析方法对工程技术人才创新能力提升的影响因素进行识别和系统分析;在此基础上,结合当前高等工程教育实际和现代工程领域实践需要,研究分析出地方高校工程技术人才创新素质的提升对策。

(一)问卷基本情况

以省内 5 所高校在校本科生作为研究总体,采用多阶段、针对性、随机性相结合的抽样方式选取样本(按照学校—院系—专业分层)。首先,有针对性地选取江西省 5 所工科特色较为明显的地方高校(南昌航空大学、华东交通大学、江西理工大学、东华理工大学、南昌工程学院)作为抽样框。其次,根据 5 所高校的学生规模分配定额的样本数量。再次,根据不同高校在学科建设上的特点,分别在这 5 所高校中有针对性地抽取 4 个以工程技术类人才培养为主的学院作为第二级抽样框,并根据在校生数量比例确定调查对象。最后,按随机抽样原则在 4 个院系中抽取一定数量的专业学生作为最终的调查样本。

从问卷调查对象来看,问卷调查覆盖的高校面广,样本数量较大。所抽取的工程技术类专业学生学科性质、专业、性别、年级等分布相对均衡、较为合理,实施范围和调查层次都具有一定的代表性。从问卷的发放和回收来看,问卷形式采用纸质版及网络电子版两种,纸质版通过走访直接发放。问卷一共发放 1 300 份,其中每个学校发放 260 份,每个年级 65 份。问卷共回收 1 160 份,回收率 89.2%;有效问卷 1 132 份,有效率 97.6%,可以看出问卷回收率和有效率均可行。

(二)问卷设计

问卷设计主要包括地方本科高校工程技术人才创新素质构成要素指标和工程技术人才创新素质提升各维度的具体测量指标。通过参阅与研究主题相关的文献,利用词频统计法初步提取影响工程技术类专业学生创新素质提升的主要因素,同时考虑到江西省地方本科高校工程教育发展现状及区域经济发展对工程技术人才创新教育改革的方向,总结出影响地方本科高校工程技术类专业学生创新素质的因素 34 项。然后征求 5 位教育科学领域专家、10 位大学工科教师、10 位工程科技型企业创业者及 15 位企业一线资深工程师的意见,将内涵相近的因素项进行合并,将词频较低、作用意义不明显的项目删除,进一步提炼后形成最终的调查问卷,一共包含 29 个问卷项目。调查问卷要求采用李克特五级量表对上述测量项目进行评价打分,数字 1 ~5 分别代表关键因素对学生创新素质提升影响的重要程度。最后通过试测和检验的方式来完成初选问卷项目的遴选,经过小范围预测试筛选后最终确定。

(三)问卷信度分析及有效度检验

1. 信度分析

本研究采用克隆巴赫系数(Chronbach's α)评估调查问卷的信度,通常,Cronbach's α 在 0.8 以上说明问卷信度可接受,低于 0.6 则表示需要考虑问卷修正。同时,对于问卷中每个题项的信度则采用 SMC 值来表示。将经过整理的 1 132 份问卷的数据输入到 SPSS 20.0,可得到每个问卷项目的 SMC 值,详细结果见表 3 -9,问卷中 29 个题项的 SMC 值均大于 0.6。同时,量表总体的 Cronbach's α 值为 0.812 大于 0.7,达到“理想”的水平。由此可见,数据能够满足研究分析的要求,量表总体和问卷题项有较好的内部一致性信度,调查问卷各题项测量的信度较高,这也提高了调查统计结果推断相关结论的科学性、准确性。

表 3 -9 调查问卷项目及信度分析

序号	变量	问卷题项	SMC 值	序号	变量	问卷题项	SMC 值
1	RE1	区域战略与区域政策	0.84	6	ES1	考试招生制度	0.81
2	RE2	发展基础与产业结构水平	0.83	7	ES2	学籍管理制度	0.77
3	RE3	区域市场化程度	0.78	8	ES3	创新教育质量评价方式	0.78
4	RE4	信息化水平与科技创新能力	0.79	9	ES4	当地教育经费预算	0.85
5	RE5	科技创新公共服务体系	0.76	10	ES5	创新教育政策导向	0.77

续表 3－9

序号	变量	问卷题项	SMC 值	序号	变量	问卷题项	SMC 值
11	LU1	校园创新文化及氛围营造	0.76	21	SC1	协同创新机制	0.72
12	LU2	地方高校创新创业平台数量	0.82	22	SC2	协同育人机构及组织	0.75
13	LU3	创新创业师资	0.83	23	SC3	校外实习基地	0.76
14	LU4	创新教育投入经费	0.75	24	SC4	企业投入经费	0.73
15	LU5	创新创业课程教学改革	0.79	25	SC5	企业高工进校指导	0.74
16	LU6	创新素质评价机制	0.76	26	CQ1	创新意识	0.82
17	SF1	家庭教育观念	0.77	27	CQ2	创新能力	0.74
18	SF2	家庭教育方式	0.79	28	CQ3	创新知识	0.76
19	SF3	家庭经济收入	0.75	29	CQ4	创新人格	0.73
20	SF4	家长世界观与价值观	0.74				

2. 探索性因子分析

为简化变量维数，利用探索性因子分析法来检验量表题项的结构效度，可抽取原问卷体系中的公因子，并将其表示为影响工程技术人才创新素质提升的主要因素。根据 KMO 度量标准，当 KMO >0.5 时，表明变量间公共因子较多；若检验结果的 Sig. <0.05，表明代表总体的相关矩阵间有公共因子存在。二者满足的情况下则说明该问卷量表比较适合做探索性因子分析。通过 SPSS 20.0 中的探索性因子分析模块对调查数据进行 KMO 和 Bartlett 球形检验，可得出 KMO = 0.652 > 0.5，Bartlett 球形检验的相伴概率 Sig. =0.001，小于给定的显著水平 0.05，因此可以进行探索性因子分析，从而更好地找出影响地方本科高校工程技术类人才创新素质提升的本质因素。之后，采取主成分提取方法提取特征值大于 1 的公因子（6 个），并采取方差最大正交旋转法对提取的公因子进行旋转，从而得到合理的载荷矩阵。

通过对因子载荷矩阵的进一步分析，将调查问卷中各题项语义分成 6 个维度，并将提取的 6 个公因子分别命名为：区域经济（RE）、教育体制（ES）、地方高校（LU）、学生家庭（SF）、校企合作（SC）和创新素质（CQ），累计方差解释量达到 84.674%。此外，探索性因子分析过程中各个层面的 Cronbach's α 均达到 0.60 以上，并且各公因子至少由 4 个题项构成，表明各公因子构成具有较高的内部稳定性和一致性。

3. 验证性因子分析

验证性因子分析被归类为一般结构方程模型或者共变结构模型，常被用于检验一组测量变量（29 个题项）与解释变量（6 个公因子）之间的关系是否符合实际问卷数据。

在探索性因子分析基础上，依然采取分层随机抽样方式重新抽样，确定有效样本数据200份。根据探索性因子分析结果，利用极大似然估计法，借助Amos 21软件，根据Amos Output输出的估计值整理可得到模型参数标准化估计摘要，可依次求取各测量指标变量的因子负荷量、信度系数、测量误差，6个潜在变量之间的协方差估计值及相关系数。在上述分析基础上，可构建出如图3-5所示的验证性因子分析结构模型。然后根据模型标准化回归系数估计值，可以计算出6个潜在变量的组合信度、平均方差抽取量，其计算公式分别如(3-1)、(3-2)所示，计算结果见表3-10。

$$\rho_c = \frac{(\sum\lambda)^2}{[(\sum\lambda)^2 + \sum(\theta)]} \tag{3-1}$$

$$\rho_v = \frac{\sum\lambda^2}{[\sum\lambda^2 + \sum(\theta)]} \tag{3-2}$$

其中，$\lambda_i(i=1,\cdots,29)$为指标变量在潜在变量上的标准化参数估计值(因素负荷量)，e_i为观察变量的测量误差值，δ_i为信度系数。

该模型中变量共有64个，观察变量29个、潜在变量(无法观察)6个、误差变量29个。模型中$e_1 \sim e_{29}$为测量变量的误差变异值，$\delta_1 \sim \delta_{29}$为因素负荷量值的平方$R^2$(又称为信度系数，表示潜在变量可以解释测量变量的变异量)，标准化参数估计值的测量误差为$1-R^2$，$\lambda_1 \sim \lambda_{29}$为观察变量的因素负荷值，若$\lambda \in [0.5, 0.95]$，则表示适配指标理想。

图3-5模型中的64个估计参数均达到显著水平，此外，估计参数的标准误差均很小且没有出现负的误差方差，表明图3-5构建的假设模型没有违反辨认规则；模型潜在变量的组合信度系数值均大于0.6，平均方差抽取值也大于0.5，均表明模型内在质量理想。

4. 路径模型分析

依据探索性因子分析得到的6个公因子，以及由验证性因子分析得到的6个公因子变量之间的相互关系，可认为影响工程技术专业学生创新素质提升的主要因素有5个变量："区域经济""教育体制""学生家庭""校企合作""地方高校"。在建立因子变量路径分析模型时，研究者可对因子之间的影响关系进行假设，从而建立不同的影响路径分析模型，通过模型适配度检验，可将适配度不佳或者路径系数不显著的路径删除，并根据修正指标值适当增列部分遗漏路径，通过反复迭代可建立最终假设的路径分析结构模型。

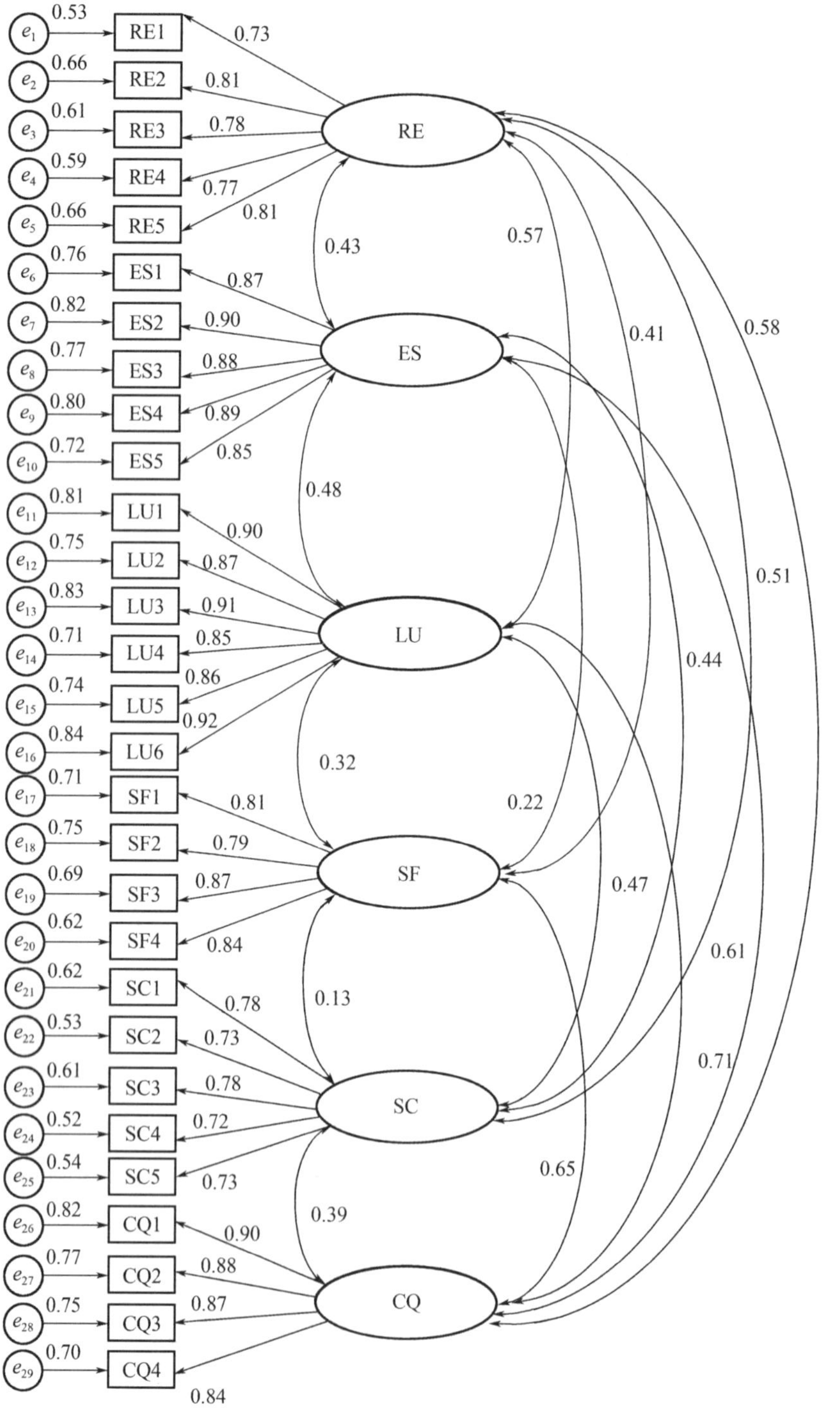

图 3 – 5　验证性因子分析结构模型

表 3-10　测量变量的主要验证性参数

测量变量	因子负荷	信度系数	测量误差	组合信度	平均方差抽取	测量指标	因子负荷	信度系数	测量误差	组合信度	平均方差抽取
RE1	0.726	0.527	0.473	0.886	0.610	SF1	0.812	0.714	0.286	0.901	0.696
RE2	0.812	0.659	0.341			SF2	0.789	0.753	0.247		
RE3	0.784	0.615	0.385			SF3	0.868	0.692	0.308		
RE4	0.767	0.588	0.412			SF4	0.842	0.623	0.377		
RE5	0.813	0.661	0.339								
ES1	0.871	0.759	0.241	0.944	0.771	SC1	0.784	0.615	0.385	0.865	0.561
ES2	0.904	0.817	0.183			SC2	0.726	0.527	0.473		
ES3	0.875	0.766	0.234			SC3	0.783	0.613	0.387		
ES4	0.892	0.796	0.204			SC4	0.718	0.516	0.484		
ES5	0.846	0.716	0.284			SC5	0.732	0.536	0.464		
LU1	0.897	0.805	0.195	0.956	0.782	CQ1	0.904	0.817	0.183	0.927	0.760
LU2	0.868	0.753	0.247			CQ2	0.878	0.771	0.229		
LU3	0.913	0.834	0.166			CQ3	0.865	0.748	0.252		
LU4	0.845	0.714	0.286			CQ4	0.839	0.704	0.296		
LU5	0.862	0.743	0.257								
LU6	0.918	0.843	0.157								

首先假定“区域经济”“教育体制”“学生家庭”“校企合作”“地方高校”这 5 个变量对“创新素质”变量具有直接影响，而“区域经济”和“教育体制”2 个潜在变量又会通过“校企合作”变量对“创新素质”变量产生影响，同时，“教育体制”和“学生家庭”2 个潜在变量也会通过“地方高校”变量来影响“创新素质”变量。因此，可将“区域经济”“教育体制”“学生家庭”作为外因变量，“创新素质”作为内因变量，“校企合作”“地方高校”作为中介变量（同时具备外因变量和内因变量属性）。根据上述假设，利用传统执行路径分析方法建立 3 个复回归分析模型。

第一个复回归模型中的自变量为“区域经济”“教育体制”变量，因变量为“校企合作”，其复回归系数值见表 3-11，可见“区域经济”“教育体制”2 个外因变量对中间变量“校企合作”的影响均达到显著水平。

表 3－11　第一个复回归分析模型的复回归系数及显著性检验

模型	非标准化系数		标准系数	t	显著性
	B	标准误差	β		
常数	5.224	0.524		14.26	0.000
区域经济(RE)	0.441	0.037	0.524	6.427	0.000
教育体制(ES)	0.304	0.023	0.406	8.264	0.000

第二个复回归模型中的自变量为“学生家庭”“教育体制”变量,因变量为“地方高校”,其复回归系数值见表 3－12,可见“学生家庭”“教育体制”2 个外因变量对中间变量“地方高校”的影响均达到显著水平。

表 3－12　第二个复回归分析模型的复回归系数及显著性检验

模型	非标准化系数		标准系数	t	显著性
	B	标准误差	β		
常数	6.224	1.034		5.821	0.000
教育体制(ES)	0.286	0.022	0.462	6.247	0.000
学生家庭(SF)	0.184	0.025	0.269	7.683	0.000

第三个复回归模型中的自变量为“区域经济”“学生家庭”“教育体制”“校企合作”“地方高校”变量,因变量为“创新素质”,其复回归系数值见表 3－13,可见“区域经济”“学生家庭”“教育体制”“校企合作”“地方高校”5 个外因变量对内因变量“创新素质”的影响均达到 0.05 显著水平。

表 3－13　第三个复回归分析模型的复回归系数及显著性检验

模型	非标准化系数		标准系数	t	显著性
	B	标准误差	β		
常数	2.682	0.674		13.624	0.000
区域经济(RE)	0.354	0.032	0.283	11.763	0.000
教育体制(ES)	0.572	0.036	0.487	9.674	0.000
学生家庭(SF)	0.589	0.042	0.434	6.368	0.000
校企合作(SC)	0.609	0.038	0.495	6.142	0.000
地方高校(LU)	0.847	0.067	0.714	10.379	0.000

根据上述回归分析模型中得到的相关统计量及路径系数,结合验证性因子分析结构模型,可建立路径分析假设模型,模型中的路径系数一般采用标准化回归系数β,并且路径系数在图3-6中已标出,9条路径系数的显著性检验均达到0.05的显著水平,影响路径均呈现显著的正相关性。

为了检验图3-6中的路径分析结构模型是否与实际数据相匹配,采用极大似然估计法对其进行适配度验证,验证结果见表3-14。由适配度检验量来看,整体模型的适配度结果良好,能够得到实际数据的支持。

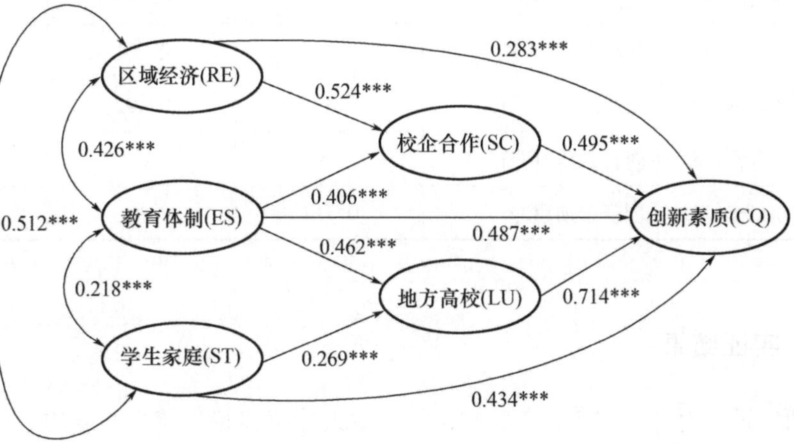

图3-6 路径分析结构模型

表3-14 路径分析结构模型适配度检验量表

统计检验量	适配标准或临界值	检验结果	模型适配判断
χ^2 值	>0.05	0.417	是
CMIN/DF	<2.00	1.014	是
RMSEA	<0.05	0.014 5	是
GFI	>0.9	0.956	是
AGFI	>0.9	0.947	是
NFI	>0.9	0.962	是
RFI	>0.9	0.954	是
IFI	>0.9	1.002	是
TLI	>0.9	1.006	是
CFI	>0.9	1.000	是

根据路径分析结构模型，可求出各外因变量（5 个）对内因变量（创新素质）影响的标准化直接效果值和间接效果值，二者之和为总效果值，该值能够很好地衡量二者之间的影响程度。其中标准化路径系数 β 可作为变量间直接效果值，变量间间接效果值则为路径中各条路径系数的乘积，具体见表 3－15。

表 3－15　路径分析效果值

假设路径	直接效果	间接效果	总效果值
区域经济（RE）→创新素质（CQ）	0.283	0.259	0.542
教育体制（ES）→创新素质（CQ）	0.487	0.201	0.688
学生家庭（SF）→创新素质（CQ）	0.434	0.192	0.626
校企合作（SC）→创新素质（CQ）	0.493	—	0.493
地方高校（LU）→创新素质（CQ）	0.714	—	0.714

三、实证结果

本研究通过对江西省 5 所工程技术类专业人才培养特色较为明显的地方本科高校调查所得的问卷样本进行因子分析，利用 SPSS 20.0 软件对样本数据进行分析信度检验和因子分析，抽取了影响地方高校工程技术专业学生创新素质提升的 6 个主要因子，分别从区域经济发展水平、教育体制、地方高校管理、校企合作协同、学生家庭情况 5 个层面建立影响创新素质提升的验证性因子结构模型，获取了不同层面影响因素的相关性及对工程技术类专业学生创新素质提升的作用路径。

基于路径分析结构模型对构建的路径分析假设模型进行验证及路径分析，定量化分析了不同影响因子对工程技术类专业学生创新素质提升的作用总效果。从路径分析总效果值来看，地方高校路径总效果值为 0.714，其次分别为教育体制总效果值 0.688、学生家庭总效果值 0.626、区域经济总效果值 0.542、校企合作总效果值为0.493。从作用总效果值来看，影响地方高校工程技术类专业学生创新素质提升的 3 个主要因素分别是地方高校、教育体制和学生家庭。

从具体的作用路径来看，区域经济发展水平一方面直接作用于地方高校工程技术类专业学生创新素质，其作用路径为 0.283，而其对校企合作的作用路径则为 0.524，这是符合客观实际的，因为校企合作教育形式产生的根本原因在于工业的迅速发展及其对新兴新型工程技术性人才的需求，致使校企合作的发展必然受制于地方区域经济的发展水平及当地教育体制因素。而当前地方高校在工程技术人才培养过程中忽视了一个地区的校企合作水平应该由该地区的经济发展水平所决定。教育体制对校企合作和地方高校管理层面的作用路径分别为0.406和0.462,具有显著的正向影响,从这个意义来说,教育体制对工程技术人才培养方向、目标、定位具有决定性的作用,说明教育体制直接作用于地方高校,决定了地方高校的办学理念、专业设置、教师队伍、创新课程建设、教育经费投入等,也同时影响校企协同合作制度,成为影响工程技术教育获取资源的关键因素。因此,深化工程教育体制改革是提升地方高校工程技术人才创新素质的根本保障;学生家庭因素对人才创新素质的作用路径为0.434,对地方高校作用路径为0.269,均具有显著的正向影响。不同地域、家庭背景的学生聚集在一起,因地区文化、家庭背景差异必然影响地方高校工程教育整体质量和效果,其中家庭经济收入水平、父母教育观念、家庭教育方式、父母职业及学历作为家庭背景的重要子因素对子女创新创业教育选择同样会产生重要影响。路径分析也表明,大部分学生创新意识、创新人格受家庭教育方式、父母职业及学历影响很大,其中父母具有良好的职业及学历、家庭经济条件相对较好对大学生创新思维和创新人格都起着显著的正向作用。

第四章　地方高校创新创业教育与科技创新服务功能相关性

就创新创业教育本质而言，地方高校所培养的人才能否服务社会很大程度依赖于这所学校的科技创新功能，尤其在新工科建设背景下对大部分理工类高校而言尤为重要。为探究地方高校创新创业教育服务地方区域经济发展的逻辑关系，本章基于江西省几所地方高校实地调查数据，确定了影响地方高校科技创新服务功能的主要影响因素及影响因素之间的相关性；以时间序列多元回归分析为主要分析手段，探讨了地方高校科技创新服务功能与创新创业教育资源特征的线性关系，同时运用有序 Probit 模型解读创新创业教育背景下可能影响地方高校科技创新服务功能的指数因子，并对模型进行数据分析及验证，可为促进地方高校科技创新服务功能提升提供理论支撑；最后对地方高校创新创业教育与科技创新服务功能之间的相互关系进行了深入论述，给出了相关结论及政策分析。

第一节　科技创新服务功能概念内涵

高校科研成果服务社会经济发展需求是高校一项重要职能。省属高校科技创新体系作为地方乃至国家科技创新体系的重要组成部分，应做好服务体系建设并服务好地方经济科技发展需求，由要素驱动、投资驱动转向科技创新驱动，既是地方高校自身优化发展的需要和使命，也是推动高校所在区域经济发展方式、增强区域科技创新能力的重要动力。近年来，随着国家实施创新驱动发展战略、促进经济提质增效升级的不断深入，地方高校通过实施创新创业教育提升科技创新能力及效率的意识不断加强。然而，地方高校在服务区域经济建设和社会发展中表现出的科技创新能力普遍不足的问题仍困扰着人们对地方高校创新创业教育质量的评价，并对我国地方高校创新创业人才培养、区域内高校和谐发展产生一定影响。

科技创新活动是地方高校创新创业教育的重要组成部分，正确评价和分析创新创业背景下地方高校科技创新服务功能是目前高等教育界和学术界共同关注的问题，众多学者对这个问题进行了探索。梳理相关文献可以发现，早期评价高校科技创新服务的研究侧重评价指标选择、评价模型建立及评价结果有效性分析等方面，所采用的方法诸如模糊评价、主客观权重评价、数据包络分析（DEA）等传统方法，研究视角多集中于高校科技创新成果的产出和转让效率等方面，并未从创新创业教育本质进行论述分析。Huang 等（2016）基于因子分析法获取了影响高校科技创新的主要影响因素，并从校企合作协同创新的角度建立了高校科技创新能力和校企合作程度之间的定量关系。Murray（2014）则从高校科技创新资源的投入产出效率及科技管理效率模型角度展开研究，采用随机前沿模型对高校科技创新的学术产出效率、经济产出效率及其关键影响因素进行分析，对于提升高校科技创新能力也有所启示。Patelli 等（2017）通过研究论文和专利的引证数据，量化了各国科技产出对科学进一步发展和引进新技术的直接影响，并用特定时期的截面数据计算高校科技创新服务功能的效率值进行研究。上述模型和方法对理解高校科技创新服务异质性及其对经济社会发展的影响提供了有力的实证框架。

国内学者对地方高校科技创新影响因素及服务能力也有所研究，如魏建良等（2018）在浙江省科技创新服务平台分类方式基础上，通过运用 DEA-Malmqusit 指数分析方法对 2014—2016 年科技创新服务平台的资源投入产出绩效进行了测算。王莉等（2017）基于系统动力学分析观点，分析了创新创业教育背景下高校学生科技创新决策和创新行为演化规律及特征，建立了高校学生科技创新行为与需求者参与度相互影响的纳什均衡模型，并强调高校科技创新服务中体制机制的重要性，提出可以通过提高科技创新监督和处罚次数来提高高校科技创新服务区域创新驱动发展的政策建议。安蓉等（2015）针对西部高校创新创业教育现状，分别从科技创新投入、产出能力和成果转化能力等方面构建了科技创新评价指标体系，但指标变量权重的确定依然基于专家分析，缺乏客观依据，也不能清晰地描述指标之间的约束关系。刘永等（2008）对地方高校科技创新能力的投入、产出、效益及总体能力指标、河南省高校的综合评价指标及不同部属高校的总体态势展开实证研究，所提出的激励对策本质还是基于过去传统高等教育视角，忽视了创新创业教育在科技创新体系中的核心作用。易平涛等（2017）对不同地方高校科技创新服务功能模式发展的不平衡性进行了定量分析，指出了相关影响因素及其定量关系。白玉等（2017）在深入剖析高校科技创新能力的内涵与外延基础上，认为不同组织结构和发展水平的地方高校提供的科技创新能力水平是不一致的，提出地方高校可以通过优化内部结构、调整学科方向和专业布局、借助外部发展条件等手段，走内涵式发展道路，从而实现高校科技创新服务功能的提升。

综述国内外相关文献可以看出，地方高校科技创新服务功能是反映高校办学水平、人才培养质量的重要指标，合理评价高校科技创新服务功能是地方高校调整教育教学方向的重要思路。经过二次文献阅读发现,国外有关科技创新服务功能的研究陆续形成8个聚类,分别为:教育资源约束下高校科技创新管理,科技创新功能模式变迁及其高等教育体系,多重视角下的高校科技创新服务功能,科技创新服务提升政策分析及影响,管理和领导在科技创新服务功能中的角色扮演,新自由主义情境下高校科技创新作用,科技创新服务功能评价指标及其体系,科技创新服务功能的定量测度。国内学者关于地方高校科技创新的服务功能研究主要集中在定性分析,定量研究则多以测度为主。而单独将地方高校实施创新创业教育作为一个重要主体,从创新创业教育视角讨论科技创新服务功能,并从内部约束激励的角度,分析地方高校提升科技创新服务功能的影响因素及其评价模型的相关研究较少。

第二节　问卷调查与分析

本节基于问卷调查逐一征询社会群体(学生家长)、地方高校教育专家、地方政府行政主管、毕业生、企业用户等,共设计出包含29个问卷项目的调查问卷,其中借鉴服务创新四维度模型的概念,将地方高校科技创新服务功能分为4个维度,分别是科技创新服务意识、科技创新服务客户满意度、科技创新服务基础和科技创新服务能力,并要求采用李克特五级量表对上述测量项目进行评价打分。调查问卷中现状指标设计侧重省内高校创新创业支持力度和相关成果的统计。

一、信度分析

调查问卷的信度采用Chronbach's α,对于问卷中每个题项的信度则采用SMC值来表示。经过整理后的调查问卷项目及信度分析见表4-1。显然,调查问卷各题项测量的SMC值均大于0.6,具有较好的内部一致性信度,反映出调查获取的数据能够有效支撑课题相关研究。

表4-1　调查问卷项目及信度分析

序号	变量	问卷题项	SMC值	序号	变量	问卷题项	SMC值
1	RE1	产业结构与经济政策	0.84	6	ES1	考试招生制度	0.81
2	RE2	区域经济发展水平	0.83	7	ES2	学籍管理与学分认定政策	0.77
3	RE3	区域的市场化程度	0.78	8	ES3	创新教育质量评价体系	0.78
4	RE4	信息化建设水平	0.79	9	ES4	地方创新创业教育经费投入	0.85
5	RE5	科技创新服务支撑平台	0.76	10	ES5	创新教育的政策导向	0.77

续表 7－1

序号	变量	问卷题项	SMC 值	序号	变量	问卷题项	SMC 值
11	LU1	校园创新文化及氛围营造	0.76	21	CPLR1	产学研协同创新机制	0.72
12	LU2	高校科技创新平台	0.82	22	CPLR2	产学研组织结构	0.75
13	LU3	高校科技创新团队	0.83	23	CPLR3	产学研场地规模	0.76
14	LU4	高校创新创业教育经费投入	0.75	24	CPLR4	产学研合同经费	0.73
15	LU5	创新创业课程教学体系	0.79	25	CPLR5	产学研辅助平台	0.74
16	LU6	学生创新素质培养	0.76	26	SSTI1	科技创新服务意识	0.82
17	SF1	企业科学技术水平	0.77	27	SSTI2	用户满意度	0.74
18	SF2	企业研发投入经费	0.79	28	SSTI3	科技创新服务基础	0.76
19	SF3	企业生产资源	0.75	29	SSTI4	科技创新服务能力	0.73
20	SF4	企业技术经济效果	0.74				

二、探索性因子分析

根据 KMO 度量标准，基于 SPSS 20.0 中的探索性因子分析模块，可找出影响江西省地方高校科技人才创新素质提升的本质因素。根据图 4－1 因子分析碎石图可判定提取 6 个公因子能够满足标准并与表 7－1 中提出的因子相一致，于是将其分别命名为：区域经济因素（RE）、教育体制因素（ES）、地方高校因素（LU）、地方企业发展因素（SF）、产学研协同因素（CPLR）和科技创新服务功能因素（SSTI）。

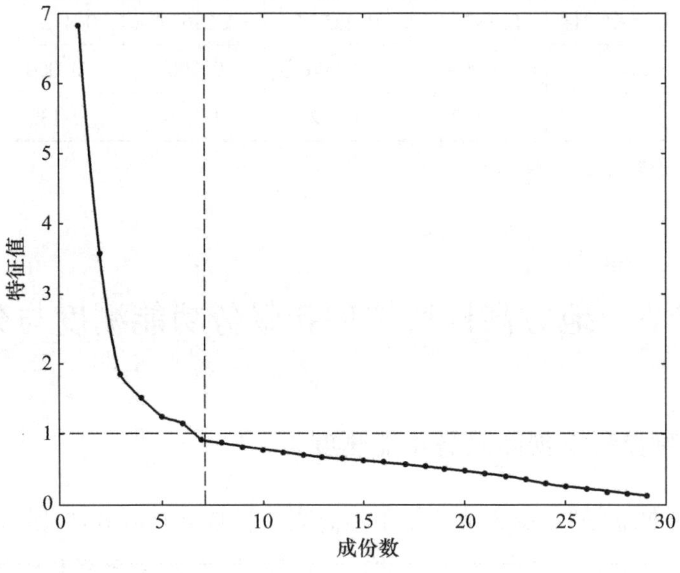

图 4－1　因子分析碎石图

三、因子相关性分析

相关分析可以用来描述两个连续变量之间的线性关系，常用的相关分析有皮尔逊相关系数。假设区域经济因素（RE）、教育体制因素（ES）、地方高校因素（LU）、地方企业发展因素（SF）、产学研协同因素（CPLR）这5个公因子与科技创新服务功能（SSTI）因子有正向且极显著的相关性。利用SPSS 20.0对量表数据进行相关性分析，逐一求出上述5个自变量因子与因变量因子之间的相关性，见表4－2。

表4－2　因子相关性分析结果

变量		区域经济因素	教育体制因素	地方高校因素	地方企业发展因素	产学研协同因素
科技创新服务意识	皮尔逊相关性	0.394**	0.301**	0.368**	0.442**	0.247**
	Sig.	0.000	0.000	0.000	0.000	0.000
	N	1 132	1 132	1 132	1 132	1 132
科技创新服务满意度	皮尔逊相关性	0.384**	0.394**	0.437**	0.362**	0.419**
	Sig.	0.000	0.000	0.000	0.000	0.000
	N	1 132	1 132	1 132	1 132	1 132
科技创新服务基础	皮尔逊相关性	0.216**	0.427**	0.485	0.287**	0.354**
	Sig.	0.000	0.000	0.000	0.000	0.000
	N	1 132	1 132	1 132	1 132	1 132
科技创新服务能力	皮尔逊相关性	0.187**	0.285**	0.296**	0.412**	0.401**
	Sig.	0.000	0.000	0.000	0.000	0.000
	N	1 132	1 132	1 132	1 132	1 132

注：**在0.01水平（双侧）上显著相关。

第三节　地方高校科技创新服务功能测度与分析

一、地方高校科技创新服务功能测度

本节的核心概念是“创新创业背景下地方高校科技创新服务功能”，即地方高校如何基于创新创业教育系统资源，更好地实现知识创新、技术创新、学科创新、科技成果转化创新，从而服务于江西省经济建设和社会发展。在地方高校创新创业教育的科技创

新服务功能指标测度上，还没有成熟的研究成果可以借鉴。由于没有可直接计量和表示的指标与数据，地方高校科技创新服务功能很难被直接测度。

因此，依据地方高校创新能力的综合评价来测算所提供的科技创新服务数量和服务功能强弱，表4-2中影响因素分析的结果基于数理统计的方法给出一些描述性的统计指标，可制定出服务功能指数。通过这种间接测度的方法来衡量地方高校科技创新服务水平和能力，并在此基础上对地方高校科技创新服务功能的影响因素及政策建议进行分析。地方高校科技创新服务功能的最终体现离不开高校科技创新成果的最终内容和表现形式，基于这点，我们通过分析相关统计性描述因素对科技创新服务功能强弱情况的影响力度来定义科技创新服务指数，借以衡量江西省地方高校在创新创业教育背景下具有的科技创新能力与水平。

地方高校所能提供的科技创新服务内容一般为：知识创新培训、技术创新、学科建设创新和科技成果转化创新。不同院校所能提供的服务程度可以分为：提供程度弱、提供程度一般、提供程度较强，分别用数字0、1、2来表示。然后对样本高校所能提供的服务程度采用专家打分求和方式计算，可求出相应的地方高校科技创新服务功能指数。

二、地方高校科技创新服务功能指数

创新创业教育机构应当具备四项基本功能：教育、科研、实践和服务。而地方高校创新创业教育的发展情况离不开它所处的内外部环境，这也是制约地方高校科技创新服务功能提升的重要影响因素。为便于表述影响因素的显著性及对科技创新服务功能的影响程度，本书依据表4-1中影响因素分析的结果，选取可能对地方高校科技创新服务功能产生作用的主要环境因素分别加以描述，见表4-3。

表4-3　地方高校科技创新服务功能指数的描述性统计

变量名	变量解释	影响因素测度取值	样本数	样本占总样本%	服务功能指数均值
X_1	专职创新创业教师数量	1=50个及以上	16	40	5.78
		0=50个以下	24	60	2.64
X_2	政府相关政策扶持	1=是	14	35	5.26
		0=否	26	65	2.05
X_3	是否有自己的学科及专业品牌	1=是	28	70	5.94
		0=否	12	30	1.46

续表 4－3

变量名	变量解释	影响因素测度取值	样本数	样本占总样本%	服务功能指数均值
X_4	地方高校领导是否具有科技创新服务意识	1＝有服务意识	21	53	3.89
		0＝服务意识不明显	19	47	3.12
X_5	校企协同服务运行机制	1＝是	14	35	5.24
		0＝ 否	26	65	4.28
X_6	地方高校科技创新投入	1＝500 万元及以上	18	45	5.72
		0＝500 万元以下	22	55	2.63
X_7	地方高校学科专业评估等级	1＝10 个专业优秀等级及以上	10	25	5.88
		0＝10 个专业优秀等级以下	30	75	1.53
X_8	是否有创新创业实践平台	1＝是	31	78	3.54
		0＝否	9	22	3.46
X_9	学生数量	1＝3 万人及以上	25	63	3.78
		0＝3 万人以下	15	37	3.19
X_{10}	创新创业课程门数	1＝30 门课程及以上	17	43	3.84
		0＝30 门课程以下	23	57	3.62
X_{11}	提供技术培训次数	1＝月均 10 次及以上	16	40	6.21
		0＝不提供	24	60	2.32
X_{12}	科技成果奖励政策是否完善	1＝有	3	8	3.77
		0＝没有	37	92	3.25

统计结果显示，在对专职创新创业教师数量、政府相关政策扶持、是否有自己的学科及专业品牌、校企协同服务运行机制、地方高校科技创新投入、地方高校学科专业评估等级、是否有创新创业实践平台、提供技术培训次数和科技成果奖励政策是否完善这些影响因素测度取值中，调查院校样本数据显示“提供科技创新服务功能”程度为“1”的院校数量明显多于赋值为“0”的院校，表明江西省近年来创新创业教育实施获得了较大发展，并有效促进了江西省高校科技创新整体水平。更为重要的是，地方高校科技创新服务功能指数表明了选定的影响因素与地方高校科技创新服务功能呈正相关关系，如地方高校对学生或者企业员工提供的技术培训次数、地方高校科技创新投入、是否构建服务运行机制、政府相关政策扶持、专职创新创业导师数量等。

对于学生数量这一影响因素而言，样本院校学生数量人数在 3 万人及以上的高校占比为 63%，3 万人以下院校数量占比仅 37%，但其科技创新服务功能指数分别为3.78

和3.19，表明学生数量在影响地方高校科技创新服务功能方面并不显著。在实际访谈中，也确实发现一些学生规模小的院校办学口碑较好、学科专业认可程度较高；同理可得出地方高校的创新创业课程开设门数、地方高校是否有创新创业实践平台与其科技创新服务功能也不具备相关性。

三、多元回归建模分析

通过对江西省地方高校科技创新服务影响因素的分析，可以看出大部分地方高校都具备一定的科技创新服务功能。由于省内高校创新创业教育资源配置不均衡、校企协同创新力度有待增强，部分高校存在教育资源重复建设情况，导致农业院校、师范院校科技创新服务功能指数较低。基于上述分析，在此提出假设 H1：省委省政府统一实施的创新创业教育政策能够促进地方高校科技创新服务能力。

创新创业教育政策施行的目的是让地方高校根据学科发展优势，由各科技创新主体主动提升科技创新能力、开展各类科技创新活动，激发师生科技创新意识。创新创业教育政策在引导地方高校人才培养方向、学科建设及发展目标、科技创新投入、教师职业发展及激励高校科技创新主体发展等方面均具有重要作用。因此，提出假设 H2：创新创业教育政策的实施效果能够有效提升地方高校科技创新服务功能。

地方高校办学能力、学科发展、创新创业课程建设、创新创业实践平台建设和创新创业导师师资建设是反映地方高校办学能力的重要指标，根据边际替代规律，在地方高校科技创新投入一定的情况下，地方高校办学能力是决定高校科技创新服务功能水平的重要因素。因此，提出假设 H3：高校办学能力对地方高校科技创新服务功能产生正向影响。

校企协同服务运行机制能够有效连接地方高校和企业这两个科技创新服务主体对象，是培养创新性应用型人才的新型管理模式。基于该点考虑，提出假设 H4：校企协同服务运行机制的完善及正确运行能够显著提升地方高校科技创新服务功能。

人才作为科技创新最能动的因素，应当给予适度的奖励，才能更大程度地激发地方高校科技工作者的科技创新活力，提升地方高校科技创新服务功能。通过对地方经济发展急需的技术发展进行引导，能够促使高校科研人员专注于该领域的相关研究。基于此，提出研究假设 H5：完善的科技成果转化奖励政策同样能够有效地促进地方高校科技创新服务功能提升。

（一）多重共线性检验

多重共线性问题在分析各影响因素之间相关性，建立多变量回归关系时是经常遇到的。通过 EViews 软件对 12 个变量因素进行分析后，可直接剔除变量 X_7。剔除的理由并不是因为地方高校学科专业评估优秀数量不会影响地方高校科技创新服务功能，而是因为该变量与其他变量存在较强相关性，如与 X_1、X_3、X_8、X_9、X_{10}，该变量能够通过这些变量进行解释，从而替代。

通过多元回归来探讨一个因变量和多个自变量因子之间的关系，其回归表示式为

$$Y_0 = \beta_0 + \beta_1 X_1 + \beta_2 X_2 + \cdots \beta_n X_n + \varepsilon \quad (4-1)$$

其中，β_0 为常数，β_1、β_2、…、β_n 为回归系数；ε 为残差，表示在当前环境下因为对未知因素了解不深入导致的科技创新服务功能指数估算误差；Y_0 作为被解释变量，用来表示地方高校科技创新能力的强弱程度（即地方高校科技创新服务功能指数），其取值范围是（0，1）；解释变量 X_i 是表 4-3 中所列出的 11 个（剔除变量 X_7）具体影响地方高校科技创新服务功能指数的因素。

（二）平稳性检验

通过 ADF 检验验证数据是否平稳。平稳性检验主要判断序列中是否存在单位根，如果通过检验则表示序列属于平稳序列，可以直接进行多元回归。被解释变量的原始序列进行平稳性检验结果见表 4-4。

表 4-4　平稳性检验结果

变量	ADF 统计量	临界值	平稳性	P 值
Y_0	2.574 24	2.421 32	不平稳	0.024 1
DY_0	-2.135 213	-1.945 246	平稳	0.015 26

由检验结果可以看出，Y_0 序列的 ADF 小于临界值，该序列为非平稳序列，然后对其一阶差分序列进行检验，其 ADF 小于该水平下的临界值（$P<0.05$ 置信水平），得出地方高校科技创新服务功能变量一阶差分序列为平稳序列。同时，对选择的 11 个解释变量同样进行平稳性检验，可得出这些变量在同阶情况下均不是平稳序列，因而不需要进行协整检验。

考虑到解释变量 Y_0 是服从正态分布的次序离散变量，采用有序 Probit 模型进行预估分析和评价。为进一步简化评估模型，我们对服务功能指数的取值范围重新调整为三组，并分别取值为 0、1、2。分组如下：

$$P_i = \begin{cases} 0, (\text{IF}0 \leqslant Y_i \leqslant 2) \\ 0, (\text{IF}3 \leqslant Y_i \leqslant 5) \\ 0, (\text{IF}6 \leqslant Y_i \leqslant 8) \end{cases} \quad (4-2)$$

当 $\tau_{m-1} \leqslant P_i \leqslant \tau_m$，地方高校的科技创新服务功能指数 $P_i = m(m=1,2,3)$ 时，该地方高校的科技创新服务功能影响因素概念模型可以进一步表示为

$$P_r = (P = m \mid x) = P_r = (\tau_{m-1} \leqslant P \leqslant \tau_m \mid X) = F(\tau_m - X\beta) - F(\tau_{m-1} - X\beta) \quad (4-3)$$

其中，F 表示标准正态分布的累计分布函数，τ_m 和 τ_{m-1} 表示当地方高校科技创新服务功能指数等于 m 时，地方高校为区域内企业及人才培养提供科技创新服务在这两数值之间。

四、估计结果

采用 SPSS 20.0 统计分析软件对所得数据进行有序 Probit 回归分析，结果见表 4－5。

表 4－5　模型估计结果

变量	参数	估计量	标准误差	Z	Sig.
X_1	专职创新创业教师数量	0.167	0.096	1.852	0.036
X_2	政府相关政策扶持	0.154	0.112	1.733	0.023
X_3	是否有自己的学科及专业品牌	0.471	0.146	3.425	0.001
X_4	地方高校领导是否具有科技创新服务意识	0.071	0.109	0.648	0.064
X_5	校企协同服务运行机制	0.232	0.099	2.263	0.073
X_6	地方高校科技创新投入	0.452	0.092	3.248	0.001
X_8	是否有创新创业实践平台	－0.04	0.042	－0.437	0.543
X_9	学生数量	－0.021	0.036	－0.124	0.723
X_{10}	创新创业课程门数	－0.053	0.063	－0.572	0.376
X_{11}	提供技术培训次数	0.324	0.137	2.893	0.057
X_{12}	科技成果奖励政策是否完善	0.126	0.241	1.579	0.078

由表 4－5 中 Sig. 值可以看出，回归模型参数估计整体拟合度较好，得到的统计量显著小于 3 个置信度（1%，5%，10%）的临界统计值，其中，参数 X_3、X_6 的 Sig. 值均为 0.001，表明该参数在 1% 的显著性水平上显著，可认为高校学科建设及专业品牌、科技创新投入是决定地方高校科技创新服务功能指数的重要因素，这一结论符合国内高等教育发展现状。在高等教育资源分配不均衡的客观环境下，地方高校专业建设品牌和影响力是企业选择校企合作、学生专业报考以及社会对高校办学水平认可的重要标志，

也是吸引优质创新创业教育资源注入的关键要素。显然,地方高校学科建设及专业品牌建设直接决定了高校科技创新服务功能的质量和水平。同理,参数 X_1、X_2 的 Sig. 值分别为 0.036 和 0.023,说明这 2 个参数在 5% 的显著性水平上显著,也反映出高校师资力量及政府科技创新政策对地方高校科技创新服务功能存在较大影响。参数 X_4、X_5、X_{11}、X_{12}的 Sig. 值分别为 0.064 和 0.073、0.057、0.078,表明这 4 个参数在 10% 的显著性水平上显著,也能够反映出高校领导科技创新意识、校企协同机制、技术培训、科技成果奖励政策对省内地方高校科技创新服务功能提升存在一定影响。至于参数 X_8、X_9、X_{10},从上面统计结果来看则不显著,这反映出上述 3 个因素在地方高校科技创新服务功能提升中作用还不明显,该结论符合创新创业教育理念及发展规律。江西省地方高校以统一、量化为特征的课程教学体系,很难在短时间内将创新创业教育理念全面融入课堂教学过程中,仅仅通过增加开设创新创业课程门数、提高参加创新创业实践学生数量、快速搭建创新实践平台并不能在短期内有效提升大学生的科技创新能力,更加无法在短期内提升高校的科技创新服务能力。

由于当前我国地方高校经费投入单一,经费来源以政府资金为主导,其创新创业教育资金相对单薄,地方高校学生数量的快速增长反而成为科技创新能力快速提升的阻碍;创新创业实践平台教育要素资源上的不足,导致高校师生对其认知度、认可度和参与度都不够。从江西省高校创新创业教育实践来看,上述问题基本是各高校的共性,从模型评估结果来看,这几个参数对地方高校科技创新服务功能影响并不显著。

第四节　创新创业教育助力科技创新服务的政策建议

一、江西省科技创新外部环境分析

2012 年,江西省委省政府出台《关于大力推进科技协同创新的决定》,次年启动科技协同创新体建设实践探索:以全省战略性新兴产业为核心,由省内龙头企业牵头、优势关联企业参与,联合高校、科研院所等优势科技资源,以攻克战略性新兴产业链关键核心技术为重点任务,按市场机制运行的“政产学研用金”一体化的股份制研发实体,实现财政资金支持基于明确的重大科技项目研发和产业化目标。2013 年以来,江西省在新兴产业领域组建科技协同创新实体公司 110 家,科技协同创新体突破 118 项产业链关键核心技术,取得 345 项新产品、新装备、新技术,形成 906 项知识产权,创新成效大幅提升。科技协同创新体作为一种新型企业类研发机构,在推动江西省产业链、创新链、人才链、政策链、资金链深度融合方面发挥了积极作用,强化了企业技术创新主体地位。实践证明,江西省科技协同创新建设模式行之有效,取得了令人瞩目的研发及产业化成效。

二、创新创业教育与科技创新服务功能的关系

我们通过对江西省40所地方高校创新创业教育现状调研数据的整理分析,指出地方高校在科技创新上具备服务功能并归纳出其影响因素。

创新创业教育本质上是高校人才培养面向社会服务性要求的一种动态体现,通过实施创新创业教育确实能有效提升地方高校科技创新服务功能。但地方高校具有显著的区域特色,其科研创新功能受限于所在区域经济发展水平,使得江西省内高校在规模、人才培养体系、内部治理和学科特色及专业品牌方面存在较大差异;相对于非品牌特色高校,品牌、特色专业是地方高校的核心资源,是地方高校获取竞争优势的直接途径。因此,凝聚有限的教育资源,集中力量办好优势学科,确保培养的人才具有鲜明的专业优势,是地方高校赢得市场和生存空间的关键。地方高校的发展离不开当地政府的支持,从政府行为的视角来看,地方高校发展困境主要是由于投入不足和科技创新政策不完善造成的。为此,国家和地方政府要优先支持地方高校推进产学研紧密合作的体制机制,还需要借助各种项目平台支持和助推地方高校学科建设及专业品牌发展;地方政府要树立正确的价值导向,引导地方高校发展走提升质量的内涵建设之路,通过实施“向科研项目要发展,向科研管理要效率”的发展思路,提升高校创新创业教育主体的创新素质,为提升高校科技创新服务功能提供智力支持。

地方高校通过构建校企协同创新服务运行机制,能够更好地建立高校与所在城市和区域的良性互动。江西省本科高校大多具备较强的行业背景,随着创新创业教育不断增强,省内高校面临着立足行业还是扎根地方的两难困境。在此情况下,省内高校应该扶持一些特色专业建设,校企联合建设实习基地、共同开发教材、协同完成人才培养,形成良性的创新创业教育体系;鼓励有条件的高校建设科技成果转化部门,出台政策允许教职员工脱岗面向企业从事开展技术创新服务活动等,加速地方高校科技成果转化和技术转移,促进科技、产业、投资融合对接,从而使科技创新服务与创新创业教育深度融合。

地方高校综合专业评估名次是争取政府政策支持和资金投入的重要标杆。高校科技创新功能指数评估结果反映出学科建设、师资力量、专业排名,直接决定了高校创新创业教育质量。评估模型结果反映出江西省内高校科技创新投入不足,部分高校基本以教学工作为主,对科研工作重视不够,这就需要在控制好地方高校科技创新服务功能各项影响因素的前提下,引导地方高校树立正确的科技创新观,一方面争取政府财政支

持，拓宽创新创业直接融资渠道；另一方面注重内部约束与激励机制的建立，提高纵向科研项目的结题率，加强科研经费管理，盘活学校有限的存量科研经费来支持创新创业教育。

工程教育认证是官方对地方高校工程教育质量的规范和认可，其建立的评估体系对地方高校科技创新服务功能提升也具有较强的规制作用。工程教育论证核心理念就是提高学生创新素质，因此，提高地方高校服务运行机制效率、提高年度技术培训次数、对部分专业进行工程教育质量认证在一定程度上会对地方高校科技创新服务功能产生积极影响，这也是提升地方高校科技创新服务功能的重要着力点。

从当前研究结论来看，以下方面还有待改进：

(1)当前江西省正处于国家重大战略机遇和自身发展势能增强的交汇叠加期，要赶上全国现代化建设总体进程，离不开科技创新的引领带动。本研究选择江西省地方高校创新创业教育实施的数据作为研究样本，这些样本高校获取的数据有其自身特点。江西省地方高校间创新创业教育政策与科技创新服务绩效存在较大不均衡性，其中部属高校和省属高水平大学重点支持高校的政策和科技创新服务绩效水平远高于其他类型地方高校，应用型和行业特色的理工类高校明显不足；创新创业教育评价和科技创新成果转化机制仍是高校创新创业教育政策改革的重点和难点。对于学科品牌优势较强、创新创业教育发展较好的地方高校，未来研究还需要选择更全面的样本做进一步分析，从深化创新创业教育评价机制改革、完善科技创新服务政策以及推动地方高校差异化发展等方面提出相关政策优化建议。

(2)地方高校创新创业教育是一个复杂的系统工程，对高校科技创新服务功能的影响也是复杂的，对影响因子的分析除了因子法和相关性分析外，未来研究还需要考虑地方高校转型发展目标、教育资源等其他类型资源及其特征在科技创新转化过程中的作用机制，并通过对创新创业教育制度的历史变迁与现实运作的研究，掌握不同制度及其实践形式下科技创新服务主体之间的相互约束关系，发现地方高校创新创业教育制度构建的场域中科技创新服务功能主体之间相互渗透影响的规律，获取地方高校科技创新服务功能提升的机制性解释空间。此外，在创新创业教育系统建设过程中，理工科高校发挥着重要支撑和引领作用，尤其是在创新创业教育系统中承载和赋能人力资产、经济资产、物质资产和网络资产四大资产要素，这些要素与科技创新服务之间的建设路径和机制还需要深入研究。

(3)本研究对于地方高校科技创新服务功能指数评价指标项的选择及其表现形式并无统一的标准，缺乏灵活的指标动态调整机制，导致现有评估模型无法进行全国范围的统一等级评估工作。因此，未来研究中需要深入研究以知识为特征的人才、数据和科技成果等新生产要素在高校科技创新服务体系中的地位，通过合理调配创新创业教育资源、建立普适性的地方高校科技创新服务功能评价指标体系以及培养具有前瞻性、超前性的科技成果转化能力，同时需要考虑评估模型与指标权重及地方高校创新创业教育质量标准之间的高契合度问题，才能实现科技协同创新，强势推进技术转移和科技成果转化，服务江西省地方经济发展需求。

三、政策建议

（一）发挥政府引导功能，完善地方高校科技创新服务的相关政策

地方政府需要结合地方经济发展特点，深度调整投资结构和产业结构，破除影响科技创新服务功能提升的体制障碍。地方高校应进一步提升科技创新意识，加强创新创业教育宣传。创新创业教育是提高高校整体水平和自主创新能力的重要手段。地方高校作为一个利益整体，学生、教师与高校自身都存在利益的促进与制约作用，其主体意识及行动均会对创新创业教育产生影响，高校要意识到科技创新服务功能的长期性、前瞻性，充分发挥高校整体优势，从而更好地发挥创新创业教育对科技创新服务功能的载体作用。

（二）构建校企协同创新体制，实现企业自主开发与高校科技创新的合作共赢

江西省各高校应通过建立提升产学合作水平的新机制等加强地方高校产学研结合，集聚全省高校创新创业教育要素与资源，把解决高校创新创业教育存在的突出问题作为地方高校提升科技创新服务功能的着力点，引导高校主动对接创新驱动发展战略。充分利用市场机制对全省范围内科技创新资源灵活调配的特点，搭建企业项目与高校对接平台，拓宽地方高校科技创新成果的投融资渠道，并整合高校科技创新资源，推动建立多渠道、多元化的科技创新投入体系，逐步形成地方高校、政府、企业和非营利组织的多层次社会科技创新服务援助网络，为新旧动能的转换提供人才支撑。

（三）立足高校创新创业教育的本质，制定完善的科技创新激励机制

在创新创业教育环节的激励机制方面，地方高校必须牢固树立“一切以教学为中心”的办学思想，把提高教学质量作为深化教学改革和科技创新服务的前提和基础；将创新创业教育理念融入具体课程教学中，结合本校办学特色及资源优势，把创新创业教育着力点放在影响教学和科研的基础、关键和原则性问题上，力争在创新人才培养基础

上实现科技创新服务地方区域经济发展的目标。另外,地方高校要彻底摒弃“重研轻教”的做法,通过调整科研奖励政策和工作量考核方法,激发教师投入到创新创业教育改革中,以科技创新与教学改革间的辩证关系为指导,不断拓展服务空间和科技创新领域,逐步成为区域科技创新服务的有生力量。在科技创新服务环节的激励机制主要有:建立以科技创新质量和社会贡献率为主要导向的科研管理评价机制,注重原始创新和解决实际生产需求的绩效,注重科技成果转化推广与应用方面政策设计,使科研人员转变理念,回归科研本身。在科技创新人才及科技成果评价方面,需要尽快建立分类评价、开放评价机制,进一步改革科技创新成果权属、完善考核分配机制。高校管理部门应设计科学合理的人才评价体系,强调科研评价“四看”,即看代表作(科学贡献)、看核心技术(产业贡献)、看实效(成果转化)和看参与效果(实际贡献)。

(四)地方高校应构建以制度为中心的创新创业教育的研究范式和实施路径

未来,从科技创新服务区域经济的角度出发,地方高校大力实施创新创业教育势在必行。地方高校应构建以制度为中心的创新创业教育内部治理环境,通过创新创业教育制度中不同主体的互动来重新审视创新创业教育与高校科技创新服务功能提升之间的系列命题,从而发现创新创业教育理念所具备的人才培养内涵。当然,创新创业教育的实施不应仅仅具象化为一系列条条框框,而是更加深入发现创新创业教育制度设计与科技创新服务功能主体之间的融合、彼此的内在关系,这样才能真正实现创新创业教育与地方区域经济发展的深度融合。

第五章　工程教育专业认证视角下创新创业教育改革

工程教育专业认证是国际通行的工程教育质量保障制度，是实现工程教育和工程师资格国际互认的重要基础，是一种以培养目标和毕业出口要求为导向的合格性评价。其理念是“以学生为中心，使全体学生达到行业认可的既定质量标准”，这也是工程教育认证的“底线思维”。在此认证理念下，高校不仅要培养引领未来技术的高尖端研究型人才，更要培养支撑产业发展的卓越工程技术人才，为我国工程发展和国际竞争提供智力支持和人才保障。

而新工科建设作为当下高等教育领域的政策焦点和社会热点，指引着创新创业教育未来的改革发展方向。因此，我们结合新工科建设的要求和创新创业教育应有的地位、作用，从培养目标、课程体系、师资队伍等方面提出工程教育认证视角下创新创业教育具体标准操作的改进方向。

第一节　工程教育专业认证视角下创新创业教育质量要素

一、工程教育专业认证对创新创业教育的质量要求

目前，我国大部分理工类高校创新创业教育呈现两个趋向：一是以学校层面的创新创业教育通识课、卓越班、创业班为代表，面向少部分优秀学生，培养自主创业者，创新创业教育与专业教育较为分离；二是以学生科技创新活动及创业竞赛为代表，提倡并支持学生利用课外时间积极参加学术科技创新创业竞赛活动，但创新创业教育呈现学科专业导向，重点关注新材料、新科技等前沿科技问题，对传统工科专业的创新创业关注甚少。学术界及高校教育工作者对新工科背景下实施创新创业教育的探索和实践较为有限，对其基本特点认识不够，因此明晰工科专业内创新创业教育的内涵非常有必要。

需要强调的是，创新创业教育与工程教育在基本特征、能力培养、教育对象、师资要求、课程设计、教育重点等方面具有很强的耦合性。工科专业内创新创业教育强调培养

学生专业技能、创新创业意识与能力，引导毕业生先就业，在组织岗位上凭借扎实的工程专业技能和创新能力，推动组织的工程技术、产品、流程创新。相应地，工程教育旨在培养工程师，强调毕业生具备扎实的实践应用技能及创新创造精神，这既是其区别于人文社科、理科毕业生的关键能力特征，亦是内创业者的最佳潜在培养目标。内创业最主要的特征是在组织内部开展创新创造活动，这与旨在培养工程师的工程教育高度耦合，工程师的工作被学界认为是“创造全无的世界”，兼具专业技能导向和创新创造特性。创新创业教育与工程教育的耦合特征见表5－1。

表5－1　创新创业教育与工程教育的耦合特征

要素	耦合表现
基本特征	要求有健全的制度、体系和体制机制，理论与实践统一，强调培养全过程，突出实践性和创新性
能力培养	突出综合素质培养，强调学生创新能力和技术实践能力培养
教育对象	面向全体学生开展教育，强调学生通过知识学习，在组织内部开展创新创造
师资要求	强调“双师型”师资建设，要求教师立德树人，具备扎实的专业知识
课程设计	强调有严谨的逻辑结构，要建立理论和实践课程体系，注意在课程设计中自觉培养创新意识和创新能力，强调跨学科的整合课程资源
教育重点	要求校企合作，教育主体协同

工程教育专业认证的核心就是要确认工科专业毕业生达到行业认可的既定质量标准要求，是一种以培养目标和毕业出口要求为导向的合格性评价。它要求专业课程体系设置、师资队伍配备、办学条件配置等都围绕学生毕业能力达成这一核心任务展开，并强调建立专业持续改进机制和文化以保证专业教育质量和专业教育活力。新工科专业教育涉及多个相关方，各相关方均从各自角度对新工科的专业建设提出期望和要求（表5－2）。

表5－2　工程教育专业认证相关方的期望与要求

相关方		期望与要求
受教育者	学生	兴趣爱好的满足；具备从事新兴产业或技术工作所需技能或能力；在新兴产业获得高质量的就业及发展机会；良好的学习条件与环境等
	学生家长	适宜的教育成本投入；子女获得在新兴产业的就业及发展机会；子女优良人格、品性的养成；子女有舒适、安全的学习环境等

续表 5－2

相关方		期望与要求
办学主导者	党和政府	教育方针和政策有效落实；满足国家对新经济和新业态的人才需求；良好的社会经济效益；安全稳定等
	私人	符合政策要求；满足人才市场的需求；投入产出效益；公益意愿满足或成就感等
高校	教师	稳定和可预期的职业发展机会；满意的薪酬体系；对取得成就的认可；教研条件的保障；优良的工作环境等
	管理者	稳定和可预期的职业发展机会；满意的薪酬体系；优良的工作环境等
用人单位		入职者（毕业生）工作适应能力强；创新能力、工程实践能力、国际竞争力突出；具有优良的职业素养和合作精神等
社会群体		传播文化；引领风气；服务社区等

相关方的期望和要求具有动态性，随着经济社会发展和技术进步而不断变化、更新。新工科专业建设需准确理解和把握相关方的要求和期望，对其可能的发展变化进行准确预测，将其提炼和加工，综合形成新工科专业的人才培养目标定位，并形成合理性评价。

人才培养目标合理性评价主要通过内部评价和外部评价来实现，可以采用问卷调查、座谈会及函审的方式，参与评价者包含企业和行业专家、专业教师、学生、校友、用人单位等，评价方式、内容、周期见表 5－3。在此基础上，召开企业专家、同行专家的座谈交流会，根据调研结果对培养目标合理性进行论证。

表 5－3　培养目标评价方式内容周期

评价层次	评价手段	评价内容	评价周期	支撑材料
校外评价	用人单位调查	了解毕业生的工作表现和岗位胜任能力，了解毕业生的发展状况，对毕业生综合能力进行评价	每年定期	社会调查、调查问卷、评价报告
	行业专家座谈（包括企业兼职教师）	倾听行业专家的意见和建议，对培养目标是否符合产业发展变化需求、是否符合工程技术发展需求进行评价	每年一次	评价意见

续表 5－3

评价层次	评价手段	评价内容	评价周期	支撑材料
校外评价	毕业 5 年左右毕业生调研	了解本专业毕业生的专业发展状况以及所在单位及行业发展现状、人才需求情况、对本专业毕业生的社会期望等	每 2 年微调	第三方机构麦可思数据有限公司、社会调查、调查问卷、评价报告
	学生家长座谈	对子女知识能力获取及职业发展的期许	每 2 年定期	新生家长座谈
校内评价	在校生问卷和座谈	在校生知识、能力获取方面以及职业发展期许	每 2 年微调	调查问卷
	专业教师座谈	倾听专业教师对培养目标各个环节的反馈意见和建议	每 2 年微调	培养方案修订意见
	综合评价	人才培养方案修订	每 4 年一次	评价依据：用人单位调查资料、行业专家意见、专业教师意见

通过用人单位、毕业生、专家意见等多种信息渠道调研，了解并分析内外需求和条件的变化，最终确定新工科专业对创新创业教育人才培养的规格即质量要求。下面以电子信息工程专业的创新创业人才培养目标及质量要求为例，创新创业型工程科技人才综合性能力模型的设计是以电子信息类专业核心能力培养体系为依据，并参考创新创业教育理念的内涵和方法，深度挖掘“基础能力培养”“特色能力培养”“创新创业能力培养”三大层次的内涵，设计出全新的创新创业人才培养目标，包括 3 项一级指标、9 项二级指标、28 项三级指标，其中重要指标 12 项，见表 5－4。

表 5－4　工程教育专业认证对创新创业人才培养目标与质量要求

人才培养目标	具有在某个新兴技术或产业领域从事新技术的研究、生产和服务所需的知识结构、创新能力、自主学习能力和综合职业素养的高素质“新工科”专业人才	
1 基础能力	1.1 敏锐观察行业	1.1.1 关注行业发展
		1.1.2 专业认可度
	1.2 知识储备情况	1.2.1 通识基础理论掌握
		1.2.2 专业基础理论掌握
	1.3 学习能力	**1.3.1 行业分析能力**
		1.3.2 排除疑难能力
		1.3.3 应变能力

续表 5-4

一级指标	二级指标	三级指标
2 特色能力	2.1 专业能力	**2.1.1 软件代码编写**
		2.1.2 软件程序调试
		2.1.3 硬件电路设计
		2.1.4 硬件模块制作
		2.1.5 软硬件联合调试
	2.2 工程实践能力	2.2.1 工程环境观察与搜寻
		2.2.2 信息归纳
		2.2.3 语言表达
		2.2.4 大工程意识及工程伦理
	2.3 深度分析阐释	2.3.1 资料整理
		2.3.2 逻辑推断
		2.3.3 观点提炼与阐述
3 创新创业能力	3.1 拓展能力	3.1.1 专业兴趣导向
		3.1.2 创业意识与激情
		3.1.3 经济意识
		3.1.4 市场意识
	3.2 个人影响能力	**3.2.1 对团队成员的影响**
		3.2.2 对项目进度的影响
	3.3 工程管理能力	3.3.1 工程规划决策能力
		3.3.2 工程组织实施能力
		3.3.3 沟通协调能力

二、工程教育专业认证质量标准模型的建立

在全球范围内，工程教育专业认证已成为重要的高等工程教育质量保障机制。为持续改进工程教育质量，美国高校在专业认证机制引领下，积极开展工程教育质量保障实践探索，形成了涵盖技术、管理和权力三个维度的工程教育质量保障实践逻辑。然而，在理念维度，美国高校亟须辨明认证理念与实效性的关系、专业认证与院校认证的关系；在技术维度，亟须反思认证手段与实效性的关系、认证标准与专业特色的关系；在管理维度，亟待破解制度创新与政策创新的困境；在权力维度，亟须均衡学术、行政和学生权力。

霍尔三维结构是由互相垂直的三维坐标组成的一个方法论空间,分别代表时间维、逻辑维和条件维(原为知识维)。标准的三维属性空间概念是波兰学者沃吉次基首次提出的,它是用标准的三要素(对象、内容和级别)分别作为坐标轴所构成的三维方法论空间。在高等工程教育系统中,质量标准规范同样界定了为达到工程科技人才培养目标而采用的手段。

未来高校工程教育质量保障实践将通过从外部认证到自我改进、从个体责任到共同治理、从变革乏力到引领改革转型,推动工程教育改革与发展。在实际应用中,我们可以选择并适当调整必要维度,构建创新创业背景下工程科技人才培养质量标准体系六维结构模型。基于此,借鉴相关研究成果,我们根据分层与分类相结合原则,构建了不同层次工程科技人才培养质量标准体系的六维方法论结构模型。

(一)级别维

我国高等教育包括专科教育、本科教育、研究生教育三个层次,并实行学士、硕士、博士三级学位制。培养工程科技人才的高校性质主要有高职、独立学院、地方本科高校、教育部直属高校等。因此,按照高等教育学历学位层次和标准发生作用的有效程度,可以将高等工程科技人才培养质量标准划分为专科生标准、本科生标准、研究生标准。

(二)对象维

在高等教育领域,从人才培养层面看,重复性的活动(或事物)主要有学历学位的资格授予水平(即学术资格标准)和学科专业基准的界定等学术活动。学术资格是指人才培养的效果或结果,是对受教育者所达到高等教育水平的认可,属于结果性质量,其标准内涵也是基于学习成果(产出)分类。学术资格标准是人才培养规格的基本要求,往往以学科专业标准为具体表现形式。学术资格标准是共性标准,学科标准和专业标准是个性标准。学术资格标准是国家学术阈值标准,而学科标准和专业标准是高校人才培养的学术基准。因此,对象维上的工程科技人才培养质量标准应包括学术资格标准、学科标准和专业标准等。

(三)性质维

对高等工程教育人才培养质量标准系统而言,技术标准即学术标准,管理标准即质量保证标准,工作标准即相关部门(如政府、高校)为维护学术标准和质量保证标准所做的质量规范,如高校信息公开规范。依据标准的性质分类理论,可以将工程科技人才培养质量标准划分为技术标准、管理标准和工作标准三种类型，从而分别构建学术质量标准、质量保证标准和质量信息标准三个维度的人才培养质量标准体系框架，为国家、高校等系统制定大众化高等教育人才培养质量标准提供参考依据。

（四）支撑关系维

按照工程科技人才培养类型制定具体学科专业的人才培养质量标准，相当于工业标准体系中的产品标准。从支撑关系维度审视，工程科技人才培养质量标准可以由国家通用标准、行业通用标准、学科通用标准、专业通用标准和具体学术标准五个层次构成。中国工程教育专业认证协会对高校的工科专业工程教育制定了通用标准和专业补充标准，但由于各高校的办学定位不同，人才培养标准的适应性不足，切合学校实际的校级工程教育标准还需要各高校结合自己的人才培养特色进行制定。

（五）强制程度维

从 2012 年开始，教育部评估中心着手中国高等教育质量报告研制探索工作。2016 年 4 月，该中心首次发布《中国高等教育质量报告》，同时，在国内评估和国际认证的成功实践基础上，推出全新的高等教育质量标准。无论是全口径高等教育质量的“五个度”质量维度，还是工程教育质量的“三个面向”，或者新建院校“三基本、两突出”，都基于中国高等教育实际，借鉴国际教育质量评价先进经验，建立了一整套具有“中国特色、世界水平”的质量新标准新体系。工程教育质量强调国际完全实质等效，尤其突出了国际工程联盟组织提出的以学生为中心（Students-Centered）、成果导向（OBE）、质量持续改进（CQI），得到了《华盛顿协议》组织来华考察专家的高度认可。《中国高等教育质量报告》的“五个度”标准，也具有国际通用性和普适性，是中国质量标准领域的新探索，也是对世界高等教育质量标准的新贡献，得到联合国教科文组织、经济合作与发展组织、欧盟、国际高等教育质量保障联盟等国际组织与专家的高度评价。

按照实施的约束力，将标准分为强制性和推荐性两种。强制性标准是指国家通过行政、法律等手段强制实施的标准。例如，教育部于 2017 年初颁布实施全部 92 个本科专业类的教学质量标准，作为本科人才培养质量的国家标准和基本要求，这就属于强制性标准。而推荐性标准则是倡导性、指导性、自愿性的标准，是通过经济手段或市场调节促使相关方“自愿采用”的标准，有关各方有选择的自由，但一经选定，该标准对采用者来说就为必须执行的标准了。

（六）制修订状态维

工程科技人才教育质量标准是一个动态可调整的过程，不仅要反映标准制修订状态，也要反映对国际先进标准的采用情况。因而从标准的制修订状态维度看，工程科技人才质量标准可以分为采用的国际标准、国内已制定标准、制订中标准、修订中标准、新修订标准、废止标准等。

将上述六个维度进行组合设计，便形成一个相互协调、相互制约的六维空间域。在实际应用中，可以根据需要选择其中任意两维或三维进行重组形成新的方法论模型，如图 5－1 所示。

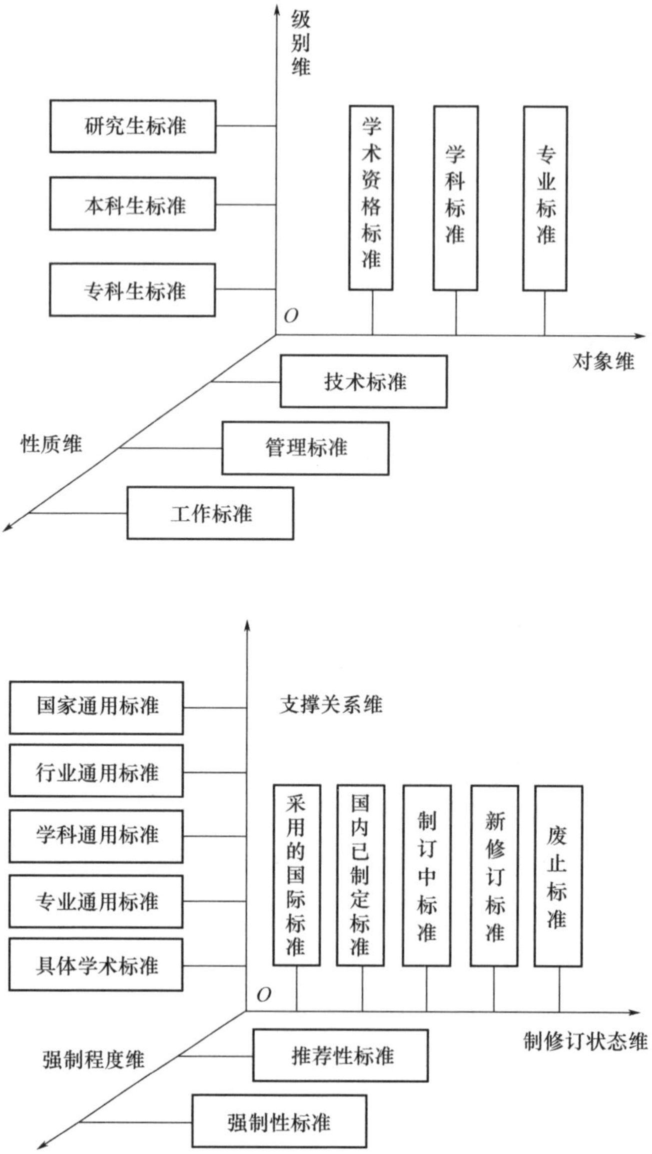

图 5－1　工程科技人才培养质量标准模型维度

将标准体系结构框架和反映具体标准信息的六维方法论空间相结合，则可形成创新创业教育背景下工程科技人才培养质量标准体系的动态立体结构，这为新工科背景下创新性人才培养质量标准体系构成要素分析提供了理论支撑和方法论指导。

在创新创业教育驱动下，工程科技人才培养目标及各教学环节的质量标准制定是一个严肃、科学的过程。工程科技人才教育质量标准的监测与评估体系的确立应体现出校内外结合的特色，既充分考虑学校的办学定位、办学指导思想，同时又要充分融入国家和社会对工程科技人才培养的需要，尤其是工程业界的需求。因此，在新工科建设背景下，各类工程科技人才教育质量标准的监测与评估方案的制定应注重科学的论证与质量的反馈。

三、新工科专业建设的质量管理

新工科人才培养目标和质量要求的实现即教育质量的形成有其规律性，涉及专业建设的全过程，专业建设的质量管理应遵循质量管理的一般原则和基本原理。新工科专业建设应立足于质量管理的基本原理和方法来解决新工科专业建设质量的问题。

（一）新工科专业建设的质量形成过程

新工科专业建设有两种不同的驱动方式或路径选择：一是通过建设新的工科专业，来满足人才需求；二是通过对现有工科专业的改造，来适应人才培养的需要。新工科专业的建设过程一般包括明确新工科专业建设要求、制定或改进完善专业人才培养目标、明确毕业要求即质量要求、制定或改进完善人才培养方案、优化配置教育教学资源、实施教学过程和分布于各环节的绩效评价及其必要的改进要求等多个子过程，具体如图 5－2 所示。

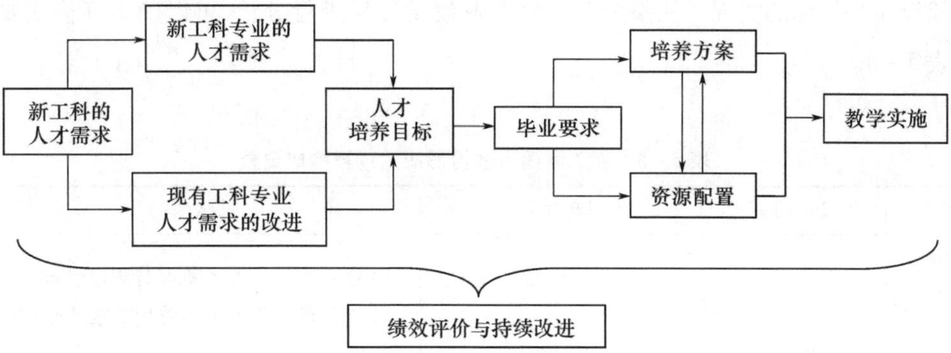

图 5－2　新工科专业建设质量形成过程

按照质量管理学的过程原理,新工科专业建设的质量形成于其具体建设过程,没有稳定可靠的建设过程,就不可能实现预期的专业建设质量目标;将新工科的建设活动按照过程进行管理和控制,有助于高效地实现预期的质量目标。新工科专业建设的质量形成过程涉及多个具有特定功能输出要求的子过程,每一个子过程又可进一步细分为若干个具有特定功能输出要求的子子过程。这些过程均按时间展开,具有空间多维特性,形成一个复杂的过程－功能结构关系网络。

(二)新工科专业建设的过程质量要素模型

每一个不同层级的专业建设过程或子过程、子子过程均由一定的要素所构成,图5－3给出了新工科专业建设的过程质量要素模型。

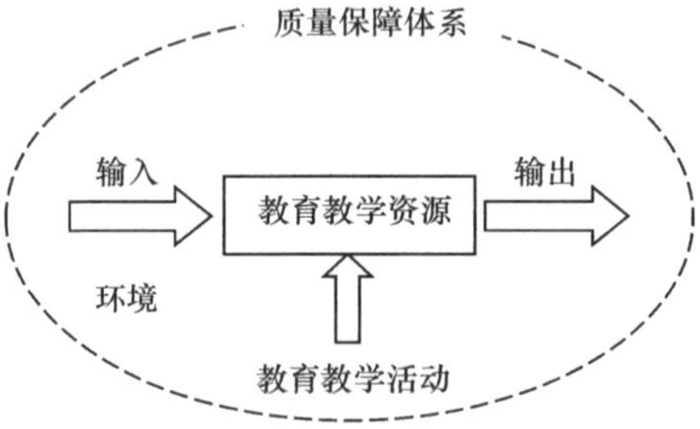

图5－3　新工科专业建设的过程质量要素模型

某一具体过程的构成要素决定了该过程的质量,某一层级的各过程质量的综合即为该过程的质量。因此,过程构成要素也就是影响该过程质量的因素,要确保新工科建设的质量,就必须对每一个层级的每一个过程进行分析,确定其构成要素的具体内容,在建设过程中对各过程构成要素及其过程接口关系进行有效控制,才能确保新工科专业建设质量目标的实现。从整个新工科专业建设过程进行分析,可以确定其构成要素见表5－5。

表5－5　新工科建设质量形成的过程构成要素

序号	质量形成要素	过程项目	具体内容
1	输入	人才需求	(1)分析新工科人才需求与质量要求; (2)与现有专业人才的质量要求比较; (3)确定新工科专业建设路径; (4)明确专业人才培养目标; (5)确定专业毕业要求

续表 5-5

序号	质量形成要素	过程项目	具体内容
2	教育教学资源	专业建设需要的各类资源	(1)教师队伍; (2)课程等知识成果; (3)教学设备设施; (4)企业资源的开发应用; (5)教育经费
3	教育教学活动	专业建设的实施过程	(1)制定专业培养方案; (2)制定课程实施大纲; (3)配置教学资源; (4)实施教学过程; (5)教学过程的监控
4	环境	专业建设所处环境	(1)人才培养的中心地位; (2)以学生为中心的意识; (3)教与学的良好氛围与风气; (4)安全舒适的学习生活条件
5	质量保障体系	专业建设过程中的质量控制、评价与改进	(1)质量保障体系的系统性; (2)质量保障体系的完备性; (3)质量控制的有效性; (4)内部与外部质量评价的有效性; (5)质量改进的有效性
6	输出	新工科人才的培养结果	(1)毕业要求的达成率; (2)毕业生就业质量; (3)政府与用人单位的评价反映; (4)学生与家长的评价反映

四、工程教育专业认证对创新创业教育质量的监控管理

工程教育专业认证对教学过程质量管理监控是保障创新创业教育教学质量的重要环节。从组织架构上来看,专业的教学质量管理监控架构由三个层次的功能模块构成(图 5-4)。

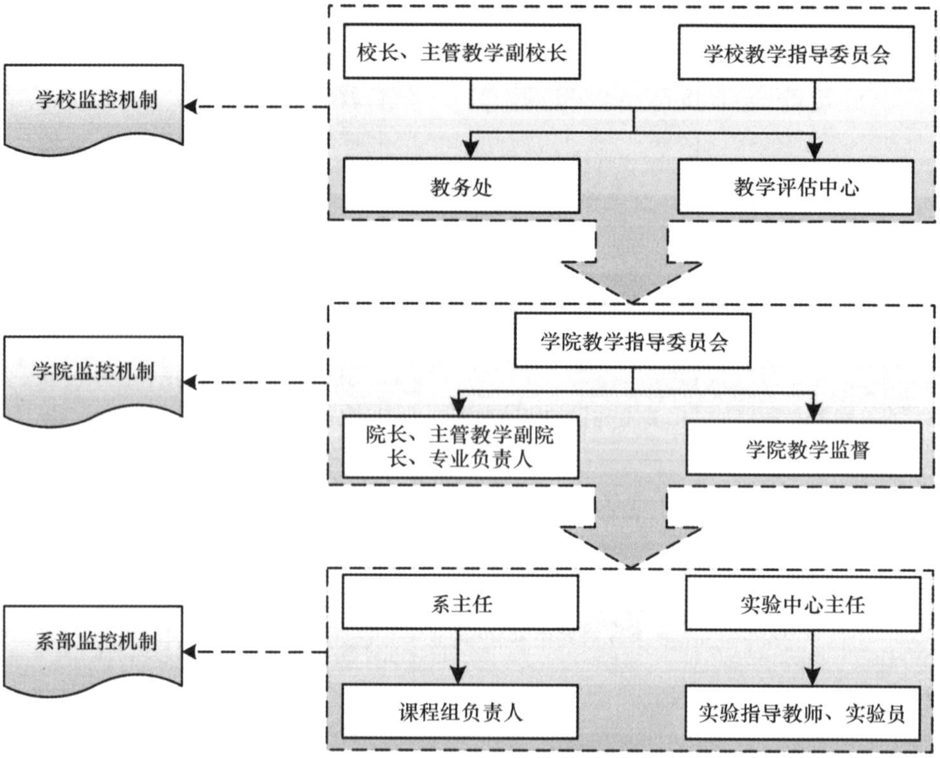

图 5－4　地方高校教学过程三级质量监控体系

校级监控主要为教学质量监控提供政策保证、制度依据、过程规范，督促、指导教学管理与教学改革方案的实施和落实，重点对专业的培养目标合理性评价和达成情况进行监督和审核。目前，国内大部分地方高校实行的都是校院两级教学管理体制。校长作为本科教育教学质量第一责任人，由主管副校长领导负责全校的教学管理工作。教务处为教学管理部门，负责全校教学活动的计划和统筹管理。学校的教学评估中心独立于教务处，负责教师培训、教学质量监督和教学评价等工作。

学院是本科办学的主体，兼有基层行政管理和组织教学科研活动双重职能，承载着提高本科教学质量的重要实体责任。学院的教学工作由院长全面负责，由主管教学副院长主持协调。学院教学管理的主要职责是根据学校本科教学的发展规划，制订本学院的教学发展规划和工作计划，组织落实学校下达的各项教学工作，重点对专业的培养目标达成情况进行监督和审核。

系部监控负责教学质量，监控微观层面的细化实施。系部监控主要是从专业教学的角度负责制订和改进教学计划、调整教学内容，建设师资、教材，选择教学方法等方面的工作，及时掌握日常的教学进度、教学计划的实际执行、学生的反馈等情况，重点对毕业要求及关键支撑课程的达成情况进行监督审核。教学质量管理需要建立完善各司其职的机构和岗位,明确主要职责。表5－6给出了学院和系部教学工作机构或教学岗位的主要职责。

表5－6　学院和系部教学工作机构或教学岗位的主要职责

教学工作机构或岗位	主要工作职责
学院本科教学指导委员会	(1)贯彻落实学校有关本科教学改革与发展的方针、政策; (2)审定学院本科教学工作总体发展规划和实施计划,规划学院教学改革和建设工作,提出学院本科教学建设的方针、政策; (3)指导专业认证、本科教学评估与本科教学质量监督; (4)指导建立学院和企业的实践教学基地; (5)审定学院的专业设置、专业培养方案的确定以及教学计划和课程设置; (6)评审、推荐教学改革立项,检查、评估教学改革项目建设情况; (7)评审和推荐优秀教学成果奖、精品课程、教学名师等; (8)对各专业的培养计划制订(修订)以及执行情况进行监督、审核
院长	(1)提出学院本科教学的发展规划,提出专业设置和建设的思路; (2)根据社会需求,调整专业方向,组织新专业的建设和申报; (3)根据学校的要求,结合学院的实际,拟订各教学环节的规章制度; (4)主持制订与审核学院所辖专业《本科教学培养方案》以及相关教学文件; (5)提出本学院各专业的年度招生计划; (6)抓好学院的基层教学组织(教研室、教科组、研究室),落实本科教学工作; (7)抓学院的教风和学风建设,提高教学质量; (8)提出学院课程建设、教材建设、实验室建设和教学改革的思路与规划; (9)拟订本学院师资队伍建设规划,提出教师的引进与培养措施; (10)主持教育思想学习和教学研讨活动; (11)主持院级教学评估和各类教学质量评估工作
教学副院长	(1)负责组织制订本学院所辖各专业《本科教学培养方案》,经院学术委员会批准后,报教务处备案; (2)负责组织制订学院专业设置和建设规划,经院学术委员会批准后,报教务处备案; (3)负责制订学院各专业的招生计划,经院长批准后,报教务处招生办; (4)与相关学院教学副院长共同协调学科基础教育平台课程的实施; (5)根据学校重点课程、精品课程、双语教学建设规划,制订本学院课程建设的规划和措施,向全院教师公布并组织实施;

续表 5－6

教学工作机构或岗位	主要工作职责
教学副院长	(6)根据学校教材建设规划，制订本学院教材建设规划和措施，向全院教师公布并组织实施； (7)根据学校现代化教学建设规划，制订本学院现代化教学改革规划和措施，向全院教师公布； (8)根据学校有关规定做好课程主讲教师认定和教学质量监控工作，确保正、副教授为本科生授课计划的实施； (9)负责学院本科教学师资选留工作以及新教师培训和试讲工作，制订承担本科教学的教师的进修计划；培训教师、组建队伍，做好学分制导学工作； (10)根据学校《教学事故认定和处理条例》对学院发生的教学事故进行调查、认定，将教学事故提交学院领导班子决定处理意见，报人事处和教务处备案； (11)规划和组织学院各项教学改革活动，提高本科教学的质量； (12)组织国家、省市、学校的教学成果奖、教材奖的申报工作，组织参加各类教学评优活动； (13)负责学院教学资源的管理，负责制订教学日常经费的使用计划； (14)负责实施教学过程的日常教学管理，包括开学、期中、期末教学检查、课堂听课、考试管理、实验和实习/社会调查管理、毕业论文（设计）管理、成绩管理和学籍管理等
专业教学指导委员会	(1)负责专业总体发展规划与建设工作； (2)组织和开展培养目标合理性评价的调研工作，组织和开展培养目标达成情况评价、毕业要求达成情况评价、课程体系合理性评价等调研工作，撰写培养方案，修订调研报告； (3)制定专业培养方案，包括制定专业培养目标和毕业要求，对毕业要求进行指标点分解，设置专业课程体系； (4)指导课程教学大纲撰写工作，审定课程教学大纲，关注课程教学目标、课程教学内容以及课程考核方式的合理性； (5)组织开展课程目标达成评价分析工作，关注课程教学质量、课程目标达成情况以及课程持续改进情况
学工办	(1)全面负责学生日常思想政治教育、事务管理、党团建设、心理健康教育、就业指导等，并做好学生稳定工作； (2)及时贯彻落实学校布置安排的各项工作，并做好信息反馈； (3)负责学院辅导员的管理、培养和考核； (4)负责学生党员和学生骨干的选拔、培养、指导； (5)了解学生思想、学习、生活等情况，把握学生思想动态，及时发现和处理问题；重点关注家庭经济困难学生、存在心理问题或其他不稳定因素的学生； (6)研究大学生思想政治教育工作，承担相应的大学生形势与政策、心理健康、就业指导、学生军训等教育教学任务

续表 5－6

教学工作机构或岗位	主要工作职责
系主任	(1)参与制订并负责实施《本科教学培养方案》,申报并落实每学期教学任务; (2)组织制订或修订各门课程的教学大纲、实验大纲、教学日历、实习指导书,并监督实施; (3)组织各课程组把好教材选用关,按期向教材科申报各门课程教学用书需求; (4)组织制订实验室、资料室建设规划和管理条例; (5)审核课程试卷和试卷分析表,组织落实主监考和试卷归档工作; (6)检查实验、实习、社会调查、毕业设计(论文)的执行情况,并将检查结果及时通报相关教师和学院领导班子; (7)定期组织课堂听课活动以及教师座谈会和学生座谈会,了解各门课程的实际教学状况,做到心中有数; (8)根据听课、学生评教、学生评课等教学质量监控信息,每学期末组织教研组主任对本系课程教学质量进行分析和评价,提出本系课堂教学质量评价报告,并通报全系教师; (9)每学期末组织教研组主任和课程负责人对本系上学期的试卷命题质量和评分标准进行抽查分析,对质量不合格或评分标准不规范的课程提出整改意见,并监控整改效果,对违纪学生的处理进行核实
专业责任教授	(1)负责组织制订本专业长期发展规划及近期发展计划,负责组织制定本专业培养目标及毕业要求; (2)负责组织制订本专业培养计划,及时了解和掌握国内外本专业的发展状况,根据学科发展趋势与时俱进,不断完善和优化课程体系
实验中心主任	(1)负责实验设备和实验场所的管理,保证学生和设备的安全; (2)对实验中心发展进行规划、设计,编制发展方案; (3)负责组织实验教学研究、教学改革工作; (4)负责实验教学基地的建设工作
课程及教材建设委员会	(1)推进学院课程建设:审议教师提出的课程建设立项申请书,为学校课程建设立项提供依据; (2)推进学院教学改革:审议教师提出的教学改革项目,为学校教改立项建设提供依据; (3)推进教材建设与立项:审议教材建设立项申请书,为学校教材建设立项提供依据; (4)课堂教学优秀教师评选:参与学院课堂教学优秀教师的推选和评审工作

续表 5－6

教学工作机构或岗位	主要工作职责
学院教学质量监控队伍	(1)检查、跟踪、分析学院教学工作的各个环节,如备课、上课、批改作业、考试、习题课、实验课、课程设计、毕业设计(论文)等的实施情况,及时向教学主管部门反馈各教学环节执行状况以及发现的问题,提出整改建议; (2)调查研究学院本科教学的课程建设、师资队伍建设和教材建设的情况,积累相关经验; (3)参与青年教师培养基地的业务指导工作,向青年教师推广优秀教育理念和教学方式、方法,促进青年教师成长; (4)了解师生对学校教学改革政策和举措的意见,关心其发展要求,及时向教学主管部门进行反馈,提出针对性意见和建议; (5)参与教学质量环节考评
教务员	(1)根据专业教学计划,落实学院教学任务,进行排课、选课工作,核算教学工作量; (2)负责学生的学籍、成绩管理、考试管理工作;负责辅修专业的管理;办理毕业生的成绩证明等; (3)完成学生实习、毕业设计(论文)、科研训练项目等实践教学事务管理; (4)协助做好各级教学改革、课程建设、教材建设等项目的申报和中期检查、结题验收工作,以及教学改革、课程建设、教材建设等项目的鉴定、教学成果申报和评审工作; (5)做好教学、教务方面有关统计和文书资料的立档归卷工作; (6)完成学校教务处各功能科室布置的任务
教研室主任	(1)负责本教研室的教学和教研工作执行,确保教学秩序的稳定和各项教学活动的正常进行; (2)根据教学工作需求,组织教师开展教学业务研讨活动,研究教学规律,探讨教学方法,提高教学质量; (3)督促本教科组各教学团队认真按课程教学计划、教学大纲的要求组织授课;检查落实备课情况、教学日历、作业批改、命题阅卷等工作; (4)定期组织教师听课,主持听课评议和交流经验、教学专题研究会等活动,加强课程建设、专业建设、教材建设等
实验室主任	(1)负责本实验室所有实验设备和实验场所的管理,保证学生和设备的安全; (2)执行本实验室所涉及的实验项目,积极参与实验室规划与建设工作; (3)负责组织本实验室的实验教学研究、教学改革工作
课程负责人	(1)全面负责本课程的教学质量和教学过程,制定教学大纲、选用课程教材,统筹安排有关教学环节的教学工作;在所在院(系)的领导下,组建本课程的教师队伍; (2)组织制订并主持实施课程建设规划; (3)组织制订或修订课程教学大纲、课程教学规范等教学文件;

续表 5－6

教学工作机构或岗位	主要工作职责
课程负责人	(4)组织本课程范围内的教学改革活动和教学法研究活动； (5)负责本课程的教材建设； (6)组织申报本课程范围内的教学研究、教学改革以及课程建设项目； (7)负责本课程的教学管理和教学工作评估； (8)指导本课程青年教师培养工作； (9)推荐本课程教师申报各级各类教学奖励； 10)负责统筹分配与本课程有关的经费和酬金
教师	(1)任课教师应根据教学大纲的要求，撰写教学日志，按照课程要求开展教学工作，注重教学方法研究，对学生的学习情况进行公正、客观的评价； (2)实验指导教师应按课程实验教学大纲的要求组织教学，实验教辅人员应认真做好实验准备工作，所有实验项目应先进行试做，确保师生的人身安全和仪器设备安全，确保实验课程顺利； (3)课程设计指导教师应按照教学大纲撰写课程设计指导书，熟练掌握设计内容与方法，做好必要的资料准备工作；在课程设计指导过程中，以学生独立完成为主、教师指导为辅，充分发挥学生的主动性和创造性； (4)实习指导教师应认真准备教学实习大纲和教学计划，并撰写实习指导书；实习前，提前到实习单位了解情况，做好各项准备工作，同时组织学生动员工作，并进行安全教育；实习结束后，要认真做好实习总结工作，撰写实习总结报告； (5)毕业设计(论文)指导教师应认真指导学生毕业设计各环节的工作，确保学生毕业论文质量； (6)教师应积极参与学生第二课堂教学活动(如指导各类学科竞赛、创新创业实践项目等)，培养学生的创新精神和科研能力

第二节　工程教育专业认证底线思维对创新创业教育的约束

我国高等工程教育专业认证的初衷是侧重不同专业“人才培养如何满足其所属产业或企业发展需求”的评价，侧重对其人才培养目标、课程体系设置水平和合理性的深入评价。因而工程教育专业认证应该逐步担当起如下重任：对通过合格评估的高校，进一步完成对其相关专业的人才培养方案、课程体系设置、教学质量监督机制等是否满足所属产业或企业人才需求的考核或评价。尤其需要注意的是，在这一过渡阶段，工程教育专业认证也应不断完善,完成响应国家发展战略,响应产业、企业发展需求的认证制度和认证方法建设。高校创新创业教育在面对新工科建设对专业转型、升级、改造要求时,应从工程教育专业认证理念、指标、认证方法等多方面、全方位积极响应,在我国高等教育向国际领先行列迈进的过程中发挥应有的作用。

一、工程教育专业认证体系与创新创业教育的关系

工程教育是我国高等教育的重要组成部分。工程教育专业认证是实现工程教育国际互认和工程师资格国际互认的重要基础。它保证了工程教育人才的输出质量,对提高产业发展的适应性以及国家经济社会发展具有重要意义。由前所述,工程教育专业认证要求学生不仅需具备一定的专业知识和解决问题的实践能力,还需掌握本学科的前沿科技。这就要求毕业生能整体地考虑工程问题的来源,并且寻找、选择利用适当的技术、工具对复杂问题建立抽象模型来进行预测和解决。在这个过程中,学生的创新意识和创新能力被寄予了较高的要求。从目前工程教育的发展来看,工程教育在内容上较为局限,课程的设置也是以基础常规课与专业课结合。地方高校作为培养高端人才的重要基地,其培养的学生应能将所学专业知识与创新创业实践活动紧密结合,做到学以致用。因而,高校的创新创业教育目标主要是引导和培养学生突破传统,敢于质疑、批判,以及拥有发散思维的能力。综上所述,工程教育专业认证理念对毕业生的要求与大学生创新创业教育的培养目标协同一致,互为支撑。将创新创业教育融入工程教育之中,可以充实工程教育的内容,将教育教学从工程专业领域延伸到创新创业领域,从而扩大专业教育的覆盖面和有效性,为学生的发展成长提供良好的环境。

二、创新创业教育的不平衡性与工程教育专业认证理念的冲突

如前所述,“以学生为中心”是工程教育专业认证的基本理念,且培养的“全过程”“全覆盖”是工程教育专业认证的“底线思维”。目前,我国高校已将创新创业教育列入教学体系,普遍开设创新创业教育各类课程,基本上完成了创新创业教育对全体学生的“覆盖”。但由于教师(包括专任教师及辅导员等)和学生对待创新创业活动、各类竞赛的态度不同,目前创新创业教育的发展不平衡。一部分学生意识到创新创业对自身能力培养具有推进作用,积极参加各类创新与创业竞赛及项目,努力提升创新思维能力;但另一部分学生对创新创业意识淡薄,对参与各类创新创业活动积极性不够,对创新创业课程也只是满足于拿到最低相关学分即可。这种创新创业教育不平衡的发展与工程教育专业认证理念的设置初衷是冲突的,不符合工程教育专业认证理念中的“底线思维”,距离“确保每一位学生在毕业时都具有优秀的创新创业能力”还存在着差距。对于

工程专业的学生来讲,不论是就业还是创业,都需要这方面能力素养的支撑。选择就业,进入到工程行业,创新能力非常重要。我国工程领域经过多年发展,很多技术都达到了一定水平,需要依靠创新实现技术突破。所以,学生具备创新能力,才能在工程行业发挥自身的作用。而将创新创业教育融入工程教育之中,能够给学生的专业成长提供保障,让学生的专业素养和创新创业能力同步提升。

第三节　工程教育专业认证与创新创业教育的融合发展路径

在新工科建设背景下,工程教育专业认证与创新创业教育的有机融合是我国高等教育改革一项复杂且长久的系统工程,涉及各利益主体、不同层次的政策制度、资源平台等。工程教育专业认证是创新创业人才培养过程中的重要环节,是促使高等教育更加满足社会经济需求的重要制度安排。2017 年,新工科建设"三部曲"的实施,为我国理工科教育,特别是工程专业的发展提供了新的思路,并提出了形成"中国特色、世界一流工程教育体系"的发展目标。工程教育专业认证作为判定人才培养目标是否达成行业实践要求的依据,应该从整个新工科建设的角度出发:首先,确立合理的专业人才培养目标,强调对创新创业能力的培养。其次,建立面向企业要求和区域经济、面向多学科交叉融合的工科专业课程体系及毕业要求。最后,积极响应"多方协同育人"的教育理念,改进创新创业教育师资评价标准及专业各项支持条件的建设。

一、加强顶层设计,做好创新创业教育宏观规划

我国地方高校都十分注重对工程教育专业认证与创新创业教育有机融合理念的凝练,以及培养方式、培养定位等宏观层面的总体规划与革新。目前,创业教育仍侧重于商业创业教育和社会创业教育。然而,这两种创业教育模式均未充分体现工程教育的人才培养目标。二者的有效融合应从顶层设计入手,明晰工科内创业教育的角色定位,在新工科建设背景下,在工程教育专业认证与创新创业教育融合理念的指导下,树立科学的培养目标,明确责任分工,健全组织机制和政策保障体系,将二者的有效融合纳入整体人才培养体系。

首先,要深入研究新工科与创新创业教育融合的思路、内涵和路径,精准定位二者融合的宗旨、目标和发展方向,为二者的融合奠定坚实的理论基础。明确工程教育与创新创业教育高度的耦合性和适应性,面向全体工科学生构建全方位的内创业教育体系。例如,杭州电子科技大学从顶层设计出发,根据工程教育专业认证与创新创业教育融合

的人才培养需求，充分重视创新创业教育在工程教育专业认证体系中的角色和作用，在创新创业教育人才培养目标上提出了 8 项毕业要求；以专业为依托，科学整合物联网工程等 7 个学院，强调跨学科、跨专业的交叉融合，打造“人才生态圈”。

其次，宏观规划需要领导层面的大力支持，成立专门的领导班子，结合各区域及高校的特殊性，统筹规划新工科与创新创业教育融合工作的开展。多维度整合政府、高校、企业等各界资源，利益共享、责任共担，形成政产学研合作各方在科技创新、人才培养、成果转化等方面共建共管的成果。要明确培养目标，革新培养模式，并据此科学设置专业结构和创新学制。深入钻研新工科与创新创业教育融合的范式，科学设定人才培养结构和培养标准，结合二者融合对人才类型的特殊要求，构建新的人才培养模式。例如，复旦大学、重庆大学等高校根据新工科人才培养需求，创新人才培养模式，通专结合、产教融合，优化学科和培养模式布局。

再次，充分利用教育部合格评估数据资源。合格评估是教育部对高等教育各专业办学进行的准入性评价，严格而且刚性，在合格评估过程中会积累较为翔实的专业办学数据，并且继《教育部关于普通高等学校本科教学评估工作的意见》提出建立本科教学状态数据库后，2021 年教育部制定的《普通高等学校本科教育教学审核评估实施方案(2021—2025 年)》也明确提出要综合运用互联网、大数据、人工智能等现代信息技术手段，对常态监测数据资源进行深度挖掘。工程教育专业认证应充分利用这些数据资源作为工作基础，有效避免因专业认证标准内容重复合格评估，而对包括基础设备条件、教学实验室开放状况、生师比、师资队伍建设及能力水平等反映工程技术类专业办学状况的数据进行浪费资源和时间的二次检验。同时，工程教育专业认证应结合新工科建设下人才培养的方向，重点对专业课程体系进行论证，课程体系是通过工程教育专业认证确保专业人才培养符合行业实践发展的最根本所在。

最后，在遵循高校自身特色发展规律的同时，围绕产业需求，紧密对接高校与区域、行业的发展定位，打破壁垒。高校应加大与产业及工科类行会、科研机构的交流与合作，通过共同构建创新创业教育实验室、实验基地，开展各种校企合作在线课程，明晰前沿行业的发展动态与市场需求。要进一步加强法律、资金、管理、体制机制等层面对新工科与创新创业教育融合的支持力度。二者的融合需要完备的管理、资金和制度体系作为支撑，应加强制度体系建设，推动融合进程的顺利开展。

二、强化对于工程人才创新创业能力的培养

在新工科视域下，人才培养理念与过去不同，我国要想实现跨越式发展，打造引领全球工程教育的中国人才培养模式，强调创新创业能力和跨界整合能力的新型工程科

技人才培养就是工程教育专业认证的方向和抓手,重点体现在学生和培养目标方面。因此这两项指标应该充分响应新工科建设发展需要,体现以上人才培养新思路。分析当前我国高校创新创业教育生态场域,已明显呈现出创新创业教育要素齐备的网络构型、多元融合发展态势和"三维"延伸拓展等发展态势。

新工科教育涉及创新者基本素质、产品设计方法、硬科技创新创业完整流程、系统思维应用这四个基本环节,可以为"科创之间"提供最重要也最宝贵的人力资源支撑。"宽口径、重基础、强交叉"是新工科人才培养的关键词,创新新工科人才培养体系、改进教学模式,最重要的是增强学生学习的内生动力,让学生发自内心地爱上学习的专业,培养他们的家国情怀和理想信念,不管是做科研还是走入社会都能实现自身的价值。

对于认证标准7个一级指标之一的学生,不仅要注重工程应用能力和创新创业能力的培养与指导,引导学生树立远大的工程职业理念,自觉将个人理想与发展同祖国的前途、命运紧密联系在一起,还要通过设置就业率、职业资格证获取率等相对刚性的监测指标,力求全面反映工程专业学生的发展状况。而且要建设具有可持续发展潜力的工科专业,在人才培养目标标准设定方面应有能够体现创新创业能力、跨界能力、批判思维、家国情怀等国家发展战略方面内涵性指标的引导或要求。

三、强化多学科交叉融合的创新创业课程体系建设

新工业革命的核心特征是各项技术的融合,包括传统技术与新技术的融合、交叉学科的融合等。以信息化(互联网)、智能化和一体化为主要趋势的新工业革命对传统工程学科的影响主要源于两方面因素:一是通过信息技术和人工智能对传统工程学科的渗透和融合;二是工业一体化促使传统工程学科的整合和重组。工程教育专业认证与创新创业教育的融合不是单纯的基础课程罗列,而是需要灵活设置、因时而动的课程体系。

2017年,新工科建设"三部曲"指明了工程专业课程体系建设面向新经济、面向多学科交叉融合、面向企业需求和区域经济的客观要求,因此作为判定专业人才培养是否达成行业实践要求(包括企业要求和区域经济要求)、引领高校课程建设的工程教育专业认证标准应该在"课程体系"建设路径上进行相应的改变。工程教育专业认证课程体系标准的相关指标设计,要响应新工科建设的要求,注重跨学科交叉融合要素的输入,将单一叙述课程类型及学分的标准条例向新工科多学科交叉融合要求靠近,强化课程之间的联系性、互补性。

首先,根据专业规律、课程性质以及学生所需能力,多维度、分层次、分模板、分类别合理构建课程体系。在工程专业培养方案中嵌入内创业知识及课程,设置激励措施,鼓

励专业教师在现有专业课程中有机融入内创业教育内容，或者嵌入内创业模块，提升工科学生内创业的意识和能力。例如，湖南大学、中山大学等高校以一个项目模式或者案例问题模式作为课堂出发点，在整个课堂教学过程中将理论模块、实践模块、创新模块的教学课程有机融合，形成一个高度综合的体系。

其次，引导设立综合化、模块化、项目式课程形式，构建跨学科交叉、通专结合的课程体系，突破单一的泛化、碎片化的课程教学模式，打破学科领域固有的界限。促进多学院合作，在知识体系上构建“工程 + 科系”的模式，利用现代信息技术线上线下结合，使学生在融合中创新，在学科交叉中不断丰富知识体系。结合地方高校所处区域的地方发展需求、特色和学生发展兴趣需求设计课程教学内容，提升专业的社会适应性。契合区域社会经济发展动态，结合区域发展建设工程师创业实践的案例库，开发工科内创业教育教材，并借此打造一批具有特色的优势学科和专业。

再次，增加人文社会科学类通识教育课程占比，强调人文素质、经济、环境、法律等制约因素与工程的结合，促进课程结构由以单一的基础工程类为主向自然科学基础类和人文社会科学类相结合的转变。开展面向全体工科学生的内创业教育通识课程，应适当明确增设与未来新工科专业发展新趋势相关的课程，提升学生内创业基本素养和意识；在设置课程名称的规定上，予以相应的目标和内容说明，避免课程形式和内容上的分离。

最后，理论与实践相结合，利用校内外实习实践平台和课题项目，将理论知识和创新方法运用到实践中，实现理论知识与实践知识、创新知识相辅相成。筛选实习单位，合理设计学生的工程实习，在实习单位以项目制形式确定实习实践内容，以“师徒制”言传身教提升学生实践能力、创新意识和责任风险承担意识，并搭建内创业模拟实践平台，为工科学生实习实践提供良好的内创业条件；鼓励地方高校合作开展创新创业类大赛或远程交流会议、校友职业发展讲座、前沿企业参观实践等活动，中西部高校要善于利用国家的政策优势主动融入发达地区的大战略、大需求、大项目中，甚至可以自身相关项目及合作课题，向沿海发达地区抛出“橄榄枝”寻求联盟，鼓励学生拓宽视野、提升创新创业技能和专业技能水平，构建顺应时代发展的创新型工程科技人才。例如，江西理工大学在化工类课程改革上，将化工专业理论教学、化工专业实践教学和创新创业技能培养融合到各教学模块，建成了高度统一的煤化工学科特色的应用型人才培养理论和实践教学课程体系。同时，可在实践环节加入考核，实时评估和监测学生实践创新能力发展情况。对于实践教学的要求，突出体现在毕业设计（论文）和实践教学基地（平台）建设方面。可以适当鼓励和推动开展内容涉及学科交叉融合性的毕业设计（论文），例如，在认证标准中明确每届学生毕业设计或模拟仿真等内容的比重。在实践教学基地(平台)方面,可以在认证标准中提倡构建多学科交叉融合实验平台,改变按照单一课程设置实验室的格局,鼓励打破学科、专业壁垒,建设跨学科实验教学平台。此外,应注重发挥“第二课堂”的作用,为学生提供各种实践活动、开展研讨会,加强与企业和科研机构的联系,开设在线教育课程,为学生提供广阔的实践空间。

四、培养适应协同育人机制的创新创业导师队伍

创新创业教育要求工科学院建设一批专业能力强、具备创新创业能力、能将内创业元素融入专业理论和实践教学中的创新创业导师队伍。2017 年,教育部出台了《新工科研究与实践项目指南》,提出“推进科教结合、产学融合、校企合作的协同育人体制机制改革”。因此,结合高校教师在以跨界为主要特征的新工科建设中的使命、职责和发展机遇,在工程教育专业认证相关标准中应对教师在专业设置与课程建设、课程教学与实践指导、教学范式改革、示范与引领作用发挥等方面的评价体系加以改进,积极完善教师类型和评价标准多样化的工程教育专业认证教师队伍标准体系建设。

首先,应用型高等教育专业教师的类型应该多元化。应用型专业高等教育、工程教育师资类型应不拘泥于专任教师,可以引入社会力量协同推进工科内创业教育,形成校内专业师资的有力补充。建立起科研导师与工程导师相结合,企业导师充实教师队伍,教师队伍对接企业,掌握丰富的实践性、前沿性资源。根据学生自身需求,设置双导师制,甚至多导师制,以学生能力发展为导向,对接学生发展需求。专任教师和兼职教师的联合可以有效达成理论与实践的结合,例如在专业课程教学中,专业教师可以邀请具有专业实践经验的兼职导师共同为学生授课,使课堂教学生动。对教师的任职要求应该强调多学科的交叉融合。任职要求和评价中应体现出本专业教师对于新兴、交叉和前沿学科以及新技术、新产业的关注,促使教师提高运用多学科、多领域知识、原理和方法进行设计、创新以及解决复杂工程问题的能力。

其次,对教师的任职评价可以多元化。人才培养、科学研究、社会服务是高校的三大职能,以往的师资评价标准往往侧重教学和科研,在今后的完善过程中应同时关注教师参与社会服务(如在校外团体中服务或其研究成果用于转化和应用的情况,在校内参加各级委员会、招生注册、筹资、开发、咨询、组织学生活动等方面的次数和贡献等)方面的贡献。采取激励措施,鼓励专业教师在专业教育中有机融入创新创业教育。对教师的任职和评价要求应该强调学科专业的产业性。从工程教育专业认证的产业性特点出发,兼顾新工科建设的要求,专业师资评价标准应加大对于掌握人工智能、区块链、云计算、大数据等与传统工程技术类业务或技术融合的引导。

最后,强化师资国内外交流与培训,构建柔性人才引进机制,与发达国家联合构建

人才培训系统，聘请知名单位或企业专家学者作为高级顾问定期举办交流研讨会等。例如，大连理工大学、厦门大学、重庆大学等高校通过成立国际交流指导委员会，促成国际优秀人才相互交流。

五、设立与新工科建设相匹配的专业支持条件指标

支持条件是人才培养过程中硬件的支撑，是提高人才培养过程的有力保障，新工科建设下人工智能、信息化等的发展方向对工程类专业硬件支撑条件（包括实验室、教学设备、教材等）提出了方向性的要求。因此，工程教育认证对于创新创业教育的支持条件（教学经费、教学设施、信息资源、校企合作等）应结合新工科建设的要求有一定的导向性。除了调整实验室、设备等以外，还应该引导建设大学生创新创业基地，将数据化、智能化、网络信息化引入教材建设和实践教学中，推动新形式教材、智能与翻转课堂等新型教学方法的运用与推广，其中具体的支持条件指标建设要求可参照以下几点。

首先，高校应搭建相关合作交流平台和组织机构，如院校两级制的人才培养特区、技术许可办公室、专家咨询中心等创新型新工科人才培养孵化基地，搭建跨院系、跨学科、跨专业交叉培养创新型新工科人才平台，推动新工科与创新创业教育的高效融合。尤其是在创新创业实践平台建设方面，应鼓励引导学生参与创新创业竞赛、全国建模竞赛等；同时落实校企合作实践教育基地建设，探索产学研协同的多学科创新创业平台长效运行机制，通过产教融合、协同育人等校企合作方式整合实训实践资源，在以实践为导向建设工程专业教学环节的同时，积极响应创新创业教育的国家战略发展需要。

其次，构建工程化的创新实践环境。例如，在实验室建设方面，充分利用智慧教育背景下的信息技术的支持融入，构建孵化平台与人才培养基地。工程专业实验室建设应充分响应新工科建设要求，在环境建设、教学内容体系、运行模式等方面进行探索。实验室应充分利用计算机、人工智能、互联网等信息技术与虚拟仿真技术进行实验室建设，使学生可以在短期内了解复杂工程系统的全过程发展。实验室可以引入相关的应用软件、搭建教学仿真实训平台和网络教学平台，借助模拟操作加深学生理解，有助于广大师生进行对外科技服务，如编制可行性研究报告、招投标文件、项目管理规划等，从而在带动学生实训的基础上更好地服务于地方经济建设。

再次，高校应协调各部门为工科毕业生开展内创业创造更好的制度环境，保证全体工科学生能够接受工科内创业教育，引导并提供相关支持措施激励工科学生；在组织内部开展内创业活动，工科院系应充分利用校友资源，建立健全工科内创业教育的校友库，保持与内创业者、卓越工程师等校友的联系，为在校及已毕业的工程类专业学生提

供智力支持和创业指导；学校宣传部门应加强对大国工匠精神、工程师内创业行为的关注，营造浓厚的工科内创业教育文化氛围，树立新工科建设融合创新创业教育的良好社会形象，进而引导工科学生对内创业的认同和内化，争取社会资金和其他方面的资源支持。

然后，在课程教学建设方面，应注重全方位教学网络平台的建设，将数据化、智能化、网络信息化引入教材建设和课程教学，鼓励采用以慕课、微课、雨课堂、腾讯会议等为代表的校内外网络资源，促进课堂教学手段由传统的黑板板书转化为基于网络共享平台的形式多样、直观立体的多媒体教学，实现线上线下混合教学模式，促进信息化技术与工程类专业课程教学的交叉融合。

最后，在教学资料建设方面，丰富的教学资料既是线上线下教学质量的前提保证，也是高校进行工程教育专业认证的材料支撑。因此，工程教育专业认证除了保障图书资料能够满足学生学习和教师日常教学科研所需以外，还应结合学校、专业特色，从资源总量、资源类别、资源管理、资源共享程度、资源利用软硬件配备保障、服务保障等方面进行专业考察。为提高教学效果和教学效率，可设置相应专员进行课程资料收集、制作、整理及加工。

六、构建体现创新创业培养导向的评价激励新机制

创新创业教育评价体系是高校检验自身的“反思镜”，更是推动高校内涵式、高质量发展的机制保障。当前我国高校大学生创新创业教育质量评价还面临着一些困境和挑战，如何评价和保障大学生创新创业教育质量是我国创新创业教育发展面对的主要问题之一。工程教育专业认证与创新创业教育实现高效融合，其目的是要培养高质量的创新型、复合型、适应新工科建设的人才，因此，需要构建一套科学合理、独具特色的评价激励新机制。

首先，要以学生能力发展为导向，以学生成长实效为衡量标准，构建评价激励新机制。依据相关数理分析等方法，按照新工科人才新能力的构成要素和结构合理设置权重，在不同的指标内容上，设置不同的指标权重，划分不同的层次，进一步淡化分数和名次，注重反馈和改进自身。

其次，要丰富评价主体，运用和依托人工智能、区块链、大数据等新技术手段，推行第三方质量评价，探索建立政府、行业、企业、研究机构和其他社会组织等多方参与的评价机制，构建持续、动态、可视化的评价内容，结合多方利益加强风险评估，保障新工科与创新创业教育融合机制的发展长效性。

最后，考核方式要多样化，采用“考核＋答辩”“作品”“案例”“策划”等多种形式，激

发学生的学习活力，引导学生在掌握相关理论基础技能的同时，培养自身创新力，成为卓越型新工科人才。

以学生的成长实效为衡量标准，构建多维度、多梯度的评价体系，可以将学校的内部评价和用人企业的评价融入并作为创新创业教育评估机构的评估材料，有助于整体性评估结论的全面性和准确性，也能够树立全过程监控理念。

第六章　地方高校创新创业教育评价体系构建

在我国大力推进新工科建设背景下，加快地方高校创新创业教育评估体系构建是教育治理现代化的客观要求。科学的评价体系不仅可以有效考察创新创业教育过程和效果、明晰指标体系，还可以成为监督和考核创新创业教育开展情况的重要标准，对于提升创新创业教育质量具有重要意义。在推进实现创新创业教育评估体系构建过程中，需要坚持“以人为本”的评估理念，坚持多元化评估、行业服务导向以及大数据驱动的智能化评估等原则，形成“教育大数据＋普适性评估指标＋智能化模型”的评估体系，扩大地方高校创新创业教育评估的政策地位，从而使地方高校创新创业教育评估不断走向权威化、专业化和智能化。

本章运用文献计量法，梳理分析了中国知网近15年收录的创新创业教育评价研究相关文献，在综述国内外创新创业教育质量评估指标及制度、指标权重及多级评估模型研究现状基础上，深入论述了地方高校创新创业教育评估体系构建中的关键问题，给出了地方高校创新创业教育质量评估体系框架、研究思路及重构策略。

第一节　地方高校创新创业教育评价的功能、原则与内容

深化创新教育教学改革、提高人才培养质量，毋庸置疑需要从评价上破题突围。创新创业教育评价是推动创新创业教育改革、发展和完善过程中必不可少的环节，而评价中最关键的问题便是指导原则的正确、评价功能作用的充分发挥、评价内容的全面准确以及评价方法的运用得当。结合地方高校实际，在此基础上建立起与创新创业教育相匹配的价值导向、质量标准和评价方式，进而形成全新的评价观。

一、创新创业教育评价的功能

《教育部关于大力推出高等学校创新创业教育和大学生自主创业工作的意见》指出，“在高等学校大力推进创新创业教育，对于促进高等教育科学发展，深化教育教学改革，提高人才培养质量具有重大的现实意义和长远的战略意义”。因此，对地方高校创

新创业教育效果进行评价，旨在对其各维度的实现情况进行全面科学分析，体现导向功能、教育功能和改进功能。

（一）导向功能

创新创业教育评价设计及实践过程中体现出的目的明确、流程规范、维度精准的特点使得其权威性得以保证。一个科学、完整、可行的创新创业教育评价指标体系作为一项工作的“硬指标”和“参考标准”，对教育的各个环节，即组织管理、目标设置、内容安排、方法选择、资源投入、后勤保障等均可以起到准确、正向、科学的引导和支配，引导被评方关注“评什么、重点评、何时评”，思考“做什么、怎么做”。简言之，在创新创业教育活动中，教育评价的导向作用十分明显，常常是教育评价评什么，教育活动的实施者就趋向于重点抓什么；教育评价给予怎样的教育行为以高评价，教育活动的实施者就趋向于采用怎样的教育行为。当今社会环境复杂、思潮多元，高校要坚持社会主义大学办学宗旨，坚定培养社会主义建设者和接班人，其价值观培育尤为重要。因此要发挥创新创业教育评价导向性作用，帮助高校树立正确的办学方向、教育观念等。另外，构建系统评价有助于奖惩机制和激励制度的完善，明确新工科体验式创业教育中各参与主体的职责，使新工科体验式创业教育不断改进，并系统、规范、有序、快速的发展。

高校创新创业教育评价的导向功能体现在对评价对象（即高校）的工作目标及教育教学工作的方向性、指导性。创新创业教育评价体系的科学设置和恰当操作，不仅可以作为参照标准衡量教育过程和结果的好坏，而且对整个教育教学过程，包括教育目标的制定、教育内容的选择、教学过程的设计、教学模式的选择等具有非常重要的导向作用。例如，高校是否按照国家教育方针政策进行教育，是否得到学生的认同与参与，学生接受教育前后意向有无转变，是否投入一定数量的师资及经费，是否举办一定规模的实践活动及竞赛等。根据评价体系，高校可以从不同维度、不同环节对教育教学的组织、实施、反馈等进行前期设计指导，有助于更加全面、客观、准确地对新工科体验式创业教育的质量水平进行评价，在整体大局上引导和把握创新创业教育的前进方向。

（二）教育功能

顺应时代社会需求和教育改革发展的高等教育，对学校理念、领导观念、教师素质等都提出了新的要求。因此，“自上而下”地进行办学理念创新、教育理念创新、教学手段创新实际上是通过教育评价的各个维度体现的。同时，对于评价体系的学习实际上也是对高校组织者及教育者的教育过程，在这个过程中需要领会评价的理念、宗旨、目标等理论知识，深入组织、实施、分析等实践过程，在过程中提升教育评价能力。

高校创新创业教育评价要求高校在遵循工作规律、教书育人规律和学生成长规律的同时,把握发展需求,优化内容供给,改进工作方法,创新工作载体,激活内生动力;要求教师深入学习领会国家在创新创业教育方面的相关政策文件与指导意见,在课堂教学与指导教育学生过程中传递创新意识,客观认识并主动融入教育评价环节。创新创业教育评价体系的基本评价内容包括教育定位、人才培养计划、教学过程、教学手段等等,这本身就是对创新创业教育教学整体过程进行一次全盘的衡量。例如,在教育定位和人才培养方案中是否体现、在多大程度上体现出了创新创业教育?创新创业教学内容有哪些?通过哪些教学手段对学生进行创新创业教育?通过对这些问题的回答,能够对学校创新创业教育程度和水平设计出一个合理的教育功能。

(三)诊断功能

教育评价所呈现的教育结果,可以用于评定教育对象是否合格、优劣程度及水平高低等。然而评价并不是为了淘汰,而是在评价中发展。因此,“评建结合,以评促建”是将教育目标设计、实施、反馈、评价等不同阶段形成良性循环的重要一步,对教育教学过程中的信息反馈具有调整目标、填补缺失、改变方向、修正错误、挖掘典型等作用,帮助教师了解教学过程中的不足和问题,以及个别或整体学生的学习情况。教育评价改进功能的发挥,要建立在全面、准确、真实地了解评价对象情况的基础上。因此,要对收集内容进行筛选鉴别、分析综合,从而获取真实情况、诊断差距原因、改进教育行为、不断完善优化,其难点在于发现原因,重点在于改进完善。通过加强对创新创业教育实施过程的监督,为推进新工科体验式创业教育发展提供有效的衡量指标。

在高校创新创业教育评价中,如果能够合理应用教育教学质量评价、绩效评价和过程监控评价等改进功能,一方面可以全面、客观地总结教育成绩,对学校教育软硬环境建设、师资队伍建设、课程体系建设、科研建设等问题进行诊断。这可以帮助学校改进创新创业教育定位;帮助教师了解教学过程中的不足和问题以及教学的效果如何,便于教师确定教学的重难点,制定和调整教学的方法和手段;了解学生学习的整体和某个特定学生的情况,便于教师根据学生的实际需求因材施教,更有利于促进整体教育质量的提高。另一方面可以通过分析和诊断问题,正视不足,找出根源并有针对性地提出解决办法,从而达到教育全过程的整体优化。及时针对当前创新创业教育发展中薄弱环节进行探究,思考有针对性的评价措施,从宏观层面为创业教育主管部门制订发展规划提供思路依据。

二、创新创业教育评价的原则

（一）目标性

创新创业教育的任务是培养具有创新精神和实践能力的高级专门人才，发展科学技术文化，促进社会主义现代化建设。其中，创新精神的培养具体可通过高校创新创业教育及其实践实现。2017年，教育部将“培养学生开拓创新的进取意识，引导师生积极参与科技创新团队和科研创新训练，加强创新创业教育，培养学生自强不息、创新创业的进取精神”列为高校思想政治工作质量提升的主要内容和基本任务，再一次明确将创新创业教育作为高校思想政治教育目标实现的一个重要部分。因此，地方高校创新创业教育要始终立足高校人才培养的根本要求，立足思想政治工作的中心环节，明确创新创业教育发展目标和定位。对地方高校创新创业教育的质量与效果进行评价能够真正全面分析高校创新创业教育的当前形势、发展趋势，坚持提高学生整体素质、培养学生创新精神和创新能力这一目标，为社会培养高素质人才。

（二）科学性

对高校创新创业教育进行全面、客观的分析需从数量与质量、过程与成果、长期与短期、主观与客观等多个视角展开，其体系制定的科学性尤为重要，需要思考如何体现科学可行、做到权威客观、符合发展目标、反映实际水平。

因此，高校创新创业教育评价体系应做到上下级彼此独立又互相联系，相互隶属而不重叠交错，覆盖全面且没有遗漏，杜绝混乱，提高信度与效度。此外，体系的设计者与评价的施测者还需要思考评价采用的指标体系中各维度权重分配是否合理，方法手段是否切实可行。

（三）可测性

教育质量的测量和评价是通过信息反馈做出价值判断并为教育决策提供依据的过程，是提高创新创业教育质量的有效途径。在高校创新创业教育评价中，会出现结论的定性（如是否设置就业创业领导小组）与定量（如开设专业课程门数）评价，指标的模糊（如教育经费情况）与确定（对指标直接进行1～5分赋分）评价，标准的绝对（即选取非评价对象为标准）与相对（即选取一个评价对象为基准进行比较或排序）评价，但无论如何体现，都应给予明确的权重与赋分，如将结果的定性排序向定量转化加权，保证最后呈现量化分值，以便根据量化分值得出定性分析结论及可行性对策。

创新创业教育作为一门学科，要坚持教学与研究并重，以高水平的研究支撑创新创业教育工作。创新创业是一项实践性很强的活动，书本上的创业理论、课堂上的创业知识，归根结底是通过实践获得的，创新创业教育必须注重理论与实践相结合。创新作为创业的前端，创业作为创新的积蓄以及创新成果转化为社会生产力的一种形式，二者相辅相成。高校应打通培养计划和课程平台，便于学生修读创新创业教育相关课程，避免创新创业教育与专业教育相互割裂、"两张皮"的做法，建立健全创新创业教育与专业教育紧密结合的教学体系，在专业教学中更加自觉地培养学生勇于创新、善于发现创业机会、敢于进行创业实践的能力，将创新创业教育纳入人才培养全过程。

(四)促进性

良好完备的评价指标体系应对高校创新创业教育环节起到促进作用。因此，在学生学习动机、教师素质提升、环境资源配备、实践活动设计等方面，高校创新创业教育评价体系均应体现其促进性与发展性，保证评价内容顺应时代要求与学生需求，并形成持续良性促进机制。

结合评价的促进性，高校创新创业教育评价体系的制定要在回应国家对高校人才培养的要求以及大学生全面发展需要的同时，随着实践的发展和理论的积累，调整评价内容，细化评价对象，整合评价维度，实现对高校创新创业教育系统内外部各要素的调控与促进。

三、新工科创新创业教育评价的主体内容

基于系统思维的指导，根据创新创业教育的参与主体可分为教师评价与学生评价；根据创新创业教育的课程类型可分为理论评价与实践评价；根据创新创业教育的运行机制可分为政策保障评价与资金投入评价；从创新创业教育的最终结果来看，还需要加强教育成效的评价。

(一)教师队伍系统评价

教师是创新创业教育的主要引导者，教师的专业水平高低将直接影响创新创业教育的发展成效。新工科的学科交融性和体验式的教育方式，对从事创新创业教育的教师提出了更高的能力要求。创新创业教育不仅要求任职教师要有丰富的教学经验，还应具备一定的创业经历，对学生能够给予正确的理论分析和实践指导。然而，目前国内的大部分创新创业教育教师仍属于"兼职"，"一师多用"的情况普遍存在，缺乏专业化的创新创业教育师资队伍。通过实施教师评价，一方面，教师通过评价标准正确认识自

身教育水平，未达标者为达标而努力提升自我水平，对已达标者则能起到激励作用，从而有助于整体师资队伍的教学质量提升；另一方面，设立教师专项的评价标准，有助于创新创业教育师资队伍的专业化，教育过程实现“专师专用”。

（二）学生反馈系统评价

学生作为新工科体验式创业教育中的“体验者”，是最为核心的角色。学生对外部环境、条件及自身情况的评价，可以及时有效地反馈创新创业教育的实施情况。此评价以学生为主体，首先，通过学生对高校创新创业教育的硬环境、软环境进行体验反馈，可以直观揭示高校创新创业教育在环境设施方面的优势和不足。其次，通过学生对教师队伍、课程设置的客观反馈，还可以直观了解创新创业教育的师资、课程是否能够满足其发展的需要。最后，通过学生对个人素质、创业意识、创业能力的主观陈述，方便教育者了解学生在创新创业教育过程中的发展情况及实际需要。

（三）创新创业课程系统评价

从目前众多高校创新创业教育的课程设置情况来看，普遍存在创新创业课程开设的数量偏少、种类单一的现象，创新创业课程的开展多以选修形式为主，并且创新创业课程与专业课程相分离，学生学习积极性不高。在课程内容上以传统的创业理论课程为主，以成功人士的创业经验为教材，缺乏普适性。同时，新工科自身是一门新颖性及创造性较强的学科，理论知识不应局限于传统的创业理论与经验，可借助“互联网＋”加速推进创新创业教育的开放式平台建设，增加创新创业教育理论的广度。通过具体化的理论评价标准促进创新创业教育理论的创新与深度发展，围绕新颖性、实用性等因素确立具体的评价指标，对传统的创业理论和课程知识进行革新，从而使创新创业人才更具有市场竞争力，同时也更有利于激发学生的创造性发挥。

（四）创新创业实践系统评价

新工科体验式创业教育实质上是一门以实践为主的学科，虽然高校都十分重视创新创业教育的实践课程开展，但是大多数仅仅是采取邀请校外企业家或相关专家以讲座和交流会的方式进行，不利于学生创新创业实践视野的拓展，并且实践程度不高。因此，新工科体验式创业教育的实践课程应趋向多元化，如通过在校内建立创新创业孵化基地、校企合作打造创业实践基地以及由政府或企业提供的创新创业实践平台等途径，同时这些实践平台的构建成效也作为创新创业教育的评价标准之一。创新创业人才的培养应重视创新创业实践能力和创业意识的协同培养，避免纸上谈兵的情况发生。设立创新创业实践的评价指标,监督实践因素在创新创业教育中的占比,有助于创新创业教育的长效发展。

(五)创新创业保障系统评价

政策保障评价应从高校上级机关、校内部门以及工商、税务、劳动等政府部门的政策施行进行评价分析。具体表现在:(1)上级机关所颁布的政策文件是否传达给所在高校,高校是否落实上级所传达的政策文件;(2)校内部门所制定的规章制度是否具有明确的指导思想和目标,实施方案是否符合现实,学生的接受程度高低等;(3)高校所归属的工商、税务、劳动等政府相关部门对于创新创业教育的扶持性政策的落实情况。政策是推动创新创业教育发展的重要影响因素,严谨地把握政策落实的有效性与实时性对创新创业教育发展具有重要意义。

(六)创新创业投入系统评价

创新创业教育关于资金投入的明细能够直接反映高校和地方对创新创业教育的重视程度,故具体的资金投入也是影响创新创业教育发展的关键因素之一。新工科发展的科研投入和创新创业教育内部的组织机构、制度机制以及硬件设施等都离不开经费投入的支持与维护,充足的经费投入是推进新工科体验式创业教育发展的物质保障。创新创业教育活动的有序开展离不开创新创业教育各类资源的投入,其资金来源主要包括社会企业的投入、国家政府的资金扶持、学校科研项目的投入以及创新创业项目的资金回流等。因此,创新创业教育的资金投入是否充足,后续资金是否有保障是衡量新工科体验式创业教育的重要标准。此外,通过实施资金保障评价体系,加大政府和高校各个部门对创新创业教育的重视程度,助力创新创业教育在高校的发展。

(七)创新创业成效系统评价

创新创业教育成效是新工科体验式创业教育的最直接目的,时刻关注创新创业成效评价,是确定新工科体验式创业教育在正确方向发展的重要前提。创新创业成效主要体现在:一是创新创业教育的实施是否有助于大学生创新创业素养的真正形成或提升;二是参与创新创业教育的学生在毕业后创业和成功创业在所有参与创新创业教育学生中的占比。以上述两个方面为主要依据进行创新创业成效评价:(1)收集学生参与创新创业教育前后的创业素养对比数据,通过对比接受创新创业教育前后在创新意识、创业知识、创新创业实践等方面的差异来评价创新创业教育所产生的成效;(2)计算孵化基地或其他创新创业活动中创新创业成果所带来的产出效益比;(3)开展社会调研,以采访或问卷形式了解接受创新创业教育的毕业生中,开展创业的人员和创业成功的人员所占的比重。

第二节　地方高校创新创业教育评价研究综述

创新创业教育评估体系包括教育评估的理论、原则、指标选择、工具与方法等子系统。对于地方行业特色型高校而言,创新创业教育评估不同于宏观层面的学科评估、本科教学水平评估等,也有别于微观层面的专业综合评价、课程评价、教师教学质量评价等,其体现的是集创新创业教育理念、区域化特征、内涵式发展于一体的符合时代趋势的综合化评估,是一种强调过程、诊断改进、协同治理的追求与期待,更是地方高校内涵式发展对创新创业教育评估的诉求,需要突出创新创业教育资源的公平分配、内涵式发展与行业特色人才培养质量的提升等,需要在创新创业教育评估制度、指标体系建设、多级综合评估模型等方面深入探索。

一、新工科创新创业教育评价研究主题

(一)创新创业教育评价理论与方法研究

早期研究重点围绕创新创业教育评价的重要性、评价的内容、类型、方法、原则、影响因素以及评价体系构成等维度展开。国外对于高校创新创业教育评估领域的研究成果主要基于创新创业教育的基本内涵和基本框架的建立。英国教育家 Pring(1992)把高校创新创业教育评估分为 4 种版本:学术版本、职业版本、本质版本和消费者版本。欧盟的创新创业教育评价指标包括 4 个方面 16 项要素:一是学生必须掌握的工程科技基础知识;二是毕业和就业;三是学校教育的评估和家长参与;四是创新创业教育的资源结构。印度创新创业教育综合评价框架中的教育质量涉及四大领域:学习结果、教学过程、学生学习支持系统、学校的组织和政策。加拿大在推动创新创业教育发展的同时,大力构建创新创业教育质量保障体系,其质量评估的重点是关注毕业生质量、课程内容设置、教学设施与师资水平。钟柏昌等(2022)认为创新能力评价的落脚点在于学生的创新能力,跨学科创新能力评价应以创新能力的评价为基础,在指标的描述上注重跨学科背景,在指标的测量上凸显跨学科特征。目前学界对于跨学科创新能力存在两种截然不同的评价方向:一种侧重于评价学生的跨学科实践能力,如占小红等(2019)将跨学科创新能力细化为构思问题能力,跨学科知识认知能力,方案设计能力,方案实施能力,收集、分析与解释数据能力,交流与评价能力以及优化设计能力等 7 种能力;另一

种评价方向则仍以传统的创新能力要素为基础，如周蓓蓓等（2018）通过创新思维、创新人格、认知结构、创新实践和创新成果5个维度评价学生的跨学科创新能力。二者区别在于评价落脚点的差异，即跨学科创新能力究竟评的是跨学科还是创新。教育信息化2.0背景下，“互联网+”、人工智能、大数据和区块链技术给地方高校的创新创业教育教学带来了机遇和挑战，产业结构升级和新技术应用推动着高校创新创业教育教学的变革和评价体系的重构。李景旺在《关于高校实施创业教育的构想》（2003）一文中提出高校创业教育绩效评价的基本原则与基本思路，阐明创业教育评价的合目的性原则、合规律性原则和可操作性原则，基本思路是明确创业教育培养目标、确立评价内容、构建评价指标体系、确定评价标准，坚持以纵向比较和自我评价为主，定性分析和定量分析相结合。田夏（2016）认为当前高校创业教育评价体系有“基于评价导向分类的评价体系”“基于研究方法分类的评价体系”“基于评价主体分类的评价体系”等多种分类，并强调未来我国高校创业教育评价体系应从“构建差异化的评价体系”“探索科学高效的评价方法”“鼓励多元化的评价主体参与”3个维度切入来构建科学、合理、高效的创业教育评价体系。现有的研究尚缺乏深入的量化研究，评价理论的“范式”与评价体系的“规制”尚不成熟，需要逐步从渊源探讨、概念解析、重要性阐述等基础理论研究向评价工作的实践体系构建的原则、模式、方法和路径探索进行转换。学术界相关研究方法较丰富，并一直处于不断探索中，主要针对研究需要选取相应方法。秦敬民（2010）认为国内现行的以“学校满意度”为标准的质量评价体系难以客观真实地反映社会需求的状况，为此将QFD（质量功能展开）理论引入高校创业教育质量评价领域。QFD是一种面向设计的、基于结构化过程的质量控制方法。其后，创新创业教育评价方法日益受到重视。浙江大学吴维东等（2022）对当前我国高校的创新创业竞赛结果绘制数据画像，基于数据画像采用统计分析、聚类分析的方法从地域、院校、行业3个方面对当前我国高校的创新创业教育进行热点分析、热点趋势预测、院校创新创业教育生态判断。通过竞赛大数据分析的手段进行评价，为高校创新创业教育提供建议和案例，对后续科学地选择评价方法、改进创业教育，具有深刻指导意义。当今，随着国内创新创业教育评价研究数量增多，研究方法也多样，如基于FCE（模糊综合评价）和AHP（层次分析法）的创新创业教育评价研究、基于QFD（质量功能展开）和DEA（数据包络分析）的创新创业教育评价方法、基于CIPP的创新创业教育评价指标体系研究、基于BSC（平衡计分卡）的创新创业教育评价研究等。

蒋晓光等（2022）把CIPP引入我国高校创业教育能力评价研究，从背景、输入、过程、成果4个维度，构建工程人才创新能力培养评价指标体系。应用CIPP评价相关原则构建高校创新创业教育评价指标体系，并通过组合赋权法计算各指标权重，将层次分析法的经验优势和熵值法的客观质量优势相结合来设计高校创业教育质量评估的结构维度。高校更愿意用结果指标反映创新创业教育绩效，过程指标次之，结构指标则往往被忽略。而且，在创新创业教育绩效自我评价中，不同高校对三类指标重要程度的理解也有所不同。近年来，不少学者借鉴信息科学及计算机科学中的相关算法，分别从政府层面、高校层面、学生层面和社会层面构建智能推理的评价模型和方法，对研究型大学创新创业教育质量进行评价分析，并从社会信度与效度方面进行分析。这些研究具有一定的理论与实践价值，但研究还主要停留在概念和模型上，缺乏指导实践，也缺乏足够可以训练的数据，可操作性有待提高。智能化测评能够充分利用人工智能的优势，减少测评过程中的人力消耗，实现更具准确性和解释性的测评方案，增强过程性评价和个性化评价。然而，目前智能化测评仍处于初步发展的阶段，存在一些共性和亟待解决的关键问题。

（二）创新创业教育评价指标体系构建研究

评价体系是影响创新创业教育发展的重要因素之一，评价指标体系则是整个评价体系的核心和关键。评价指标和指标体系是对评价对象全部或部分特征的真实反映，是评价的标准和尺度。构建创新创业教育评价指标体系，首先从创业活动的度量入手。目前社会上关于创业的度量，主要是指数研究。关于创业活动的衡量通常使用的指标包括中国创业活动指数（CPEA）、世界银行集团创业调查（WBGES）、早期创业活动指数（TEA）、考夫曼创业活动指数（KIEA）、营商环境便利指数（EDBI）等。这些指数都有很强的社会影响力，但没有区分大学生创业和社会人员创业，不能直接用于衡量高校创业教育现状。

国外创新创业教育评估主体具有较高的独立性和权威性，在评价标准体系上均秉承实质等效性标准，尤其注重运用定量评估方法，强调评价指标体系的全面性，注重各项指标权重的确定、观测点量化值，频繁且熟练地运用量化分析工具，通过量化评价指标测算创新创业教育质量，能够有效保证评估结果的公正性和可靠性。

围绕创新创业教育评估的研究，国内不少学者借鉴欧盟国家、特别是英国的高等教育标准体系，提出了从学业标准、保障标准和信息标准 3 个方面重构我国创新创业教育标准及评价体系的思路及建议。

当前，国内学者认为加强高校创新创业教育评价指标体系研究，构建科学、实效、可行的评价指标体系，对于促进创新创业教育具有较强的现实性，这也成为创新创业教育评价研究的重要组成部分。在有关创新创业教育评价研究的高被引文献的主题统计中充分彰显了这一点，它涵盖创新创业教育质量、效果、能力、绩效评价、指标体系的构建研究。作为一个系统工程,随着创新创业教育实践的发展和认识的深入,指标体系日渐丰富,由最初课程、师资、创业环境、学生等 4 个方面为主,到现在从政府、学校、师生和社会等层面构建高校创新创业教育绩效评价指标体系。测量主要指标包括自主创业毕业生人数(研究生和本科生)、发放自主创业证数量(研究生和本科生)、毕业生创业分类统计(加盟经营、技术转化企业、项目孵化创业、创意创业、网络营销、个体创业、其他创业)、在校生创业人数(毕业生除外)、在校生创业带动就业人数、参与创业培训年度总人数、参与创业大赛年度总人数、参与创业讲座年度总人数、参与创业论坛年度总人数、参与创业实习实训年度总人数、获得创业基金资助人数等。这些指标的设计基本上参考了就业评价指标体系,创业的特殊性决定了衡量创新创业教育成果的标准不能简单套用就业工作的考核指标。

由于创新创业教育评价受到多种因素影响,既要体现对学生创新意识和创业能力的培养,也与教师此方面的综合素质和能力有关,还与高校的相关支持政策、环境以及是否具有完善的课程体系有关。以地方高校创新创业教育教学效果为评价核心,也就是对地方高校工程教育专业认证的产出成果评价,能够充分显现创新创业教育教学质量和目标达成度,引导地方高校深化推进创新创业教育教学改革,但目前均未全面覆盖到“创新”“创业”“能力”及“素质”。创新和创业相辅相成,二者必须综合评价而定,确保评价指标体系的全面完整性,而且随着教育信息化 2.0 的全面深入实施,应确保学生创新创业能力素质评价指标的针对性和适应性,这也有利于完善我国地方高校创新创业教育评价体系。在实践中,构建统一的评价指标体系十分困难,因而对评价指标体系的研究逐渐集中于对主要影响因素的了解,并根据评价对象的不同需求设计合理的评价指标和评价过程。

(三)不同类型高校创新创业教育评价体系研究

地方高校是开展创新创业教育的重要阵地,如何确保创新创业教育实践更具实效、更有质量,成为创新型人才培养的强大引擎,是高校创新创业教育工作面临的重要课题。围绕高校创新创业教育评价开展研究得到学界广泛关注。鉴于不同地方高校在办学层次、培养目标、创新创业教育体系等方面有较大区别,创新创业教育评价也针对研究型大学、应用型大学、高职院校等不同类型高校开展研究。例如,冯艳飞等的《研究型大学创新创业教育质量评价模型与方法》(2013)、卞振平的《应用型高校创新创业教育绩效评价指标体系研究》(2016)、黄志纯等的《关于构建高职生创新创业教育评价体系的思考》(2007)等文章,虽然力求从高校自身特点和需求等进行针对性评价研究,但从整体来看,并未体现出明显差异。一方面是由于创新创业教育本身具有的共性因素的影响;另一方面则是长期以来,高校注重创新创业教育的开展结果,而对开展结果的形成机制缺乏足够重视,质量控制处于薄弱状态,尚未形成科学、规范的质量评价体系。高校之间还是处于相互学习借鉴的状态。因此,加强创新创业教育评价研究,尽快建立创新创业教育质量评价工作机制,保障创新创业教育规范化和制度化发展是高校亟待解决的重要问题。黄兆信等(2022)基于"政府理念引导""社会资源支持""高校主体评价""个人能力提升"四个视角,以及"战略规划""课程体系""师资体系""制度设计""文化培育""校地协同"六大维度,构建了创新创业教育评价与监测研究框架的"四梁八柱",并基于多维评价理念,围绕如何提升我国高校创新创业教育质量,创造性地提出了"发展现状—实施过程—最终结果"的评价理论框架,扎实构建了满足创新创业教育相关利益群体需求的评价体系。

另外,当前创新创业教育评估相关研究采用的指标项种类众多,且由于不同层次地方高校在创新创业教育质量时空、区域尺度上的差异性,指标值往往差异巨大,因此统一的评估指标体系难以构建。可以看出,地方高校创新创业教育评估需要考虑的原因是多方面的。首先,创新创业教育本身是一个抽象的概念,其具体的标准和操作性定义众说纷纭,缺乏统一的评价标准。其次,地方高校创新创业教育评估的现状不明,现有研究对于指标项的选择及其表现形式并无统一的认识,缺乏大型的实证研究。最后,难以针对新工科专业人才需求确定推进创新创业教育的重点工作,缺少普适性创新创业教育评估指标体系构建的研究。在大力推进新工科建设之后,地方高校创新创业教育成了当前阶段的战略重点,甚至关系着现代高等教育体系的建构和地方高校治理现代化的实现。

二、国外创新创业教育评价的典型方法

创新创业教育评价改革在我国受到了前所未有的重视,然而受限于传统测评手段,个性化评价和过程性评价难以得到有效实现,教育评价改革需要新型的测评技术作为支撑。创业教育评价有多种划分方法:按照目的划分,可以分为宏观政策与发展现状评价、过程评价和影响力评价;按照创新创业教育利益相关者或者参与主体划分,可以分为针对学生的评价、针对教师的评价和针对机构发展的评价等。结合相关研究成果,我们主要按照评价主体进行划分,将当前高校创新创业教育评价分为针对学生、教师和教育机构的三种评价类型。对于每种评价类型,我们选取了当前范围内广泛使用的具有代表性的评价工具进行典型性案例分析。

(一)以学生为主体的评价

"创业教育评价工具和指标"项目(ASTEE)是由欧盟和"竞争力与创新框架计划"

联合资助的评价项目。该项目从 2012 年开始实施，历时两年，开发出一套普遍适用于欧洲环境的创业教育评价工具，共有爱尔兰、法国、葡萄牙、德国、克罗地亚、丹麦和欧洲青年创业成就组织（JA-YE Europe）等欧洲 7 个国家（组织）参与其中。在测评阶段，共有 13 个国家（组织）、共计 6 488 名被试参与了该项目的测评。

1. 评价对象

该项目旨在“发展一个在正规教育的各个阶段都可以测量创业教育影响的普遍框架”。因此，该测量工具的评价对象为包含基础教育、中等教育和高等教育在内的各教育阶段的创业教育学习者。考虑到欧洲国家众多，文化背景、语言差异和教育体制等因素，项目组在 ASTEE 开发和测试时，重点考虑了评价工具的标准化。一是在核心概念的标准化方面进行了规定。项目组对“创业”和“创业教育”进行界定，参考欧盟委员会和“丹麦创业基金会青年企业”等多个组织官方界定的权威概念，在广义的创业及创业教育理念指导下，重点对“欧洲公民创业素养”展开测评。二是在题项效度和信度方面进行试测。项目组经过多轮试测发现，无论被试的性别、创业经验、教育背景或国家文化是否相同，他们对问卷题项都有相似的理解。这说明该测量工具可以适用于不同背景的学生。在此基础上，项目组在研发过程中还重点考察了测量工具在测量不同教育阶段学生时是否具有高的效度。结果显示，表现出创业意向或有过创业经历的学生在每个范畴的测试中都有十分显著的优势。这说明 ASTEE 评价适用于各个教育阶段。

2. 评价的理论基础

ASTEE 评价重点考察五个测量维度，分别为“创业技能”“创业知识”“创业思维”“与教育的关联性”和“与未来职业生涯的关联性”，通过学生的自我评价，来获得其在每个维度的测量结果。其中，创业技能涵盖了创业不同阶段所需要的认知能力和非认知能力；创业思维的测量主要是通过现成的学生自评量表来完成；创业知识则主要着眼于学生对创业知识已有的理解；与教育的关联性则着重讨论学生和教师之间的关系；与未来职业生涯的关联性则包括学生的创业活动、工作经验、内创业行为的偏好和创办公司意向等内容。ASTEE 评价工具针对不同年龄段的学生，共设计了初级、中级和高级三个版本的测量问卷。初级版本主要针对 10～11 岁学生，中级版本主要针对 16～17 岁的学生，而高级版本则面向 20 岁以上的学生。题项的陈述也会根据被测对象的不同而做出调整。ASTEE 不仅可以用于教师了解和评价学生的创业能力和学习过程，还可以用作评价教师的教学方法、创业教育政策的影响和对比不同种类创业教育项目所产生的影响。

（二）以教师为主体的评价

“创业教育测量工具”项目（MTEE）是由芬兰拉普兰塔理工大学进行研发，欧洲社会基金、欧盟委员会、“竞争力与创新框架计划”、芬兰国家教育委员会和芬兰创业基金联合资助的评价项目。

1. 评价对象

MTEE 项目的评价对象为教师，评价内容包括教学内容、教学模式和教学方法。该评价工具被认为是“国际创业教育中针对教师的首个自评工具”。该工具自 2008 年开始研发，2011 年面向芬兰基础教育和中等教育开展测评，2014 年在芬兰全面推广，迄今为止已经覆盖了该国包含基础教育阶段、中等教育阶段和职业教育阶段在内的全部教师。除此之外，该测量工具在欧洲范围内也十分有影响力，超过 25 个欧洲国家的教师使用该评价工具。与 ASTEE 工具相似，为了便于在欧洲各国推广，项目组对该测量工具进行了简化，尝试进行多语言推广。该工具现有英语、芬兰语和瑞典语三种语言版本，英语版本被广泛运用于欧洲青年成就组织资助的“创业型学校项目”。

2. 评价的理论基础

该工具基于社会建构主义和社会文化教育视角，认为学习是一个基于文化和情境、具有主动性和目标导向的社会过程。因此，研发者充分考虑了政策及管理体系、不同阶段教育视角和评价体系等三方面因素，从创业及创业教育的核心概念入手，使工具在设计内容上涵盖了与创业教师及创业教师教育相关的各个方面。依据理论模型，MTEE 评价工具共设计了 113 个问题，分别涉及创业教育行动、教学方案、网络合作、学习环境、战略和课程、活动文化和创业教育实践转化等七个概念维度的多个相关方面。

（三）以教育机构为主体的评价

“高等教育机构创业评价”项目（HE Innovate）是由欧盟委员会和经济合作与发展组织共同推动、研发的在线高等教育机构评价工具。该项目始于2011 年，现已有100 多个高等教育机构参与到评价之中。

1. 评价对象

该工具的评价对象为高等教育机构。项目通过机构自评的方式，帮助机构认清当前形势和潜在行动领域，从而最终发掘机构的创业和创新潜力。当前，高等教育机构面临着复杂而深刻的内部和外部环境变化（如资金来源的变化、国际化和全球化、日益强调学生的就业能力和创业能力等），成为创业型或创新型高等教育机构将有利于积极应对这些变化。为了方便在欧洲国家推广，该评价工具共开发了28个语言版本，面向包括大学、学院等在内的所有欧洲高等教育机构，并且不收取任何测评费用。另外，该评价工具也提供了纵向的跟踪评价和横向的对比评价，以帮助机构诊断自身的优势和劣势。

2. 理论模型

该工具着重衡量包括领导力和治理能力、组织容纳力、创业教育和学习、对创业者的支持和培养、知识交流和合作、机构的国际化以及测量的影响等在内的七个维度。

(1)领导力和治理能力。在高等教育机构中发展创新创业文化，强有力的领导力和良好的治理能力十分重要。很多高等教育机构未来愿景中都包含了“创业”和“创业精神”的表述，却没有详细的评价和测量。鉴于此，这一维度主要包含五方面内容：一是创业精神培养是否是机构战略的主要部分；二是机构是否承诺确保创业议程的实施；三是机构是否拥有全校性协调并整合创业活动的模式；四是机构是否鼓励并支持教员和部门更具创业性；五是在地区、社会和社区发展中，机构是否是创业精神和创新精神的驱动力。

(2)组织容纳力。组织容纳力是指包含资金、人员和激励措施在内的驱动机构战略实施的能力。具体而言，主要包含五方面的内容：一是机构的创业目标是否得到资金的持续支持；二是机构是否有能力发展机构间新的关系和建立协同效应；三是机构是否招聘和吸纳有创业态度、创业行为和创业经历的个体；四是机构在实现其创业愿景时是否愿为教职员工的发展助力；五是机构是否为积极支持创业的员工提供激励和奖励。

(3)创业教育和学习。创业教育和学习涵盖了探索创新性教学方法以及培养创业思维的方法。具体而言，主要包括三方面内容：一是机构是否提供多样化的学习机会和经历来发展师生的创业思维及技能；二是机构是否通过承认创业学习结果来推动创业课程的设计和实施；三是创业研究成果是否包含在机构的创业教育之中。

(4)对创业者的支持和培养。高等教育机构对在校学生和教职员工的创业是否提供帮助也是该评价衡量的标准。初始阶段，机构旨在帮助个体反思其创业天赋和发展创业意向。之后，针对有意向创业的个人，机构将对其创意进行评估并提供帮助。机构应当作为一个开放生态系统中的有机部分，而不是在与外界隔绝中运转。评价具体包含六方面内容：一是机构是否提高了学生和教职员工对创业价值的认识和创业意向；二是机构是否支持学生和教职员工将产生的创意转化为商业创造；三是机构是否为学生和教职员工提供创业培训；四是机构是否邀请来自学术界和行业中有经验的个体来做创业导师；五是机构是否促进了创业者的融资；六是机构是否提供和促进商业孵化。

(5)知识交流和合作。知识交流是组织创新、教学与研究进步以及地方发展的重要催化剂。这是一个持续的过程,其中包括高等教育机构的“第三使命”,即通过直接应用或利用知识,促进社会、文化和经济发展。加强知识交流和合作的目的是为高等教育机构和社会创造价值。因此,知识交流和合作也是该评价工具的测量维度之一,主要围绕五个方面进行设计:一是机构是否致力于与行业、公共部门和社会的合作与知识交流;二是机构是否积极发展与利益相关者的伙伴关系;三是机构是否与孵化器、科技园和其他外部项目保持很强的联系;四是机构是否为教职员工和学生提供就业机会,让其参与商业或外部环境的创新活动;五是机构是否整合了研究、教育和产业活动,发掘新的知识。

(6)机构的国际化。国际化是指将全球维度融入教育、研究和知识交流的设计和实施之中的过程。国际化并不是一种结果,而是变革和进步的一种手段和工具。它代表了一种思维方式,对传统教学方法提出质疑,并对利益相关者开放治理和管理。因此,它与创业精神联系紧密。高等教育机构若想成为创业型大学,就需要进行国际化。因此,该工具围绕机构的国际化进行了细分,主要包含五个方面:一是国际化是否是机构创业议程的主要部分;二是机构是否明确支持其教职员工和学生国际流动;三是机构是否在招聘中体现国际化;四是国际视野是否反映在机构的教学方法上;五是国际视野是否体现在机构的科研中。

(7)测量的影响。创业型或创新型高等教育机构需要了解实施变革所产生的影响。当前的测量通常集中在衍生企业的数量,而并没有聚焦于学生的学习结果或为当地经济发展所做出的贡献。该工具在测量方面主要包含六方面内容:一是机构是否定期评价其创业议程的影响;二是机构是否定期评价其人员和资源是如何支持其创业议程的;三是机构是否定期评价整个机构的创业教授和学习;四是机构是否定期评价对创办新企业的支持;五是机构是否定期评价知识的交流与合作;六是机构是否经常评价其与创业议程相关的国际活动。

综上所属,在高校创新创业教育的任何层级上,评估体系构建都是非常艰难的任务,其原因在于“体系”是一个非常主观化的概念,它的特性难以用精确或获得共识的方式去衡量。考虑到目前并不存在一个受到高等教育界高度认可的创新创业教育评估标准,而基于专家的定性经验往往成为创新创业教育评估数据的重要来源。但由于缺乏数据、认知偏差、信息不完备等因素,专家的定性经验很容易随着认识的深入和信息的增多或减少产生认知不确定性。在不同区域、不同办学层次下,创新创业教育质量评估指标体系在内容和形式上都呈现出不同的特点。现有研究对于指标项的选择及其表现形式并无统一的认识,尚未形成较完善的系统性框架,导致地方高校创新创业教育质量无法进行全国范围统一的等级评估工作;且同时从指标值表现形式统一化及数据搜集普及化两方面考虑，对普适性创新创业教育质量评估指标体系构建进行的研究探讨鲜有出现。因此，在制定创新创业教育质量评估体系的过程中，需要结合地方经济发展情况，制定出符合地方高校新工科建设基本理念、具有区域化发展特色的评价标准。需要从国家层面的政策保障机制、高校层面的教育机制、产业层面的协同培养机制、个体层面的驱动机制方面建立并健全具有普适性的创新创业教育评估指标体系，同时需要考虑评估模型与指标权重及创新创业教育标准之间的高契合度问题，提出在不确定性条件下既符合决策者主观偏好又满足测度模型客观需要的指标权重计算方法，进一步提高评估结果的可靠性和有效性。创新创业教育人才培养标准在不同办学层次的地方高校人才培养中有所区别，呈现出各自的特点，需要分别制定。同时，从发达国家经验来看，创新创业教育评估体系作为一种框架，既具有指导意义，又具有弹性特点，这就需要对不同教育标准情况下地方高校创新创业教育样本集的定量精确评估问题进行深入分析，并提出新的创新创业教育评估方法和模型。此外，还需要能够不断适应创新创业教育具体实践的变化，这也是完善创新创业教育评估体系架构必不可少的组成部分。

第三节　地方高校创新创业教育评价方法的分类

现有高校创新创业教育评价方法的分类有多种方式：一种是在呈现形式上进行定性或定量评价，一种是在时段上进行过程性或结论性评价，另有在不同群体进行主观评价与客观评价。从目前创新创业教育评估方法来看略显单一和趋同，定性评价方法占主流，定量评价方法偏少，抽象标准依赖过多，而以数据为基础的判断鲜有涉猎，导致创新创业教育质量评价的证据不足、客观性不够。但无论以何种方式进行评价，均对地方高校科学开展创新创业教育评价有方法论层面的指导意义。

一、定性评价与定量评价

定性评价与定量评价的区别体现在评价材料的呈现形式与结论评定中，直观理解即为用文字或用数字进行相关描述。定性研究是对评价资料做“质”的分析，在观察、分析、归纳与描述的过程中直接对评价对象做出定性结论的价值判断，总体把握评价对象的性质和水平。而定量研究则是采用数学方法对评价资料做“量”的分析，收集和处理评价材料，能够更加客观、简便地呈现评价结果。

在二者关系上，定性分析是评价的出发点、归宿和本质要求，但完善的评价必须以定量分析为基础和依据。可以说，定性分析是定量分析的前提，没有定性分析的定量分析是盲目的；而定量分析是定性分析的支撑，可以使定性分析更加科学合理，通过“定性—定量—定性”的过程形成完整准确的分析。因此,在评价过程中将定性评价和定量评价紧密结合起来,能够使评价更精确、更具体、更全面、更具有说服力。要在总体分析把握评价对象“质”的基础上,设计和开展“量”的研究分析,再以此为依据,深化“质”与“量”相结合的分析、比较、综合,达到定性评价和定量评价的有机统一。

近年来受到实证主义和技术理性思潮的影响,地方高校创新创业教育评估尤其注重运用定量评估方法,强调评价指标体系的全面性,注重各项指标权重的确定、观测点量化值,频繁且熟练地运用量化分析工具,通过数据分析来量化评价指标实现创新创业教育评估目标。可以说,量化评价模式已经深刻形塑了高校的认知,关系着地方高校创新创业教育顶层体系的建构和高校治理现代化的实现。

二、过程性评价与总结性评价

过程性评价与总结性评价的区别体现在评价时间的时段限定与目标指向,直观理解即为关注教育过程或结果。过程性评价是在推进创新创业教育的过程中进行的评价,方便对教育进程及学生需求进行实时动态把握,及时发现问题并调整,因此在形式、时间上都较为灵活,同时方便在日常教学中针对某一主题进行有针对性的材料收集并形成评价,多用于学校内部教学过程中的自我总结提升。总结性评价则是一种事后评价,对已经完成的教育工作进行总结性评定,主要是对已经完成的教育教学活动及取得的成效进行统计分析,并与事先设定的目标进行对比,从而做出价值判断。因此,总结性评价较多用于教育部门对多所学校、某一时段的整体情况进行把握,以用于收集素材、汇总成绩、呈现成果、全面分析并制定对策或决策。

对高校创新创业教育评价而言,过程性评价主要用于评价在创新创业教育过程中,学生在创业认知、创业能力和创业意向等方面的变化;总结性评价主要用于评价在创新创业教育过程后,学生真正开展创业行为比例、成功创业比例及创业绩效等。

三、主观评价与客观评价

主观评价与客观评价的区别体现在评价群体的范围划定与角度确定上,直观理解即为关注受教育者的主观满意度或施教者的投入度。主观评价关注受教育者的观念感受,客观评价关注教育实施者的实践与成果。然而观念感受由于主体价值与认知的不同,易产生一定的倾向性,不可避免地受到受教育者专业、学识、偏好和评价过程的影响,存在一定偏颇的可能,评价标准不易把握,甚至出现偏差与偏见。因此,在主观评价中加入客观评价,能够将评价纠偏回到适当位置,即在评价时既兼顾主体对课程的满意度,也要收集主体的课程表现及参与度数据。将两种评价方式有机衔接,既能有效克服客观评价忽视具体过程和长远效果的弊端，又能克服主观评价偏重主观感受的不良倾向，提升评价的科学性和准确性。

对高校创新创业教育评价而言，学校的组织管理、课程设置、时间安排等内容多以数据文本形式呈现，属于客观指标，然而在评价时，还应关注主体层面创业精神、创业意向、创业态度等方面，获取校方目标设置与学生群体接受程度的相关素材，保证评价的全面性、真实性、有效性和精确性，真正提高评价的效度与信度。

在对已有研究进行分析时发现，部分研究仅仅关注到上述评价中的部分角度，造成一定维度上的缺失。因此，我们在已有相关成果的基础上将多种研究形式相融合，尝试建立兼顾多种评价形式及维度的评价体系，构建“高校创新创业教育评价体系构建模式象限图”，并结合“象限图”的学生主体研究视角构建兼顾过程性评价的“金字塔模型”，如图 6－1 所示。

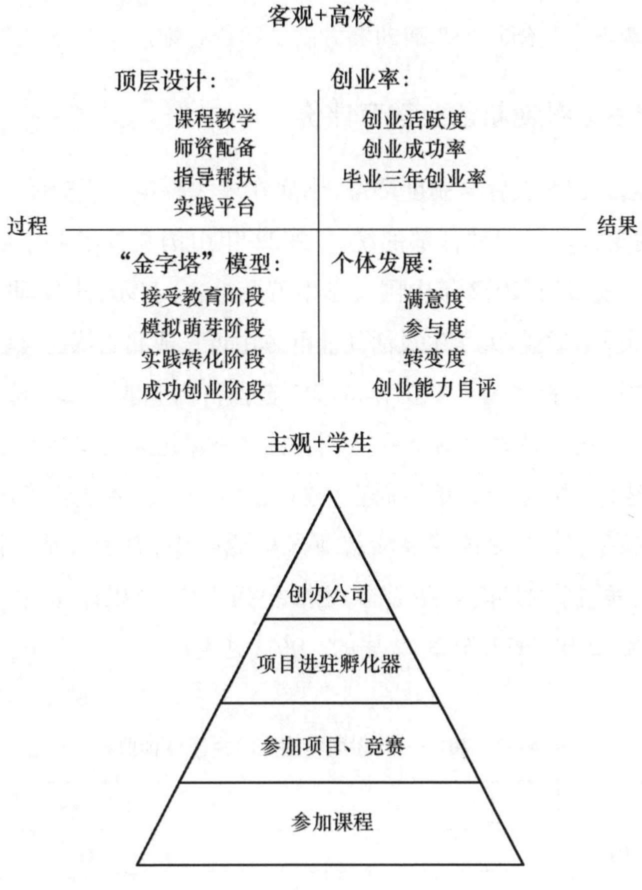

图 6－1　“高校创新创业教育评价体系构建模式象限图”及“金字塔模型”

第四节　地方高校创新创业教育评价体系构建——高校视角

高校是创新创业教育生态的培育者，因而在对高校创新创业教育实施评价的过程中，要关注学生的成长发展需求，找准创新创业教育工作与学生成长发展需求的结合点。在研究高校创新创业教育评价体系时，要兼顾创新创业教育与学生需求间的关系，并据此将评价主体划分为“高校主体”与“学生主体”，挖掘二者结合点。

在实践中我们发现，教育行政部门和社会舆论评价高校创新创业质量与效果往往由“应届毕业生创业率”为切入点，同时高校在执行教育行政部门相关要求时呈现出不平衡、不充分的现象。在此认为，仅仅以“创业率”评价高校创新创业教育质量与效果有失偏颇，因此引入三个“创业率”维度，并在相关文件制度的基础上梳理针对高校创新创业课程、师资、经费投入及创新实践活动等方面的评价要素。

一、从高校主体看创新创业教育评价

不断完善的创新创业教育与制度环境，到底在多大程度上提升了大学生的创业意向，仍需要数据的支撑。根据教育部的统计，2022 年中国高校毕业生超过了 1 076 万人。麦可思研究院发布的《2022 年中国大学生就业报告》显示，2021 届本科毕业生中，有 4.2% 的人选择灵活就业，大学生灵活就业群体中近三成属于依托互联网平台的新就业形态。其中，1.3% 选择受雇半职工作，1.7% 选择自由职业，1.2% 选择自主创业；高职毕业生中有 7.7% 的人选择灵活就业，其中包括1.8% 选择受雇半职工作，2.8% 选择自由职业，3.1% 选择自主创业。整体而言，教育领域仍是灵活就业毕业生相对集中的领域。值得注意的是，2021 届选择灵活就业的毕业生中，有近三成（本科 30%，高职 28%）属于依托互联网平台的新就业形态，主要包括主播、全媒体运营等。中国大学生创业率由 2012 届的 2.0% 攀升至 2022 届的3.0%，见表 6－1。

表 6－1　2012—2022 届中国大学生毕业创业率

年份	创业率/%
2012 届	2.0
2013 届	2.3
2014 届	2.9
2015 届	3.0

续表 6－1

年份	创业率/%
2016 届	3.0
2017 届	3.0
2018 届	2.7
2019 届	1.6
2020 届	1.3
2021 届	3.67
2022 届	4.25

整理《2021 中国大学生创业报告》相关数据发现，我国近九成在校大学生曾考虑过创业，近两成拥有强烈的创业意向，近三成大学生有创业经历，虚拟现实与增强现实、健康管理等十个行业领域未来存在重大创业机遇。报告指出，在国家创新创业政策引导下，社会各方对大学生创业实践的支持力度不断加强，大学生创业意向高涨：89.8% 的在校大学生曾考虑过创业，18.2% 的学生更是有强烈的创业意向。有 12 万名大学生正在创业或曾有过创业经历，占调查学生总人数的 28%。大学生创业率只有 3.00%，创业成功率 2.00%，低于全世界学生平均创业成功率的 10.00%，其中不乏全国深化创新创业教育改革示范高校及全国高校实践育人创新创业基地。调查数据反映，九成左右的大学生认为高校创新创业教育对于今后创业有一定帮助。并且，大量的创业案例表明，高校创新创业教育的重要性不在于通过大学生创业拉动就业率，而在于营造一种浓厚的创业氛围。

二、过程性维度：高校主体的设计与实践

在高校创新创业教育中，高校是重要的施教主体，其对创新创业教育的设计与实践直接影响学生接受教育的水平与效果。因此，对高校主体做过程性评价，关注高校主体的课程设计与教学实践，是高校创新创业教育评价体系中极为重要维度。

高校主体的创新创业教育评价，一方面是对课程、教材、师资、管理等方面进行诊断性的评价，另一方面也适用于对课程开发、课程设计等方面进行预测性评价。在创新创业教育所处不同阶段，上述两种评价策略能够较好地适应不同评价需要。诊断性评价坚持问题导向，主要用于挖掘高校在创新创业教育实践中遇到的困难与问题，探寻提高高校创新创业教育质量的方法；预测性评价则坚持目标导向，主要用于挖掘高校在创新创业教育实施或教学改革（如教材编制、课程开设、教师聘任、平台搭建、基地管理）时对

其目标性、可行性、必要性进行预测和判断。

《国务院办公厅关于进一步支持大学生创新创业的指导意见》指出,“建立健全课堂教学、自主学习、结合实践、指导帮扶、文化引领融为一体的高校创新创业教育体系”。结合这一目标,基于高等教育评价的导向性原则,兼顾地方高校在创新创业教育进程中的发展性需要,结合教育部75所院校(《2022年毕业生就业质量报告》中体现)的创新创业教育经验做法、部分省份与高校出台的《关于深化创新创业教育改革的实施方案》中的顶层设计与工作构想进行分析,为地方高校创新创业教育评价体系的构建策略提供一定参考。

(一)课程教学

1. 课程目标与原则

高校创新创业教育课程的开展应坚持“面向全体(融入人才培养体系,贯穿人才培养全过程)、注重引导(正确理解创业与国家经济社会发展、职业生涯发展的关系)、分类施教(结合办学定位、办学特色)、结合专业(与专业教育紧密结合)、强化实践(实践教学、创业实践)”的宗旨,即在全体学生中广泛系统开展创新创业教育,以促进学生全面发展,努力培养“大众创业、万众创新”的生力军,着力提高学生的创新精神、创业意识和创新创业能力,同时注重将创新创业教育与大学生思想政治教育、就业教育和就业指导服务有机衔接。因此,在课程目标与原则这一维度,应关注:①创新创业课程是否覆盖全体学生(包括本科生、研究生);②是否结合专业教育与学生思想政治教育、就业教育指导,做到有机衔接;③课程目标是否关注学生创新精神、创业意识、创业能力的培育。

2. 课程性质与学分

完整的课程体系、一定数量的课程是创新创业教育的基础。一定的课程数、学分数、学时数能够反映高校对学生创新创业教育工作的重视程度和课程建设的成熟度。《普通本科学校创业教育教学基本要求(试行)》指出,“高等学校应创造条件,面向全体学生单独开设‘创业基础’必修课……开发、开设创业教育类选修课程(含实践课程)。把创业教育有机融入专业教育,加强相关专业课程建设”。并对学时学分做出具体要求,创业教育核心课程(如“创业基础”),要纳入学校教学计划,不少于32学时、不低于2学分。此外,要将相关必修课和选修课纳入学分管理,建设依次递进、有机衔接、科学合理的专门课程群。因此,在课程性质与学分这一维度,应关注:①是否开设创新创业教育基础课;②是否结合高校特点、学生需求开设其他选修课程;③是否设置学分,满足学时。

3. 教学内容与方法

创新创业课程要在创业知识、创业能力、创业精神等方面进行相关设置，专业课要将国际前沿学术发展、最新研究成果和实践经验融入课堂教学。在教学方法方面，应将课堂教学、课外活动和社会实践相结合，广泛开展启发式、讨论式、参与式教学。因此，在教学内容与方法这一维度，应关注：①创新创业课程内容涉及教学内容三个方面；②专业课教学是否能够培育学生创新素养；③课程是否能够调动学生积极性、主动性、创造性。

（二）师资配备

1. 数量素质

《教育部关于大力推进高等学校创新创业教育和大学生自主创业工作的意见》并未对师生比进行明确的规定，但明确要求“按照学生人数和实际教学任务核定教师编制，配备足够数量和高质量教师。鼓励教师在专业教育中融入创新创业教育内容。聘请企业家、创业人士和专家学者承担一定任务”。此外，要加强培训，提高教师业务水平和教学能力，如参加社会团体和培训机构的 KAB 创业讲师培训、国家与各省市信息咨询与就业指导中心举办的培训班以及相关创新创业指导教师培训。

因此，在师资的数量与素质这一维度，应关注：①创新创业课堂中的专任教师和兼职教师配备；②创新创业课堂的教师教学意识；③教师培训次数、覆盖面与培训质量。

2. 专业研究

为贯彻落实国家对创新创业教育提出的新要求、新目标，高校对相关领域进行广泛、深入的研究愈发重要，这也是高校创新创业教育科学化、专业化、个性化的体现。因此，要加强创新创业教育教材建设，借鉴国外成功经验，编写适用和有特色的高质量教材，建立教研室或相应研究机构，同时，要组织参与创新创业教育理论研究、材料汇编、案例分析等，总结交流教育经验，推广教育优秀成果。

因此，在师资参与专业研究这一维度，应关注：①教师在创新创业教育领域发表论文、承担课题、出版专著情况及相关获奖情况；②是否形成学校创新创业教育研究室，组织研究力量；③是否组织参与一定范围的理论研究与经验交流。

（三）指导帮扶

1. 顶层设计

高校在创新创业教育方面应进行顶层设计，形成符合实际、切实可行的创新创业教育工作整体构想思路，用以指导创新创业教育改革与发展。近年来，高校创新创业教育持续受到国家与社会的高度重视，相关部门陆续出台一系列扶持政策，为高校创新创业教育的蓬勃发展起到了先导性、引导性、指导性作用。相关政策文件出台后，各省、各高校的理解程度与落实程度直接影响高校创新创业教育的开展。因此，需要建立健全领导体制和工作体制以保证工作组织的规范性。此外，还要促进人才培养、基地建设、协同合作等工作的制度化、系统化，使高校创新创业教育稳定发展、创新发展。

因此，在高校顶层设计这一维度，应关注：①高校创新创业教育是否有整体工作思路；②是否学习领会相关部门出台的文件政策精神；③是否制定学校层面相关制度文件，如《各专业教学质量标准》《人才培养方案》《校企合作方案》《创新创业教育大纲》《创业学生学籍管理办法》等。

2. 组织管理

高校创新创业课程组织的平台不仅仅在于课堂，组织者也不仅仅局限于教师。在组织过程中，要聚集创新创业教育要素与资源，统一领导、齐抓共管、开放合作、全员合作，落实高校创新创业教育主体责任，明确责任分工，以形成全体支持教育、全员关注学生的良好氛围。

因此，在高校创新创业教育组织管理这一维度，应关注：①是否组建“创新创业工作领导小组”或其他形式的组织领导机构；②是否是学校、学院多个部门协同配合；③是否形成详细的人员分工与任务划分。

3. 服务机构

各高校要建立健全学生创业指导服务专门机构，做到机构、人员、场地、经费“四到位”，实现对自主创业学生持续帮扶、全程指导、一站式服务。此外，要健全持续化信息服务制度，利用指导服务平台，收集创业项目和创业信息，开展测评模拟、咨询帮扶，设立创业咨询室，开展“一对一”创业指导和咨询，增强创业服务的针对性和有效性。

因此，在高校创新创业教育服务保障这一维度，应关注：①是否成立相关创新创业教育服务机构；②相关场地、经费、人员配备是否齐备；③创新创业教育针对指导、信息提供等工作是否到位。

4. 资金支持

高校要在创新创业资金方面加大投入力度，在经费和基金方面上予以倾斜，在筹措上要吸引其他社会资本支持在校学生创新创业实践；在分配上可以为创新创业项目设置小额资助，并设置“创业基金”等大额资助项目，在形式上做到扶持与奖励相结合。

因此，在高校创新创业教育资金支持这一维度，应关注：①是否筹措一定数量的创新创业教育基金;②是否能够保证对师生进行精准扶持;③是否制定相关资金管理办法。

（四）实践平台

1. 创新创业项目

创新创业项目是丰富学生创新创业知识体验、提升学生创新精神和创业能力的有效途径,是创新创业教育在实践层面的延伸。一方面,高校要积极参与、宣传各部门组织的创新创业项目;另一方面,高校要积极组织相关项目的校内选拔赛或突出学校特色、符合学校实际的创新创业项目,如科技创新、创意设计、创业计划项目。

因此,在高校创新创业教育项目设计这一维度,应关注:①是否积极宣传、组织、承办国家级项目;②是否组织校级创新创业项目;③相关项目成果。

2. 创新创业大赛

创新创业大赛是一种将"练"与"赛"相结合,能够及时获取创新创业项目具体评价的创新创业能力提升与成果评价的方式。因此,高校一方面要积极组织团队参与大型创新创业大赛,另一方面要积极组织相关竞赛的校内选拔赛或突出学校特色、符合学校实际的创新创业大赛,如科技创新、创意设计、创业计划专项赛。

因此,在高校创新创业教育大赛设计这一维度,应关注:①是否积极宣传、组织、承办国家级竞赛;②是否组织校级创新创业竞赛;③相关竞赛成果。

3. 创新创业基地

创新创业基地是大学生创业实践的重要平台。因此,高校要组建队伍负责基地的建设与管理、加强多方联动、出台相关政策措施和激励机制,结合学科专业和科研项目的特点,促进师生的科研成果、科技发明、专利等转化为创业项目。此外,要依托各类创新创业基地为学生提供创业场地,建设校外实践教育基地和实训基地等。

因此,在高校创新创业基地建设这一维度,应关注:①是否建设能够满足需求的创新创业基地;②是否为创新创业基地建设给予足够投入;③创新创业基地是否在项目转化、实践积累方面给予足够支持。

三、结果性维度:启示性结论

由于科研训练能通过提升自主决策和压力管理能力来激发创业意愿,因此对地方高校而言,意味着激励大学生创新创业的形式应更加多元化,创新创业教育的核心应更关注个体社会认知和心理韧性的养成,而非快速上线形式化的创新创业课程,即教育导向应在厚积薄发，不可一蹴而就。

创业意愿的提升以及在创业实践中帮扶水平的上升都会提升个体认知及情绪的外显水平。因此，在评价地方高校创新创业教育的效果方面，应转向对学生认知调节能力、情境管理能力和自主决策能力进行提升效果评估。换言之，创业本身的成败是第二性的，通过参与过程提升经验感知和帮扶过程提升自我效能，让学生形成完善的人格和更高的效能感，才是当下创新创业教育的“锚”之所在，以此为导向改革创新创业教育的评价机制，也是未来完善高校创业教育导向的关键。

结合高校创新创业教育，我们尝试提出两个测算角度：一是计算学生在校参与科研项目或科研竞赛后将相关成果进行实际转化的比例，体现创新创业教育在科技创新和科研拉动方面的作用与贡献；二是计算学生的创新想法经孵化器孵化后形成创业实践的比例，如企业孵化率，体现创新创业教育在从创业意向向创业实践转化中的作用。

第五节　地方高校创新创业教育评价体系构建——学生视角

高校创新创业教育评价的意义体现在“以评促建”。了解受教育者对高校创新创业教育的“获得感”与“满意度”，是对高校创新创业教育进行供给侧改革与创新的工作思路，是将“我应该给的”“你应该做的”与“你想要做的”有机结合的实践前提，是从问题导向、目标导向出发的积极举措。大学生的身心发展与成长需求呈现出群体性、阶段性、动态性、多样性的特征。因此，在优化与发展高校创新创业教育理论与实践的过程中，要关注大学生的主观反馈数据，丰富高校创新创业教育体系构建的维度，提高高校创新创业教育评价工作的效度。

在实践中发现，高校创新创业教育评价的材料收集与维度设置较少关注学生主体，或较少将学生主体评价纳入学校创新创业教育评价体系；社会舆论与媒体宣传也较少基于学生主观评价进行述评与剖析。因此，仅仅以“高校主体”评价高校创新创业教育质量与效果有失偏颇，我们引入“金字塔模型”，呈现学生接受高校创新创业教育的过程与比例，并进一步梳理学生主体评价中的参与度、满意度、认知转变度与能力自评情况等可行的评价要素。

一、从学生主体看创新创业教育评价

对已有地方高校创新创业教育评价体系研究发现，从课程评价而言，大部分评价注重“高校投入”“资源提供”和“数量比例”，是一种以“高校”“教师”和“成果”为中心的

评估,而高校创新创业教育质量评价本应关注的核心要素是学生群体。创新创业教育主要是通过向学生传授创业知识和训练学生创业技能,激发学生创业精神,提升创业意向,培养创业能力的教育活动。现有地方高校创新创业教育评价体系多集中于对高校课程体系设计和实践平台搭建的评价,在具体维度上对师资投入、课程设计、平台建设等层面投入较多关注,然而上述维度多体现高校在课程体系构建时的顶层设计,较少关注学生层面的需求满足程度、课程满意程度、课程参与程度、课程前后变化程度、将科研成果或创新项目进行成果转化比例、产生创业行为比例等。通常情况下,创新创业教育对大学生的创业自我效能和创业意向具有积极的影响作用。当然,创新创业教育对大学生创业意向、创业自我效能的影响还可能与创新创业教育的质量有关,大学生创业自我效能对其创业意向也具有积极影响。例如,在高校创新创业教育火热推进的同时,学生群体创新创业项目实践是否具有创新性?学生参与高校创新创业教育活动是否积极主动?如何获取学生在教育活动前后创业意向的动态变化数据?高校创新创业教育对学生创新意识与创业实践的引导是否积极有效?这些问题值得高校创新创业教育工作者的关注与思考。

《教育部关于大力推进高等学校创新创业教育和大学自主创业工作的意见》指出,创新创业教育课程要"以提升学生的社会责任感、创新精神、创业意识和创业能力为核心"。因此,了解学生参与各阶段创新创业教育实践活动的程度及其影响,进而分析和评价高校创新创业教育质量,可以为教师改进课堂教学和评价策略提供建议,为高校开展课程教学质量监测与评价提供事实依据。

二、过程性维度:构建"金字塔模型"

创新创业教育要关注学生在接受创新创业教育后形成的创业意向的人数、将创业意向转化为创业行动的人数以及最终创业成功的学生人数。学生创新精神和创业能力的教育效果往往需要通过各类途径将抽象的能力具体体现出来。《教育部关于大力推进高等学校创新创业教育和大学自主创业工作的意见》指出,"高等学校要把创新创业实践作为创新创业教育的重要延伸,通过举办创新创业大赛、讲座、论坛、模拟实践等方式,丰富学生的创新创业知识体验,提升学生的创新精神和创业能力。省级教育行政部门和高校要将创新创业教育和实践活动成果有机结合,积极创造条件对创新创业活动中涌现的优秀创业项目进行孵化,切实扶持一批大学生实现自主创业"。

我们尝试将创新创业教育从内化向外化的过程划分为四个阶段,即接受教育阶段、模拟萌芽阶段、实践转化阶段和成功创业阶段,并尝试构建过程性评价"金字塔模型"。

(一)创新创业教育行动阶段

高校创新创业教育过程性评价具有明显的动态性与反馈性,有利于施教者把握创新创业教育方案的执行情况。因此,将创新创业教育行动阶段划分为接受教育阶段、模拟萌芽阶段、实践转化阶段和成功创业阶段,明确组成要素,关注主观评价。

1. 接受教育阶段

接受教育阶段的“教育”具体指高校创新创业教育课程、讲座等“一对多”的教育组织形式。高校创新创业教育不仅是将创新创业教育理念转化为实践的桥梁,也是实现高校人才培养目标的重要载体。《教育部关于大力推进高等学校创新创业教育和大学自主创业工作的意见》指出,“创新创业教育要面向全体学生,融入人才培养全过程”,同时,“把创新创业教育有效纳入专业教育和文化素质教育教学计划和学分体系”。在实践方面,高校创新创业教育课程以必修课和选修课形式开展,确保学生获取系统化的基础知识,而学生对相关课程的参与度应做到广谱性、全覆盖,呈现高接受度与满意度。

2. 模拟萌芽阶段

模拟萌芽阶段的“模拟”具体指学生通过创新创业项目、创新创业竞赛等形式将接受教育阶段所积累的创业知识、领悟的创新精神和提升的创业能力,通过参与项目和竞赛体现出来。可以说,模拟萌芽阶段是连接创新创业课程与创新创业实践的桥梁。

创新创业项目的设立旨在促进高校转变教育观念,改革人才培养模式,强化创新创业能力训练,增强学生的创新能力和创业能力,培养适应创新型国家建设需要的高水平创新人才。现有较为成熟的创新创业训练项目,如国家级大学生创新创业训练计划项目,分为创新训练、创业训练和创业实践三个子项目,引导学生设计创业项目、组建创业团队、制订创业计划,模拟自主创业。因此,项目立项数与学生参加度可以用于把握创业模拟活动的能力与效果,考量学生参与创业模拟活动的积极性与主动性。

创新创业竞赛是以大赛为抓手,以创新支持创业、以创业带动就业,引导高校实现从就业从业教育到创新创业教育的战略转型,培养一批又一批德才兼备的有为人才,不断提高对经济社会发展的贡献度和引领力,强调通过竞赛提高学生的创新精神、创业意识和创新创业能力,推动创新创业教育与思想政治教育紧密结合、与专业教育深度融合,促进学生全面发展。目前,规模较大的创新创业竞赛有中国国际“互联网 +”大学生创新创业大赛、“创青春”全国大学生创业大赛等,通过竞赛形式对各个阶段的创新创业项目设计及实践进行评价。此外,各个省市、高校也会结合项目竞赛要求,设计各省市、高校具有针对性和目标性的创新创业项目与竞赛。因此,竞赛参与数与学生参加度可以用于把握创新创业模拟活动的效果,考量学生将创新意识转化为创业模拟活动的积极性与主动性。

3. 实践转化阶段

实践转化阶段的"转化"是指将创业意向向创业实践转化。创业意向向创业实践转化需要依托高校创新创业教育实践平台，这是高校创新创业教育过程由创新向创业转化，由意向向实践转化的重要阶段。其中，科技创业实习基地、创业园、创业孵化器、创客空间等成为当下高校普遍认同并搭建的创新创业教育实践平台，通过整合各方资源，开展指导培训，引导项目孵化，提供软硬件支持等开展服务，为大学生创业提供办公场地、设备，甚至是咨询意见。因此，平台运营情况与学生参与情况可用以衡量学生将创业项目向成果转化的过程与占比。

4. 成功创业阶段

成功创业阶段的"创业"具体指向狭义的创业概念，即劳动者通过自主创办生产服务项目、企业或从事个体经营实现市场就业的重要形式，一般指创办企业或开创事业。结合创新创业教育的实践转化阶段，成功创业阶段应是将上一阶段所实践的创业项目进一步进行成果转化，创造出新的产品或服务，并通过市场创建成企业或产业，从而实现企业经济价值和社会价值。

（二）"金字塔模型"的提出

结合创新创业教育质量评价的过程性角度，结合接受教育阶段、模拟萌芽阶段、实践转化阶段和成功创业阶段各阶段参与人数的现实，尝试构建"金字塔模型"如图 6 – 2 所示，以呈现创新创业教育各阶段的过程性、比例性。在"金字塔模型"中，以"面积"具体指代该阶段的参与人数或组数，具体呈现高校创新创业教育从内化到外化的过程，学生主观适应与参与的情况，以此呈现对高校创新创业教育的质量评价。

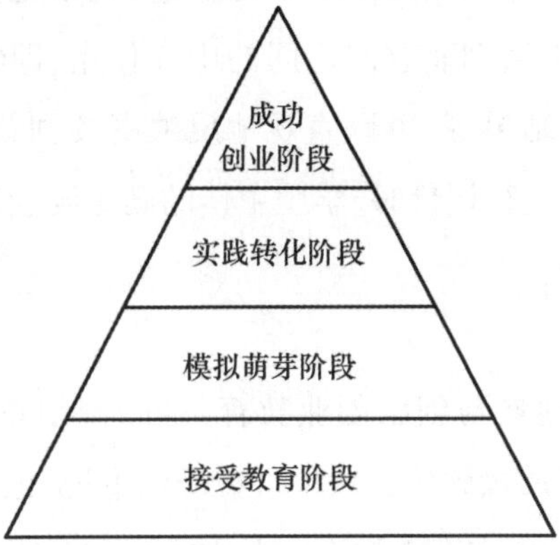

图 6 – 2　创新创业教育过程"金字塔模型"

高校创新创业教育的开展,要以学生参加"一对多"课程学习为基础,在"创新创业教育要面向全体学生"的具体目标下,将参加相关教育课程视为创新创业教育效果呈现的先决条件,即"接受教育阶段"。而在接受创新创业教育后,学生的创新意识与创业能力呈现出一定的积极变化。学生可能在专业学习或日常生活方面产生了创新想法,希望进行更为系统的思考与设计,此时进入第二阶段,即"模拟萌芽阶段"。创新创业实践活动作为高校创新创业课堂教育的有力补充,为学生在创新创业项目模拟方面搭建平台,然而部分学生并未萌生创业计划项目,因此主观上在此环节放弃参与,在数量方面呈现减少态势。在参加创新创业项目或竞赛后,一些学生希望通过成果转化将创业计划或创业雏形进行更加具象与深入的实践,此时进入第三阶段,即"实践转化阶段"。然而部分学生因在上一阶段发现其项目不具备可行性与社会价值,因此主观上在此环节放弃参与,模拟成功继而进入实践转化的人数与项目比例是高校创业成果绩效能力在学校自身层面的体现,可以用来衡量大学生创业应用的参与程度与高校科技孵化的潜力、创业应用的实现程度与高校科技孵化的实力。经过科技园与孵化器的转化,能够在社会、经济层面体现效益的,学生可能经各方面的扶持、整合,形成成熟的创业实体,此时进入第四阶段,即"成功创业阶段"。

上述过程是地方高校创新创业教育从"大众化"走向"精英化"的过程。虽然各个阶段都受到来自创业环境、创业扶持等因素的影响,然而是否选择走进下一阶段,更多的还是由学生主体在分析个人能力、个人心态、个人愿景、项目可行性等因素后主观选择的,也体现着创新创业教育各个环节的质量,可由此设计不同的定性或定量的指标维度。

三、结果性维度:启示性结论

由于自我效能理论对大学生创业的重要解释价值,越来越多的研究者开始关注创业自我效能在创业教育和大学生创业意向之间的中介作用,即学生群体在接受创新创业教育中的期望、表现、参与、结果等,可以直观地反映高校创新创业教育质量与效果。因此,在对高校创新创业教育进行评价时,学生主体的满意度、参与度等维度不容忽视。

(一)参与度调研

保证学生能够主动广泛地参与创新创业教育,是高校创新创业教育开展的前提。近年来,"学生参与度"在教育质量评价实践中日益受到重视,也应受到创新创业教育工作者的足够重视。它具体指学生在有效教育实践中投入的时间和精力,简言之,就是回答学生"是否参与、是否投入"。本书将高校创新创业教育分为创业讲座报告、创业课程、创业比赛、创业实践训练四种形式。

为了更加清晰地进行阐述，以“在校期间是否参加过高校创新创业教育课程”为例收集了《中国大学生就业创业发展报告》2014—2022 年的调研结果，见表 6－2 所示。结果表明，大学生在校期间认为接受过“较为系统”的创新创业教育的比例并不高，更多学生主观评价个人接受创新创业教育仅仅是“听过一些”，甚至有部分学生表示“从未接受过”创新创业教育。

表 6－2　2019—2022 年毕业生在校期间接受创新创业教育课程情况（单位：%）

	2019 年	2020 年	2021 年	2022 年
非常系统	2.15	6.77	6.22	3.07
较为系统	5.93	14.74	11.21	11.17
听过很多	9.27	23.77	19.72	22.61
听过一些	58.56	34.40	47.17	50.34
从未接受过	24.09	20.32	15.68	12.81

因此可以认为对大学生在校期间接受创新创业教育课程情况进行调研确有其可行性，更有其必要性。虽然近年来“从未接受过”创新创业教育的学生比例在逐渐降低，可以一定程度上反映创新创业教育的普及度逐年提高，但在要求高校创新创业教育“面向全体学生”的今天，这样的数据呈现令人不得不反思创新创业教育在高校的实际开展情况。

（二）满意度调研

学生对教育质量的看法是一种主观的评价，但学生是受教育的主体，教育质量会影响他们的知识获取能力、知识应用能力和就业竞争力。因此，从一定意义上讲，从学生的课程体验角度对教育质量进行评价已成为一种必然趋势。

近年来，各高校发布的就业质量年度报告已经关注到学生对学校就业工作、人才培养、专业设置等层面的满意度的评价，设计了对“大学生职业生涯规划”“就业指导”等课程的教师满意度、课程满意度反馈，丰富对就业教育与就业工作的评价角度，也基于相关调研数据提出了改进优化措施。借鉴上述成功经验，我们关注并设计了高校创新创业教育课程满意度调研，以期为高校创新创业教育的提质优化服务。

高校创新创业教育课程满意度是指学生对相关课程是否满足其需求和期望的情绪

反映，是对学生主观情绪进行测量的主要指标，是设计相关教育方案的重要参照因素，也从另一个角度体现了创新创业教育满足全体学生共性需求与不同学生个性需要的动态把握，可以使高校创新创业教育工作者对教育内容组织与选择呈现一定的倾向性与关照性。

为了更加清晰地进行阐述，以“你对高校创新创业教育是否满意”为例收集了《中国大学生就业创业发展报告》2019—2022 年的调研结果，见表 6－3。结果表明，六成左右的毕业生对在校期间接受创新创业教育表示“很满意”或“较为满意”，但也有一成学生对所接受的创新创业教育表示“不满意”。

表 6－3　2019—2022 年毕业生对高校创新创业教育满意度（单位：%）

	2019 年	2020 年	2021 年	2022 年
很满意	24.52	32.02	10.68	36.49
比较满意	27.18	33.42	34.35	38.26
一般	30.05	21.47	43.76	21.10
比较不满意	10.24	9.02	9.10	3.04
很不满意	8.01	4.07	2.11	1.11

因此可以认为对高校创新创业教育满意度进行调研确有其必要性与可行性。学生对课程满意度的主观评价是一种认知反应和情绪反应，其最终会影响行为。了解学生对课程的满意度是进一步调整纠偏的前提与基础。除了通过调研了解学生群体对创新创业教育的整体满意度，对各类教育形式的满意度差异调研是衡量创新创业教育效果的又一角度。同时，为方便对比，表 6－4 列出了 2019—2022 年毕业生对在校期间创新创业教育最满意的形式选项频率排序。

表 6－4　2019—2022 年毕业生对在校期间创新创业教育最满意的形式选项频率排序

	2019 年	2020 年	2021 年	2022 年
创业项目指导	1	1	1	1
创业竞赛	2	4	3	3
创业课程	3	2	6	2
创业科技园或孵化器	4	11	11	8

续表 6-4

	2019 年	2020 年	2021 年	2022 年
创业教育师资	5	3	7	4
创业讲座	6	6	1	5
创业氛围	7	7	9	11
创业实践	8	8	10	10
创业基金	9	7	8	7
创业辅导	10	5	4	6
创业社团	11	11	5	9

通过对近年来高校毕业生对在校期间创新创业教育较满意的形式排序可发现，毕业生对于“创业项目指导”的满意度始终维持在较高水平，其他较为满意的形式有“创业竞赛”“创业课程”，而持续呈现较低满意度的有“创业科技园或孵化器”“创业实践”“创业基金”等。我们认为对不同创新创业教育形式的满意度进行调研确有其必要性与可行性，如对较高满意度的形式可分析其原因（参与范围、组织形式、任务难度等）；而对于较低满意度的形式亦可分析其原因（是否因参与范围小、组织频率低、对学生支持度低造成学生主观情绪上的负面评价等）。尤其通过多年数据进行纵向对比，可以对形式满意度的持续性、波动性进行针对性分析，并结合国家政策背景、学校投入情况等分析背后深层原因。

（三）覆盖度调研

覆盖度是指高校创新创业教育首先要使尽可能多的大学生接受创业教育，提升创业意识，并获得相关的指导和服务，即创新创业教育受益对象占大学生的比例。对大学生，尤其是创业大学生提供教育和服务的覆盖能力，是高校创新创业教育管理机构效能的一个重要表现。

调查发现，在“获取信息渠道”“使用创业服务平台”中选择“高校创业教育指导机构”的学生占该校学生问卷的比例，反映了学生受益于本校创业教育组织管理机构并且认可学校创新创业教育工作的程度，见表 6-5。

表 6－5　地方高校大学生对各机构组织获取服务的覆盖度

服务部门	覆盖度(单位:%)					
	应届毕业生从学校获取服务	毕业生创业从其他渠道获取服务	在校生创业从学校获取服务	在校生创业从其他渠道获取服务	申报科创基金项目从学校获取服务	申报科创基金项目从其他渠道获取服务
教务处	34.35	12.14	45.28	21.26	76.37	13.35
校团委	45.56	21.25	61.23	42.23	89.21	24.56
招生就业处	53.23	38.43	78.26	32.15	72.26	21.24
创新创业学院	52.34	32.32	68.24	42.21	82.47	24.12
学工处	38.79	21.17	56.47	24.94	68.24	16.58

另外,在访谈调查中,我们发现大部分地方高校在创新创业教育工作的内容和形式上具有共通性,都是分为通识教育、提升培养和孵化扶持这三个层面开展分层教育,而工作的主体一般都在招生就业处、校团委和研究生、创新创业学院、本科生教务部门。由于创新创业教育的连续性和整体性需求,创新创业教育虽然呈现出相同的形式,但资源纵向分布,分属教学、学生工作、共青团、产业后勤部门,导致创新创业教育工作被割裂,无法衔接大学生从创新创业启蒙—创业素质能力提升—创业实践的各个层次需要。

(四)转变度调研

高校创新创业教育是一个对学生创新意识与创业能力进行培育的过程,因此对其质量和效果的评价不能忽视教育前后学生在创业领域的知识技能、情感态度价值观转变的方向与程度,要关注学生经过系统的高校创新创业教育后,其创新意识与创业能力是否提升、对待创业的态度是否产生了积极的变化、创业意向是否萌发等。在材料收集时,应收取同一群体在“受教育前”与“受教育后”,或同一教育阶段“受教育者”与“未受教育者”两个群体的创业态度、创业能力、创业意向自评数据,挖掘两个群体的数据变化方向与程度,最终与国家要求或学校要求进行对比,呈现目标是否达成及达成程度数据。以下仅以创业认知为例,说明学生主体的转变度可用以评价、应用以评价。

为了更加清晰地进行阐述,我们采用由风投机构 500 Global(前身 500 Startups)和中国传媒大学创新创业教育中心联合发起编制的《2021 中国大学生创业报告》中的调研结果,如图 6－3 所示。

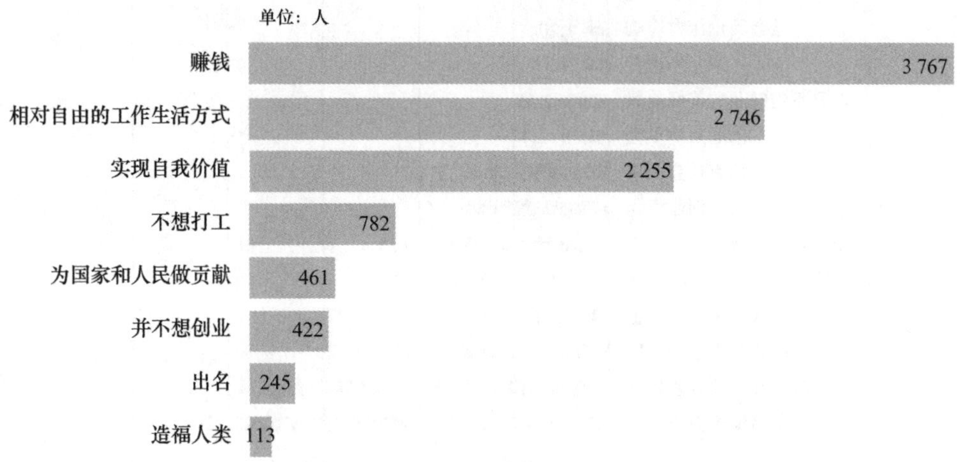

图6－3　高校大学生创业动机

通过调研数据和在实际工作中发现，学生不乏“创业只是做些小生意赚钱”“创业是没能就业的人才做的事”“创业就是要办大企业”的观点，在国家推进创新型国家建设与创新性人才培养的战略构想下，上述观点难免显得过于片面、消极，这可能与社会舆论、亲友干预、统计结果存在一定的关联。大学生应当理解并明晰对其创新意识的培养、创业能力的提升，是帮助个人更好地实现人生价值、为社会创造更高价值的重要部分，“开创事业”“将创业转化为行动”也是创业的应有之意。因此，在设计高校创新创业教育内容时，改变学生对“自主创业”的片面认识是首要的，也是吸引学生继续参加后续教育实践活动的突破口。

此外，以“你对创业失败、创业风险的认识”为例收集了《中国大学生就业创业发展报告》2021 年的调研结果。结果表明，大学生不考虑选择自主创业的原因最大比例是“害怕承担创业风险”，如图 6－4 所示。调研组在针对毕业生创业者进行“对创业失败、创业风险的看法”调研时（图 6－5、图 6－6），多数创业者认为“失败是正常现象，关键是分析原因”“创业者就该敢于尝试，失败了没关系”等；其次是“缺乏好的项目或创意”这一原因占比较高。调研组在针对毕业生创业者进行“选择创业的直接原因”调研时（图 6－7），许多创业者认为其创业行为主要源于“有好的创业项目”，回应了在接受创新创业教育前后学生对创业各方面认知的积极转变，从一定程度上反映出高校创新创业教育起到了正向引导作用。

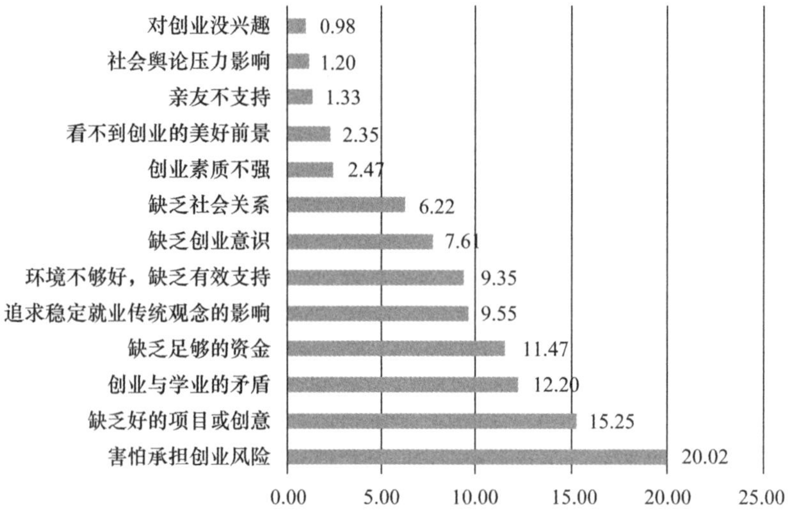

图 6－4　2021 年大学生不考虑选择自主创业的原因(单位:%)

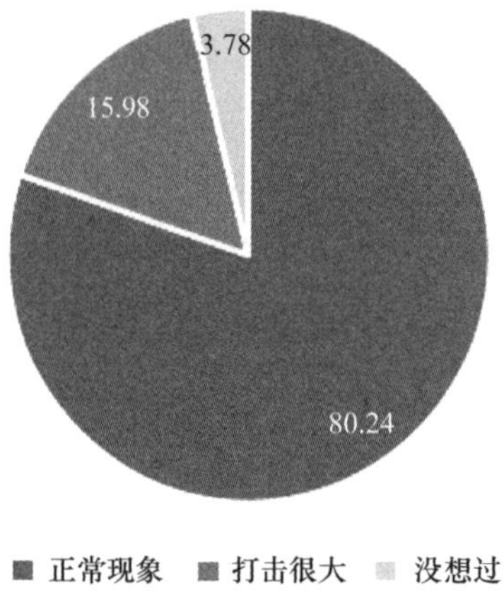

图 6－5　2021 年自主创业毕业生对创业失败的认识(单位:%)

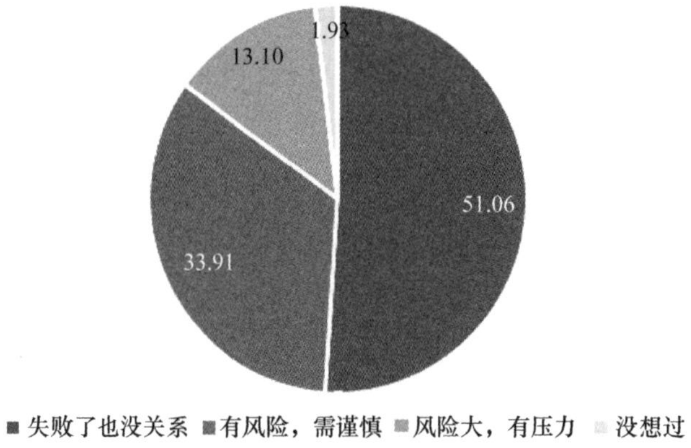

图 6－6　2021 年自主创业毕业生对创业风险的认识(单位:%)

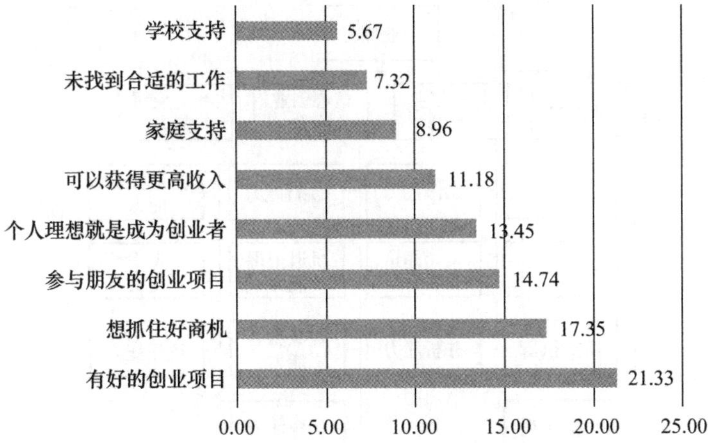

图6－7　2021年自主创业届毕业生选择创业直接原因(单位:%)

因此可以认为对学生创业认知进行教育前后的对比调研确有其必要性与可行性。在接受创新创业教育前,学生对"创新、创业"确实可能存在片面认识,有抵触情绪和畏难情绪,根据前测数据,施教者可以依据结果分析原因并调整教育教学活动方式,而后测数据可以进一步分析上一阶段创新创业教育的作用方向和作用程度,并对下一阶段的创新创业实践活动做出设计。

(五)创业能力自评

创业能力的培养是高校创新创业教育的重要目标之一,是培养学生创业竞争力、提高创业质量、提高创业项目的成功率与创新性、推进创新型国家建设战略的基础工作,因此对学生创业能力进行自评与他评是重要维度。

杨晓慧(2015)构建了大学生创业能力结构模型,模型将大学生创业能力分为创业人格、基本创业能力、核心创业能力、社会应对能力四个一级指标,并将创业人格分为勇气胆识、踏实执着、责任担当、自信乐观;基本创业能力分为实践能力、分析能力、学习能力;核心创业能力分为创新能力、资源整合能力、机遇把握能力、领导能力;社会应对能力分为团队合作能力、人际交往能力、抗压能力,具体如图6－8所示。

为了更加清晰地进行阐述,以"你对自身具备创业能力的自评分"为例收集整理了《中国大学生就业创业发展报告》2019—2022年的调研结果,见表6－6。结果表明,学生对自身具备的创业能力整体评分较高(平均分在3.5～4.1分),其中责任担当、自信乐观、踏实执着、学习能力等创业人格与基本创业能力自评分持续高于平均分,表明学生在上述能力方面对自身评价较为积极,然而创新能力、机遇把握能力、资源整合能力、

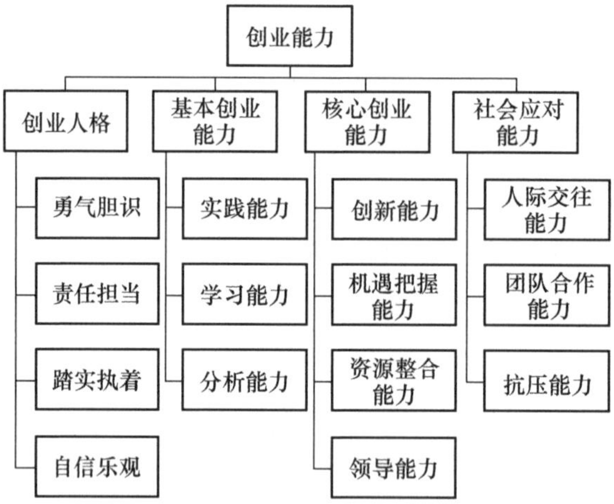

图 6-8　大学生创业能力结构模型

领导能力等创业核心能力与社会应对能力自评分持续低于平均分,表明学生认为在上述能力中自身素质暂未达到理想水平。

表 6-6　2019—2022 年自主创业学生对自身创业能力自评得分(单位:%)

具体能力	2019 年	2020 年	2021 年	2022 年
责任担当	4.12	3.94	4.03	4.24
自信乐观	4.04	3.88	4.08	3.94
踏实执着	4.00	3.91	3.99	4.14
学习能力	3.98	3.84	3.85	3.75
团队合作能力	3.89	3.82	3.97	4.21
勇气胆识	3.86	3.75	3.99	3.86
抗压能力	3.85	3.77	3.88	3.89
实践能力	3.81	3.68	3.76	3.88
人际交往能力	3.78	3.68	3.91	4.06
分析能力	3.73	3.69	3.73	3.54
领导能力	3.67	3.50	3.47	3.76
资源整合能力	3.61	3.59	3.72	3.66
机遇把握能力	3.57	3.57	3.67	3.81
创新能力	3.56	3.54	3.69	3.74
平均分	3.82	3.73	3.84	3.82

因此可以认为对学生创业认知进行教育前后的对比调研确有其必要性与可行性。上述数据并未呈现“前测—后测”的过程，但经过高校创新创业教育的系统教育后选择自主创业的学生，极为重要的创新能力自评分持续走低，值得施教者关注反思是否在教育实践活动中忽视了创新能力培养，或对学生创新意识激发仍不够充分。

第六节　地方高校创新创业教育评价体系构建——投融资视角

一、从资本角度看创新创业教育评价

大学生创业热度持续增长，而这一热度的维持取决于创业质量和成功率。因此，在一定程度上，高校为提高创业项目质量及成功率，加强各种形式的孵化空间建设，更多地注重对项目本身孵化，然而却忽略了创业者同样也需要被孵化。大学生创客普遍对市场环境缺乏认知，缺乏管理经验和商业层面的指导及服务，而这造成大学生创业风险更大，在竞争中处于弱势。大学生参与创新创业的意义在于成果最终转化为现实应用。目前，国家、高校及社会群体等为更好地服务于大学生创新创业，纷纷构建孵化空间，形成供应上的“井喷式”现象。但也出现同质化、经营者能力差及依赖补贴等问题，部分孵化器面临倒闭。那么，孵化器该如何走出困境，变成“凤凰巢”？

综合来看，地方高校的创业项目的成功率并不高于社会上的创业项目。创业的核心是对商业的理解和认知，但是大学生往往没有受过对商业化场景、用户需求、市场策略等方面的训练。高校创业者往往手里会有一项技术，但是要把它产品化、商业化是很难的。所以从这个方面看，高校创业者并无明显优势。有创业者认为，高校在教育的阶段就引入企业研发及创新的需求，并形成成熟的商业机制，是非常重要的。例如，麻省理工学院媒体实验室（MIT Media Lab）是一个非常成功的典型，它会获得企业的赞助，然后让实验室中的硕士生、博士生根据企业提出的市场需求去进行专项的研究。最终产出的知识产权，将归属于企业、校方、实验室、个人等各方。因此，媒体实验室的学生就受到了更多市场化、商业化层面的训练，他们对于如何用技术去解决实际问题就很有经验了。

基于风投的逻辑，首席执行官最主要的任务就是花最少的钱招到最有价值的人。高校是天然具备这项优势的地方。尤其是一些高校教师的创业项目，他们能很方便地找到自己的学生作为帮手。除此之外，高校离最前沿的科技、实验室创新还是最近的，有一定的技术创新的优势。正如峰瑞资本合伙人沈炯所言，“我们风投肯定是要投真正

的创新。其实现在真正的创新源头还是在科研院所及高校里面，在社会上反而不太容易能找到。风投都是投新不投老，一般还是看比较前沿的方向，哪怕需要承担一些风险。”当然，科技类创业项目仍然能获得风险资本的青睐。我们收集了2015—2020年中国国际“互联网+”创新创业大赛的冠亚军名单，几乎所有获奖项目都获得了融资，投资方有IDG资本、经纬中国、百度风投、中信资本等头部投资机构。不过，这些项目的负责人学历基本为博士，或者在获奖时已经毕业并有了一些创业经验。可见，优秀的大学生创业项目需要技术的积淀和时间的打磨。

二、过程性维度：投融资对创业意愿的影响

（一）风投更看重创业者家庭背景

一般而言，家庭背景包括父母的职业职位、受教育程度、社会影响力、家庭年收入、居住地、人口数量等方面的信息，内涵比较宽泛。如果进一步扩大家庭背景的外延，那么祖父母、亲戚朋友所拥有的以上特征也是家庭背景的组成部分。在社会学、教育学、心理学等学科中，家庭背景还包括家庭文化氛围、教育方式等。

普华资本合伙人蒋纯提到，创始人所拥有的社会资源对其创业一定是有重要影响的。尤其对大学生创业者来说，缺乏经验和资源的积累是他们的劣势。但是，不可否认的是，创业者的能力和天分也是至关重要的。如果一个年轻人有很强的学习能力、协调能力、领导力、意志力等等，那么时间维度拉长来看，起点的资源并不是具有决定性影响的因素。随着时间的积累，真正适合创业的人也会慢慢补足自身缺乏的能力和资源。

调查显示，受访者认为对大学生创业意愿影响最大的因素是家庭（66.6%），选择个人因素、社会因素和学校因素的受访者分别占13.8%、10.5%和3.7%。61.5%的受访者认为家庭经济条件好的大学生更愿意创业，也有22.3%的受访者认为家庭经济条件差的大学生更愿意创业，10.4%的受访者认为大学生创业意愿和家境没有关系。根据我们的调查，大多数大学生的家庭、学校对创业是给予支持和帮助的，且大多数大学生或多或少认识一些具有成功创业经验的人。可见目前总体创业环境对大学生而言还是非常友好的。然而，超过83%的大学生更喜欢通过公众网络、媒体平台去了解创业知识，而非通过专业人士或创业课程学习。某种程度上，这是我们需要思考的问题——如何让大学生更好地接受创新创业的训练和教育。当然，真正想创业的大学生一定会思考如何充分利用自己身边的资源，以及如何向成功的创业者学习。

（二）融资方式对大学生创业意愿的影响

初出茅庐的大学生在初次创业的道路上除了面临社会经验、管理能力等方面的不

足外，在创业融资方面常常走入误区，最终使自己的努力功败垂成。当前的融资误区主要表现在以下三个方面：

误区一：急于得到企业启动或周转资金，给小钱让大股份，贱卖技术或创意。有不少核心技术拥有者在公司运营一段时间后，对当初的投资协议深感不满并提出毁约，而这样做的后果只能是在资本市场上败坏自己的口碑。

误区二：即便投资人不能提供增值性服务和指导，仍与其捆绑在一起。

误区三：对风险投资不负责任地使用，烧别人的钱圆自己的梦。每一轮融资中的投资者都将影响后续融资的可行性和价值评估。因此，对于尚处早期的创业公司来说，应引入一些真正有实力、能提供增值性服务、与创业者理念统一的投资者，哪怕这意味着暂时放弃一些眼前的利益。

大学生创业者只有解决好了融资问题，才能将自己的技术和创意转化为赢利的工具，在激烈的市场竞争中立于不败之地；拓宽融资渠道、对投资人负责才能使自己的企业茁壮成长。下面简单分析大学生创业融资的几种方式，见表6－7。

表6－7　大学生创业的常见融资方式

常见融资方式	融资过程	融资利弊特点
家人和朋友的投资	朋友和家人更有可能投资你，因为他们比其他投资者更了解你。他们不是专业投资者，对回报的期望和给你的压力不会很大	如果你的创业项目成功了，你的朋友和家人就能赚钱；但如果失败了，就有可能破坏你生活中重要的人际关系。创业是符合二八法则的，大部分最终会失败，向亲友融资需谨慎
风险投资机构	如果你的公司有潜力发展壮大，你也想快速发展，那么风险投资可能是你最好的选择。现在有很多风投基金，越投越早期，吸引到专业的风投资本对早期项目而言是非常有利的背书	从风投那里筹集资金意味着，背负投资人的压力和期望去打一场“全垒打”。有些风投机构会设立对赌条款，且需要你花费大量时间去认真对待（筹集一轮融资通常需要3～6个月甚至更久的时间）
天使投资	天使投资人通常自己就是企业家，可以在经营上提供切实的指导和帮助。天使投资者通常没有风投那样明确的退出时间和回报预期	首先，天使投资人并不是那么好找；其次，由于天使投资通常是个人资本，他们不太可能成为你一轮正式融资中的主要投资者，所以你需要引入其他投资者进行补充

续表 6－7

常见融资方式	融资过程	融资利弊特点
政府补贴和各类大赛奖金	在我国政府对创新创业的大力支持下，各地政府都对大学生创业者进行财务补助，且举办各类设立奖金的创业大赛。申请政府的补贴款，不需要出让你的股权	政府补贴及大赛奖金通常不会很高（除了对某些大型科研项目外），且大多需要已经开展创业并取得一些进展之后才能申请，更接近于补助，很难覆盖创业所需的全部支出
银行贷款	目前银行对于小微企业的经营贷款往往有利息优惠，且一直在简化贷款申请的流程	需要抵押物，逾期会产生征信污点的风险。而信用贷款更像是应急周转，往往不能满足创业的资金需求
股权众筹	过去几年，股权众筹成为融资的新选择之一。通过股权众筹，你可以从数以百计的、小规模、非专业的投资者那里筹集资金。与传统投资者相比，参与股权众筹的投资者的门槛更低	要考虑到股权众筹的法律风险。目前股权众筹还没有在所有国家和司法管辖区合法化，可能面临口碑不佳的影响（大部分众筹项目）

三、结果性维度：启示性结论

如果你想要吸引投资方，最好的方式是尽可能地把你的创业项目打造成你所在的赛道中的“明星”项目，把优秀的人才拉入你的团队中，做出一个小有名气的案例或试点，最终让投资人主动找到你。除了打磨好自己的创业项目，也应该多接触风投圈的人员，多和他们交流。但是在你的项目不够优秀的时候，你不应该向投资人提出“融资”的需求，而应该问投资人是否有“建议”给你，以此保持一个良好且持续的沟通。

随着近年来风投行业的头部效应加剧，头部风投机构的资本规模不断扩大，将会在大学生创业者的生态圈中占据越来越重要的位置。头部的风投机构将获得最优的创业项目，并不断推进这些创业项目的发展壮大。在创新创业上肯投“钱”的高校会越来越有钱。

投资方评估一个初创项目，往往会从以下几个部分去评估，然后逐步梳理出你已经明确的和你还缺乏的。它们分别是：

（1）Team（团队）。团队是否拥有执行计划的专业知识/领域知识？谁是领导，他们是否有良好的团队活力？愿景是否清晰？他们能建立起强大的品牌和文化吗？股权架构如何？团队是否有留下来奋斗的动力？

(2)Tech(技术)。你的产品是否获得市场认可?客户是否有支付意愿?商业模式或产品有什么颠覆性创新吗?你是否关心知识产权?IP是否对公司的成功很重要?

(3)Traction(过往数据)。已经有用户/客户了吗?已经有收入了吗?业务经济模型跑得通吗?营销渠道是什么?融资历史——目前有哪些投资者?投了多少?

(4)Trends(趋势)。市场转变/新机遇——为什么是现在?市场规模和潜在市场规模有多大?如果竞争逐渐激烈,你还能保持你的优势吗?是否有你必须注意的监管、政策和市场动态?

(5)Terms(投资条款)。估值——这是令人信服的估值吗?股权架构——团队拥有掌控权吗?是否接受对赌?领投还是跟投?是否还有其他投资者参与这一轮?

第七节　地方高校创新创业教育评价体系构建策略

在教育改革的目标制定与具体实施的过程中,要根据培养目标建立科学的评价标准,完善教育质量评价制度,探索促进学生发展的多种评价方式,建立科学的教育质量评价体系,充分发挥教育评价的激励作用,达到以评促教、以评促改、以评促建的目的。教育评价在国家中长期教育改革与发展中的重要地位与促进作用。在思想政治教育方面,"加强创新创业教育,开发专门课程,健全课程体系",实施"大学生创新创业训练计划""支持学生成立创新创业类社团"已写入提升思想政治教育工作质量的指导意见中,可见创新创业教育已经成为思想政治教育工作者在解决学生日常生活中实际问题的重要工作之一。

高校创新创业教育评价工作需要具备明确的制度、明晰的内容、规范的流程。从已有的高校创新创业评价体系来看,不同专家学者、不同施教主体在评价体系构建和组织实施等方面有不同的侧重;不同地区、不同高校在开展创新创业教育的时间、基础、投入、程度、水平也有所差异,各高校创新创业教育发展不均衡、不充分。在高校创新创业教育全面推进的今天,如何建立科学完善、广谱长效、精准具体、协调合理的高校创新创业教育评价体系,对系统全面掌握高校创新创业教育发展现状、深入挖掘薄弱环节并分析应对策略有重要的理论及实践意义。因此,我们认为在设计高校创新创业教育评价体系时应对评价观念做出调整,在评价观念转变的基础上完善体系构建。

一、教育评价观念的转变

人们在观念上掌握外部世界有两种基本方式:一种是理论观念方式,另一种是实践观念方式。高校创新创业教育评价是一项具有极强实践操作意义的工作,更加关注其实践观念，即介于理论和实践之间的中间环节，也是连接理论与实践的桥梁。

高校创新创业教育发展呼唤评价，呼唤将顶层设计与主体反馈相结合的评价体系，因此我们要正视以往主体单一、关注结果、聚焦当下、方案普适、经济取向、机制独立等局限，切实向主体全面、结合过程、跟踪关注、关注个性、提升价值、融汇发展等方向转变。

（一）评价主体由“单一性”走向“广谱性”

教育评价的“主体价值”思想认为，价值是客体满足主体需要的程度，其中教育活动是客体，要在教育中满足特定主体（即学生）的需要，其价值依据主体的价值需要对教育活动进行价值判断。虽然系统收集和处理信息的方法手段是客观的，但得出的评价结论因主体需要的不同而不同，因此，主体需要是评价的准则，能够影响评价的结果。在以往的评价中，学生群体多为教育评价的“被评价者”，处于消极的被动地位，其主体地位体现不明显，而评价者凭借主观的判断，难以估计被评价者的需求与反馈。

当前，高校创新创业教育评价的维度多关注高校层面的课程、教师、环境等，而较少关注学生层面。实际上，除了通过教育管理部门主导、高校为被评价对象的评价方式外，由学生主导、高校为被评价对象的评价方式也是重要的评价方式，即注重评价者的“广谱性”“全员性”，更为关注学生群体在评价中的“主体价值”和“获得感”评价。学生群体教育前后的转变是教育效果最直观的体现，其转变的正向或负面、显著或微弱都是重要的效果评价维度。

当然，关注学生主体评价并不代表可以忽略高校主体顶层设计或实践成果的评价。对任何主体倾注过多评价权重，都可能造成主体过多基于自身角度对教育活动价值进行判断，造成偏差。教育活动是复杂、多元的，涉及多个主体的价值、目标、诉求，不同主体的诉求不同，期望亦有差别，当前教育评价仅仅关注一方的价值已无法被认同，因此，如何找到不同主体间的平衡与权重，是教育评价主体“广谱性”要始终关注并思考的问题。

（二）评价阶段由“成果性”走向“全程性”

当前，创新创业教育的评价多局限在社会经济效益层面，即接受创新创业教育后是否真正产生创业意向、是否真正创办企业等。实际上，教育评价阶段的“全程性”即教育评价不仅仅关注教育结束后的成果反馈，也应关注教育过程评价。过程评价是对教育方案实施状况进行的督导与反馈，注重对结果的鉴别、确证和检查，目标在于教育方案执行后的结果与目标一致性的问题，实质上是对教育方案高效性进行评价；而结果评价是诊断性评价，对方案实施成果进行分析，判断其是否适合继续使用、是否需要修正。

在此认为，创新创业教育可以大体上分为三个阶段，即设计阶段、实施阶段、成果阶段。在设计阶段，被评价的主体主要为高校，对高校课程教学、师资配备、平台搭建等顶层设计进行评价，重点关注其是否以教育目标为旨归、是否体现高校及专业特色、是否能够满足师生的需求等。实施阶段的评价主要通过学生主体的参与情况和满意情况反映高校创新创业教育现状：一是从学生对课程的前期需求、中期参与、后期反馈进行调研，以学生主体评价对相关教育载体的形式、内容、覆盖面等进行评价调整；二是从学生在教育各个阶段的参与情况（如参与课程、筹备竞赛、项目孵化、实体创业等）反思各环节设计情况与实际成果的差异性，并进行改进。成果阶段即指达到创新创业教育在社会角度较为关注的创业情况，即通过创业率、创业带动就业人数、创业创造的经济效益与社会效益等进行评价。

因此，高校创新创业教育应将过程性评价与结果性评价结合起来，在不同阶段针对不同问题做出反馈，及时修订，充分发挥过程性评价的改进功能，最后将方案整体实施情况与最初目标进行对照，实现“以评促建”。

（三）评价时限由“即时性”走向“跟踪性”

在实际工作中发现，一些大学生创业者选择在工作一段时间后进行自主创业，但其创业意向与创业实践仍能够体现学生在校期间接受创新创业教育的效果。相关研究表明，创新创业教育中创业课程、创业竞赛、创业政策显著正向影响创业自我效能（大学生对自己完成与创业有关的活动，并成功创建一家企业的能力与自信程度）；创业教育中的创业课程、创业竞赛、创业孵化显著正向影响创业意向（学生计划创办企业的信念，并在将来某个时候会自觉履行计划）；创业自我效能感中的创新效能、机会识别效能、关系协调效能显著影响创业意向。这些令人欣喜的结果在一定程度上说明高校创新创业教育对于学生自主创业的意向与行为能够产生积极正向的引导作用。

教育的效果往往不能通过一张试卷、一篇论文做出结果性、终结性的评价，作为系统化、有目标地对人的心智发展进行系统化的培育的实践活动，教育的效果往往在长期的具体实践、思维成熟的过程中体现，教育的功能往往通过人的发展和社会发展体现，其过程始于一个人的出生并持续终身，能够对人产生持久而深刻的变化。

因此，在高校创新创业教育评价中，要正视“时滞效应”的存在，正面理解并应对其中存在的认识时滞、决策时滞、执行时滞和效果时滞，在评价材料收集时注重对接受过高校创新创业教育的学生进行持续性、跟踪性的调研反馈，对于全面评价高校创新创业教育质量及其优化有重要的意义与作用。

（四）评价方案由“普适性”走向“特殊性”

教育评价体系的制定与使用能够对教育产生极大的选优示范、纠偏扶正、价值评价作用，是教育活动开展的保障。在教育评价愈发体系化、时代化、实用化的今天，精细性、有针对性、配套性的评价体系成为新的需求。

教育行政部门在政策制定时的前瞻性、广谱性，创新创业教育评价体系的制定固然重要，但相关部门与高校的理解程度、执行情况、“本土化”适应、针对性“落实”等情况也直接影响着评价的效果。面对当前高校创新创业教育的实际情况，教育行政部门需要在强化创新创业教育评价顶层设计的同时，鼓励和倡导各省市、各高校结合自身实际、办学特色、人才培养理念制定更有针对性的评价体系，实现各个指标维度的“落地”。

近年来，创新创业教育评价持续受到社会关注，但一些指标在不同高校可能呈现不同的实现程度。例如，高校应届毕业生创业率在不同学校类型层面呈现高职高专院校高于普通高等院校，在不同经济区域层面呈现沿海区域高于内陆尤其是西部地区等现状，创新创业实践基地等平台的投入与产出也存在规模和效果上的差异。

虽然教育行政部门在评价体系制定时已经掌握了大量的数据和经验，但数据在不同区域存在不同规律性，经验在不同群体呈现不同适配性，因此其差异产生的背景及原因应当成为各省市、各高校制定深化创新创业教育改革方案或创新创业教育评价体系的出发点与关注点。因此，针对创业政策落地与推进的“痛点”，各省市、各高校应当结合自身地方特色，积极分析并落实要求，加强沟通，统一认识，明确职责，建立执行性强、精细度高、能与教育方案配套执行的评价体系。

（五）评价取向由“经济化”走向“价值化”

创新创业教育的兴起与经济社会的发展密不可分，是国家创新驱动发展战略在高校教育与人才培养方面的集中体现。同时，在市场化经济蓬勃发展与毕业生就业高压态势并存的今天，大学生自主创业对促进社会经济发展和带动就业能够起到积极主动的作用。当前，社会媒体与职能部门已经关注到创新创业教育的经济效应，利用接受过创新创业教育的学生创办企业数量、创造就业岗位数量等维度评价创新创业教育质量与效果。

而作为思想政治教育的重要组成部分，创新创业教育的成果不应仅仅由宏观经济层面上利用创办的企业数量和创造的就业岗位数量等作为评价，而更应关注在教育前后师生的创新意识、创业能力的积极转变，将评价的取向由经济效应转向个人效能，体现创新创业教育在学生思想政治教育方面的价值与作用、在国家创新型人才需求方面起到的突出作用，这是创新创业教育顺应思想政治教育发展趋势的应有之意，也是创新创业教育评价回归教育本身的应有之意。

（六）评价机制从“独立性”走向“包容性”

当下，高校创新创业教育评价指标体系设计、内容确定、机制构建等方面都应时刻同党和国家发展以及大学生全面发展的需要相适应，兼顾开放性、持续性、指导性、延续性，及时在实践中进行调整、修正、完善，使评价体系、评价方法、评价内容能及时完善、修正、优化，保证评价工作有效推进，形成评价的长效机制。

作为高校思想政治教育的一部分，高校创新创业教育评价机制的构建不应仅仅关注创新创业教育评价原则与要求，而应当在兼顾思想政治教育评价的顶层要求之下，设计个性化的高校创新创业教育评价体系，从整体和部分的辩证关系角度出发，明晰创新创业教育质量与思想政治教育质量之间的关系，同时借鉴思想政治教育质量相关评价体系的构建思路，体现整体性与包容性、独立性与特殊性。

此外，在评价过程中，要借助新媒体与大数据等技术手段广泛获取并处理信息，综合运用多种材料收集方法和测量方法，对施教者、受教者、第三方（如政府家庭、社会）进行评价，注重对同一问题收集多年数据并进行分析比较，挖掘数据背后的原因。

二、教育评价体系构建的方式

如果说高校创新创业教育评价观念的确立是进行评价的理论前提，那么确定高校创新创业教育评价体系的构建模式则是进行评价的实践基础，是评价各要素的集中呈现，也是理论研究能够应用于实践工作的关键。因此，我们尝试在把握教育根本目标的前提下，完善系统科学、操作性强、动态长效的高校创新创业教育评价指标体系的构建策略。

（一）构建要求

1. 坚持“以人为本”的评估理念

创新创业教育主要是为各行各业培养劳动者，从世界范围来看，行业与企业的满意度始终是衡量一个国家创新创业教育发展水平的根本标志。企业的价值标准在很大程度上影响和决定了创新创业教育的专业设置、课程建设、教学改革等具体的实践活动。同时，学生培养占了很大比重，学生这个载体可以将创新创业教育过程比较真实和完整地评估出来，学生最能深切体会到一所学校所提供的教育质量和教育水平。尊重教师和教学，是现阶段地方行业特色型高校创新创业教育内涵发展的必然需求，也是推动学校内涵式发展的首要力量,将师资力量作为内涵式发展的关键维度,符合我国地方高校创新创业教育发展的规律,体现着"以人为本"的价值追求。

2. 坚持多元化评估

相对于专家、教育行政机构和第三方评估机构而言,这三者跟学校的关系最为密切,也是所有评估主体中真正关心学校未来发展的核心力量,所以这三者将作为内涵发展评价的主要评估主体。长期以来,我国创新创业教育评估主体较为单一,政府和教育行政部门是最主要的评价主体,学校、企业、学生、家长和社会等教育利益相关者则处于被动地位,评估过程缺乏对不同利益主体内在发展价值诉求的协调,评估标准过于统一和刚性,忽略了不同主体间的差异性,严重制约了创新创业教育评估结果的客观性和有效性。因此,需要坚持评估主体的多元互动性、评估对象的个体灵活性、评估内容的多维性、评估操作的全程性、评估语言的可接受性。

3. 坚持服务导向

创新创业教育质量评估必须以服务于人、服务于高等教育改革和发展为根本宗旨,由单纯的经济效益评估转向人才培养效能评估,因此,不能限于目标、决策、价值等导向,鼓励学生以获得某一份奖励或资助为目的,也不能限于鉴赏、研究等服务,以这些标准来评估创新创业教育成效。地方高校应该把创新创业教育存在的突出问题作为深化创新创业教育改革的着力点,把创新创业教育的精神和理念融入人才培养体系,丰富专业课程、创新教法、强化师资、改进帮扶,推进教学、科研、实践紧密结合,突破人才培养薄弱环节,增强学生的创新精神、创业意识和创新创业能力。

4. 坚持智能化评估

大数据时代,泛在网络、移动通信、传感器、云计算等信息技术飞速发展,高等教育信息化的不断推进既让多元利益主体基于互联网、大数据、人工智能等多种技术手段开展教育评估,同时又为评价主体之间、评价主体和评价客体之间提供了信息交流和信息共享渠道。显然,教育大数据支持下的教育评估能够对创新创业教育活动进行动态监测和控制,有助于建立具有针对性、导向性和可持续优化的质量标准和评价体系,真正实现以评促改、以评促教、以评促学、教学评合一。

(二)体系构建图示

结合本研究,我们尝试构建以客观高校视角与主观学生视角为横轴、以过程性评价与结果性评价为纵轴的"高校创新创业教育评价体系构建模式象限图",具体如图6－9所示。

图 6-9　高校创新创业教育评价体系构建模式象限图

(三)体系构建阐释

在构建高校创新创业教育评价体系时,首先对主要视角进行划分,在多次论证后最终选择以高校、学生两个主体进行划分,以高校为主体即“通过高校主体设计与实践对高校创新创业教育进行评价”,以学生为主体即“通过学生的反馈与自评对高校创新创业教育进行评价”。在高校创新创业教育评价中,对高校层面进行评价主要体现的是客观性,无论是教育体系与培养方案的设计文本,还是毕业生创业率的数据呈现,均有国家相关文件指导规范和计算原则,较少涉及主观维度;而在学生群体挖掘评价素材多参考学生的情绪感受与价值判断,无论是教育活动的需求与反馈,还是创业态度与创业意向的转变,均带有强烈的主观意愿。因此在体系构建策略设计时,将客观与高校相结合为一个视角,而将主观与学生相结合为另一个视角。

下面对各象限设置进行简要说明,为方便理解,以第二象限、第一象限、第三象限、第四象限(分别对应左上、右上、左下、右下)的顺序进行说明:

1. 第二象限:顶层设计

本部分聚焦对高校创新创业教育客观评价的过程性维度。将高校创新创业教育体系的顶层设计视作过程性评价,主要原因是兼顾高校创新创业教育,实际是对高校教育资源、课程教学、师资配备、指导帮扶、实践平台等各个环节与过程的设计。在本研究的“顶层设计”中着重体现了课程知识传播环境由课堂教学向实践转化的过程,师资素质由系统培训到注重研究的过程,实践平台由项目训练向竞赛拉动的过程等。在设计过程中实际上也体现了高校对创新创业教育的理解、落实、本土化过程。

2. 第一象限:创业率

本部分聚焦对高校创新创业教育客观评价的结果性维度。创业率评价实际上是社会媒体与教育行政部门对高校创新创业教育质量与效果的量化评价,直接关注的是大学生在毕业时自主创业的比例,素材获取过程不受主观因素的影响与介入,数据也将直接客观地用于高校创新创业教育效果的评价。秉持这一原则,本部分通过引入三个新的创业率数据统计、呈现及分析方式,引导各个群体予以关注,并据此剖析更为深刻的背景原因与优化措施。

3. 第三象限:“金字塔模型”

本部分聚焦学生对高校创新创业教育评价的过程性维度。学生在创新创业教育过程中会经历四个阶段,除创新创业教育课程是统一规划、面向全体、广泛覆盖的,其余环节的参与具有一定的主观性,要求学生具有相对成熟的创新想法、创业能力和创业知识,此外,每一阶段需要上一阶段的理论或实践积累,下一阶段又是对上一阶段成果的验收与考核,体现出明显的过程性。因此,引入能同时呈现数量变化与要素关系的“金字塔模型”,引导各个群体予以关注,并据此分析各个环节人员变化成因,尝试进一步探索人员变化比例的合理性。

4. 第四象限:个性发展

本部分聚焦学生对高校创新创业教育评价的结果性维度。可参考“前测—后测”这一方法或“参与—未参与”相对照的方法,以真实了解学生对高校创新创业教育的参与度、满意度、认知转变度与能力自评情况,其呈现方式一般是以学生的自评进行,具有强烈的主观性。高校创新创业教育的最终目标是学生的全面发展与创新型人才的培养,因此学生的个性发展维度一般会在教育者设定的某一教育环节结束或教育周期终止后进行测评,虽然可能衔接下一个教育阶段,但对于教育者所施测的时段来说仍然具有一定的结果性测评意义。

第八节　地方高校创新创业教育质量评价

高校创新创业教育的效能是创新创业教育活动对大学生创新创业意识、能力和行动所产生的实际效果。高校的创新创业教育组织机构虽然有创业学院、创业中心等不同名称,但组织架构的形式主要是“自上而下”的垂直管理和条线分工模式,因此其效能的发挥受到结构和运行机制的影响。创新创业教育系统的效能分析是创新创业教育提升的重要导向，不仅受到各级地方政府的高度重视，而且成为新形势下创新创业教育政策制定与实施广泛关注的焦点。建立地方高校创新创业教育系统效能评价体系，全面反映江西省地方高校创新创业教育工作成效，不仅能够找到江西省高校创新创业教育系统建设的差距和不足，而且能够为江西省高校创新能力建设和高质量发展提供目标和方向，具有极其重要的研究意义和实践价值。

一、评价指标构建思路

在第四章中，我们研究了创新创业教育与科技创新服务功能之间的定量关系，本节在整合国内相关创新创业教育效能评价指标基础上，基于江西省创新创业教育发展现状，提出构建江西省高校创新创业教育系统效能评价指标及方法的主要思路及对策。

（一）坚持客观与主观、定量与定性评价相结合，加快构建以学生创新素质培养为主体的创新创业教育效能评价指标

深化学生科技创新统计改革，弥补现有评价指标体系对学生主体地位不够重视的不足，把学生参加各类科技创新活动涉及的所有领域的复杂关系简单化，以有关客观数据和材料为主要评价依据，如通过“学生竞赛经费投入占学校教育投入的比例”或“连续三年学生竞赛经费投入增量”来评价地方高校对学生参加各类科技创新活动的重视程度，并将学生科技创新投入、学科竞赛资金投入、竞赛设备投入、学生获奖等级及数量等微观因素纳入评价指标体系，进一步细化高校学生竞赛经费投入明细，避免地方高校夸大学生经费投入；建议学工、校团委等多部门开展季度监测工作，及时掌握各二级学院或者学生团体组织参加各类科技活动投入的动态，为学校职能部门、教育部门提供决策支撑和参考。

（二）发挥市场对科技创新要素价格的导向作用，突出反映高校科技创新成果商业化价值及市场成熟度的评价指标

发挥市场对技术研发方向、路线选择、要素价格、各类创新要素配置的导向作用。在对高校创新创业教育效能评价指标赋权时，必须考虑高校创新创业导师团队在创新创业教育系统中的各项经费投入支出结构的内部差异性，如引入风险投资资本量指标反映教育改革的风险度，增加创新创业导师年度技术合同成交额来评价技术商业价值及区域技术市场繁荣程度；同时，建议在教师科研经费使用中明确规定教师相关费用占比可以提升至50%甚至更高，赋予地方高校从事创新创业活动的导师更大的人财物自主支配权，并尽快建立有效的经费使用监督审核机制，完善问题反馈整改机制。

（三）将社会和生态效益方面的指标纳入评价指标体系中，逐步增加反映科技创新外部环境方面的指标

评价指标体系的设计应适当降低论文、专利数量和经济效益等短期量化指标的权重，可增加社会和生态效益方面的评价指标，如“安全生产专项整治”“垃圾无害化处理率”；尤其要增加反映科技创新的正、负外部效应的相关量化指标，如“科技进步贡献率”，以便逐步扭转粗放型的科技创新方式。健全后的评价指标应能反映政府部门对构筑和谐创新环境的能力大小，能反映金融部门对科技创新的融资支持力度及对创新风险的保障能力的强弱。

（四）从国家战略和产业发展层面加强对江西省高校综合分析和考察，健全江西省高校行业特色的分类考核评价指标

一要重视省内不同高校在创新创业教育工作中的行业特色及科技创新成果转化方面的优势和特点，通过评价促进研究方向近似、关联度较大和资源相对集中的创新创业教育资源重组优化。二要更多地关注科技创新成果的转让和实施情况，避免许多部门或企业仅仅重视各科技创新成果的数量增长，而相对忽视创新成果的转让和实施。三要进一步明确科技创新成果的转化区域，结合江西省产业资源地域特色，提高运用指标体系评价不同高校创新创业教育能力的精度。

（五）加强监测分析和动态调整，从地方高校创新创业教育发展的不同阶段构造反映对区域发展贡献度的评价指标

应根据地方高校学科专业建设特点和政府投入希望获得的效果，从运作规范性、研发创新程度、服务能力、服务水平和市场反馈等多方面，建立有针对性的评价指标，从而引导高校创新创业教育工作的发展方向，反映地方高校创新创业教育的规模与生存环境，有效衡量创新创业教育对所在区域企业的带动作用。进一步提高高质量科技创新成果评价权重，可进一步从专利授权、标准制定、申请商标、科研论文、重大成果、行业贡献、技术服务和新产品销售等方面对知识和技术的创造、影响和传播进行动态测度，并通过定期评估，调整对不同高校创新创业教育的支持力度和支持方式。

（六）关注创新创业教育政策协同度和完善度，逐步增加评价不同高校创新创业实体组织之间的协同性指标

国务院关于深化高校创新创业教育改革的部署，要求聚焦竞赛环境、教师指导、红

色传承、产业需求和成果转化，在推动产业链、创新链、人才链、政策链、资金链深度融合方面发挥了积极作用，通过创新创业项目让不同专业的学生汇聚一堂，在实习、竞赛、创新项目等实践中锻炼专业群学生的跨界融合能力。新的评价指标应能反映地方高校创新创业教育协同建设情况，可考虑定义相应指标来评价地方高校开展协作形式与数量、创新机制保障、创新组织协调程度和知识资产创新输出等解释变量，从而引导促进省市间高校的创新创业教育要素统筹、创新创业教育资源优化配置及管理协同等体制机制的横向联动。

二、创新创业教育质量评价模型构建

犹豫模糊语言术语集（Hesitant Fuzzy Linguistic Term Set，HFLTS）是一种利用专家自身经验与知识结构对复杂系统进行表达、推理和计算的工具，它能够很好地反映出人们的定性且犹豫的决策信息，从而为各类复杂系统的质量评估提供了可行的途径。基于 HFLTS 的评估方法在应对数据贫乏的复杂系统时具有独特的优势，通过对评价信息犹豫性和模糊性的表达，使评价结果更加真实可靠。随着研究的逐步深入，学者们开始聚焦于 HFLTS 与其他理论的整合研究。与此同时，有不少学者围绕 HFLTS 在不同领域中的应用展开探究，但主要聚焦于静态评估过程，难以体现决策者评价的动态性与随机性，导致决策结果主观性较强，影响因素较多。陈义安等（2022）采用决策表的属性约简与主客观博弈对 14 个评价指标进行科学赋权，以消除感知数据的随机性与主观性，随后结合云模型理论，生成评价综合云图，该模型可实现定性表述与定量表示之间的双向转换，该方法最大的优势在于能够经过雾化直观展现出群众对乡村振兴战略实施效果的真实评价。然而，传统的云模型用一个具有特定倾向的随机数来代替模糊集理论中的隶属度，使其在一个精确值附近做轻微摆动，该方法虽然能将评价信息与等级边界的模糊性和随机性关联起来，却无法描述专家决策时在多个评价术语之间的犹豫性，导致决策信息与真实情况之间产生偏差。由于创新创业教育系统的开放性、动态性、难控性等特征，教育教学情境参数的取值及其变化表现出模糊性、随机性等不确定特征，对创新创业教育系统的运行和管理具有重要的影响。因此，可将 HFLTS 与云模型相结合，综合二者在信息表达和处理上的优势，利用 HFLTS 来表达专家意见的犹豫性，使评价信息的表述更加真实便捷，利用云模型在定性概念与定量数值之间转换的优点来处理评价信息的模糊性与评价过程中的随机性，使评价结果更加客观稳定，进而兼顾创新创业教育系统质量评估过程中评价信息的犹豫性、模糊性和随机性（统称为不确定性）。

综上，本节将犹豫模糊语言术语集与传统云模型的优势融合，首先将语言变量转换为正态云模型,然后将正态云模型混合为梯形云模型,最终建立犹豫模糊混合云模型。根据犹豫模糊混合云模型的数字特征,提出了用于量化定性指标评价的犹豫度函数与标度函数,并根据数学推导证明了犹豫度函数的单调性与标度函数值的可比较性,体现了犹豫度函数与标度函数对专家评价犹豫程度与评价目标实际表现的刻画,增强结果的准确性,为创新创业教育系统质量评估提供了新方法。此外,考虑到专家较难对指标权重做出精确的点数值评价,故采用区间层次分析法(Interval Analytic Hierarchy Process, IAHP)确定指标的权重区间,然后利用灰狼优化算法计算各指标权重的最优组合,最后通过计算系统的隶属系数,确定系统的质量等级与运行状态。通过与集对分析法、正交投影法的对比分析,验证了我们提出方法的有效性与优越性。

(一)犹豫模糊混合云模型

1. 云模型理论

设 Tr 是论域 U 上的一个语言概念,若对于论域 U 中的一个元素 $x \in U$ 是 Tr 的一次随机实现,x 对于 Tr 的隶属度是一个具有特定倾向的随机数,则 x 在论域 U 上的分布定义为云模型,记作 $C=(Ex, En, He)$,其中 Ex 为期望值,代表论域 U 中最符合 Tr 的样本;En 为熵,代表 Tr 的模糊性,熵越大,Tr 的模糊性越强;He 为超熵,代表熵的不确定性,超熵越大,隶属度的随机性越强。

定义 1 对于论域 $U=[X_{\min}, X_{\max}]$,若 $x \in U$ 满足 $x \sim N(Ex, En'^2)$,其中 $En' \sim N(En, He^2)$,则 x 在论域 U 上的分布为一个正态云模型,x 为云模型的一个云滴,x 对于语言概念 Tr 的隶属度为

$$\mu(x) = \exp\left(-\frac{(x-Ex)^2}{2(En')^2}\right) \tag{6-1}$$

定义 2 若云模型的期望值是一个区间数,则该云模型定义为一个梯形云模型,记作 $C=([\underline{Ex}, \overline{Ex}], En, He)$,其中 $\underline{Ex}$ 和 $\overline{Ex}$ 分别代表期望区间的上界和下界,En 和 He 分别代表梯形云模型的熵和超熵。若 x 在论域 U 上的分布为一个梯形云模型,x 对于语言概念 Tr 的隶属度为

$$\mu(x) = \begin{cases} 1 & x \in [\underline{Ex}, \overline{Ex}] \\ \exp\left(-\dfrac{(x-\underline{Ex})^2}{2(En')^2}\right) & x \in [X_{\min}, \underline{Ex}] \\ \exp\left(-\dfrac{(x-\overline{Ex})^2}{2(En')^2}\right) & x \in [\overline{Ex}, X_{\max}] \end{cases} \tag{6-2}$$

由式(6-2)可知,当$\underline{Ex}=\overline{Ex}$时,梯形云模型退化为正态云模型,因此梯形云模型更具一般性。为描述统一,本书统一采用梯形云模型的描述形式。

2. 犹豫模糊混合云模型

设$S=\{s_a|a=-\tau,\cdots,-1,0,1,\cdots,\tau\}$为一个语言术语集,若$H_S$是$S$的一个有序且连续的子集,则称$H_S$为一个犹豫模糊语言术语集。

定义3　对于论域$U=[X_{\min},X_{\max}]$上的一个语言术语集S,语言转化函数是从语言变量到区间[0,1]上的映射,即$f:s_a\to\theta_a,s_a\in S,\theta_a\in[0,1]$。语言转化函数为

$$f(s_a)=\theta_a=\begin{cases}\dfrac{\beta^{\tau+a}-1}{2\beta^{\tau}-2} & -\tau\leqslant a\leqslant 0\\[2ex] \dfrac{2\beta^{\tau}-\beta^{\tau-a}-1}{2\beta^{\tau}-2} & 0\leqslant a\leqslant\tau\end{cases}\tag{6-3}$$

其中β是转换参数。

对于S中的任一语言变量s_a,都有一个相对应的正态云模型$C_{Na}=([Ex_a,Ex_a],En_a,He_a)$,正态云模型的参数可以由下式确定。

$$Ex_a=X_{\min}+\theta_a(X_{\max}-X_{\min})\tag{6-4}$$

$$En_a=\begin{cases}\dfrac{(\varepsilon_{\min}+\varepsilon_{\max})(Ex_{a+1}-Ex_a)}{6} & a=-\tau\\[2ex] \dfrac{(\varepsilon_{\min}+\varepsilon_{\max})(Ex_{a+1}-Ex_{a-1})}{12} & -\tau<a<\tau\\[2ex] \dfrac{(\varepsilon_{\min}+\varepsilon_{\max})(Ex_a-Ex_{a-1})}{6} & a=\tau\end{cases}\tag{6-5}$$

$$He_a=\begin{cases}\dfrac{(\varepsilon_{\max}-\varepsilon_{\min})(Ex_{a+1}-Ex_a)}{18} & a=-\tau\\[2ex] \dfrac{(\varepsilon_{\max}-\varepsilon_{\min})(Ex_{a+1}-Ex_{a-1})}{36} & -\tau<a<\tau\\[2ex] \dfrac{(\varepsilon_{\max}-\varepsilon_{\min})(Ex_a-Ex_{a-1})}{18} & a=\tau\end{cases}\tag{6-6}$$

其中$\varepsilon_{\min}$与$\varepsilon_{\min}$是相邻正态云的重叠程度系数。

对于给定论域$U=[0,1]$,设$S=\{s_{-2}$:很差;s_{-1}:差;s_0:一般;s_1:好;s_2:很好$\}$是U上的一个语言术语集,取$\beta=1.37$,$\varepsilon_{\min}=0.5$,$\varepsilon_{\max}=2$,则对于S中任一语言变量,其对应的正态云模型见表6-8。

表 6-8 语言变量及其对应正态云模型

语言变量	云模型
s_{-2}	([0,0],0.09,0.018)
s_{-1}	([0.21,0.21],0.10,0.021)
s_0	([0.5,0.5],0.12,0.024)
s_1	([0.79,0.79],0.10,0.021)
s_2	([1,1],0.09,0.018)

若 $Hs=\{s_{\delta l} \mid s_{\delta l}\in S, l=1,2,\cdots,L,\delta l\in\{-2,-1,0,1,2\}\}$ 为 S 上的一个犹豫模糊语言术语集，L 为 H_S 中语言变量的个数，设 $\{C_{N\delta 1},C_{N\delta 2},\cdots,C_{N\delta L}\}$ 为 H_S 中各语言变量对应的正态云模型，则该 L 个正态云模型可由下式混合为一个梯形云模型 $C_T=([\underline{Ex},\overline{Ex}],En,He)$。

$$\begin{cases}\underline{Ex}=\min\left(Ex_{\delta 1},\ Ex_{\delta 2}\cdots,Ex_{\delta L}\right)\\ \overline{Ex}=\max\left(Ex_{\delta 1},\ Ex_{\delta 2}\cdots,Ex_{\delta L}\right)\\ En=\sum_{l=1}^{L}\dfrac{He_{\delta l}En_{\delta l}}{\sum_{l=1}^{L}He_{\delta l}}\\ He=\sum_{l=1}^{L}\dfrac{{He_{\delta l}}^{2}}{\sum_{l=1}^{L}He_{\delta l}}\end{cases} \tag{6-7}$$

3. 基于犹豫模糊混合云模型的定性指标量化

设某一定性指标有 K 个评价 $\{H_S^1,H_S^2,\cdots,H_S^K\}$，综合 K 个评价，得到该指标评价的最终量化值为

$$F(\{H_S^1,H_S^2,\cdots,H_S^K\})=\frac{1}{K}\sum_{i=1}^{K}[1.26-\mathrm{HD}(H_S^i)]\cdot g(H_S^i) \tag{6-8}$$

其中 $\mathrm{HD}(H_S^i)$ 为犹豫度函数，$g(H_S^i)$ 为标度函数，根据式(6-7)所述犹豫模糊混合云模型的数字特征，上述两个函数被定义为

$$\mathrm{HD}(H_S)=\int_{\overline{Ex}-3En}^{\overline{Ex}+3En}\exp\left[-\frac{(X-\overline{Ex})^2}{2En^2}\right]dx+(\overline{Ex}-\underline{Ex}) \tag{6-9}$$

$$g(H_S)=\frac{1}{4}(\underline{Ex}-\overline{Ex}+2) \tag{6-10}$$

对于犹豫度函数与标度函数有如下两个性质：

性质 1 对于表 6-8 中语言术语集 S 上的任意一个犹豫模糊语言术语集 H_S，都有 $1.26-\mathrm{HD}(H_S)>0$。

证明:设 $H_S=\{s_{\delta 1},s_{\delta 2},\cdots,s_{\delta L}\mid 1\leqslant L\leqslant 5\}$,由式(6-9)可得:

$$\frac{d\mathrm{HD}(H_S)}{d\,\overline{Ex}}=\frac{d}{d\,\overline{Ex}}\int_{\overline{Ex}-3En}^{\overline{Ex}+3En}\exp\left[-\frac{(X-\overline{Ex})^2}{2En^2}\right]dx+\frac{d(\overline{Ex}-\underline{Ex})}{d\,\overline{Ex}}$$

$$=\frac{d}{d\,\overline{Ex}}\int_{-3En}^{3En}\exp\left(-\frac{t^2}{2En^2}\right)dt+\frac{d}{d\,\overline{Ex}}(\overline{Ex}-\underline{Ex})=0+1=1$$

故 HD(H_S)是关于$\overline{Ex}$的单调递增函数。由式(6-7)可得:

$$\frac{d\,\overline{Ex}}{d\delta L}=\begin{cases}\dfrac{\beta^{2+\delta L}\ln\beta}{2\beta^2-2} & -2\leqslant\delta L\leqslant 0\\[2ex] \dfrac{\beta^{2-\delta L}\ln\beta}{2\beta^2-2} & 0\leqslant\delta L\leqslant 2\end{cases}$$

且$\dfrac{d\,\overline{Ex}}{d\delta L}\geqslant 0$,故$\overline{Ex}$是关于 δL 的单调递增函数。综上,当 $\delta L=2$(或 $L=5$)时,HD(H_S)取最大值,此时有 1.26 - HD(H_S) >0,故对于任意一个犹豫模糊语言术语集 H_S,都有 1.26 - HD(H_S) >0。

性质 2　任意 $H_S^1=\{s_{\delta 1},s_{\delta 2},\cdots,s_{\delta L1}\}$ 与 $H_S^2=\{s_{\delta 1},s_{\delta 2},\cdots,s_{\delta L2}\}$,若 $\delta L1>\delta L2$,则 $g(H_S^1)>g(H_S^2)$。

证明:若 $\delta L1>\delta L2$,由式(6-3)(6-4)(6-7)可得$\overline{Ex_1}>\overline{Ex_2}$。根据式(6-10)可得:$dg(H_S)/d\,\overline{Ex}=1/4$,故 $g(H_S)$是关于$\overline{Ex}$的单调递增函数,故 $g(H_S^1)>g(H_S^2)$。

由上述性质可知,对任意一个犹豫模糊语言术语集 H_S,若 L 越大,则犹豫度函数值越大,反映了现实情况下专家在多个术语之间的犹豫程度越强;若 δL 越大,则标度函数值越大,反映了评价目标在实际情况中的表现越好。

(二)IAHP 与灰狼优化算法联合权重赋值

1. 基于 IAHP 的权重区间确定

若 K 名专家根据 Saaty 标度法对 n 个评估指标的重要性进行两两比较后建立区间评价矩阵,则第 k 名专家的评价矩阵为

$$[A_k]_{n\times n}=\begin{bmatrix}[a_{11}] & [a_{12}] & \cdots & [a_{1n}]\\ [a_{21}] & [a_{22}] & \cdots & [a_{2n}]\\ \vdots & \vdots & \vdots & \vdots\\ [a_{n1}] & [a_{n2}] & \cdots & [a_{nn}]\end{bmatrix}\qquad(6-11)$$

式中,$[a_{ij}]=[a_{ij}^L,a_{ij}^U]$,$a_{ij}^L$与 a_{ij}^U分别为区间的下界与上界,若指标 i 的重要性不小于指标 j,则$[a_{ij}]\geqslant 1$,否则 $1/[a_{ij}]>1$。当 $a_{ij}^L=a_{ij}^U$时,区间矩阵退化为一个数值矩阵。

针对式(6-11)所示的区间评价矩阵$[A_k]_{n\times n}$，根据区间上界与下界将区间评价矩阵分解为两个数值矩阵$(a_{ij}^L)_{n\times n}$，$(a_{ij}^U)_{n\times n}$，分别求出最大特征值所对应的特征向量$P^L=(p_1^L,p_2^L,\cdots,p_n^L)$，$P^U=(p_1^U,p_2^U,\cdots,p_n^U)$，根据该特征向量即可得到专家$k$提出的$n$个评估指标的权重区间$[P_k]$：

$$\begin{cases}[P_k]=[[w_{k1}],[w_{k2}],\cdots,[w_{kn}]]\\[w_{ki}]=[0.8P_i^L,1.2P_i^U]\end{cases}\tag{6-12}$$

其中$[w_{ki}]$表示专家k提出的第i个指标权重区间。综合所有专家意见，得到n个评估指标的综合权重区间为

$$[P]=\frac{1}{K}\sum_{k=1}^{K}[P_k]=[[w_1],[w_2],[w_3],\cdots,[w_n]]\tag{6-13}$$

其中$[w_i]$为第i个指标的最终权重区间。

2. 基于灰狼优化算法的权重最优分配

灰狼优化算法模拟了灰狼种群的狩猎过程，首先将种群中的前三个适应度最高的个体分别标记为α、β与δ，其余个体标记为ω。ω根据α、β和δ的位置判断解空间内适应度函数最优解的位置，并通过更新自身位置不断向最优解靠近，其过程为

$$\begin{cases}D_\alpha=|2r_1\cdot X_\alpha-X(t)|\\D_\beta=|2r_2\cdot X_\beta-X(t)|\\D_\delta=|2r_3\cdot X_\delta-X(t)|\end{cases}\tag{6-14}$$

其中X为任意个体位置，X_α、X_β与X_δ分别为α、β与δ的位置，D_α、D_β与D_δ分别为该个体与α、β与δ之间的距离，r_1、r_2与r_3为$[0,1]$内的随机数。

由于α、β与δ的位置不同，故个体在更新位置时会趋向于α、β与δ的平均位置，其过程为

$$\begin{cases}X_1=X_\alpha-A_1\cdot D_\alpha\\X_2=X_\beta-A_2\cdot D_\beta\\X_3=X_\delta-A_3\cdot D_\delta\end{cases}\tag{6-15}$$

$$X(t+1)=\frac{X_1+X_2+X_3}{3}\tag{6-16}$$

式中：$A=2a\cdot r_4-a$，r_4为$[0,1]$内的随机数，$a=2-2t/T$为线性收敛因子，T为最大迭代次数。灰狼优化算法的伪代码见表6-9。

表 6-9　灰狼优化算法

```
Input: 种群数量,最大迭代次数 T
Output: 适应度函数最优解
Initialize the grey wolf population
for t = 2 to T
    Find X_α, X_β and X_δ
    for i = 1 to Number of population
        Computing D_α, D_β and D_δ by using Eq. (14)
        Computing X_1, X_2 and X_3 by using Eq. (15)
        Computing X(t+1) by using Eq. (16)
        Updating population
    end for
end for
Return X_α
```

根据最大熵理论,指标权重取值的信息熵越大,则权重分配的不合理风险越小。因此,我们以权重取值的信息熵为适应度函数,以适应度函数最大值为目标计算出最合理的权重分配结果。创新创业教育系统质量评估指标权重的信息熵 $H(w)$ 为

$$\begin{cases} H(w) = \sum_{i=1}^{n} -w_i \ln w_i \\ s.t.\ \sum_{i=1}^{n} w_i = 1 \quad (0 < w_i < 1) \end{cases} \tag{6-17}$$

其中 w_i 为第 i 个指标的权重值。

在式(6-13)所示的 n 个权重区间内随机生成 n 个数据,将其归一化作为指标的权重组合,根据式(6-17)计算当前权重组合的信息熵,利用式(6-14)(6-15)(6-16)计算信息熵最大的权重组合作为最优权重分配结果。权重分配的流程如图 6-10 所示。

三、创新创业教育质量评价实例分析

(一)评估算法

根据云模型的隶属度函数计算指标 j 关于语言概念 Tr 的隶属度,由于每次计算得到的隶属度具有随机性,故取 q 次计算的平均值作为指标 j 关于 Tr 的隶属度 $\mu_j^r(x)$,并将指标 j 关于所有语言概念的隶属度归一化,得到指标 j 的关于 Tr 的最终隶属度 $\Phi_j^r(x_{ij})$,即:

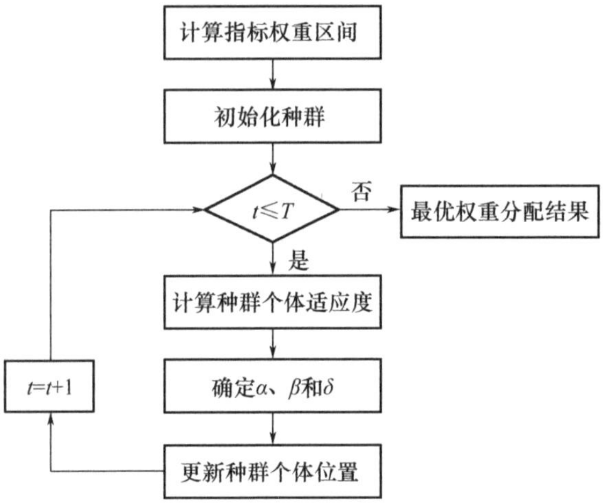

图 6－10　权重分配流程

$$\begin{cases}\mu_j^r(x_{ij}) = \dfrac{1}{q}[\mu_{j1}^r(x_{ij}) + \mu_{j2}^r(x_{ij}) + \cdots + \mu_{jq}^r(x_{ij})] \\ \Phi_j^r(x_{ij}) = \mu_j^r(x_{ij}) / \sum_{r=1}^{s} \mu_j^r(x_{ij})\end{cases} \tag{6－18}$$

其中 x_{ij} 为评估对象 i 关于指标 j 的量化值。

根据 $\Phi_j^r(x_{ij})$ 与指标权重 w_j 计算评估对象 i 关于 Tr 的隶属系数，即：

$$\sigma_i^r = \sum_{j=1}^{n} \Phi_j^r(x_{ij}) \cdot w_j \tag{6－19}$$

设评价对象 i 关于 s 个语言概念的隶属系数分别为 $(\sigma_i^1, \sigma_i^2, \cdots, \sigma_i^s)$，根据隶属系数的最大值即可判断系统的质量等级。通过计算隶属系数的期望，可以对相同质量等级下的不同系统进行质量排序，即：

$$E_i = \sum_{r=1}^{s} r \cdot \sigma_i^r \tag{6－20}$$

其中 E_i 越大表明系统的教育质量越高。

（二）应用实例分析

接下来，我们对江西省属 4 所地方高校的创新创业教育系统行系统质量评估，构建创新创业教育系统质量评估指标体系见表 6－10。其中，A_{13}、A_{15}、A_{16}、A_{23}、A_{25}、A_{33}、A_{34}、A_{44}、A_{45} 为定性指标，其余为定量指标。

表 6-10　创新创业教育系统质量评估指标体系

二级指标		三级指标
创新创业投入 A_1	创新创业教育经费	学生人均创新经费 A_{11}
		学生创新设备投入 A_{12}
		创新投入经费占比 A_{13}
	创新创业导师	创新创业导师数量 A_{14}
		创新创业导师学历及职称 A_{15}
		外聘兼职创业导师 A_{16}
创新创业社会效益 A_2	创新服务能力	创新成果转化率 A_{21}
		创新教育协同度 A_{22}
		服务地方平台数 A_{23}
	就业质量	毕业生自主创业率 A_{24}
		校友及社会捐赠率 A_{25}
创新创业环境 A_3	硬件环境	创新创业政策数 A_{31}
		大学生科技园数 A_{32}
		孵化器和众创空间 A_{33}
	软件环境	学生创新创业活动次数 A_{34}
		创新创业培训讲座数 A_{35}
创新创业教育成果 A_4	创新创业宣传	国内外媒体报道 A_{41}
		高水平科技论文 A_{42}
	创新成果数量	当年获取的各类专利数量 A_{43}
		省级以上学生获奖 A_{44}
	创新实践平台	省部级教学科研平台 A_{45}
		省部级教学科研团队数 A_{46}

1. 评价等级标准

根据专家研讨意见，将高校创新创业教育系统的质量划分为 4 个等级，即 T1：较差、T2：一般、T3：良好、T4：优秀。根据定义 1 与定义 2 内容确定 4 个评价等级对应的云模型参数见表 6-11。

表 6－11　质量评价等级及参数

评价等级	T_1	T_2	T_3	T_4
期望区间	[0,0.25]	[0.45,0.45]	[0.65,0.65]	[0.85,1.05]
熵	0.5/6	0.2/3	0.2/3	0.2/3
超熵	0.5/48	0.1/12	0.1/12	0.1/12

根据式(6－1)、式(6－2)和表 6－11 参数得到 4 个评价等级对应的云模型，如图 6－11 所示。

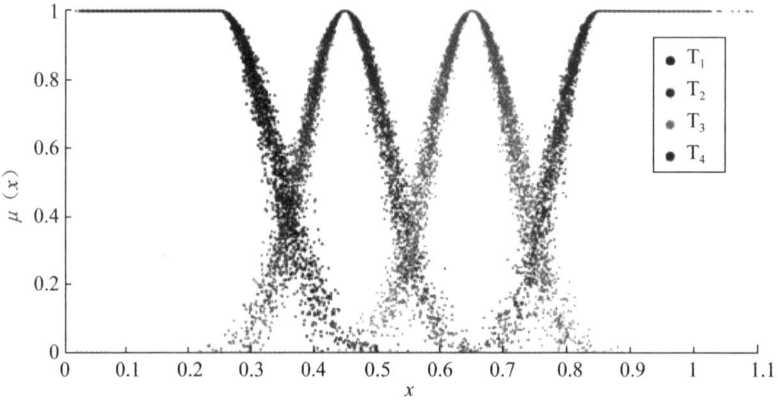

图 6－11　评价等级云模型

2. 评价指标赋权

下面以 4 个二级指标 A_1、A_2、A_3 和 A_4 为例，说明评价指标赋权的具体过程。邀请 4 名专家对 4 个指标的重要性进行两两比较，建立指标重要性区间评价表(表 6－12)。

表 6－12　指标重要性区间评价

		A_1	A_2	A_3	A_4
专家 1	A_1	[1,1]	[0.5,1]	[1,1]	[1,2]
	A_2	[1,2]	[1,1]	[1,2]	[1,3]
	A_3	[1,1]	[0.5,1]	[1,1]	[1,2]
	A_4	[0.5,1]	[1/3,1]	[0.5,1]	[1,1]

续表 6-12

		A_1	A_2	A_3	A_4
专家 2	A_1	[1,1]	[0.5,1]	[1,2]	[1,3]
	A_2	[1,2]	[1,1]	[1,3]	[1,4]
	A_3	[0.5,1]	[1/3,1]	[1,1]	[1,2]
	A_4	[1/3,1]	[1/4,1]	[0.5,1]	[1,1]
专家 3	A_1	[1,1]	[0.5,1]	[1,1]	[1,1]
	A_2	[1,2]	[1,1]	[1,2]	[1,2]
	A_3	[1,1]	[0.5,1]	[1,1]	[1,1]
	A_4	[1,1]	[0.5,1]	[1,1]	[1,1]
专家 4	A_1	[1,1]	[1/3,1]	[0.5,1]	[1,2]
	A_2	[1,3]	[1,1]	[1,2]	[1.4]
	A_3	[1,2]	[0.5,1]	[1,1]	[1,3]
	A_4	[0.5,1]	[1/4,1]	[1/3,1]	[1,1]

针对表 6-12 数据，由式(6-11)(6-12)(6-13)计算指标权重区间为[[0.63, 0.75],[0.8,1.2],[0.63,0.75],[0.46,0.62]]。利用灰狼优化算法确定权重的最优组合，设置种群数量为 20，最大迭代次数为 2 000。对灰狼优化算法的运算结果进行归一化处理，得到各指标权重的精确值为(0.247,0.286,0.245,0.222)。

通过计算同一二级指标下的所有三级指标间的相对权重，即可得到所有质量评估指标的权重。由于三级指标数目较多且受限于篇幅，这里不再赘述，具体的权重分配结果见表 6-13。

表 6-13　系统质量评估指标权重

二级指标	权重	三级指标	权重
创新创业投入 A_1	0.247	学生人均创新经费 A_{11}	0.060 1
		学生创新设备投入 A_{12}	0.057 9
		创新投入经费占比 A_{13}	0.036 2
		创新创业导师数量 A_{14}	0.036 8
		创新创业导师学历及职称 A_{15}	0.028 4
		外聘兼职创业导师 A_{16}	0.027 6

续表 6 - 13

二级指标	权重	三级指标	权重
创新创业社会效益 A_2	0.286	创新成果转化率 A_{21}	0.048 3
		创新教育协同度 A_{22}	0.070 8
		服务地方平台数 A_{23}	0.059 2
		毕业生资助创业率 A_{24}	0.051 8
		校友及社会捐赠率 A_{25}	0.055 9
创新创业环境 A_3	0.245	创新创业政策数 A_{31}	0.078 3
		大学生科技园数 A_{32}	0.060 8
		孵化器和众创空间 A_{33}	0.052 1
		学生创新创业活动次数 A_{34}	0.053 8
		创新创业培训讲座数 A_{35}	0.051 5
创新创业教育成果 A_4	0.222	国内外媒体报道 A_{41}	0.058 2
		高水平科技论文 A_{42}	0.061 7
		当年获取的各类专利数量 A_{43}	0.029 3
		省级以上学生获奖 A_{44}	0.028 9
		省部级教学科研平台 A_{45}	0.037 6
		省部级教学科研团队数 A_{46}	0.043 9

3. 定性指标的量化

由于创新创业教育系统质量评估指标体系中定性指标较多，下面以系统中的创新投入经费占比（A_{13}）为例，说明定性指标量化的具体过程。

4 名专家对系统 1 中 A_{13} 的评价为：$H_S^1=\{S_1\}$、$H_S^2=\{S_1,S_2\}$、$H_S^3=\{S_0,S_1,S_2\}$、$H_S^4=\{S_0,S_1\}$。根据表 6 - 13 与式（6 - 4）（6 - 5）（6 - 6），得 4 个 H_S 对应的混合云模型分别为：$C_1=([0.79, 0.79], 0.104, 0.021)$、$C_2=([0.79, 1], 0.097, 0.02)$、$C_3=([0.5, 1], 0.106, 0.021)$、$C_4=([0.5, 0.79], 0.113, 0.023)$。根据式（6 - 8）（6 - 9）（6 - 10）得：$F(\{H_S^1, H_S^2, H_S^3, H_S^4\})=0.66$。$H_S^1$、$H_S^2$、$H_S^3$ 和 H_S^4 对应的混合云模型如图 6 - 12 所示。

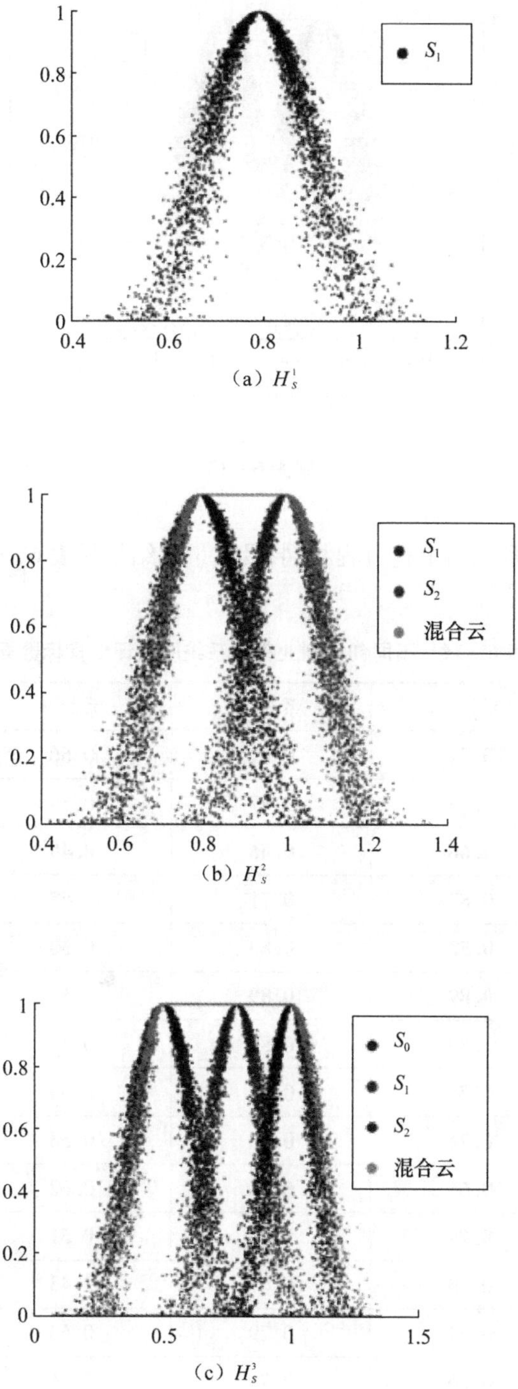

（a）H_s^1

（b）H_s^2

（c）H_s^3

图6－12　混合云模型

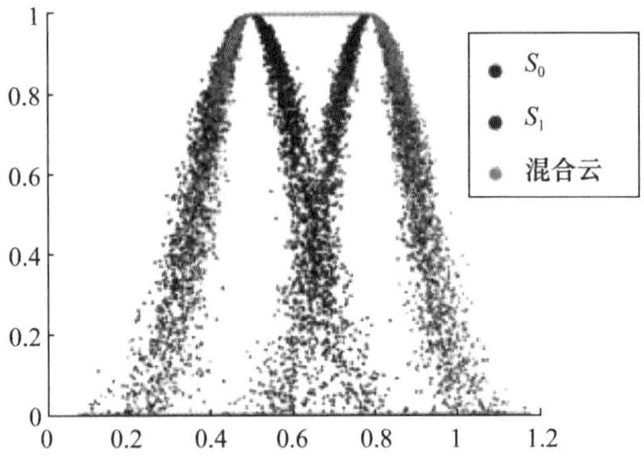

(d) H_s^4

续图 6-12

其他定性指标的量化与上述过程相同,具体量化结果见表 6-14 中的粗体部分。

表 6-14　不同创新创业教育系统质量评估指标数据

指标	系统 1	系统 2	系统 3	系统 4
A_{11}	0.71	0.89	0.66	0.54
A_{12}	0.75	0.87	0.58	0.45
A_{13}	**0.66**	**0.66**	**0.49**	**0.76**
A_{14}	0.82	0.71	0.57	0.50
A_{15}	**0.52**	**0.83**	**0.50**	**0.56**
A_{16}	**0.89**	**0.89**	**0.58**	**0.39**
A_{21}	0.80	0.83	0.67	0.54
A_{22}	0.74	0.72	0.54	0.61
A_{23}	**0.76**	**0.83**	**0.58**	**0.51**
A_{24}	0.61	0.88	0.62	0.45
A_{25}	**0.74**	**0.79**	**0.51**	**0.35**
A_{31}	0.69	0.67	0.43	0.63
A_{32}	0.74	0.79	0.55	0.50
A_{33}	**0.66**	**0.78**	**0.46**	**0.40**
A_{34}	**0.81**	**0.72**	**0.58**	**0.50**
A_{35}	**0.78**	**0.65**	**0.62**	**0.57**
A_{41}	0.82	0.86	0.64	0.51

续表 6－14

指标	系统 1	系统 2	系统 3	系统 4
A_{42}	0.75	0.62	0.55	0.48
A_{43}	0.83	0.74	0.50	0.45
A_{44}	**0.78**	**0.81**	**0.39**	**0.49**
A_{45}	**0.51**	**0.74**	**0.63**	**0.61**
A_{46}	**0.58**	**0.69**	**0.72**	**0.56**

4. 系统综合质量评估

各高校创新创业教育系统质量评估指标权重与指标数据，计算指标 j 关于评价等级 Tr 的隶属度 $\mu_j^r(x)$，根据式（6－18）计算 $q=1\ 000$ 时指标 j 的平均隶属度及归一化后的最终隶属度 $\Phi_j^r(x)$。根据式（6－19）计算各系统关于评价等级 Tr 的隶属系数，确定创新创业教育系统的质量等级。根据式（6－20）计算隶属系数的期望，对各系统进行质量排序。经过计算，各系统质量评估结果见表 6－15。

表 6－15　系统质量评估结果

评估对象	隶属系数				评估结果	期望
	T_1：较差	T_2：一般	T_3：良好	T_4：优秀		
系统 1	0.006 3	0.052 2	0.579 1	0.362 4	良好	3.297 7
系统 2	0.005 4	0.007 1	0.297 0	0.690 5	优秀	3.672 5
系统 3	0.048 8	0.400 4	0.536 1	0.014 7	良好	2.516 7
系统 4	0.061 1	0.667 1	0.250 4	0.021 4	一般	2.232 0

由表 6－15 可知，系统 2 的质量评估结果为优秀，系统 1 和系统 3 的质量评估结果为良好，系统 4 的质量评估结果为一般。根据隶属系数的期望可知，4 个系统的质量排序为：系统 2 > 系统 1 > 系统 3 > 系统 4。此外，系统 3 的质量评估结果虽然为良好，但根据隶属系数期望可知，系统 3 相较于系统 1 更接近系统 4（评估结果为一般）。通过对比系统 1 和系统 3 的指标数据可以发现，系统 3 的不足主要体现在创新投入经费占比、创新成果转化率、服务地方平台数、省部级教学科研团队数、学生创新创业活动次数等方面，因此，系统 3 应重点补齐这些方面的短板，以进一步提高创新创业教育质量。

本方法的优越性主要体现在以下两点：一是评估方法方面，本书所述方法能够同时处理创新创业教育系统质量评估体系中的定性与定量指标，兼顾评价信息的犹豫性、模糊性和随机性,更具有适用性;二是评估结果方面,本书所述方法不仅能够对不同高校创新创业教育系统质量进行质量排序,还能识别出创新创业教育系统的运行状态,进而指导地方高校创新创业教育系统的建设与完善,更具有实用性。

四、政策建议

综上所述,江西省要形成一套科学性、系统性、实践性强,面向长远的地方高校创新创业教育评价指标体系,必须锚定区域经济社会发展的支柱产业、优势产业、新兴产业、重点企业的重大科技发展方向、地方高校创新创业教育服务地方的能力,做到创新创业教育内涵和地方区域经济发展逻辑相结合,有效对标当前具有国际国内有影响力的创新创业教育发展实践,形成有利于国内跟踪比较的指标体系。只有深度把握地方高校创新创业教育特点和地方区域需求发展趋势,才能更准确地制定适应地方高校创新创业教育发展的评价指标体系,引导江西省高校创新创业教育发展方向聚焦。为此,我们提出以下建议:

(一)加快建立完善地方高校创新创业教育投入长效机制

(1)加强创新创业教育经费管理,提高创新创业实践平台建设资金使用的规范性和有效性,建立财政科技投入稳定增长机制,集中财力扶持地方高校创新实践平台和基地建设。有效整合省内各职能部门(省科技厅、教育厅、工信厅、发改委等)的科技、人才、教育专项资金,重点用于扶持地方区域经济发展所需要的新兴行业、专业领域和服务的创新人才培养,并注重加强对资金使用的监管和效果后评价。

(2)加强教育金融融合,以金融赋能地方高校创新创业教育发展,大力发展风险投资、私募股权投资,吸引社会各界加大创新创业教育的投入,建立多元化、多层次、多渠道的创新创业教育投融资体系,精准对接全省高校创新创业教育发展需求,积极破解高校、企业开展创新创业教育的资金瓶颈,在高校创业孵化中心建设、信息化水平提升、专属金融服务计划实施等方面开展深入合作。

(3)将创新创业教育专项投入比例与高校领导考核挂钩,并将创新创业项目投入、竞赛资金投入、创新创业平台投入、创新创业导师引进等微观因素纳入考核体系,进一步细化地方高校创新创业教育经费投入明细,避免地方高校夸大创新创业教育经费投入。

(二)全力打造创新创业人才集聚高地

(1)从省级层面,建立促进高校、科研院所与企业人才双向流动的人才资源效能开发领导小组,协调解决创新创业人才双向流动中各方面存在的问题。借鉴省外行之有效的措施,进一步完善创业人才的生活配套服务设施建设,细化政策内容并有效落地,提升人才使用效能。

(2)强化培育和构建科技人才平台,淡化编制与身份管理,建立明晰的职业发展双通道与培训体系、职业引导人机制、与国际接轨的人才评价体系等;考核人才的重要标准是创新创业成果的影响与价值。

(3)应把省内各类创新创业实践平台或者孵化基地的优势发挥出来,要紧随高校办学特色、学科特色、专业特色、行业特色,形成综合型、科技型、应用型和服务型等多种类型,为毕业生、创业者提供创新创业服务。转化为注意力经济,以越来越开放的姿态持续吸引省外资本、技术和人才。通过创新团队柔性输出等方式,强化企业与高校、科研院所合力共建创新创业实践平台。

(三)加强对全省创新创业教育资源重组整合

(1)应加大省内高校、重点实验室和企业类工程技术研究中心等各类创新创业资源整合重组的力度,促进研究方向近似、关联度较大和资源相对集中的创新实践平台重组优化。建立全省统筹的创新创业教育资源平台与服务体系,有效促进教育资源的开放共享、理论研究和技术研究的无缝对接。

(2)高校管理部门应关注创新创业教育政策的协同度和完善度,要尊重创新创业教育规律和经济规律,发挥市场配置资源决定性作用和政府统筹推动作用,从而引导促进省市高校、科研院所、企业间的创新要素统筹、创新资源优化配置及管理协同等体制机制的横向联动。南昌、赣州等科创能力较强地区建立向周边地区开放科创资源的新机制,加大开放科创范围和创客空间,如开放大型的仪器设备共享、输出尖端的测试方法和培训数字经济领域的管理应用人员等,引导省内科创高水平龙头企业或高等院校、科研院所组建多主体参与的产学研用一体化的科创联合体,形成良好的区际科创活动的集聚效应和规模效应。

(3)发挥市场对技术研发方向、路线选择、要素价格、各类科技创新要素、资源配置的导向作用,促进各类创新要素逐步向企业集聚。各地区应出台相关政策为规模以上企业整合内部研发资源和引进外部创新资源保驾护航;结合各地区的资源禀赋和产业特色搭建科创合作交流平台,面向各地区的科创主题邀约相关产学研合作项目团队实行联合技术攻关和科创成果开发。

(四)持续提升标准推动创新创业教育成果转化应用

(1)从运作规范性、研发创新程度、服务能力、服务水平和市场反馈等多方面构造反映创新创业实践平台或者创业项目孵化基地对区域发展贡献度的评价指标，通过定期评估，调整对不同创新创业教育平台的支持力度和支持方式，实现政府部门对创新创业教育实践平台财税支持的动态优化机制。

（2）结合全省产业资源地域特色，明确各创新创业孵化平台或创新实践基地的功能定位，进一步明确各平台科技创新成果的转化区域；地方政府、企业和高校管理部门应更多地关注各创业平台科技创新成果的转让和实施情况，建立科技成果转化为技术标准效果的评估评价机制。积极推进集科技孵化、研发、应用和转化于一体的创新创业教育产业园建设，力争建设成为符合中国国情，具有江西特色，集“教育、科研、产业”为一体的国内领先、国际知名的科创中心，全面提升江西省科创活动的运作效率和科创产出的效率与绩效水平。

（3）地方高校、企业、科研院所等创新主体要注重培养、打造专业化的创新成果转化服务队伍，成果转化从业人员要向专业化、职业化发展。发改、工信、科技、财政、标准化等相关部门要联动引导科技、产业等各类科技资源积极参与技术标准研制与应用，建立健全新型技术标准体系。

第七章　地方高校创新创业教育模式构建

近年来，地方高校创新创业教育的模式层出不穷，有效丰富了高等教育人才培养模式的实质和内容。本章通过对高校创新创业教育模式构建的运行机制及保障措施来夯实高校创新创业教育模式，以促进高校创新创业教育体系的建设。

第一节　地方高校创新创业教育模式构建的设想

一、创新创业教育模式构建的指导思想和基本理念

地方高校学科专业的组织成长具有相似的行动特征，在创新创业教育模式构建中呈现出集散性。因此，办学者需要考虑在高校组织层面着力建构适宜的“学科群落”，突出区域产业需求，构建学科专业协同机制、产学研合作情境，同时以“应用研究”引领“基础科学”的理念激活创新创业教育组织主体的创新活力。

（一）指导思想

创新创业教育模式是具有一定应用层次的方法论性质的教学体系，其价值在于应用，在于对地方高校教育教学改革和其他学科、专业建设及才人培养具有重要的支持，所以创新创业教育模式构建应基于实践，理论设计应基于应用。创新创业教育依然还是一个发展中的新兴研究领域，其生命力在于适应时代发展的需要。实际上，地方高校在新工科、“双一流”、工程教育专业认证等形形色色的建设中很容易因为“历史惯性”导致“锁定”在某种低效甚至无效状态，尤其在新工科建设不断加强的背景下，应加强学科发展研究，使理论源于实践，并能引领实践，做到理论和实践并重、发展与改革和谐。

坚持以习近平新时代中国特色社会主义思想为指导，始终坚守为党育人、为国育才的初心使命，全面贯彻党的教育方针，落实立德树人根本任务，紧跟时代发展，贴近学生实际，全面推进创新创业教育建设，坚持开门办创新创业教育，强化问题意识，突出实践导向，以创新创业课程理念为基础，以问题式专题化团队教学改革为主题，以讲政治、讲道理为主要着力点，以课堂教学为主阵地，在教学内容、备课方式、整合教学资源、教学

方式、师资队伍上改革试验,创新开展工程教育综合改革,教育引导广大学生在回望历史、关照现实、开创未来中成长成才,争做担当民族复兴大任的时代新人。

(二)基本理念

以创新创业教育推动地方高校全方位教学应用;基于多学科多层次多领域的实践研究(地方高校、高职院校、行业特色高校),出成果出队伍,使成果具有广泛性和可推广性;以教育部课题引领研究与实践,形成高水平的成果;理论研究要基于实践,创新创业教育模式构建要根植应用。针对新工科建设,主要从新工科建设的体系结构,以及专业人才能力结构开展研究;针对创新创业教育在人才培养中的应用,主要从创新创业教育的标准、规范和应用绩效进行研究;以二级学院治理为制度基础,通过变革旧体制来建立现代化的学业制度推进地方高校创新创业教育系统建设。针对创新创业教育主体间的协调问题,从研究、应用和支持的整体解决方案出发,构建面向新工科建设需求,融合专业工程认证的创新创业教育模式的运行机制和运作模式 ;针对创新创业教育成果的协同共享和受益面,主要采用工程教育认证与创新创业教育相融合,地方高校与“双一流”高校相结合,专业建设与学科建设相结合,实践应用与资源开发、平台建设相结合,研究应用与推广提高相结合,促进创新创业教育成果的共享性,提高效率,扩大受益面。

创新创业教育模式构建是在综合国内外研究的基础上加以创新,在继承我国工程教育优良传统的基础上加以发展,在跟踪新工科时代变化上加以探索,首先明确界定了我国创新创业教育领域的内涵和外延,创新创业教育的特点既是一门学科(专业),又是一项教育事业,同时还是一种教育产业(图 7 - 1)。

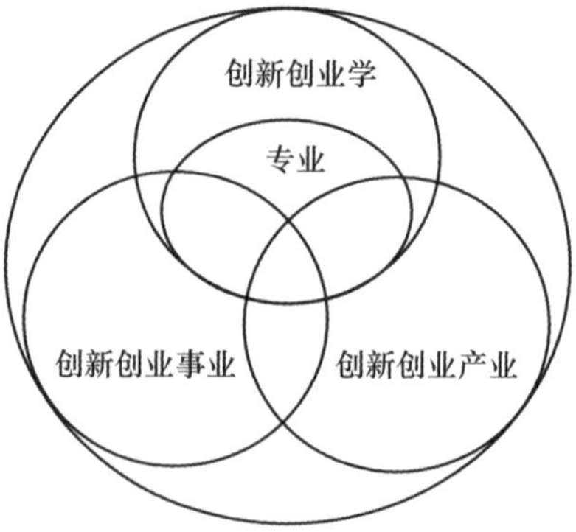

图 7 - 1　创新创业教育领域的构成

本书融合了创新创业教育本质的概念、创新创业教育实践层面的概念和创新创业教育理论层面的概念共同组成创新创业教育领域完整的定义体系,其结构如图7 - 2 所示。

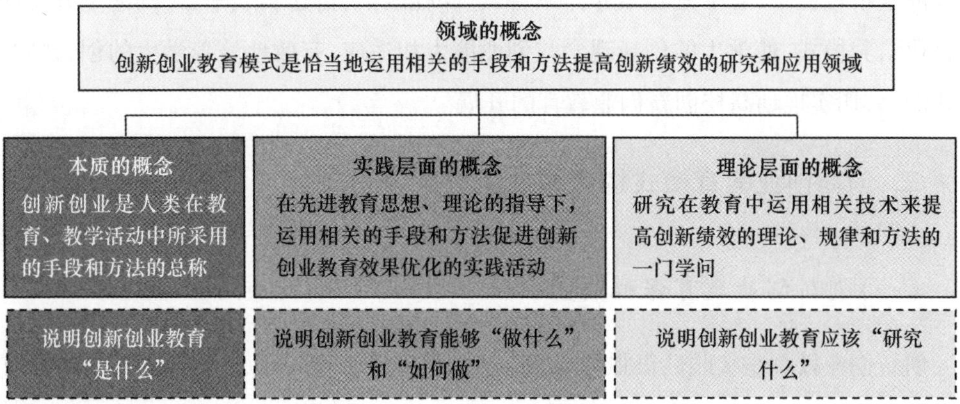

图7－2　创新创业教育领域定义体系

理论框架是构建学科知识体系的依据，是学科知识体系简洁的再现，应该从“提高绩效”角度阐明创新创业教育模式的作用和价值，明确创新创业教育模式能够“做什么”。

依据图7－3创新创业教育模式的理论框架内容，可以建立和完善创新创业教育的知识体系，并可作为构建创新创业教育模式的依据。地方高校在培养学生专业能力的基础上，还应以提高学生的创新意识和创业能力为基本目标，将创新创业课程融入人才

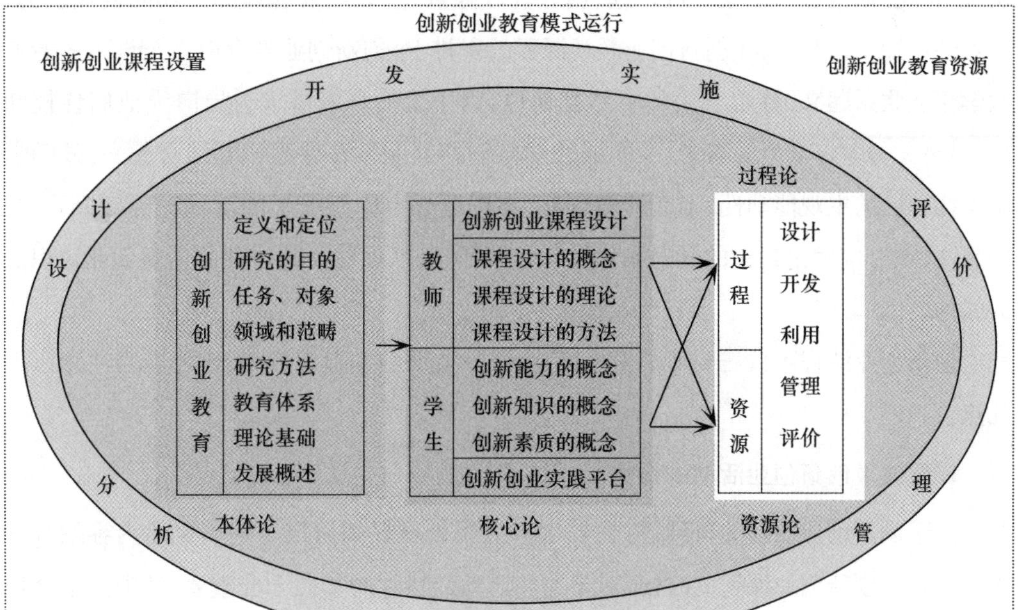

图7－3　创新创业教育模式的理论框架

培养的整个过程中，着手完善培养体系、推进课程改革、搭建实践平台，构建全方位的创新创业培养模式，使学生的创新观念与创业能力相适应，有效地培养学生的创新精神和创业能力，切实推动高校创新创业教育的开展。

二、创新创业教育模式构建的关注要点

（一）创新创业教育课程设置

创新创业教育是实践性很强的教育，应按照项目管理的理念系统性抓住课程可行性分析、课程计划、课程资源管理和课程评估四个关键环节，切实提高创新创业教育课程设计的实效性。设计思维是21世纪涌现出来的新型创新创业教育理念和方法，是欧美国家训练学生掌握21世纪技能不可或缺的课程。创新创业教育课程主要是由两点构成：其一，从课程安排的角度来说，应当将创新创业教育课程定为学生的专业必修课，并计入学分，增强学生对创新创业课程的学习力度。此外，学校还应当成立专门管理创新创业教育的机构，如创新创业教育学院，聘请专职的教师和工作人员。学校应当积极与校外的企业建成合作伙伴关系，为本校学生争取能够参与的创新创业项目，让学生在实践中学会如何进行创业项目挑选、创业资金融资、企业经营管理等实际的创业能力，学习创业知识。其二，在创新创业教学课程的安排上，创新创业教育应当与学生的专业教学相互联系起来，尊重学生的主体性地位，以学生的真实需求为导向为他们传授知识，尽最大努力将学生的需求、专业课教学与创新创业教育课程相互结合起来，鼓励学生发挥自己的主观能动性，不断开拓创新，在课程学习中用勇于创新，敢于提出不一样的想法，在夯实理论知识的同时积极参与实践活动，从而建立整体性的创新创业知识能力结构。

创新创业课程不仅需要考虑学生的特性、专业课与实践课的结合，还应当注意以下几点。

1. 要注重创新创业活动的特性

由于创新创业活动的特殊性，在教学中应当处理好如何把一些关键的内容融合进来。在开设创新创业课程的时候，对于创业活动的特性的掌握十分重要，教师要学会把关键的内容融会贯通起来。例如，在初期的教学中，应当为学生讲授一些关于创新创业总体性论述的课程，让学生从整体上对创新创业有一个了解；然后设置一些人际交往、语言表述类的实用性课程，为创新创业实践活动的开展奠定基础；再开设一些创新创业实践课程，即让学生在实践中感受创新创业，了解创业的流程。

2. 要关注创业者的特性

创业者是创新创业活动的主导者，不仅要有较强的创新、领导、经营管理能力，还要具备很多其他的特性。因此，在为学生讲授创新创业课程的时候，要注意将这些创业者所必需的特性吸纳到课程的讲授中来。例如，在初期的课程教学中，要强调对于学生创新意识的提升；然后注意提升学生创新创业的能力，并且要注意维护他们的个性，尊重他们的自主性，始终强调创业者要有良好的思想道德品质。

3. 要与创业时间节点相联系

创新创业活动的进展有其特定的时间顺序，创新创业课程的设置也应当严格遵循这个时间顺序。例如，先进行把握商机的课程教学，再进行创建企业早期准备的课程教学，以及创业团队组织的教学等课程，这些都是根据创业流程的顺序制定的课程。同时，应当注重在创新创业理论课程中融入创业实践实训课程，但是也不能忽视创新创业理论知识完整结构的建立。

（二）创新创业实训项目

不少学者都认为创新创业教育应当走产学研相互联系的教学道路，高校创新创业教育基地正是使其得以实现的平台。它不只是把创新和创业的理论知识相互联系起来，更强调了专业知识与实践知识的结合，实现教学、科研、实践和孵化集于一体。目前来看，高校开展的创新创业实训项目主要有以下几种类型。

1. 校园创新创业孵化园项目

以南昌航空大学为例，该校不仅举办与创新创业教育紧密联系的实践活动，如校园纪念品销售、模拟面试、商业策划书比赛，还在重视实践的原则下，大力支持有创业想法的学生进行创业。此外，与校外的科技园形成合作，给予本校学生参观科技园的实训机会，并配备人员为学生进行专门的讲解和指导，还为有良好创业想法、但缺乏资金的学生提供基础的创业资金支持。这种创新创业教育方式能够更好地让学生将所学知识转化为创业能力，把理论与实践结合起来，提升实践能力。

2. 创客和创客项目

创客译自英文单词“Maker”，最早起源于麻省理工学院发起的 Fab Lab（个人制造实验室），强调发明创造的大众性及普及性。在实际应用中，它强调以问题为导向，不同于当前应用型人才培养中普遍采用的“第二课堂”，颠覆了传统的以技术发展为导向、科研人员为主体、实验室为载体的科技创新模式，成为欧美高校目前主流的教育模式。创客空间能够将众多创新创业人才培养所亟须的教育资源要素包含其中，如图 7－4 所示。

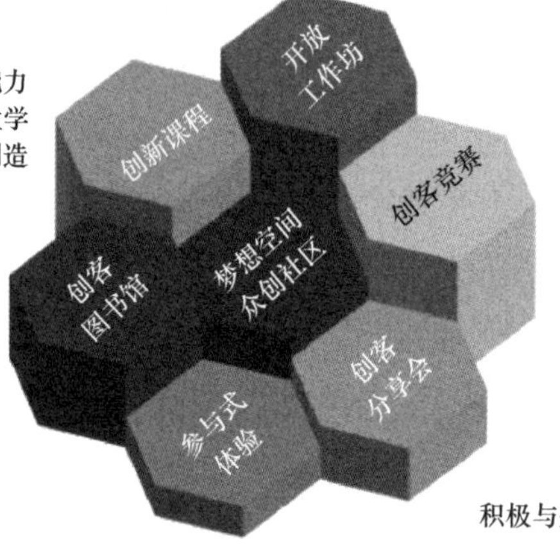

图7-4　创客空间构成要素

创客空间所具有的自由开放灵活的形式,使以创客项目、众筹平台、开源硬件社区等实体和虚拟网络教育资源为支撑的创客社群逐渐形成一种新的创新人才培养模式。对于地方高校,创客空间的主要形式就是创客实验室。虚实融合的创客实验室不同于传统创新实验室,更加强调实验室的开放性和共享性,从而为地方高校构建良好的创新创业教育氛围,这也这为地方高校基于创客模式开发电子信息类专业创新创业教育教学内容,提供了丰富的内容基础和灵活的教学手段。创客教育模式核心是创客项目,根据产品化程度和前沿科技应用程度的不同,创客项目可以分为产品型项目、兴趣型项目及探索型项目。不同类别的创客项目开发过程各具特点,所需的内外资源及对创客自身素质和要求也存在一定差异,因而能够很好地适应高校创新创业人才多样化的培养目标要求。一个好的创客项目必须具备时间和空间这两个因素,才能保证未来有发展前景。从时间域来看,要保证创客项目的持续可行性,即保证在其领域处于领跑地位的同时,又要防止太过于领先市场的发展;从空间域来看,要保证项目在未来的商业模式具有可扩充性,存在足够大的市场需求和容量。经过实践积累形成的创客项目具有很高的可复用性,能够促进虚拟空间中的教育资源和实体空间中的软硬件资源共享,也可为后续创新创业教育实践提供案例参照。落实到地方高校创新创业教育人才培养模式中,就必须要按照创客项目的这些内在特点进行创新创业教育教学内容的开发,驱动相应的人才培养质量和保障体系建设。

3. 基地与政府合作创办的学生创业项目

良好的创新创业氛围营造离不开人们正确的创业思想,以及社会大众的广泛参与。

以南昌航空大学为例，学校大力支持学生开展创业项目，如创办“创新创业项目进园区”，让学生可以在创业园区中孵化自己的创业项目，在他们毕业时，由专家对这些创业项目进行评定，评为优秀的可以获得学校和政府的支持政策，如初步创业资金、免费办公场地、创业技能培训和全程指导等。

总的说来，创新创业教育基地的创建是一项庞大而复杂的工作，想要真正落实好创新创业教育有两条道路行得通：一是自上而下的道路，即先在本校范围内创建创新创业教育实践基地，然后再对各个部门进行细致的划分，把本校内已有的创业创新资源纳入其中；二是自下而上的道路，即从学生自发组织的创新创业协会组织、校外第二课堂、创新创业策划书竞赛起步，然后开设几门与创新创业教育知识相关的课程，并设立相应的教学管理部门，搭建创新创业教育平台。

三、完善创新创业教育的第三方评估机制

高校创新创业教育系统工程受很多因素的影响，为了对创新创业教育的成效进行合理的评估，我们根据高校创新创业教育的特点、目标、内容等，结合大学生的特性，以开放性的思维设计了高校自我保证、行业和企业积极参与、政府宏观管理、社会多元监督的“四维七元教育质量评估机制”，如图 7 –5 所示。

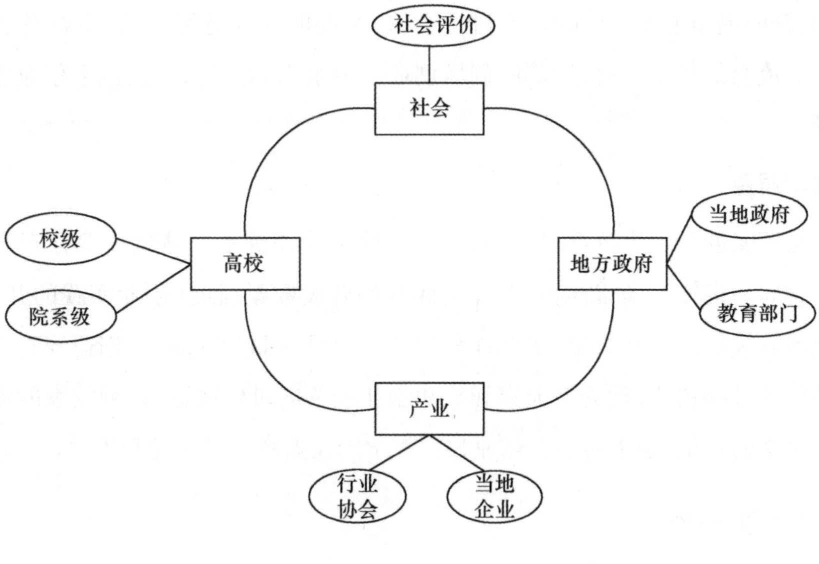

图 7 –5 四维七元教育质量评估机制

其中，高校是质量保障的主体，处于核心保障层；当地企业是质量保障的关键，处于协作保障层；行业协会是质量保障的桥梁，处于关联保障层；地方政府居于领导地位，起着主导作用，必须充分发挥政府在保障工程科技人才培养质量工作中的主导作用；社会

是指独立的中介评估机构，起着质量监控作用。而前三个维度都由两个层次组成：高校维度由校级层次和院系级层次组成，产业维度由行业协会和当地企业组成，地方政府维度由当地政府和教育部门组成。以上几个方面形成国家、地方和高校有机结合的全方位、立体化工程科技人才培养质量保障网络。这一评估体系以高校为基础、以企业和行业组织为骨干，以地方政府作用的发挥为主导。评估的主体是四个维度的有机结合，它们是彼此相关又相对独立的主体。下面介绍四种创新创业教育的评估指标。

（一）学校评价

学校是开展创新创业教育的主要阵地，对学校创新创业教育开展情况进行评价的主要指标包含学校环境和教学质量两个方面。

1. 学校环境

学校环境是高校对创新创业教育重视程度和支持力度的反映，主要包括硬环境和软环境。硬件环境主要包括学校在创新创业教育方面投入的资金、基础设备等物质性支持措施；软件环境主要包括学校在支持学生创新、推广创业、不怕失败方面营造的创新创业氛围，并采取一定的相关政策和措施调动学生对创新创业的积极性，这是创新创业教育的内在精神保障。具体的评价指标是：学校内部及外部的创新创业实践基地数量，学校召开的创新创业主体的研究讨论会议、举办的商业竞赛次数，学校开展的创新创业经验交流会的数量，学校内部的创新创业学生组织的数量，以及创新创业成果的转化比例等。

2. 教学质量

教学是落实创新创业教育的重要环节，对教学的评价主要体现在课程安排和教学手段上。具体的指标是：创新创业类理论课程的开设数量，创新创业实践的开展次数，创新创业情景模拟的展开数量，实践课程的学时数目，拥有实际创新创业经验或企业经营管理经验的教师占比，优秀企业家和成功创业校友的讲座次数，教师发表的创新创业教育学术论文的数量，学生对创新创业教育教学的反馈意见及满意程度等。

（二）产业评价

高校创新创业教育的蓬勃发展离不开企业的大力支持，对企业创新教育支持情况进行评价的指标主要考虑创业园区和校企合作这两点。

1. 创业园区

具体的评价指标包含创业园区、创业孵化园等提供给大学生的创新创业实践机会和创新创业项目的数量,创业园区为大学生创新创业活动提供的场地、设备和咨询帮助的情况,创业园、孵化园为大学生举办的创新创业指导和培训的次数等。

2. 校企合作

高校与企业之间形成良好的合作伙伴关系能够为创新创业教育的发展提供强有力的支持,也是对企业进行评价的重要指标。校企合作的评价指标主要包括企业为学生提供的创新创业科研项目的数量,企业为大学生提供的创新创业实习与实践机会的数量,学生的创新创业想法、科技创新创业成果在企业中的成功转化率等。

(三)政府评价

对政府支持力度的评价主要考虑以下三个方面。

1. 政策信息

政府为创新创业教育提供政策支持、市场指导等起着必不可少的作用。具体的指标包括政府对创新创业教育支持的政策发布及实施状况,对政府推出的有关创新创业政策的解读以及咨询情况(如是否顺利推广相关政策信息,宣传过程中是否实事求是等),当地的创新创业氛围,以及市场对创业活动的接受程度等。

2. 经费投入

创新创业教育的发展离不开政府资金的投入,具体的指标包含对创新创业教育资金的投入占全部教育总资金投入的比重,对创新创业类比赛活动的资金投资状况,以及政府投资创建高校创新创业教育基地的数目等。

3. 金融支持

金融支持主要是指银行对高校创新创业项目的优惠贷款政策;基金会、风投机组织对学生创业活动的支持数量等;社会金融组织对大学生创新创业项目推广和对接的情况;金融机构为大学生创业活动提供的信息咨询、技术指导、人才培训次数的情况。

(四)社会评价

大学生是创新创业教育的主要对象,他们的创业行为直接反映了高校创新创业的教育效果。实际上,大学生创业的成功率也受到多方面因素的影响。因此,社会对大学生创新创业活动进行评价的时候也要考虑到多种因素。

1. 学生背景

学生背景主要指学生的家庭背景、成长经历、学历等。主要从以下指标进行评价:有创业思想、创新精神、冒险态度的学生占全校总学生人数中的比重;拥有创业实践经验或是在大企业中实习经历的学生占中学生人数的比重;毕业后有意愿进行自主创业的学生人数比重;家庭背景有企业经营管理经验的学生比重。

2. 学生表现

成功的创业者都有一些相似之处,他们都拥有一些共通的优秀品质,或是拥有一些先天的天赋能力,或是通过后天教育培养出的品质。主要可以通过以下指标进行评价:学生在创新创业课程中的出勤情况;学生创新创业成果的转化和增加数量;参与创业实践活动的次数;参加科技创新创业实践类竞赛或是科研学生的所占比重;参与创业模拟竞赛、商业策划书竞赛的学生比重等。

第二节　地方高校创新创业教育模式运行机制

由于创新创业教育在我国尚处于起步阶段,部分学者以系统科学的"三原理"(即总体原理、有序原理和反馈原理)作为理论依据,为高校创新创业教育运行机制的构建提供理论基础。总体原理认为,任何系统只有通过相互联系形成总体布局才能施展总体功能;有序原理认为,任何系统都要不停地进行调整、优化乃至变革,才能从无序走向有序;反馈原理认为,任何系统都要增强信息反馈,才能实现高效控制,更好地实现预期目标。从系统科学的"三原理"出发,本书根据近年来所做的调查研究,从理论上提出了创新创业教育教学应用设计与创新创业教育模式发展有机结合的理念和运作机制,如图7-6所示。

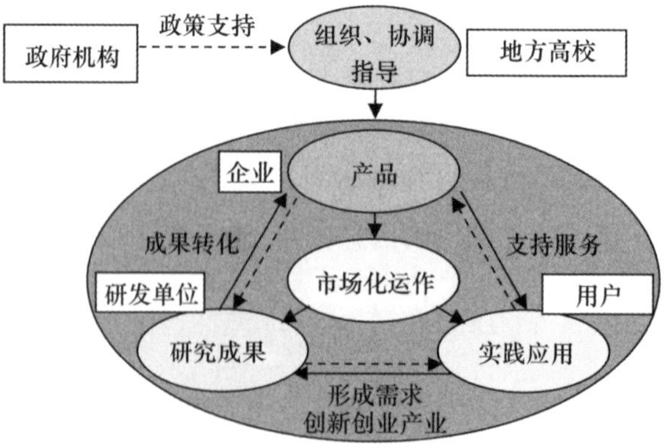

图7-6　创新创业教育模式的运作机制

显然,高校创新创业教育应由地方政府、高校主导、市场调节、社会介入共同构成,四个主体分别对应于运行机制中的管理、执行、动力和监控机制。各个主体发挥好各自的机制作用,并形成合力,才能有效驱动创新创业教育组织运行的核心要素——创新创业课程设计及专业学科建设,从而统筹校内外多样化教学资源,开展课程教学,进行实践实训活动,促进产教深度融合,吸纳社会优质资源,协同推进产学研用一体化建设,让学生在创新创业实践中积累社会经验,提升综合素养,地方高校的创新创业教育才能够有序健康地发展。

一、创新创业教育模式的管理机制

在高校创新创业教育模式运行机制中,政府属于其中的管理机制,起着领导作用,政府有责任支撑和保障高校创新创业教育的成长,运用制定相关法令、法规和政策的形式。目前,政府在发挥创业教育管理机制方面取得很大进步,但仍有许多方面需要完善。

(一)创设和完善创新创业教育政策

地方高校应加强教育教学工作组织领导,成立由主管教学副校长担任组长,校教学督导组组长、教务处、人事处、工会等职能部门负责人及各二级学院主管教学副院长为成员的领导机构,为创新创业而教育提供强有力的政策支持。具体来说,在对高校创新创业教育的投资、目标设定、收费标准、教学评估等方面做出规定的时候,应认真地考虑社会、市场、经济的变化及创业教育成长的需求。另外,应创设一套完善的创业就业轨制,同时出台相应的法律和法规,保证轨制的切实实施。诸如在市场准入中,适当降低大学生创业的准入门槛,并为大学生创业开通绿色通道,简化相关手续。同时,制定优惠政策,诸如在利率、税率方面,给予大学生创业一定的优惠,并创设专项的创业基金,满足大学生创业的信贷需求,解决创业过程中资金短缺的问题。

高校教务处、规划处、教师发展中心等机构应统筹规划,全面整顿本科教育教学秩序,严格教学过程管理,把教学质量作为教师考核的重要指标;扎实开展一线教师思政工作,如设置教学奖励制度,以表彰具有高尚师德、潜心教书育人的教师代表。实施教师教学能力提升工程计划,有计划、有步骤地建设一批优质课程群及立体化教学资源,如精品在线课程、虚拟仿真实验、精品教材等;鼓励教师参加校级、省级、国家级质量工程类项目建设等,形成优秀教学团队;资助教师参加各类培训和教学研讨会议,全面提升教师的整体执教水平。在数字化时代,未来工程科技人才的培养环境更加复杂多样,跨界交流的工作能力是必不可少的基本技能。为此,高校需打破常规思维模式,倡导教师跨界生长。对于一些市场需求大、工程应用强的专业,需要强化学生动手实践能力的机制建设。鼓励专业教师精简理论教学内容,构建相对独立而系统的实践教学体系,完善实践教学考核制度;加强校企合作和实习基地建设,鼓励专业教师投入学生实践能力培养工作中。

(二)加大财政拨款

创业实践是检验创新创业教育效果的重要标准,创业实践的成功与否,直接影响到高校创新创业教育的本质性成效。地方高校的办学经费主要依靠学费和地方政府的拨款,部分地方高校也在凭据自身的优势学科和优势专业积极地争取国家政府的经费投入,但各地方高校的办学经费之间也存在着较大差异。地方政府虽然认识到创业实践的重要性,但在对创业实践的资金投入问题上,却未能做到完全满足地方高校的需求。地方政府对高校创新创业实践投入不足,直接影响了创新创业教育的效果。因此,除创设和完善法律保障体系外,地方政府应为高校提供充裕的经费支撑,并拓宽经费来源,鼓励各种社会力量积极为高校创新创业教育的开展提供资助。

(三)统筹创业教育资本

在高校创新创业教育的运行过程中,政府发挥着不可替代的作用,政府为创新创业教育制定相关政策和法规、制定成长规划和目标、逐年增添财政拨款,为高校创新创业教育的顺利开展供应了重要的支持条件。此外,政府作为高校创新创业教育的统筹规划者,还需密切关注社会资本的运用和合理配置。在政府的统筹规划下,积极发挥企业等其他社会力量的作用,促进创新创业教育的健康有序发展。为此,当局应出台相应的优惠政策,如税收优惠等,积极鼓励多种社会力量参与到高校创新创业教育中。

二、创新创业教育模式的执行机制

在高校创新创业教育模式的运行机制中,高校属于其中的执行系统。高校根据社会经济的变革和市场的需求,有针对性地开展创新创业教育,培养适应市场需求的创新创业型人才,并在人才培养的整个过程中起积极的主导作用。因此,高校可以从以下方面入手,发挥自身运行机制的作用。

(一)创设创新创业教育专门机构

高校要有专门的机构对创新创业教育进行总体规划和指导;要形成“党委领导、校长负责、教授治学、民主管理”的治理格局,行政管理把握好“集体领导、科学决策、分工负责”三个关键点,并以职能部门和专业院系为依托,统一协调全校教学、科研、人才等资源,统一协调与企事业的产学研政策,统一协调学校与国内其他行业高校的关系,统一协调高校各二级学院和一流学科专业的关系。

(1)在校级和院级组织上,高校应成立专门的创新创业教育领导小组,指导创新创业教育工作的顺利开展。同时,高校需简政放权,增加学院的自主权,实施学院的二级管理。各职能部门也要明确分工,增强各自的服务意识,积极促进创新创业教育第二课堂的顺利开展。

(2)促进院系、专业之间的交流与合作,促进创新创业教育的跨学科发展,合理配置、整合学校的师资、实践条件等重要的创新创业教育资源,并通过一系列的规章制度完善其管理机制,以学生为本,为推进创新创业教育供应高效的前提保障。

(3)健全的监控系统可以提高资本的运用效率,是创新创业教育健康有序发展必不可少的条件。除了学校的质量监督与控制部门的作用外,还需积极发挥各种社会力量的作用,共同完善对创新创业教育的检查、评估和信息反馈,推进高校创新创业教育的不断完善。

(二)强化"校企互助"的办学方针

创业理论知识是在课堂中获得的,但掌握了创业理论知识并不代表就拥有了相应的创业技能,只有将创业理论应用到创业实践中,在实践中锻炼与培养,才能掌握较高的创业技能。在各种创业实践中,高校与企业合作签订实训协议、创设实训基地是常用的一种方式。高校要发挥好自身的积极作用,创新校企合作的管理思维,根据校企协议灵活地调整教学规划。校企在签订合作协议时,除规定共创实践基地外,还可以积极鼓励企业员工参与到高校创新创业教育的课程教学中,结合其实践经验与高校教师共同完善创业人才的培养规划;根据企业生产灵活调整实训时间和教学内容,促进实训基地的高效运用,发挥好实训基地第二课堂的作用。

地方高校应及时抓住国家战略调整及产业转型机遇,注重开展校企联合,实现人才培养与区域化发展需求严密对接。通过打造产业发展高端智库,将区域支柱产业发展目标、地方政府教育规划政策、产学研协同创新平台建设、智力资源集聚效应、行业企事业单位间局部市场的竞争资源进行有效整合,构建校地互动合作的可持续性、合理的合作体制机制,为地方经济社会发展提供理论指导、决策咨询、信息支持、技术支持和人才支撑。以二级学院治理研究为突破口,将改革重心下移至学院层面,通过建立现代学院制度来促进现代大学制度的建立,最终通过一系列制度的设计固化创新创业教育发展理念。

(三)创设校内创业者联盟

我国高校的创新创业教育经过十几年的发展,初步形成了具有代表性的创新创业教育模式。但从总体上来看,我国高校创新创新创业教育模式仍是一种以课程知识和系统逻辑为主导的顺应时代发展的教育情势,在开创性方面明显不足,也缺少对大学生操作能力、实践技能的锤炼。为了弥补实践方面的不足,高校应致力于创设校内创业者联盟,为正在创业和有创业意向的学生供应平台,促进他们之间的交流沟通和互相学习。在此类平台中,学生不仅可以进行创业知识和经验的积累与分享,深化对创业知识的理解与消化,还可以增强创业的热情与信心,为创业的开展奠定基础。此外,在该平台的互动中,还可以将风险投资机构、企业、科技园、孵化器及地方有关经济管理部门联系起来,为学生的创业实践提供一个稳健的支撑环境。

(四)完善教师成长的激励机制

美国心理学家威廉·詹姆斯研究发现,在一般的工作环境中,大部分员工只能施展其潜能的20%～30%;而在员工获得充裕的激励状态下,他们的潜能可以施展出80%～90%。因此,创新创业教育能否取得实效,关键是要创设高效的激励机制,充裕施展师生的积极性、主动性和创造性。

作为高学历的群体,高校教师不同于一般的体力劳动者,他们属于知识型员工,他们追求的不仅仅是物质上的满足,他们的需求具有相对隐蔽性。经过大量的实证研究,知识管理专家玛汉·坦姆仆发现有四个重要因素可以用来对知识型员工形成激励,分别为个体成长(占33.74%)、工作自主(占30.51%)、业务成就(占28.69%)、金钱财富(占7.06%)。根据此结论,我们得出那些有利于促进高校教师个体成长的激励措施是更加能够提高高校教师工作积极性和热情的方式。

为此,地方高校应把教师培养和科技创新与区域支柱产业发展需求紧密相连,鼓励教师参与到创新创业教育课程内容的选择和课程设置的规划上,并积极投身于大学生创新创业教育的实践中,为大学生提供引导和支持。进一步巩固传统学科优势,有利于高校学科群健康持续发展。通过深入调研,及时了解掌握各二级学院的高层次和紧缺急需人才需求情况,职能部门与二级学院做好沟通对接服务工作;各职能部门和用人单位要为学校教师提供暖心服务,如科研启动金、项目申报、子女入学、保障住房、教工食堂等方面关心教师,使教师的个人发展与学校事业发展同频共振;应立足学校发展实际,完善现行各项人事激励政策,重构科研考核评价体系、职称评审体系、业绩绩效分配体系,不能简单照搬其他学校的考核政策,杜绝急功近利的教学科研做法。

三、创新创业教育模式的动力机制

在高校创新创业教育模式的运行机制中,市场属于其中的动力系统,创新创业教育的培养理念和培养目标的制定必须以市场需求为导向,培养能够适应市场和社会发展的创业型人才。为发挥好市场调节的动力机制,需从以下方面入手。

(一)依据社会和市场变化调节课程体系

我国地方高校的创新创业教育并不是孤立存在的,而是为社会培养创新型人才的教育。通过战略规划的引领有效地实现省内特色教育资源配置的科学化、合理化、共享化和制度化,将行业资源、身处内陆开放型经济试验区的区位资源、师生学术交流形成的国内国际资源和优秀校友资源转化为地方高校坚持特色办学的优质资源,从而推进地方行业特色型高校高质量发展之路。因此,创新创业教育的开展并不是凭空产生的,它需要考虑社会和市场对人才的需求,培养能够适应社会、适应市场的发展并有利于促进社会进步的人才。不论是人才的培养理念、人才的培养目标还是课程内容的选择、课程的设置,高校都需认真地了解社会和市场的需求,通过深入广泛的社会调研及时掌握市场需求的动向,灵活调整高校人才培养的理念,有效处理好社会需求的多样性、变化性与学校教育的滞后性、相对稳定性之间的矛盾,及时调整课程内容和形式,更好地为地方经济服务。

应依靠行业、服务行业、引领行业,坚持协调发展,进一步完善和优化学科布局,不断加强高水平领域科学研究,适度拓展与特色学科紧密关联的新学科,促进学科交叉融合与相互支撑,形成优势和特色相统一、传统和新兴相促进、应用和基础相结合、科技与人文相交融的具有行业特色的学科群体系。

(二)凭据市场需要开发课程内容

虽然创业教育这一理念在1989年就已经出现,但创业学进入高校并作为一门具体学科的时间较短。国外有关创新创业教育的教材教辅数量丰富,体系也比较成熟,我国也在积极地研究开发创新创业教育的教材教辅。但总体看来,我国创新创业教育的相关教材教辅比较宏观与抽象,缺乏针对性和可操作性,与现实需求仍有较大的差距。因此,我国创新创业教育的教材教辅应从增强创业教育的鲜活性入手,以现实社会的状态作为切入点,在整个课程开发的过程中,有效地融入现实的案例和实践活动,增强创新创业教育的针对性和现实性,开发出具有中国特色的创新创业教育教材教辅。

四、创新创业教育模式的监控机制

地方高校创新创业教育评价体系和监测机制构建与完善对创新创业教育质量和创新创业人才素质的提高具有重要的作用。地方高校应充分发挥创新创业教育优势,将学生培养成为服务地方、服务社会、优秀的创新创业人才，为推动地方经济发展做出相应的贡献。根据地方高校和区域经济发展特点，可建立创新创业教育三级监测机制。

（一）学校监测

对高校创新创业数据定时或实时采集，作为数据来源的重要基础，通过对创新创业教育全过程和结果进行常态化的日常监测，在多次横向和纵向数据对比分析的基础上，进行数据统计和多维度分析，进一步形成具有客观性、共识性、规范性、权威性，符合地区创新创业教育发展现实需求，能够引导地方高校实现创新创业教育内涵式发展的数据化、可衡量、具体化的质量标准，并将形成的质量标准作为高校数据分析的“标尺”，进而实现高校创新创业教育的预测预警；通过实时反馈机制，及时对高校创新创业教育质量进行评价，对发现的问题及时指出并予以纠正。

（二）企业监测

定期组织企业对毕业生进行创新创业教育质量反馈，监测毕业生的实践操作和实际应用能力，分析学校人才培养与企业的满意度等，根据结果完善或改进创新创业教育培养方案与培养过程；企业监测强调以数据和事实为依据，作为创新创业教育质量标准制定和评价体系优化的重要基础和重要保障，可以有力破解大学生创新创业实际需求与资源供给侧的信息不对称的难题。

（三）社会监测

经过适当的培养周期，在社会范围内对创新创业教育质量进行评价和反馈。相关部门要改革现有的大学生就业统计制度，以便就业统计可以涵盖尽可能多的应届毕业生。可以依托常态质量监测平台，在坚持全面反映与突出重点相结合、统一要求与灵活自主相结合、客观描述与价值判断相结合、成绩展示与问题揭示相结合的基础上，监测创新创业人才与社会需求的匹配程度，创新创业人才对社会的贡献和创造的社会价值，建立高校创新创业教育质量年度报告制度。根据分析结果提高或改进创新创业教育培养目标和培养模式，引导地方高校在数据采集的基础上，围绕创新创业教育工作的关键要素，定期形成创新创业教育质量报告。地方政府要在充分利用社会保障、劳动保护和员工薪资统计的基础上，建立一系列完整的就业质量监测指标，从而更加有效地获取毕业生的就业环境、就业情况、劳动报酬、就业能力、社会保障和劳动关系等相关指标变化，全面、客观、系统地反映创新创业教育的理念、成绩、经验和特色，展现创新创业工作的新思想、新政策、新措施、新成果，进一步建立健全高校创新创业教育反馈机制，及时回应社会关切、接受社会监督。

第三节　创新创业教育模式的运行及实施

2018 年 5 月发布的《中共江西省委 江西省人民政府关于深入实施工业强省战略推动工业高质量发展的若干意见》明确指出，要“打造五千亿级京九高铁电子信息与新型光电产业带”“千亿级航空产业”。面对电子信息行业的新发展、新挑战、新机遇，地方高校实施创新创业教育更要以新工科建设为契机，着力培养大学生创新精神和实践能力，在现有的工作基础和积累上，提出建设工程教育创新中心和工程教育实践基地，聚焦创新型人才培养实践创新平台的建设。

一、“四位并举”创新创业教育模式简述

南昌航空大学电子信息工程专业是国家特色专业，国家一流建设专业，首批江西省品牌专业。根据学校的培养目标，将专业教育与创新创业教育融合，以培养有能力、有知识、有素质的全面人才为原则，学校结合实际情况，坚持主动对接市场需求，在人才培养模式、课程教学及实践模式、知识体系构建等方面进行综合改革与创新，开展了融合理论课程、实验实践、创新创业、课程思政的“四位并举”创新创业人才培养模式（图 7－7）探索与实践。历时 12 年，创建了一系列航空特色教学资源（特色教材、虚拟仿真实验项目、航电综合实验室、科创空间等），同时融入高端智库研究成果促进实验实践平台建设及课程思政有效性。

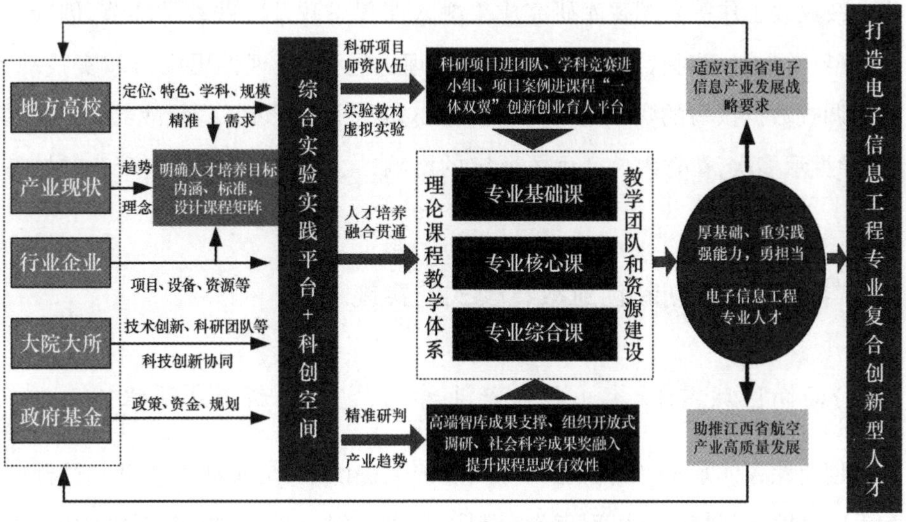

图 7－7　“四位并举”创新创业人才培养模式示意图

(一)理论教学

契合工程实际,凸显行业背景,持续推进教学团队和教学资源建设;依据成果导向教育(OBE)理念,设计完成了面向一流专业的"航空电子信息与控制"课程群建设与教学改革;形成了由校"教学十佳"领衔的优秀教学团队,完成2门省级优质课程建设,出版了3本课程教材和2本实验教材,发表了10多篇教育教学研究论文。

(二)实验实践

率先解决航空电子信息类实验实践教学难题,建成了全省唯一的综合航电系统仿真实验室。组建获批江西省高水平本科教学团队:航空自动化课程群虚拟仿真实验教学团队。团队获批省级虚拟仿真实验项目2项及江西省首届VR示范项目,学生授权实用新型及计算机软件著作权10项。

(三)创新创业

搭建"科创空间",以电子技术知识为基础,以信息与控制为导向,课内课外相结合,打造出"校企协同、专创融合、多元汇聚"的"一体双翼"创新创业育人平台,研究成果获江西省教育科学优秀成果三等奖。近三年,团队教师指导学生参加各类学科竞赛,获国家级、省部级竞赛奖60多人次。

(四)课程思政

将参政议政工作等高端智库研究成果融入课程思政及实践教学环节,创新人才培养载体,培养学生对于时代性、现实性问题的理论洞察力、理性思维力和实践动手力。根据学生调查数据撰写的资政建议先后被省委办公厅、省政协、省统战部采用及国家领导、省领导批示多次,在省内外产生了一定的影响,尤其在江西省航空产业领域有较突出的影响力。

二、"四位并举"创新创业教育模式的实施

(一)面向区域需求,突出行业产业特色,完善创新创业课程体系

创新创业课程体系是创新创业教育质量的关键因素,是实现人才培养目标的重要载体和手段。地方高校应该以现有学分制课程为基础,同时围绕省域经济社会发展和产业发展战略需求,结合学校专业人才培养定位和工程教育认证标准优化人才培养方

案，分类、分级推进全面融入课堂教学的创新创业教育课程体系建设。

高校创新创业教育课程体系建设的基本内容和要求是以培养和提高学生创新意识、创新精神和创业能力为导向，积极推进教学内容、教学方法和考核评价方法改革，构建具有学校特色的全覆盖、分层次的创新创业教育课程体系。依托学校教务处，制定明确的教学目标。开展航空电子与控制相关课程内容改革、系列实验项目及实验室建设和系列创新创业活动，创新创业课程体系建设按照“整合、集成、融合、贯通”的原则，打破课程藩篱，既注重与工程实际相结合，又强调各门课程间的关联互通，坚持课程群、网络化建设模式，产生了以省级教育科学成果奖、省级优质课程、教改论文和国家级教材为代表的高水平、系列化教学资源建设成果。

把创新创业课程作为全校学生的通识课程，扩大课程的覆盖面，培养学生的创新创业意识。创新创业教育课程体系的建设应从学校实际出发，与各专业人才培养方案相融合，覆盖通识课程、学科基础课程、专业课程和课内外实践课程，分理论教学课程和实践教学课程两类，可以按 A、B、C 三个等级进行建设。学校设立专项经费用于创新创业教育课程体系的建设。对立项建设期满并经学校组织的专家组验收达标的课程，学校将给予奖励，并在教学工作量计算中增加调节系数。以一流课程建设为目标，通过课前问题调研、课堂主题探究、课后知识夯实，构建以教师为引导、以学生为主体的翻转课堂，促成学生主动深度学习和知识内化。各学院也应结合学院实际，制定和出台行之有效的支持和鼓励政策。根据学分制本科培养方案，学校创新创业教育课程体系在通识平台课程、学科基础平台课程、专业模块课程、课内实践模块课程、科技创新模块课程和素质拓展模块课程中选择条件成熟的课程进行培育建设。根据学校办学定位和授课对象的人才培养规格，基于学科专业背景，在教学内容、教学方法和考核方法等方面进行改革创新：在教学内容创新方面，与授课者科研成果相关的研究性教学内容应占一定的比例；在教学方法创新方面，推行启发式、探究式、参与式教学，让每名学生能够参与并完成课程相关的研究性课题，注重培养学生批判性和创造性思维；在考核方法创新方面，采用专业知识考核与创新能力评价相结合、定性与定量相结合、形成性评价与终结性评价相结合的多元化考核方式；充分体现学科专业特点，从学科专业与现实社会生产生活的关联入手，引导学生掌握项目研究路径与方法，参与基于专业的创新创业实践，提高学生发现问题、分析问题和解决问题的能力。

在科技创新实践模块中，建设创新创业教育课程。结合专业特点和教师的科研项目或成果，依托各级各类重点实验室和大学生创新创业基地等开放性创新实践平台，紧密结合生产生活实际，组织引导大学生对科技文化知识的学习、转化、运用和自主创造，注重培养学生的科技创新意识和创新精神，提高学生创新创业能力；对于一些应用性强的课程，强调以项目为驱动，鼓励大学生组成优势互补的小组，结合项目开发选择所需知识内容。从校园走向社会，开展具有社会意义的创新创业活动，实现与企业、社会的互动与沟通。

在素质拓展实践模块中，建设创新创业教育课程。根据办学定位和人才培养目标，紧密结合大学生素质教育，并与大学生理想信念教育、社会实践、创业培训、校园文化活动、就业指导服务等有机衔接，开发、开设相应的创新创业类全校性选修课程；该类课程要突出学生的综合素质培养和能力提升等培养目标，注重增强学生的社会责任感、奉献精神和创新创业实践能力。

（二）建设创新创业导师队伍，提高创新创业教育实践的针对性、时代性、实效性

创新创业导师是指导学生创新创业的专门人才，由具有较高理论水平和实践经验的教师和各行各业优秀创新创业人才组成。创新创业导师按照校内和校外分类建设。校内导师必须覆盖所有专业；鼓励邀请知名科学家、企业家、创新创业大赛评委以及出资为大学生建立基金或奖学金的优秀人士担任校外导师。创新创业导师在国家法律、法规和学校规章许可的范围内开展工作。

学校人事处是创新创业导师队伍建设的主管部门，创新创业实践学院是创新创业导师的业务指导部门。依托学校人事处，做好创新创业教师的选聘工作。在授课教师方面，通过公开招聘的形式招聘专业教师和兼职教师。在专业教师的聘用上，制定招聘的要求，重点明确教师应具有创新创业相关的专业背景，优先聘用创新创业研究方向的教师，指导学生参加各类创新创业实践活动和各级各类学科竞赛。公开招聘的教师除了有相关理论背景外，在就职后，由学校人事处组织岗前培训，提升教师创新创业教育的能力和水平，使上岗的教师能够胜任教学任务。

聘用创新创业兼职教师。在公开招聘的基础上，通过聘任客座教授等形式，聘请社会各界的创业成功人士。邀请他们开展创新创业讲座，帮助学生掌握创业相关知识和相关政策。重点聘请知名的创业成功人士，或者在国家级、省级创新创业类大赛中获奖的团队或个人，通过他们的授课、讲座，激发学生对创新创业的热情；聘请省内大型企业的中层、高层管理人员授课，使学生了解企业内部管理实际情况，为学生提供项目论证、手续办理、企业经营运作等方面的咨询指导，为创业团队建设、培养出谋献策，对学生遇到的问题进行指导。在行政教师方面，配备相关行政部门的管理人员，配合完成各部门制定教学方案、部署工作任务等，开展学生创新创业政策调研，为学校制定创新创业政策提供建议。成立创新创业教育的专家小组或委员会，配备经验丰富的专家学者，根据

学生需求提供“一对一”“一对多”的导师帮扶及跟踪指导。邀请省市教育厅、人社厅、劳动和社会保障厅、科技开发园等各界人士组建政策宣讲小组，为创业教育提供政策指导。

依托学校人事处，制定创新创业教师教学激励政策。明确创新创业类教师的晋升途径。通过政策导向，保障教师的专业技术职务晋升，使专业的创新创业教师积极开展教学与科研，同时通过制定相关制度，鼓励相关专业教师参与学生竞赛的指导、学生活动的策划等工作，以创新创业导师名义参加校内外创新创业交流、研讨和培训活动。在人事考核方面，增加创新创业工作方面的分值，有力引导全校教师参与到教学中。针对考核优异的教师，应从职务晋升、科研经费、外出培训方面给予一定的倾斜，择优推荐参选省、国家创新创业导师团队。鼓励创新创业教师积累企业工作经验，为教师保留职位、职级，鼓励教师到企业兼职、挂职，通过实际工作，提高教师处理实际问题的能力。

依托学校督导与评价处，做好创新创业教师的培训工作。经常性地开展教师培训和交流，邀请地方高校创新创业教育水平较高的教师来校进行讲座，提升学校教师的整体教学水平，在培训后组织交流研讨，通过总结学习心得提高学校教师的自我学习能力。面向学校创新创业教师，系统性地开展提升教师能力和水平的培训项目。优先选派到国内外高水平大学（机构、组织）从事创新创业及其他形式的培训交流活动。充分发挥教师特长，明确责任分工。根据教师教学水平、科研能力、实践经验情况，给予不同的工作分工，组建教师团队，共同为学校创新创业教育的发展做出努力。

依托学校其他部门，做好创新创业教师的各项保障工作。通过学校工会等部门，及时反馈创新创业教师的诉求，增强教师的获得感和归属感，营造和谐的工作氛围，为开展好教学做保障。通过学校招生就业处等部门，加强与企业和政府的联络，为创新创业教师提供实践场所，提高教师的实践教学水平。加强学校财务处等部门对创新创业教育的投入，对创新创业工作划拨专门的经费，支持教师和学生开展相关项目，定期组织教师学习进修，开展培训。

（三）强化综合实践，立足线上线下融合，打造优质创新创业教育资源

以“面向全员，关注个体”为核心，不断筑基强体，围绕学生创新发展、校企协同发展和产教融合发展，坚持“一体多翼”推进“专创融合”教育，建立学院、团委、学工、教务等多部门齐抓共管的高效机制。高校创新创业文化是指高校教师在创新创业教育和实践中所形成的关于创新创业内容的思想和理念的总和。良好的创新创业文化氛围能够起到潜移默化的作用。依托学校团委和各基层团委，营造人人参与的创新创业氛围。根据共青团组织的特点，在大学生中开展相关工作。依托院系建立创新创业学习园地、学

习小组，将创新创业深入学生寝室、融入学生的生活中。学校团委除了继续举办常规的“创青春”“挑战杯”等大学生创新创业大赛外，积极与学校相关部门沟通，整合校内创新创业相关类大赛。通过整合同类赛事节约教师的时间成本，同时也提高了项目的质量。通过比赛增强学生的实践能力，提高学生创业热情。学生社团是学生兴趣爱好的主要场所，通过成立创新创业类社团，配备社团指导教师，提高学生课后对创新创业的关注程度，加强第二课堂对第一课堂的补充作用。

按照“虚实结合、能实不虚”打造实验课程。对于新工科专业中一些硬件电路的实践项目均采用“能实不虚”的模式，要求学生手工制作实际电路系统替代虚拟仿真。对于难以硬件实现的实验，通过引进和自主开发方式使用虚拟仿真软件。针对硬件软件化趋势，强调软硬件能力协同发展，使学生掌握全流程的语言设计和系统开发方法。建设了一批网络版虚拟仿真软件平台，学生可以随时上网进行设计和验证。

依托学校团委和党委宣传部，牢牢把握正确的舆论导向，积极引导学生参与创新创业活动。在学生创业过程中，学校充分利用各种媒体加强对学生热点问题的报道，提高学生的关注度。加强对创新创业典型人物的宣传，通过评选创新创业先进人物，发挥榜样作用，加强舆论引导。同时，学校相关部门应充分利用宣传渠道，引导学生参与社会调查，正确认知国情、省情、企业行情、技术趋势，根据学生调查数据撰写资政建议报告，逐步培养学生的理想信念，提高学生对于时代性、现实性问题的理论洞察力、理性思维力或实践动手力。将创新创业导师的社会工作和高端智库研究成果融入课程思政教学实践，坚持问题导向、目标导向、实践导向原则，充分发挥智库研究的引领、规划和导向作用，扩展学生视野。

依托学校团委和招生就业处，邀请在创业方面取得成功的专业人士和学校毕业生进行报告和讲座。对于学生来说，这些人比其他成功的企业家更容易接近。同时，就业处应积极联系省市相关部门的工作人员，为学生开展政策宣讲、知识普及讲座。

（四）突出课程思政，践行“以赛促创”理念，为创新创业教育提供优化路径

课程教学突出课程大思政理念，按照“立足教材、超越教材，立足课堂、超越课堂，立足课程、超越课程，立足教师、超越教师”的总体思路，从不同层次加强专业课程的价值引领，树立学生三观基石。聚集、整合和优化课内课外、校内校外、线上线下全时空领域鲜活的教学资源，更加贴近学生思想实际。专业基础课坚持价值引导，通过穿插学科发展史、重要科学家事迹介绍，培养学生的工匠意识和爱国、爱航空、爱专业意识。专业核心课程融入探索精神、发明过程、问题辩论等，强化学生的唯物辩证和批判思维。创新

课堂教学方法,坚持以问题导入教学、以专题呈现教学内容、以团队实施授课,形成“一课多师”的教学模式。将合作互助、职业道德、创新精神融入前沿课和实践课,促进学生价值理性与技术理性的统一。

学校结合自身情况,善用社会大课堂资源,重点依托就业处,加强对社会和企业的联络,为学生争取更多的社会资源,提供更多的实践锻炼。基于校企协同育人机制,不断筑基强体,围绕学生创新发展、校企协同发展和产教融合发展,坚持推进“专创融合”教育,充分发挥大学生就业创业孵化基地和大学科技园、专业实验室和科创空间的综合作用,通过课外活动、暑期竞赛培训、工程师讲堂等活动大力提高学生的实践水平。通过每年举办的“三小”立项、“知行杯”等校级竞赛使优秀学生脱颖而出,促进学生综合实践与创新能力培养;并以“专创融合、理实贯通、思创融通”为抓手,把重点学科建设和特色专业建设作为龙头来抓,尝试引入校外资源弥补创新创业师资,进行全校范围内院系开放实验资源整合,加大资金和场地投入,逐步建立面向人才培养创客化的科创空间平台。

在学院和系部支持下,通过构建和完善全员参与的组织领导体系、全覆盖的创新创业教育教学体系和全方位的创新创业生态培育体系,深入推进创新创业教育改革,并结合产学研创实际需要,持续完善创新创业工作联动协调机制、校企协同育人机制和创新创业专项资金资助机制。以专业实验室和科创空间为核心,着力夯实创新创业培训基地建设,极大提升了创新创业的实训式人才培养成效。依托校友单位和合作共建企业,将校企合作延伸到创新创业教育环节,有效推进了师生同创、企生共创和学生自创实践落地。践行“以赛促创”理念,全方位打造融合式人才培养路径。

“四位并举”创新创业教育模式任务分工见表7-1。

表7-1 “四位并举”创新创业教育模式任务分工

序号	工作任务	责任单位
1	健全创新创业教育组织机构	学校党政、各二级学院
2	完善创新创业教育培养方案	教务处
3	面向全校学生开设创新创业通识选修课	大学生素质教育中心
4	负责组织各二级学院学生参加各类竞赛项目、组织培训、政策辅导	学工处
5	面向全校大一学生开设创新创业基础必修课	创新创业学院
6	面向全校大二学生开设创新创业专业必修课	教务处
7	加强大学生创新创业项目管理,加大经费投入	校团委牵头,各二级学院实施

续表 7-1

序号	工作任务	责任单位
8	健全创新创业教师队伍,聘请有创业经验的人士担任兼职创业指导教师,建立创新创业导师库	人事处、督导评价处、管理学院
9	修订创新创业教师职称评聘、绩效考核办法,针对专业教师和指导教师在绩效考核、工作量认定等方面给予政策保障	人事处
10	组织开展各类创新创业竞赛,认定获奖学生学分;组建学生社团,举办讲座,建设学生团队	团委、招生就业处、各二级学院
11	建立校内校外创新创业实践基地,与合作企业共建创业基金,为师生实训实习、创新创业、科技孵化提供综合服务	招生就业处牵头,各二级学院实施

三、"四位并举"创新创业教育模式实施的保障措施

坚持需求导向、标准导向、特色导向,以学生为中心,以提升人才培养质量为目标,加强合作与交流,建立各项有力措施,健全创新创业教育模式实施的保障制度。

(一)强化顶层设计

学校成立创新创业教育领导委员会。该委员会由党政领导,相关职能部门和教学单位负责人组成。校领导担任组长,分管校领导担任副组长,统筹规划各二级学院创新创业教育工作,各二级学院及职能部门负责人参加创新创业教育工作领导小组并担任组员。具体工作包括:推进人才培养与社会需求间的协同,推进高校与高校、政府、社会间的协同,推进学科专业间的协同,建立结构调整、多样合作、交叉培养新机制。根据产业、行业发展的新形势,开拓建立校校、校企、校地、校所和国际合作的多种办学模式,推进学生创新创业相关活动的开展。

各二级学院成立创新创业教育领导小组。根据学校创新创业教育领导委员会的安排,完成日常任务,增强创新创业考核工作的公正性,充分发挥考核的激励、督导作用,确保创新创业教育工作顺利实施。组织本学院学生参加全校理论学习,实践练习,创新创业比赛等。同时,结合本专业的特点,制订人才培养计划,按照高质量创新创业教育的需要调配师资、改革教法、因材施教,促进专业教育与创新创业教育有机融合。

（二）完善扶持政策制度

设立创新创业学院，具体负责创新创业教育工作推进，建立健全学生创新创业指导服务专门机构，对自主创业学生实行持续帮扶、全程指导、一站式服务；并逐步构建起招生、就业、教务、学生、科研、财务、人事、后勤等部门齐抓共管的工作机制，形成完善的创新创业教育管理格局。制定相关政策，优化资源的配置，制定关于创新创业教育模式运行的相关文件。加强学校对于该项工作的统筹管理，通过文件对各专业、系部工作进行分工，明确相关单位的工作职责。积极完善创新创业教育工作的管理与评价机制，制定考评文件，鼓励教师参与创新创业教学和指导，把创新创业教育质量作为衡量办学水平、考核领导班子的重要指标，纳入整体教育教学评估指标体系。

近年来，学校不断加强与地方政府部门、企业、科研机构间的合作，探索构建政府、产业、学校协同育人体系。针对新工科建设中工程技术人才培养难题，学院以学生能力培养为核心，以上述合作的行业高新企业为依托，将企业生产过程中的技术问题作为课程实践、科技创新实践、毕业设计（论文）等各环节内容，推动学校教育与科技生产相结合，提高学生实践创新能力；健全弹性学制，允许学生保留学籍休学创新创业，完善学分积累与转换奖励制度。相关文件包括《南昌航空大学关于加强大学生创新创业实践的实施方案》《南昌航空大学学生创新创业导师管理办法》《南昌航空大学聘请企业兼职教师管理办法（试行）》《南昌航空大学大学生课外实践活动学分认定管理办法（试行）》。

（三）重视创新创业导师队伍建设

不管是校内的工程实践创新中心，还是校外的工程实践教育基地，师资队伍的建设都是重中之重。可由企业推荐，高校吸纳企业高工和高管人员为兼职教师，与高校教师共同组成“双师型”师资队伍。由实践基地的实训部遴选企业指导教师，与高校教师共同指导学生实习、毕业设计（论文）等实践教学工作。

同时，企业教师为实践学生开设企业课程，做专题讲座，参与高校专业课程的教学过程，参加编写专业课程教材等。高校青年教师到企业进行工程实践岗前培训，企业青年员工到高校进修学习，通过走出去和引进来，以学生培养为纽带，相互促进工程实践教育教学水平提高，建设高水平的师资队伍。

（四）加强工程实践基地建设

以“优势互补，长期合作，共赢持续”为指导原则，在航空企事业和电子相关企业（特别是校友企业）中培育建立一批科教融合、产教融合的工程实践教育基地。信工学院学生课外科技创新活动的硬件环境主要由科创空间及院属实验室构成，其中科创空间位于综合实验楼的五楼，由六间实验室构成，占地面积700余平方米，分别为中501（加工制作室）、中502（调试室）、中503（四旋翼研究制作室）、中504（软件研究制作室）、中505（智能车研究制作室）、中506（交流研讨室）。

积极打造产学研结合的航空电子教学实践平台。以先进的国产教练机为雏形，与洪都航空工业集团合作建设了兼顾教学和科研的综合航空电子实验室。为解决贵重航空实验设备稀缺问题，结合教师航空科研成果和VR技术，建设了江西省4个一流本科课程虚拟仿真实验平台。航空自动化课程群虚拟仿真实验教学团队2022年获得省一流教学团队荣誉。通过与航空企业合作建设实践基地，完善了实训配套资源条件。具体建设内容包括：

（1）成立工程实践教学指导委员会。委员会由高校专家与企业高工共同组成，高校专家担任主任并负责教指委日常工作。委员会的主要职责将包括参与指导修订本科生培养计划，指导教学改革；制定企业阶段实践教学内容、实施方案等；制定实践教学考核方式和评价标准，建立质量保障体系。

（2）在企业中树立培养人才的企业理念和社会责任感，创造良好的人文环境，形成爱护学生、帮助学生、指导学生的企业新文化。鼓励学生充分发挥主观能动性，参与企业的工程和技术革新，为企业发展献计献策，提出合理化建议。

（3）设立企业工程实训部。实训部由企业人事部、工程部、生产部、质保部、研发部等相关人员组成，企业总工或人事总经理担任负责人并负责实训部日常工作。实训部的主要职责包括统筹安排企业阶段各项工程实践教学活动；建立企业师资信息系统，安排学生的企业导师、企业授课等；制定实践基地运行规范。

（4）制定工程实践的管理制度。管理制度主要包括三方协议制度、注册制度、培训制度、实训管理制度等。企业、高校和学生本人签订三方联合培养协议，对各方权利和义务进行规范。工程实践基地对学生首先进行安全、工程伦理、企业文化、保密、知识产权、相关规章制度等培训，考核合格后才能进行工程实践。

（五）加大学生科创经费投入

设立创新创业奖学金和基金，并在现有相关评优评先项目中安排一定比例用于表彰优秀创新创业学生，鼓励学生开展创新创业的实践，设立奖励基金，给予优秀项目一定的奖励。扶持优秀项目，积极促进项目的落地，广泛吸引校友企业进行科技竞赛实验室和设备投入。投入经费建立学校创新创业实践基地，完善基础设施建设，引入先进的设备供学生实践学习。教师带领学生参与课题研究可折算工作量,划拨专项经费用于创新创业导师的培训和学习,提高教师整体水平。

学院每年投入一定经费支持大学生创新实践活动开展,培养学生创新意识,强化学生科技创新和工程实践能力。负责组织实施每年一度的面向全校的信工学院电子设计竞赛,通过竞赛把实践动手能力强、创新能力强的学生选拔到学科竞赛或企业共建实验室的后备队伍中,由专项导师、学生教练团、学生顾问团对他们进行培训、指导。组织学生参加中国国际"互联网+"大学生创新创业大赛、"恩智浦"杯全国大学生智能汽车竞赛、全国大学生电子设计竞赛、"挑战杯"中国大学生创业计划竞赛等。

(六)深化校社合作

促进学校与社会各界在人才培养、技术创新、实习培训及实验室建设等方面的全面合作,建设大学生创新创业的教育机构和实践基地,确保有固定的场所和一定面积、各种形式的创新创业平台,如创业基地、创客中心、创客天地、创新工场、创业大本营等众创空间建设,为学生创业提供学习机会。加强校社交流,探索"校企紧密合作,精准对接育人"新路,通过引入和输出两方面,为企业输出优秀的毕业生,提供智力支持;为学校引入有工程实践和管理经验的人才对学生创新创业实践进行指导。对外对接合作企业(主要是优秀校友企业),商讨制定和企业共建实验室以及教师参加企业实践、企业人员到高校学习等方案,确定企业资助项目池的各项目。

学院积极推进"科教融合""产教融合"的人才培养模式改革,与航空工业江西洪都航空工业集团有限责任公司660所、中国航空研究院602研究所、南京熊猫电子股份有限公司、珠海长园运泰利自动化设备有限公司、广东利扬芯片测试股份有限公司、深圳市泛海三江电子有限公司、江西省创海科技有限公司等20多家电子信息企业和航空科研院所签订战略合作协议,共同制定人才培养方案、开发课程和教材、设计实施教学、开展教学研究,让企业深度贯穿教学全过程。2012年,成立卓越工程师培养计划领导小组,指导各卓越计划试点专业开展卓越人才培养。自2017年开始,学院与珠海长园运泰利自动化设备有限公司、广东利扬芯片测试股份有限公司合作共建"长园运泰利智能制造定制班"和"自动化装配与测试流水线卓工班",联合培养学生。其中"长园运泰利智能制造定制班"围绕软件开发与测试技术进行培训,提高技术人员理论结合实际水平;"自动化装配与测试流水线卓工班"围绕自动化装配与测试技术的理论与工艺,对技术人员进行培训,提高技术人员理论结合实际水平。在创新学院牵头下,学院通过聘请企业技术骨干担任学生创新创业导师,与企业联办了3个"创新实践班"。

同时,建立了基于闭环质量反馈的校企合作协同育人机制,如图7-8所示。以学生为对象,以专业质量标准为输入,以毕业生知识、能力和素质为产出,结合用人单位及校友的第三方反馈,改进培养方案,对培养过程各环节动态调整优化。建立多方参与的校企合作委员会,将用人需求与改革意向纳入培养方案;将企业工程项目引入校园,实现大型实践课工程化;设立教师企业交流机制,定期到企业挂职锻炼;聘请校外产业导师参与校内授课指导,建立工程实践、毕业设计双导师制,促进校企深度合作。不断改进企业研发、生产的技术手段和设备,提升科技含量,合理安排生产、研发等活动,给学生创造更多的实训岗位。结合企业的实际和发展,指导本科生毕业设计和毕业论文,联合培养工程实践与创新人才。基于企业的特色和优势,在不同的工程实践教育阶段,设计相应的实践内容与要求,并不断改进和优化,逐步形成具有特色的企业实践课程。

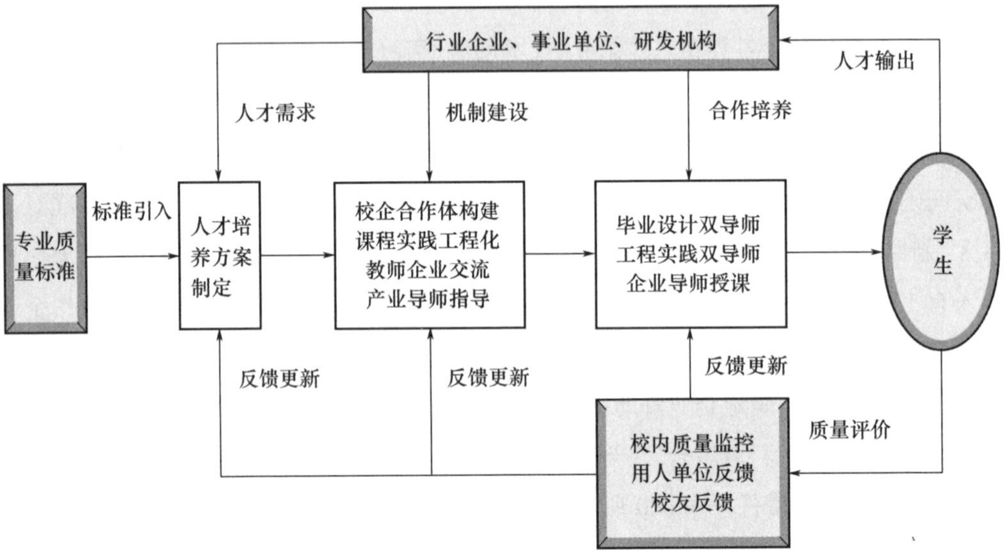

图7-8　基于闭环质量反馈的校企合作协同育人机制

(七)加强监督管理

加强对创新创业教育模式实施过程中的监督管理。制定完善的课程评价体系,对于创新创业教育课程效果进行评估,保证教学质量。严格执行教师、学生在创新创业方面的政策制度,有效发挥政策的激励作用。把创新创业教育工作开展情况纳入人才培养质量及就业工作评估指标体系,面向相关部门和二级学院开展工作督导,形成长效的工作模式,同时,由相关部门负责人定期开展工作自评,及时发现模式运行中的不足,并改进完善。学校招生就业部门把创新创业教育绩效列入本科教育、研究生教育和高校毕业生就业质量年度报告,并向社会公布,接受社会监督。

第八章　地方高校创新创业教育改革的实践案例

南昌航空大学是一所以工为主、工理文管经法教艺等学科协调发展的多科性大学。学校实行“通识教育 + 专业教育 + 创新创业教育 + 工程教育认证”的创新创业教育体系，将课程与实践相结合，形成理论、实务与实践结合的体系。这些具有前沿性的培养理念，充分挖掘了新工科建设背景下专业教育的元素，形成实践与理论素养相结合的创新模式，帮助专业教育与创新创业教育完美融合，使学生有意识地结合自己专业在熟悉的领域开创事业。本章以南昌航空大学信息类等新工科专业创新创业教育实践为例，全面阐述全方位、立体化、多层次创新创业教育体系的特色举措，展示专业近年来在此教育模式下取得的创新创业教育成效，为地方高校培养具有创新精神和勇于实践的创新创业人才提供宝贵经验。

第一节　基于创新创业教育理念的人才培养体系

与快速发展的新工科产业相比，学校现有工科专业教育尚存在比较突出的问题，主要体现在培养人才的综合素养与社会需求脱节、实践能力与企业所需工程能力脱节、创新能力与科技发展需求脱节，从而导致专业教育的结构性失衡：一方面人才产能过剩，另一方面市场上人才不够用、不适用、不好用的现象突出。

一、面向新工科建设的创新创业教育框架

（一）加强学生的能力和素质培养

从 21 世纪人才观的转变，即从以前的个体单角度审视转变为个体、团体、组织和社会的多角度、全方位审视的特点出发，借助创新创业教育理念，在工程学科培养目标能力结构框架思想的指导下，结合地方经济建设的具体实际和工程技术学科背景，确立工程技术教育的培养理念和目标，构建相应的培养体系，并在此基础上进行理论和实验教学方面的大胆改革和实践，如图 8 – 1 所示。

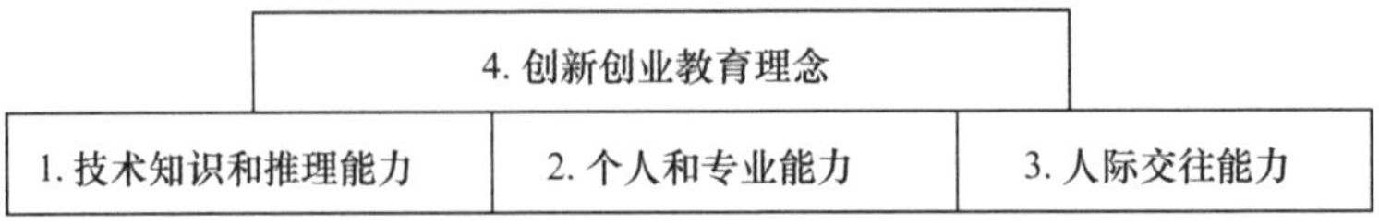

图 8－1　面向新工科的创新创业能力结构

（二）构建工程科技人才培养体系，分析其构成要素

工程科技人才培养体系是实现工程科技人才培养理念和培养目标的支撑体系，是实现人才培养目标的技术途径。依据新的人才培养理念和培养目标，借鉴国内外成功经验，结合不同层次院校的具体实际，建立全新的工程科技人才培养体系（图 8－2）。该体系以所在层次院校具体的师资队伍建设、科研优势和教学条件的完善为支撑，以管理队伍建设、完善的教学管理制度和教育质量监控制度为保障，以学习辅导、心理辅导、文体活动和职业规划等为促进，完成专业知识教育体系的建构。而在工程教育的具体实践中，同样需要基于创新创业教学理念的指导。

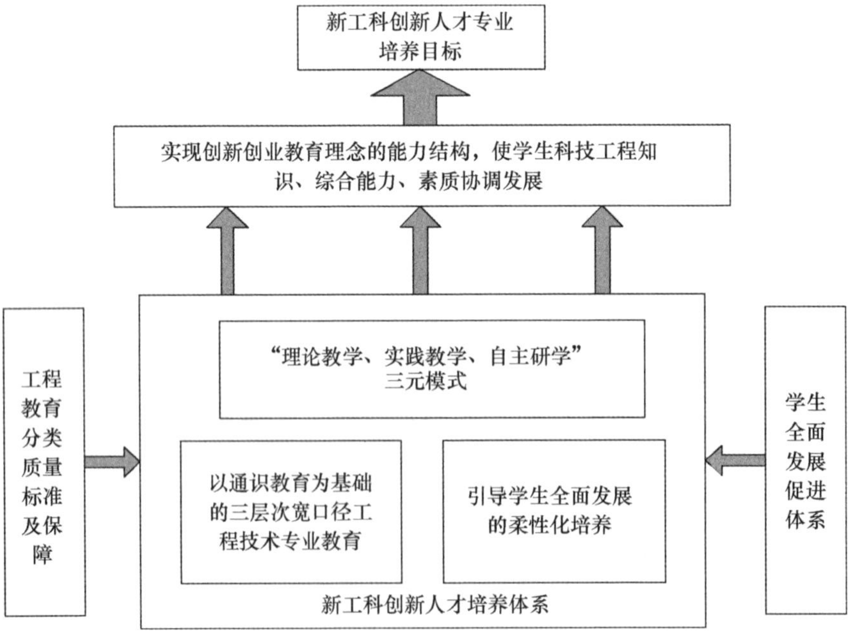

图 8－2　新工科创新人才培养体系构建

(三)进一步明确“工程教育认证标准”的基本含义

工程教育认证标准是根据国家教育方针和工程科技人才教育的教育目标所制定的用来衡量工程科技人才教育质量优劣的指标体系及操作要求,是教育质量监测的重要依据。由于工程科技人才教育——普通本科、独立学院、高职学院教育各个阶段有不同的具体要求,创新创业教育质量的标准也各不相同,标准虽然各有层次,但最根本的标准是相同的,即“促进人的发展和适应社会需要”。创新创业教育质量标准分为过程性标准与结果性标准两大类,本书主要强调过程性标准,重在以过程性的指导与监控来实现新工科背景下创新创业教育质量的结果。在一般意义上,过程性质量标准包括以下重要因素:创新创业教育观念对国家意志的体现,工程教育质量目标的确定,课程方案研制,教师的教学,学生的学习,工程教育管理与学校文化等。在工程教育改革和新工科建设的背景下,以工程教育认证的“学生中心、产出导向、持续改进”理念为指导,优化人才培养方案。从培养目标、毕业要求、课程体系、教学环节、实践体系、师资队伍等方面不断优化与持续改进,促进学生成长成才、达成预期培养目标。

新工科创新型人才培养体系的四个平台(图 8－3)自底向上分别为通识教育平台、课程教学平台、实践平台、人才孵化平台。

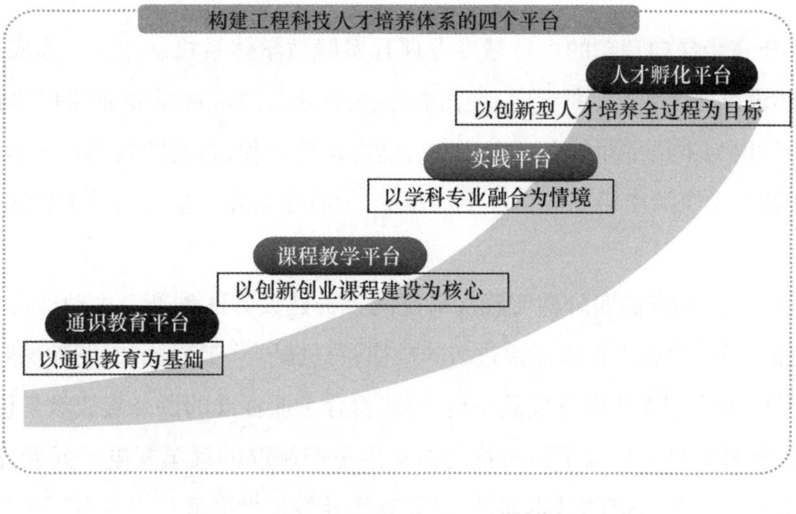

图 8－3　新工科创新型人才培养的四个平台

二、面向新工科建设的创新创业教育实践体系

新工科专业领域作为当前全球研发投入最集中、创新最活跃、应用最广泛、辐射带动作用最强的产业领域,其发展水平已成为重塑国家创新能力和竞争实力的关键要素,

几乎都是我国的重要支柱产业。江西省高度重视电子信息类等新工科产业发展，将其作为“2 + 6 + N”产业的排头兵来打造规模。2022 年，江西省电子信息产业在全国排名第 7 位，稳居中部地区首位。江西省同时也是航空产业大省，省内有洪都航空工业集团、航空工业直升机设计研究所、南昌航空城，航空产业达千亿元，航空产业也被列为江西省战略新兴产业。本创新创业教育实践体系依托电子信息工程、自动化、计算机科学等5 个国家一流专业建设平台，根据新工科教育和工程认证的内涵，结合学校航空背景，对信息类专业实践体系经过多年的建设探索，取得了一系列的教学改革成果，形成了以“产业需求、专业特色、工程问题”等为导向的信息类专业人才实践体系建设新范式。

本创新创业教育实践体系基于三个导向，从顶层设计了信息类专业人才课程实践体系，为信息类各专业有效贯彻 OBE 理念建设课程实验、综合实践提供了方法借鉴。成果提出了以工业标准打造学生实践活动空间集群的途径，将散乱的课外活动有序化，促进学生的个性化和多元化发展；通过将科研项目、科研成果、科研团队等要素全方位引入课程实践，培养学生创造力和科研素质。建设了集科研与教学一体的共享航空实践平台，为信息类专业深化专业特色提供了借鉴；通过“接地气”的多模态深度校企合作模式，对人才培养新型组织平台建设具有较强的示范作用。该实践体系具有如下典型特色：

(1)基于三个导向理念的可衡量专业课程实践教学体系机制创新。本成果采用自顶向下的建设思路，融合三个导向，提出基于三个导向的可衡量专业课程实践教学体系，以三个导向为主线贯穿信息类人才实践能力培养过程，将实践教学环节由松散向紧凑转变、实践教学资源由粗放向精准集约转变，为有序培养学生扎实的工程能力提供了借鉴。

(2)符合工业标准的四阶梯实践活动空间集群建设方法创新。主动适应学生个性化、多样化的需求，根据工程素质递进培养规律，有机融合“工程认知、工程探究、工程实验、工程设计”四个层次的课外实践平台，形成符合工业标准的课外实践教学模式，与课内实践教学互补促进。建设了国内首创的学生免费领取的菜单式电子元器件库房，对于学生课外电子制作所需的基本器件，只需有指导教师批准就可以免费下单领取，创建了良好的学生实践条件。四段递进式实践教学模式打通了实践环节壁垒，为有效提高创新能力和工程素质提供了方法途径。

(3)凝结专业特色的实践能力培养方法创新。发挥学校办学特色和专业的航空科研成果优势资源，打造了“科教兼容、产教融合”的集科研与教学一体的航空特色共享实践创新平台，形成了以航空信息系统为特色的学生实践能力培养的新局面，逐步提升学生在航空领域的创新意识和创新能力。实践平台是集成实验、实训、研究、创新一体化的工程实践创新平台，形成了一批高水平产学合作的具有航空特色的综合性、复杂性工程设计项目，并开展复杂信息系统工程实践教学。

（一）基于三个导向的可衡量专业课程实践教学体系，实现 IT 人才所需的工程能力培养

基于三个导向，自顶向下设计了信息类专业的专业课程实践教学体系（图 8－4）。依据 OBE 理念、行业需求和专业航空特色，制定培养专业学生所需具备的复杂系统研发能力，进而根据构建该能力需要掌握的专业知识进行能力分解。组建由责任教授统一负责的课程群，每个课程群涵盖同类别细分能力模块的专业课程。按照工程认证标准，量身打造符合能力形成的课程实践环节，实践内容设计要体现高阶性、创新性和挑战度，并确保能力可衡量。课程群定期对所关注的工程能力进行达成情况评价，并通过评价结果持续改进课程，促进该群所负责目标能力的达成。这种分层递进、可衡量的课程实践教学体系为培养的 IT 人才能力达成提供了方法依据。

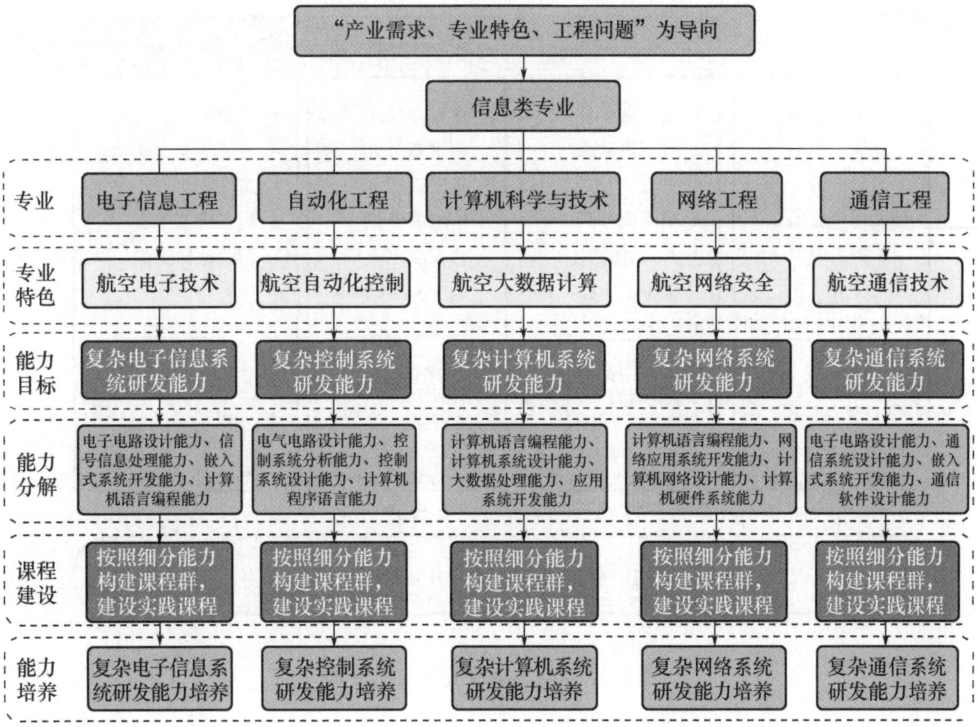

图 8－4 专业课程实践教学体系构建方法

（二）打造符合工业标准的实践活动空间集群，提高学生创新创业能力

按照工业标准，学院建设了“工程认知、工程探究、工程实验、工程设计”四个层次的课外实践基地和学生科创空间（图 8－5），吸纳不同专业兴趣的学生参与。“大学物理”和“工训中心”两个国家实验示范中心为学生工程认知打下了良好的基础。“电工电子”和“单片机与嵌入式”两个省级实验示范中心为工程探究和实验提供了坚实的平台。“I&E 科创空间”“智能小车工作室”“无人机工作室”“游戏软件工作室”等 10 余个师生互促工作室吸纳跨专业的学生发挥自由想象设计，共同促进学生的个性化和多元化发展。建设学生免费领取的网络菜单式电子元器件库房，实现元器件定制领取一条龙服务。通过课外活动、暑期竞赛培训、工程师讲堂等活动大力提高学生的实践水平。通过每年举办的“三小”立项、“知行杯”等校级竞赛不断使优秀学生脱颖而出，相继取得全国大学生电子设计竞赛、全国大学生智能汽车竞赛、全国物流机器人应用大赛等多个顶级赛事一等奖，形成了昌航科创模式。

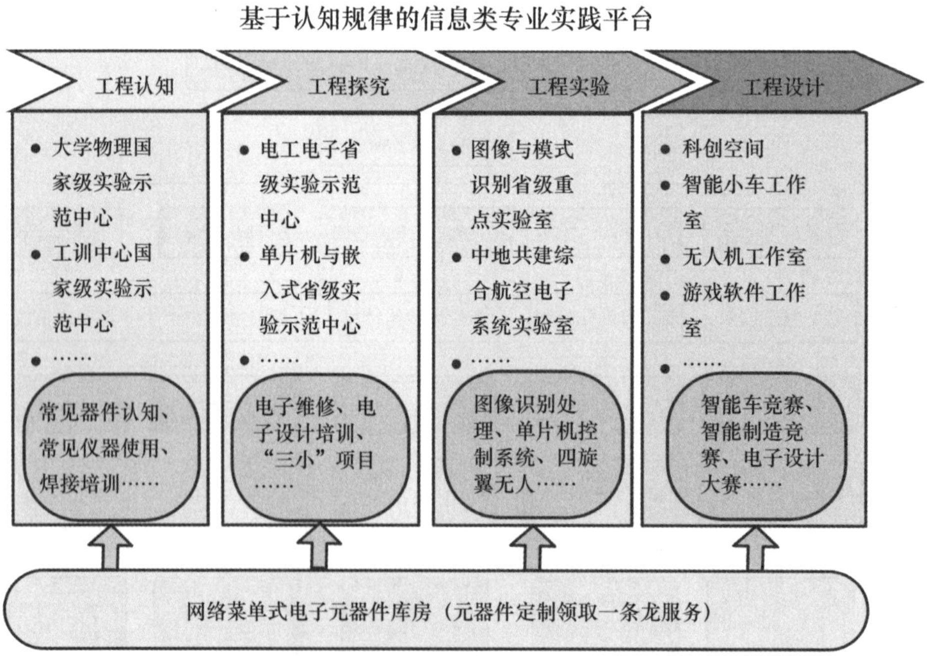

图 8－5　学生实践活动空间集群

（三）将科学研究赋能教学实践，促进学生创造性高阶思维能力的培养

多种途径把科研项目、科研成果、科研团队等全方位引入课程建设（图 8－6），促进

课程实践。实现科学研究浓度到教学创新浓度的转化，促进学生创造性高阶思维能力的培养。以“科研成果进课堂”为引导，将学术成果落地于课程实践。将科研项目转换为课程实践资源，让学生在实战中掌握科研本领。借助科研团队力量开发航空综合实践教学平台，解决航空实验设备稀缺问题。建立“面向大型民用机场飞机返场的无线电导航控制虚拟仿真”等 4 个省级虚拟仿真实验一流课程平台，实现了开放共享，促进了专业特色的实践能力培养。通过将科学研究多径赋能教学实践，实现了教学、科研、技术兼容，为培养拔尖创新人才提供保障。

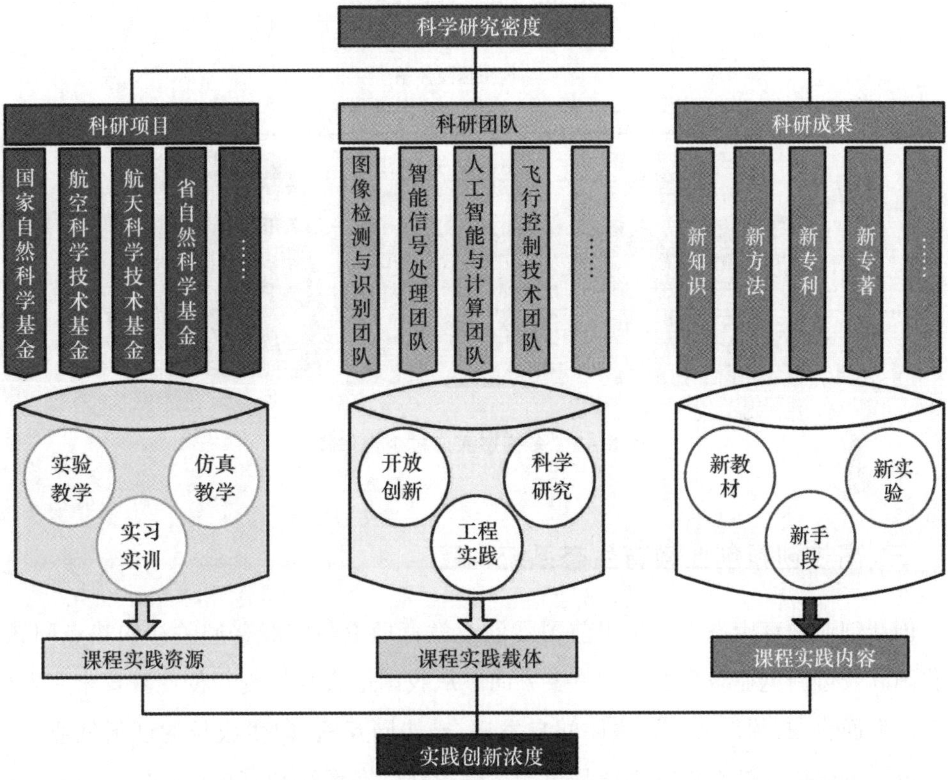

图 8－6　科学研究赋能教学实践模式

（四）基于多模态的深度校企合作模式，打造人才培养新型组织平台

通过“校企合作框架搭建—校企培养条件建设—校企人才培养过程实施—校企保障体系”（图 8－7），构建校企联合链式协同育人机制。借助学院的数字产业研究院“六维协同”的工程实践创新平台不断加强与外部企业沟通，师生应用成果转化。实施校企合作，先后与洪都航空、欧菲光等几十个省内外知名企业建立校外实习基地；与昌河飞机、江西联创宏声电子、江西驰宇光电、珠海长园运泰利、广东利扬芯片共建现代产业学

院,邀请行业工程师授课;同时,成立了长园运泰利、南京熊猫电子、广东利杨卓工班和定制班,培养企业急需人才。深度校企合作模式为培养学生工程能力实战提供了优越的条件,同时也为企业员工培训提供了有效的支撑,实现了互利共赢。

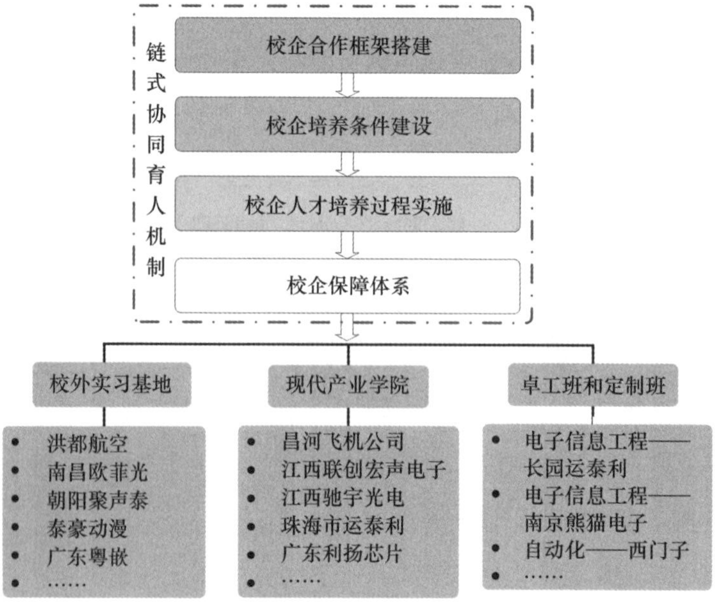

图 8-7　多模态深度校企合作模式

三、高校创新创业教育生态系统构建

创新创业教育生态系统是当前国际创业教育理论与实践普遍关注的热点问题,也是我国高校创新创业教育变革的重要方向。从我国地方高校创新创业教育未来发展的战略高度而言,必须形成不同主体间自发耦合、协同互联、内生成长的创新创业教育生态系统。创新创业教育生态系统是包括高校内部生态系统和高校外部生态系统的一个整体。校内包括课程、课外活动、实践平台、科学研究等核心创业教育活动,校外包括文化和社会规范、创业资源、金融支持、研发转移、创业基础设施等。创新创业教育生态系统的可持续性依赖于系统内部的资源汇聚机制、价值交换机制和平衡调节机制,从而保证生态系统内外部的构成主体都可以获得必要的营养成分(资源),并形成以知识与创新为主要媒介的溢出效应,以及以资金、经验、机会为主要媒介的反哺效应,这些流动促进了创新创业教育生态系统的良性循环和持续发展。

我们依托2008 年获批国家特色专业的电子信息工程专业,以2009 年学校专业院系调整组建信息工程学院为契机,主动适应电子信息行业大发展对创新型人才需求,结合电子信息类专业特点和人才培养规律,提出构建电子信息类大学生创新生态的理念,其核心要素为创新人才培育主体间的关联互动、创新实践人才培育资源的开放流动和学生创新能力培育活动载体建设。高校创新创业教育的生态系统需在关键主体、支持群体、环境要素间构成动态的闭环结构，遵循自发演进的路径，不断调适自身边界、功能与结构，实现人才培养主体—创新资源流动—创新载体建设优化的完整链条，其核心理念示意图如图 8 –8 所示。创新创业教育各主体由于目的、行为方式和利益导向存在差异性，在创新生态构建中需要融合各方需求，让各主体形成稳定的分布态势，从而构建集基础课程教学、专业课程教学、实践实训、学科竞赛、素质扩展、创新创业培养于一体的实践创新生态系统。电子信息类创新创业实践平台是大学生创新实践活动的主要载体，该平台在学校创新创业实践学院协调下，相关专业学生以个体自助的方式组建学生专业社团为核心，以学院基础实验室、专业实验室及学院科研团队自有实验室、产教融合实践基地的实践资源为硬件平台，以实践创新生态系统组织模式为软件平台，以创新创业人才培养效果为反馈平台，按照“资源共享、信息互通”的构建思路，实现分层次、全开放的大学生创新实践资源的开放流动。

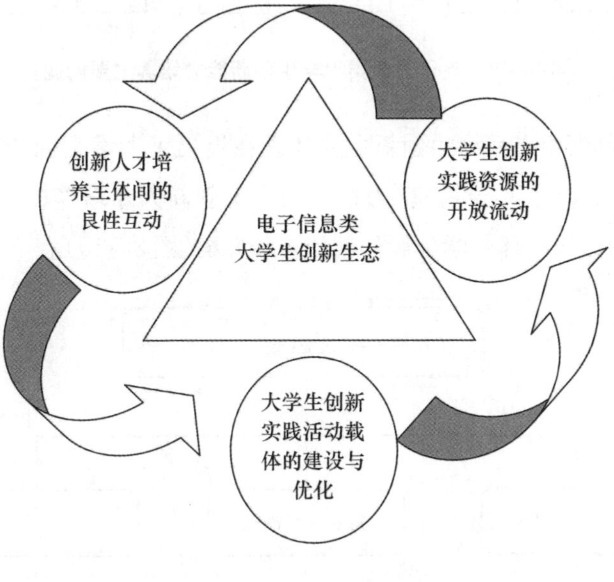

图 8 –8　核心理念示意图

在学院政策支持、平台支撑和条件保障下，教师积极投入，学生主动参与，形成了学校、学院、教师、学生等创新人才培养主体间的良性互动局面；坚持创新实践场地全员开放、创新实践资源免费共享、校企合作开放办学，形成了创新实践资源的开放流动；扎实推进学生科创基础能力培训、学生科创学术研讨交流以及学生科创项目培育和学科竞赛牵引工作，优化大学生创新实践活动载体。项目充分整合学院各类资源，调动教师和学生积极性主动性，凝练教学特色和教学成果，初步实现以教师为引领、学院为支撑，学生科创空间为平台的大学生科创社团组织自我管理、自我教育、自我提升的大学生创新实践能力培养目标。该实践创新生态系统主要围绕学生创新兴趣的激发、创新能力的培养和扩大学生创新实践活动参与等问题进行设计与运行(图 8－9)。

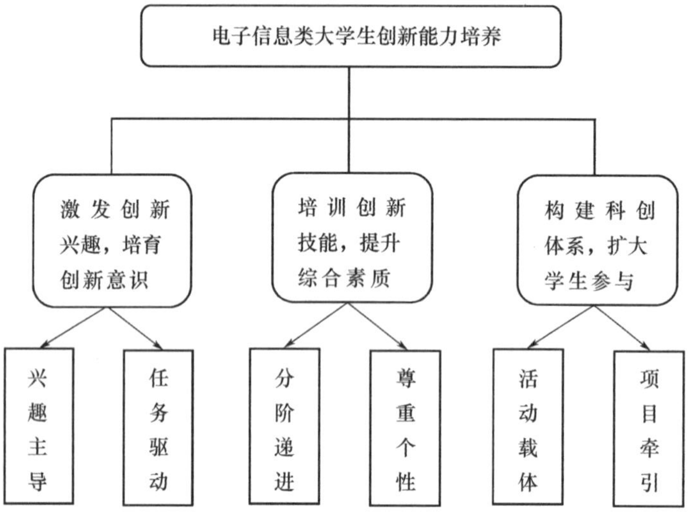

图 8－9　电子信息类大学生创新能力培养主要问题

大学生实践创新生态系统的创新主要体现在提出了大学生创新生态理念,构建了以“分阶递进、实践主线、平台搭建”为核心的三维创新人才培养模式,形成了集“厚基础、重牵引、促提升”于一体的学生课外创新实践方案(图 8－10)。

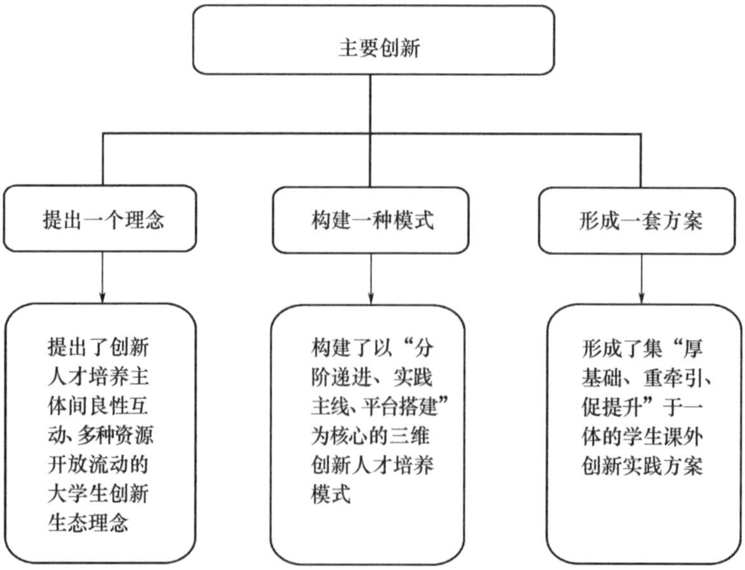

图 8－10　实践创新生态系统主要创新点

（一）立足创新人才培养目标，关注学生个体创新特长需求，整合有效资源，提出了主体间良性互动、多种资源开放流动的大学生创新生态理念

人才培养是高等教育的本质要求和根本使命，创新人才培养是当下本科教育提升人才培养质量、实现高水平人才培养目标核心任务。实践创新生态系统构建围绕创新电子信息类专业人才培养目标，注重学生个体的创新特长发展和提升需求，充分整合有效资源，致力于学院、教师、学生之间的良性互动和创新资源的开放流动，通过各类科创平台，实现教师与学生、学生与学生之间达到高度适应、协调、共进的科创实践状态，进而形成自我管理、自我服务、自我提升的电子信息类大学生创新生态。

（二）构建了以“分阶递进、实践主线、平台搭建”为核心的三维创新人才培养模式

实践创新生态系统紧扣不同阶段、不同层次学生自身实际和综合素质，依托科创实践这一主线，完善了科创空间＋科创社团的院级平台和专业实验室的系级科创平台，围绕创新人才培养目标进行分阶递进的针对性指导和培育。这一创新人才培养模式有效满足了学生创新能力培养过程中学生个性需求，构建了创新实践活动的院系两级学生科创平台，形成了以“分阶递进、实践主线、平台搭建”为核心的三维创新人才培养特色。

（三）形成了集“厚基础、重牵引、促提升”于一体的学生课外创新实践方案

实践创新生态系统强调大力实施创新实践基础培训，对大学生创新意识和创新实践能力培训全覆盖，夯实大学生创新实践基础，激发大学生创新实践兴趣；以学科竞赛为牵引，通过以赛促练、以赛促学，不断强化大学生创新实践能力；以国家级大学生创新创业项目、省级大学生创新项目和校院两级“三小”（小发明、小制作、小创造）项目等学生自主科创项目的任务驱动，强化项目管理、培育、指导，培育大学生自主创新和团队合作研究能力，提升大学生创新实践专业化水平。

四、创新创业教育模式实践取得的成果

经过近十年的电子信息类专业实践体系建设的研究与实践，学校在创新人才培养质量、专业学科建设、教师发展、校企合作、产教融合等方面取得了一系列的改革成果，已在南昌航空大学信工学院的自动化等6个专业推广应用，并辐射省内外多所高校。

电子信息工程、自动化、计算机科学与技术等专业被评为“国家一流专业”，网络工

程本科专业被评为五星专业；自动化专业通过中国工程教育专业认证，电子信息工程专业的工程教育专业认证进入专家进校考察阶段，计算机专业获中国工程教育专业认证受理；大学物理实验中心和工程训练中心被评为国家级实验示范中心，电工电子实验室和单片机实验室被评为省级实验示范中心；“数字信号处理A”等9门课程和实验被评为省级一流课程。

本成果在工程认证和新工科建设的背景下推出，得到了省内外众多兄弟院校的关心和关注。成果已被多所高校全部或部分借鉴，如南昌大学、江西科技师范大学、新余学院等，均取得明显成效，同时也得到了省外众多专家的高度评价和肯定。

社会及毕业生给予本成果高度评价。学生综合素质不断提升，社会满意度高，用人单位满意度达94.59%。学生的实践动手能力、创新创业能力得到用人单位的广泛认可，本科生就业率在90%以上，连年位居全省高校前列，研究生考取率连年提升。在对五届毕业生实践培养满意度调查中，就业专业对口率62.26%，毕业生满意度超过90%。

第二节　基于创新人才培养全过程的课程教学体系

本节着重阐述将创新型人才培养全过程与任教课程各环节进行有机衔接，并以“自动控制原理”课程为例，提出符合创新型工程技术人才培养理念的课程教学体系。基于创新人才培养全过程的课程教学体系采用“金字塔式”架构，分别由理论教学、实验教学、创新教学、创业孵化四大模块构成，遵循目标导向、因材施教、全面评价、有效激励的原则。教学实践过程中应注重顶层规划、教学内容导引、考核评价反馈、协同育人机制等内容的设计。

一、课程教学体系改革的驱动力

创新创业教育核心内涵是大学生创新意识觉醒、创新素质提升、创新能力形成、创新品格塑造，这一系列过程必须将创新创业教育工作与学生专业框架下课程教学体系相结合，才能实现创新创业教育的根本目的。我们基于大系统观，设置由责任教授领衔的课程群作为基层教学组织，以课程群组为单位进行顶层设计，统筹思政、课程与实践。以大思政和复杂工程解决能力形成规律为两条主脉络，构建了基于“价值引领—内容融通—强基践行”的专业课程体系。落实到具体课程上，则要求定位于教学科目、教学计划、教学大纲、教学参考书、教学方法、教学工具、教案等显性文本，从而建立多层次、立体化的课程教学体系。

针对学校“自动控制原理”课程教学现状，在借鉴国内外高校的教学经验基础上，密切结合学校航空特色专业人才培养实际，任课教师应明确创新创业教育对“自动控制原理”课程教学内容、理念、模式和方法等多方面改革的内在驱动机理，从而建立与创新型人才培养计划相适应的“自动控制原理”课程教学体系，将创新创业型人才培养计划落到实处。

（一）创新创业教育要求课程教学必须规范化

课程教学规范化的核心就是任课教师按照一定操作范型（或称操作样式）对教学过程诸要素之间的逻辑结构和教学活动运行的逻辑流程进行整体设计。课程教学体系改革的关键在于突出学生在教学过程中的主体地位，要基于校本特色开发课程教学体系。这就要求从课程内容设计和教学目的的总体要求出发，改进传统的教学顺序，对教学内容运用模块化设计灵活采用启发式、小班讨论式、参与式与非标准化考试等教学方式，从而更加符合创新创业教育概念的内涵。上述特征决定了创新创业教育导向下的课程教学体系设计必须从课程教学制度上进行规范化，从而有效地解决当前教与学、学与用、现状与未来发展之间的矛盾。

（二）创新创业教育强调理论知识体系化

课程教学内容的碎片化很难让学生建立系统性的概念，必须通过体系化的知识学习加强学生创新创业知识储备。在“自动控制原理”课程教学实践中，对于基础验证性教学知识点，如反馈控制原理、瞬态过程特征、系统稳定性、频域性能等核心理论知识的理解可以进一步加强。任课教师在教学中可以将信号与系统、电路分析、数字信号处理中的知识点进行有机融合，有助于培养学生典型的创新思维（如发散思维、逆向思维、转换思维、迂回思维）；课堂教学还需要强调理论教学和仿真教学的知识体系融合，有助于培育学生的创新精神、强化实践能力。

（三）创新创业教育具有很强的实践性

学生创新创业能力的培养必须与实践教学有机结合起来。任课教师要有意识地将自控理论知识应用到具体的创新创业实践中，通过实际的创业案例让学生获得更多的实践经验。这就要求任课教师在课程教学体系建设中注意收集整理课程团队或者其他教师主持参与的科研项目，按照控制系统建模、分析与设计的过程将其分解提炼成综合型、设计型、创新型实验实践内容。采用“基于问题的学习”（Problem Based Learning，PBL）教学模式，在纵向上以实验实践能力培养贯穿于课程教学的全过程，在横向上以实验实践能力提升组织课程内容的学习，让学生在独立完成实验过程中提高规划、实施方案的能力。

（四）创新创业教育具有很强的开放性

任课教师要结合“自动控制原理”课程每一章节的教学内容和教学特点，采取多样化的形式。例如，对于控制系统校正内容的教学，可以通过搭建课程网络教学及实验仿真平台，将专业基础实践、专业教学实践、创新创业实践交叉和融合，有效地加强相关控制系统校正教学内容和知识点之间的横向/纵向联系。类似的，对于“自动控制原理”课程其他章节的教学内容也可以进行重组，建构出分层次、模块化、点面结合、相互关联的面向创新创业培养目标的课程教学体系。

二、课程教学体系改革的着力点

在创新创业驱动背景下，“自动控制原理”课程教学体系的改革与建设必须基于创新型人才培养全过程来进行顶层设计，将实施载体落实在“自动控制原理”课程教学的每一模块内容，甚至每一个教学知识点上。将课程理论教学与实验实践环节相融合，融入任课教师的科研项目及专业领域相关竞赛、专业课程设计、综合创新实践等环节，从而将面向创新人才培养理念贯穿课程教学全过程。

（一）契合课程内容，融入创新创业教育理念

课程教学是将创新创业教育理念转化为创新型人才培养实践的有效载体，高校创新创业教育的内容体系和课程互为支撑。任课教师通过创新创业课程教学体系将创新型人才培养的要求不同程度地融入“自动控制原理”课程的教学实施过程，即需要任课教师从创新创业教育和高等工程教育的视角分析电子信息工程、电子科学与技术、电气工程及其自动化等专业人才所应具备的知识、能力与素质的内涵，完成创新设计教学方法在“自动控制原理”课程中的应用。例如，在课堂讲授中，穿插一定的习题课、讨论课，活跃学生思维。让学生在课程学习中接触学习创新创业相关知识，在有限的课堂教学学时下挤出时间向学生介绍和讲授自动控制领域有关的新技术、方法和成果，尝试在“自动控制原理”课程教学及实验环节进行创新应用，进一步拓宽学生视野、激发专业学习兴趣。从整体和系统的角度出发，将涉及教学内容的各个方面或环节与创新创业教育相融合。如果专业框架下每门课程都能够有效融入创新创业教育理念，必然能够构建完整的知识体系，这是目前高校单纯开设创新创业课程无法达到的教育效果。

(二)提升能力,加强实验实践内容教学

进一步优化实验实践内容教学,加强实验实践教学对学生创新创业能力培养的针对性和有效性。在理论课程教学的基础上,将从教师科研项目中提炼出的实验实践教学方案按照创新创业全过程进行整合,让学生完整地体会到可行性分析、控制系统分析、控制系统设计、样机制造到产品验收的各创业阶段的核心内容。基于创业模拟与实践教学平台的实验实践练习,最终实现学生创新创业能力螺旋上升的目的。

为了及时将自动控制新知识、新理论、新技术和新方法充实到实验及实践教学内容中,需要建立面向创新型人才培养目标的分层次实验教学体系,即分别构建基础类、提高类和科技创新类三个实验实践教学层次,按实验内容将实验分为基础性实验、指导性实验和设计性实验三个层次,学时按 4∶3∶3 分配,达到培养学生基本实验能力、综合实验能力和创新型工程实践能力的目标。为了更好推动创新创业教育教学资源库、在线课程等新型网络教学资源的有效应用,可基于 MATLAB 仿真软件开发出立体化教学包,提高学生学习自控原理的积极性和创新思维,从而实现线下线上一体化混合式教学,成为沟通理论课堂教学与创新创业实践教育之间的有效渠道。

(三)学以致用,设立课程创新实践学分

创新创业教育作为理论教学和实验实践教学的补充,通过改革课程培养计划,向系部及教务处申请设立课程创新实践学分。课程组教师结合个人科研项目,优选和设计贴近航空特色的工程实际,集可行性、实用性和先进性于一体的不同层次项目案例,运用头脑风暴法指导学生进行控制系统设计,并将其融入“自动控制原理”课程创新实践教学中。课程创新实践作为“自动控制原理”课程教学体系中一个相对独立的环节,创新实践内容则需要覆盖自控原理课程教学重点内容(如时域分析法、根轨迹法、频率特性法等)。最好能从教学制度上给予该课程创新实践一定学分并实现学分互认,可有效提高学生积极性,并为学生后期的专业课设、毕业实习、毕业设计等实践环节过渡,更好地将创新创业教育理念融入课程教学中。

(四) 构建创业平台,助力学生项目孵化

创新创业教育与所学专业要密切结合,让学生在自己的专业岗位中进行创新能力的提升和就业岗位的再创造。经过理论课程教学、实验课程和科研创新综合实践活动的培育,部分学生或许已经有了相关创业积累及创业意愿。任课教师要善于利用学校搭建的创新创业平台或者课程团队教师日常科研建立的合作渠道,帮助学生进行创业

项目孵化。例如,可组织这部分学生到与专业相关的企业单位、市场进行参观、调研考察,或到校企合作对口单位进行真实岗位体验现场教学。通过校团委、科技处、学工处、校创新创业中心等多部门的协作,为有创业愿景的学生提供持续帮扶,给他们提供知识产权申请、创业政策解读、创业资金融资及场地租赁、创业培训和综合服务为一体的创业项目孵化服务。

三、课程教学体系设计及实践

基于创新型人才培养全过程的"自动控制原理"课程教学体系架构采用"金字塔式",分别由理论教学、实验教学、创新教学、创业孵化四大模块构成,如图 8－11 所示。

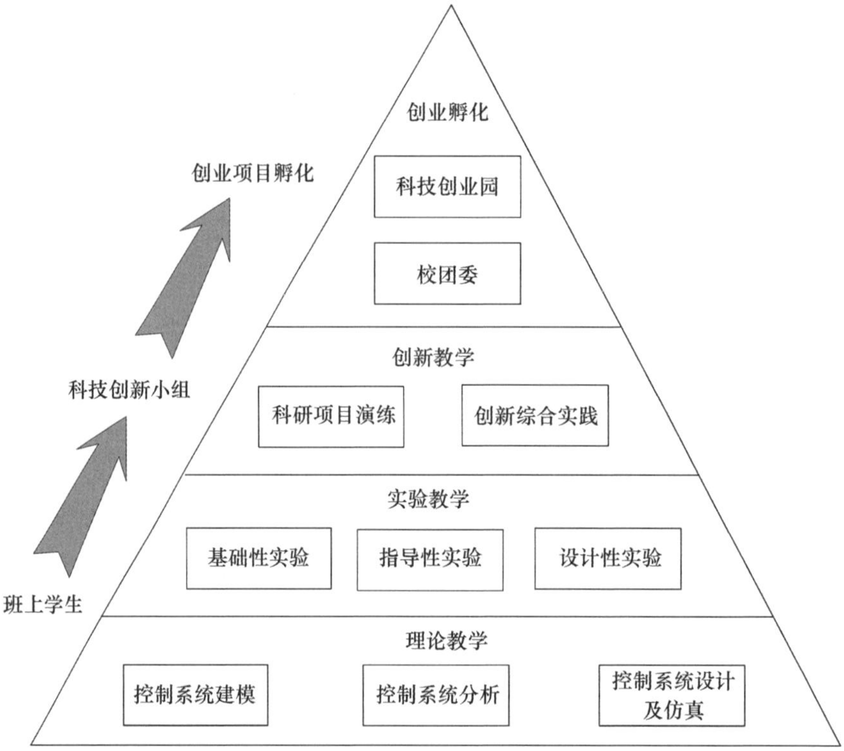

图 8－11　面向创新型人才培养全过程的"自动控制原理"课程教学体系架构

任课教师在讲解了自动控制原理中关于系统建模、系统分析、系统设计及仿真三大块基本理论后,由学生提炼核心知识点,并确定这些要点之间的逻辑关系;然后通过面向班级全体学生、覆盖课程教学全部内容的基础性实验、指导性实验、设计性实验对基本理论进行实践;再根据科研项目演练及创新综合实践开展创新教学,提升学生创新意识;最后在校团委、科技创业园完成创业项目孵化。"金字塔式"课程教学体系结构包含了表达的逻辑(控制理论的学习)、思考的逻辑(控制系统的分析)、解决问题的逻辑(控制系统方案的设计）和演示的逻辑（控制系统的仿真）这四个方面的内容，将创新创业教育理念全面融入“自动控制原理”课堂教学中。

（一）课程教学体系建设原则

“自动控制原理”课程教学体系的建设应基于系统工程方法论的观点，要求课程教学体系内各种要素在动态过程中相互配合、相互促进、整体优化，共同保证创新人才培养目标的实现，因而课程教学体系建设过程中需要遵循目标导向、因材施教、全面评价、有效激励的原则。

1. 目标导向

通过“自动控制原理”课程教学体系的建设，进一步优化学校电子信息工程、电子科学与技术、电气工程及其自动化等专业人才教学培养过程，推动教学与科研良性互动。让“学生为本，技能为主，创新为魂”的教学理念更好地在课程教学中得到贯彻，有助于培养“宽口径、厚基础、适应力强、具有创新精神和实践能力”的综合性工程技术人才。

2. 因材施教

学生是课堂教学活动中的主体。创新型人才培养的关键就是任课教师要善于发现每个学生的“创新性”，这就需要让学生主动参与到课堂教学中来，并考虑每个学生的个体差异进行课程教学。在课堂教学中善于组织学生去发现问题、探索自控领域研究趋势。对于那些学习基础差或对本课程缺乏兴趣的学生，任课教师应主动帮扶，让他们加入课程创新团队活动中。只有在充分了解教学活动对象的基础上，才能对学生进行有针对性的指导，提出切实可行的教学控制方案。

3. 全面评价

课程教学体系建设评价是为了帮助任课教师发现教学中存在的问题，理解课程教学与学生创新创业能力培养之间的相互关系，从而真正认识到教学质量是一种永无止境的探索与追求过程。为保证评价结果的客观性、真实性和全面性，评价指标及权重的设置需要事先通过专家认证，评价主体可分别由学生、教师同行、督导专家、教务处行政人员多方组成，其权重允许动态调整。

4. 有效激励

学校应设立专项经费用于面向创新创业需求的“自动控制原理”课程教学体系的建设，根据综合评价结果来评判教师教学质量与成效，并将评价结果作为教师岗位聘任、职称晋升、评奖评优的主要依据。

（二）课程教学体系建设内容

基于创造性人才培养的视角，我们将课程教学体系建设置于整个高等教育适应经济社会发展需要的大格局中进行，通过运用创造学的有关理论和方法在课程教学活动中培养学生的创新素质，将“自动控制原理”课程教学目标直接定位在学生创新素质的培养上，鲜明地体现创新创业教育的要求。

结合学校创新创业教育实际现状以及电子信息工程、电子科学与技术、电气工程及其自动化等专业对“自动控制原理”课程教学的实际需求，“自动控制原理”课程教学体系建设内容必须全面，覆盖整个线性定常系统及采样控制系统的分析和设计方法。让学生通过这些内容的学习能够掌握反馈控制系统的基本理论与基本方法，尤其是系统分析方法中的时域分析法、根轨迹法和频率特性法，任课教师必须思考如何将专业未来发展趋势及对创新创业人才需求的本质融入这些教学内容中，让学生掌握自动控制系统的基本问题，并能够根据生产实际的要求，具备较强的分析和设计自动控制系统的能力。课程教学体系建设内容框架如图 8－12 所示。

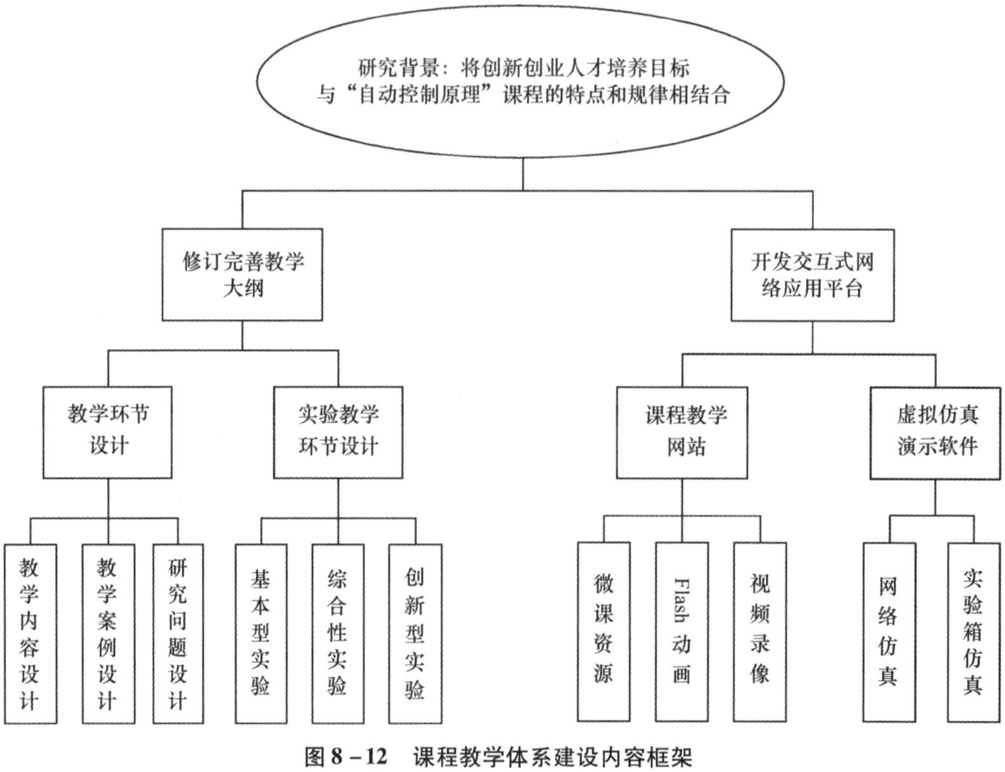

图 8－12　课程教学体系建设内容框架

首先，根据创新创业型人才培养目标和“自动控制原理”课程的特点和规律，修订完善适用于创新创业教学的课程教学大纲。其次，开发与之配套的智能交互式课程网站平台。最后，在教学过程中，以研究问题为基础，构建以航空国防特色专业为背景的项目案例，进行教学环节和实践性环节设计，在知识点讲解基础上融合当前科技作品竞赛、创新创业大赛等活动中对自动控制理论的需求等；课程实施中有目的地运用有关创造性教学的方法，设计开发课程网站和虚拟仿真软件等工具进行辅助教学，使基于创新人才培养全过程的“自动控制原理”课程教学体系能够取得更好的应用效果。

（三）课程教学体系实践过程

基于创新人才培养全过程的“自动控制原理”课程教学体系在教学实践过程中应注重顶层规划、教学内容导引、考核评价反馈、协同育人机制等内容的设计。

1. 顶层规划

学校应从制度层面出台课程教学体系建设与管理办法，根据专业定位和专业特色，促进专业课与创新创业教育有机融合，把最新研究成果融入课堂教学。从创新创业教育和航空国防特色专业人才培养的视角分析地方高校培养高级工程技术型人才所应具备的知识、能力与素质的内涵；合理界定“自动控制原理”课程教学在创新创业型人才培养及航空国防专业教育中的作用及目标定位，使教学要素内涵定位更加准确、教学结构更加科学合理、教学活动组织更加优化，明确分类、分级推进全面融入创新创业教育理念的“自动控制原理”课堂教学的指导思想。

2. 教学内容导引

教学实施过程中，教学内容模块化及信息化导引方法设计是“自动控制原理”课程教学体系改革的难点，需要进一步明确课程的知识体系结构，厘清精讲课、习题课、交流讨论课、创新创业引导课的区别和联系，并根据每一部分专题教学内容进行信息化导引方法设计；考虑如何充分集成和利用现有各类自动控制理论教育资源进行教学内容导引设计，设计开发配套教学软件及网站；考虑如何增加实验和实装场景教学，解决传统教学多依赖 MATLAB 仿真验证而无法达到学生创新能力培养的问题。

3. 考核评价反馈

针对学校人才培养特色，实际建设中，可考虑引入现代航空企事业单位的人才考评机制，设计一套强调创造力与综合解决问题能力相结合、设计实践与综合设计能力相结合的动态监控评价机制，实现对控制系统基本理论、实践操作和创新能力等不同方面的教学质量监控，突出对学生创新素质的综合评价。改变过去卷面成绩 + 实验成绩的单纯考核方式，转变为注重过程和能力的综合考核，考核评价内容涵盖“金字塔式”课程教学体系结构中每个模块内容，更好地体现该教学体系考核全程化、多元化思想，从而更全面、综合地评价学生的创新创业能力。

4. 协同育人机制

“自动控制原理”课程教学体系建设强调创新型人才培养全过程，涉及高校多个职能部门，如教务处、各专业教学学院及系部、校团委、学工处、创新创业实践中心等。因此，学校应成立大学生创新创业教育改革工作领导小组，大力推进人才培养与社会需求之间的协同，加强对创新创业工作的组织和指导，并由教务处统筹协调开展创新创业教育改革工作，形成有需求导向的学科专业结构和就业创业导向的人才培养模式调整的新机制，为“自动控制原理”课程教学体系建设提供保障。

第三节　基于“专创融合”教育理念的实验教学体系

面对这种跨学科知识的广泛需求，新工科概念因更强调学科的实用性、交叉性与综合性，自然成为地方高校重点建设内容，也极大地推动了地方高校实验教学的创新与突破。具体而言，传统的实验模式和教学体系已经很难满足新工科建设需求，尤其是一些专业性强的实验，固定的实验室和有限的实验内容无法为学生架构起全部有效的知识结构体系，有限的实验资源、缺乏创新的实验手段、固化的实验步骤、单一的实验评价手段都是导致实验教学系统亟须重构的重要因素。在教育部政策推动下，各省(区、市)逐渐重视省级虚拟仿真实验教学项目的培育与申报工作，地方高校也加快了虚拟仿真实验项目建设力度。“虚拟仿真实验项目”与“示范性虚拟仿真实验中心”建设已经成为我国高等教育信息化领域建设重要任务和教育产业升级的主要动力。然而，当前一些地方高校虚拟仿真实验教学项目无论是项目自身建设质量还是与实验教学融合程度都存在不少问题，对创新创业教育理念的贯穿和执行力度有待增强，这都是今后实验教学改革着重需要解决的问题。

一、综合航空电子系统实验教学环境及目标

综合模块化航空电子与控制是由导航、控制与机载电子设备组成的复杂系统，是国际竞争高科技领域，也是关系国防安全的关键领域。在此背景下，航空电子信息类相关专业为培养该领域人才，迫切需要充分利用信息化技术建立先进的面向多学科专业的虚拟仿真实验教学系统，帮助学生更好地理解综合模块化航空电子与控制系统中的关键技术问题，从而为飞机航电系统的设计、制造、安装与调试工作打下良好的基础。南昌航空大学建立了一套虚实结合、形象直观、反映工程实际的航空电子与控制虚拟仿真实验教学系统。该系统旨在服务本校电子信息工程、电子信息科学与技术、自动化、电

气自动化专业以及航空电子与控制类专业高年级学生和导航制导方向的研究生课程教学,包括基础实验教学、综合性实验教学和创新性实践教学,并且实验教学内容、教学模式和机制的不断更新、发展和优化,在青年教师培养和航空企事业单位、军地融合人才培养中发挥了重要的作用。

(一)实验教学环境

从学科发展实际需要出发,学校以实验教学示范中心和校外实践教育基地为抓手,打破学院、专业、课程壁垒,建立集教学、科研、研发等功能为一体的立体化实验实践教学平台,整合单片机与嵌入式系统实验中心、电工电子实验中心两个江西省实验教学示范中心,构建多学科交叉融合的电工电子教学实验中心,满足全校“电工电子”“单片机技术”“嵌入式系统技术”等课程的实验教学需要。

本书设计实现的虚拟仿真实验教学系统依托南昌航空大学综合航电系统数字实验平台,也是整个创新创业教育实践体系中的一部分。实验中心实验环境严格按照国家标准,实验室布局集中、合理、安全,该平台主要面向全校5个学院近控制类专业及课程的高年级本科生和导航制导方向研究生进行飞行控制理论的实验教学,以培养具有强实践能力和创新精神的高素质航空电子类专业人才为宗旨。实验内容强调以航空工业为背景,产学研结合,突出学生创新型工程能力的训练和培养。数字实验平台于2015年建设完成,主要设备包括:连接各实验室的100兆交换式以太网(与校园网相连)、16口千兆以太网交换机、SGI Onyx2工作站、HP服务器、VR人机交互设备、高档微机、集群、图像数据采集设备(高分辨率扫描仪、数字摄像机)、高分辨率投影仪、小型三自由度转台、移动靶标、飞行模拟座舱、舵面可驱动飞机模型等。该数字实验平台室内场景如图8-13所示。

图8-13　综合航电系统数字实验平台室内场景

学院部分基础实验室内部场景如图 8－14 所示。

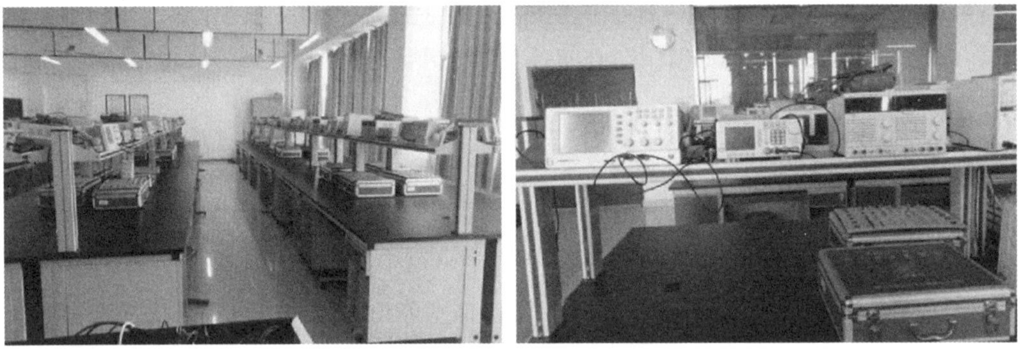

图 8－14　基础实验室内容场景

实验教学楼按现代化标准进行施工，楼内防火报警器、防盗报警器、消火栓、灭火器、防盗栏、安全通道门、安全通道指示、安全防护、环保等设备一应俱全。中心大楼实行专业化物业管理，物业公司的保安人员 24 小时值班，保洁人员每天对实验教学楼进行卫生清洁。为了确保实验室正常开放和运营，学校和实验中心制定了一系列规章制度：《南昌航空大学实验室设置管理办法》《信息工程学院（系）实验室管理岗位职责》《信息工程学院仪器设备管理细则》《南昌航空大学实验室仪器设备管理、借用及损坏、丢失赔偿制度》《实验室管理制度》等。实验中心对所属用房进行了科学合理的规划，实验教师集中办公。

（二）实验教学系统教学目标及技术实现

通过虚拟仿真实验，应实现以下教学目标：

（1）利用实验室全数字综合航电系统先进便捷的原型实现途径和虚拟仿真技术，让学生掌握航电系统及其控制系统（包含系统结构设计、动力学仿真、传感检测元件、飞行控制系统等）的教学内容，完成从原理到实现的全过程认知实践。

（2）模拟飞机操控，通过虚拟仿真形式获取各导航卫星的信息，并利用虚拟仪表进行跟踪处理，帮助学生学习和掌握多传感器组合定位以及导航系统中所采用的设备与系统的特点、结构和工作流程，完成整个飞机驾驶的实际场景仿真。

（3）按照虚拟教学系统提供的虚拟环境，允许通过远程网络设计飞机起降制导律和控制律，完成设置飞行数据以及操作起飞、巡航、攻击及返航等一系列飞行控制实践，利用三维虚拟仿真的形式给出飞行器的运动轨迹生成与获取的过程。

实验教学系统采用基于 WebLearn 虚拟仿真的实验教学技术架构，划分为实验资源管理和实验教学管理两部分，利用互联网对多种形式的实验教学软件资源进行管理（图

8－15)。实验底层数据采用面向多领域的建模工具 AlgDesigner V3.0,包含控制算法模型库、导航算法模型库、动力工程算法模型库、能动设备算法模型库、飞行工程设备算法模型库等多领域跨学科的虚拟仿真建模平台。基于以上平台,可以对航空飞行工程、航空导航工程、航空动力工程、航空控制工程进行多领域的建模。

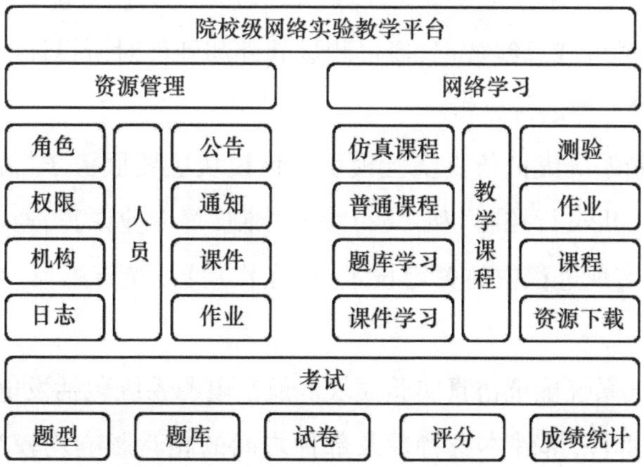

图 8－15　实验教学系统的技术架构

虚拟仿真实验采用基于云端数学模型的虚拟仿真技术,抽象为统一的虚拟实验构件、底层数学模型、逻辑机制等共性关键性技术,形成可扩展的虚拟实验构件库,为虚拟实验平台提供后台逻辑支撑运算,在前台利用虚拟现实技术搭建可视化的实验场景、实验物品、实验逻辑,形成支持演示、交互、计算、设计的一体化实验环境。实验结果课根据学生操作实时变化,具有推演性。实验场景采用国际先进的 Unity 3D 技术还原,学生能够沉浸式交互式学习,有效激发学生的探索欲和积极性。

二、虚拟实验教学系统功能模块设计

本虚拟实验教学系统以航空机载系统为背景,把飞行器设计、飞行导航控制、电子工程和计算机等专业内容以虚拟实验的形式加以提炼,开发出系列的基于虚拟现实与增强现实的虚拟仿真实践资源。将相关专业的实验资源进行整合和优化,形成与之相对应的航空电子与控制虚拟仿真实验教学体系,设计若干虚拟仿真开发项目,以立项的形式,促进虚拟仿真学生俱乐部和开发小组的组建。综合航空电子与控制系统虚拟仿真实验教学系统项目建设包括以下模块。

(1)飞行器导航与测试虚拟仿真实验模块。该模块主要服务于"定位与导航系统""现代导航测试技术""最优滤波与组合导航""全球导航卫星系统"和"测试信号分析与处理"等专业课程,主要内容包括航空电子与控制系统的工作原理、结构、运动方式、力和能量的传递方式，飞行器信息感知、信息传输、飞行/任务控制、执行机构，以及实验对象的构思、分析和计算，通过三维虚拟仿真的形式实现惯性导航系统与卫星导航系统，为后续惯性/卫星深组合仿真奠定基础。

(2)飞行器信息传输与处理虚拟仿真实验模块。该模块主要服务于“网络通信实现技术”“航空总线技术”“并行与分布式计算”和“嵌入式测控系统”等专业课程，以虚拟仿真的形式生成各类机载总线数据，通过测试软件和硬件对所设计的航空总线架构、传输协议、误码率及时延等进行分析。

(3)飞行器控制系统虚拟仿真实验模块。该模块主要服务于“光通信”“飞行控制系统”“直升机/无人机飞行控制”和“飞行综合控制”等专业课程，通过三维虚拟仿真环境，对电/光传飞控实现过程中的关键技术，如光作动器、光传感器、光总线等进行设计与开发实验。

(4)飞行器电气系统虚拟仿真实验模块。航空电源系统包括发电、电能变换、配电、负载等多个单元及部件，部件本身特性及部件之间的相互影响均较为复杂。该模块以飞机电源实物系统为测控对象，通过虚拟仪器软件或示波器进行飞机电源结构、电子线路、电压检测与控制设计与分析。

(5)航空无线电导航控制虚拟仿真实验模块。针对航空无线电导航系统在实际飞行过程中控制难度大、危险性高和设备精密昂贵等问题，采用 Unity 3D 技术开发了面向大型民用机场飞机返场的无线电导航控制虚拟仿真实验平台。将航空工程项目融入无线电导航控制实验，建立与实际工程项目操作相一致的实验过程，使学生具备多学科知识，并培养学生利用知识在实验中发现问题并解决复杂航空工程实际问题的能力。

在上述虚拟仿真实验教学模块建设的基础上，按照综合航空电子与控制系统闭环仿真架构，将各实验模块有机关联起来，对无人机、直升机、大型客机等飞行器构建综合性虚拟仿真实验平台。结合开发的虚拟仿真实践资源，促进虚拟仿真学生俱乐部和开发小组的组建。

(一)飞行器导航与测试虚拟仿真实验模块

飞行器导航与测试主要是测得飞机的航姿信息和大气数据信息，为飞行控制系统提供实际数据，并与飞行指令比较后生成指令误差，送到飞行控制计算机进行控制律计算。在虚拟实验室构建过程中，可采用两种虚拟仿真实验实现方式：一种是采用 VRML(虚拟现实建模语言)技术结合 ActiveX 控件实现的三维虚拟仿真实验；另一种是基于 Flash 的二维虚拟仿真实验。

该虚拟仿真实验教学系统包括参数设置、真实实验数据、导航设备仿真、信息存储与处理、硬件综合控制与通信、导航计算机及信息显示处理模块等，其体系结构如图 8－16 所示。图 8－17 为惯性导航和卫星导航系统交联图。

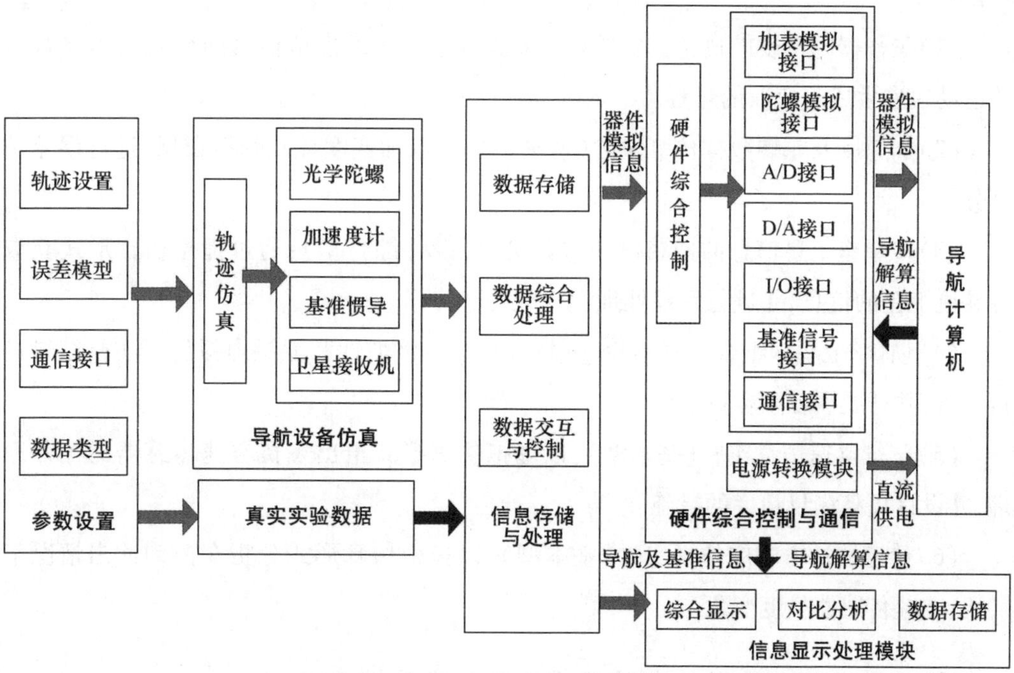

图 8－16　飞行器导航与测试虚拟仿真实验模块体系结构

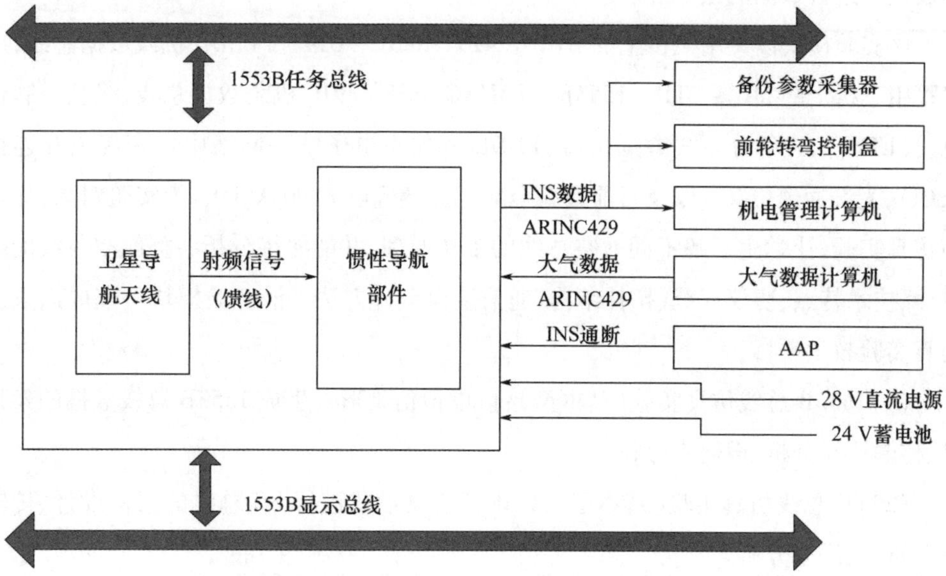

图 8－17　惯性导航和卫星导航系统交联图

该模块可为本校电子信息工程、通信工程、电子信息科学与技术、自动化、测控与仪器、飞行器设计等专业的本科生、研究生开设以下惯性导航与卫星导航虚拟仿真实验项目：

(1)飞行器高精度航迹仿真实验(认知型)：通过三维虚拟仿真的形式给出飞行器的运动轨迹生成与获取的过程。

(2)加速度及陀螺数据仿真实验(基本型)：获取加速度计及陀螺数据，进行误差仿真分析。

(3)多星座卫星信息的捕获跟踪仿真实验(设计综合型)：通过虚拟仿真形式获取各导航卫星的信息，并进行跟踪处理。

(4)惯性/卫星深组合仿真实验(创新研究型)：将惯性和卫星虚拟仿真实验结果进行分析，并开展深度融合算法研究。

(5)飞机空速仿真实验(基本型)：以虚拟仿真形式给出飞机空速传感器的工作原理，并设计提高测量精度的措施。

(6)传感器冲击响应仿真实验(基本型)：以虚拟仿真形式分析在振动冲击情况下气压、空速传感器精度变化。

(二)飞行器信息传输与处理虚拟仿真实验模块

飞行器信息传输与处理，是指将测得传感器信息和指令信息通过数据链传输到计算装置并进行数据的预处理。

该实验模块以民用飞机上的 ARINC 429、AmNC－629 和 CSDB 机载数据总线，应用于军用飞机上的 MIL－STD－1553B、STANAG 3838 /3910 机载数据总线，线性令牌传递总线(LTPB)，光纤分布式数据接口(FDDI)和航空电子统一网络中可变规模互连接口(SCI)，光纤通道(FC)，以及目前最新全双工交换式以太网(AFDX)为实验对象，通过虚拟仿真实验，让学生了解不同航空总线的工作原理，并能熟练分析各类航空总线的架构设计、技术特点、协议规范、拓扑结构、通信接口设计方法。该实验模块可完成以下虚拟仿真实验教学项目：

(1)1553B 总线仿真实验(基本型)：以虚拟仿真形式生成 1553B 总线数据的架构设计、传输协议分析、误码率分析。

(2)FC 总线仿真实验(基本型)：以虚拟仿真形式进行 FC 总线的架构设计、传输协议分析、误码率分析。

(3)AFDX 总线仿真实验(基本型)：以虚拟仿真形式进行 AFDX 总线数据分析。

(4)航空网络综合仿真实验(设计综合型)：以虚拟仿真形式生成先进航空网络(如

LTPB、FDDI 和 SCI)总线数据,对其进行分析。

(三)飞行器控制系统虚拟仿真实验模块

飞行器(含发动机)控制主要通过获取的传感器信息和指令信息进行控制指令计算,并由执行机构执行。该实验教学模块不仅结合当前实际研究进展,还面向未来飞行器控制领域发展趋势,通过光电信息传输、光传控制作动器、超高速光传信息传输等虚实结合实验,培养学生的创新意识和创新能力,同时为教师提供科研实验平台。

利用虚拟现实技术和真实气动力学模型,可创建逼真的飞行环境与操作环境来进行飞行模拟,极大增强模拟训练的真实感,能够对模拟座舱中的驾驶杆、油门杆以及实验平台的转动、伺服机构的伸缩进行模拟,提供不同飞行情况下驾驶、机组人员及乘客的模拟训练。学员可以根据需要修改参数,通过对故障设备局部放大及故障过程进行慢速度回放的方式,帮助驾驶员从多角度观察设备运行情况或故障发生过程;在动态重构的三维场景中,通过动画实时显示飞机模型在飞行程序的控制下如何实现制导飞行和姿态控制,驾驶舱虚拟仪表能够显示飞行器的实时姿态和位置。

该实验教学模块融合飞行中所遇到的各种元素,对于气象及地理环境、飞行控制率、空气动力、稳定增强系统、自动驾驶仪和其他飞行器装备(如航电、电气)、地面飞行引导等,都能够在虚拟实验教学模块中以独立的控制组件进行建模,从而全面考验飞行控制程序的适应能力,在一定程度上避免人工判读飞参数据的效率低及漏判、误判问题。图 8 – 18 为飞行控制虚拟仿真演示系统结构。

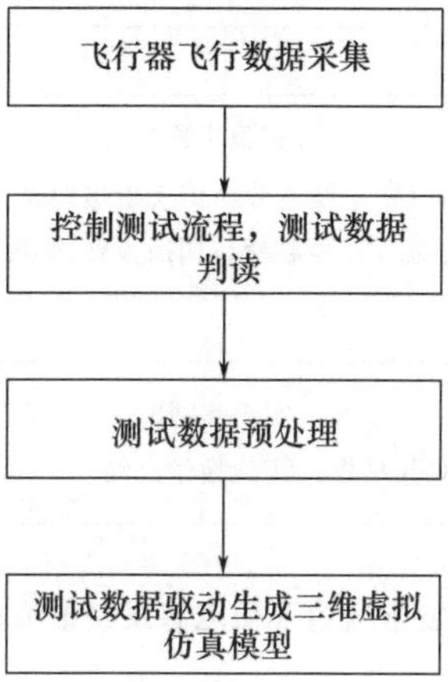

图 8 – 18　飞行控制虚拟仿真演示系统结构

(四)飞行器电气系统虚拟仿真实验模块

当代新型飞行器朝着多电、全电飞机方向快速发展,有必要通过建模、仿真和搭建虚拟实验教学对飞行器电气系统进行研究。飞行器电气系统主要包括提供能量的发电系统、航空电机及其热管理系统等。该虚拟仿真实验模块利用现有航空电源系统仿真支撑平台,结合多电飞机发展方向,构建航空宽变频交流电源系统、航空高压直流电源系统虚拟仿真实验教学模块。限于篇幅,下面给出双发电通道飞机电源系统虚拟仿真实验流程,如图 8－19 所示。

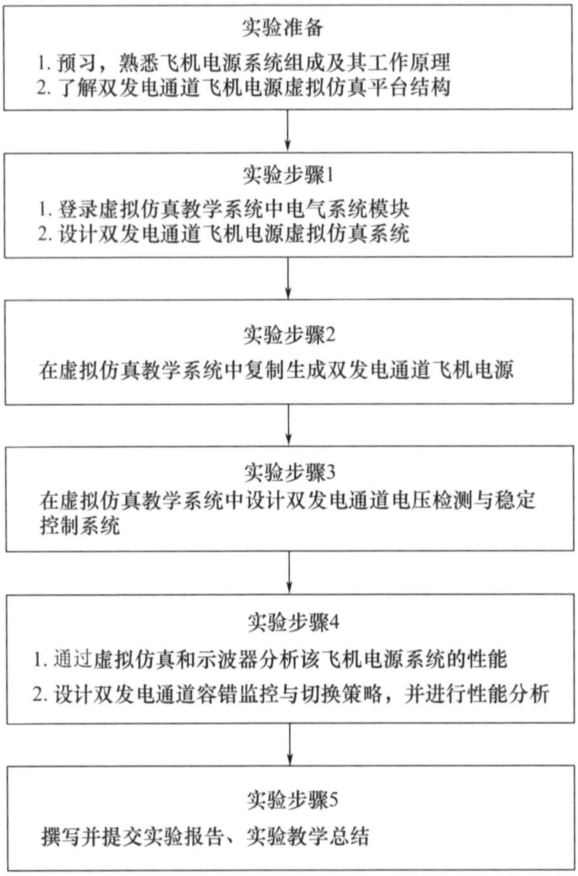

图 8－19　双发电通道飞机电源系统虚拟仿真实验流程

该模块能够以虚拟仿真的形式进行飞机低压直流电源结构、电子线路、电压检测与控制设计与分析,生成双发电通道电源输入和输出信号,通过虚拟仪器软件或示波器等进行电子线路、电压检测与控制设计及分析。

（五）航空无线电导航控制虚拟仿真实验模块

该实验模块采用基于飞机空气动力学模型的虚拟仿真教学形式，模拟大型民用机场中的无线电导航系统，并以实际航空工程项目中的“起落航线控制”为教学案例，依据OBE教育理念将无线电导航系统控制过程融入其中，为学生展现与实际工程项目相一致的操作流程，使学生理解无线电导航系统中自动测向和仪表着陆系统的工作原理及其相关的运用能力，以提高学生的工程实践和创新能力。本实验教学按照情境体验式和项目案例式教学方法在本虚拟实验仿真实验平台实施，实验教学过程如图8-20所示。

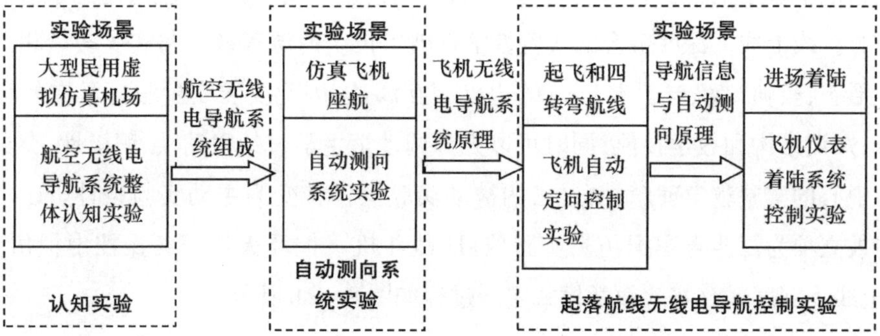

图8-20　实验教学过程

1. 自动测向系统模块

该模块仿真自动测向系统机载设备和地面导航台的基本组成、工作过程以及系统调谐、定向和定向稳定性分析的流程。系统工作过程的仿真时，将地面导航台置于仿真机场的实际位置，发射无线电波，机载罗盘接收该无线电波，判断导航台与飞机之间的位置关系。

2. 仪表着陆系统模块

该模块仿真着陆系统的机载设备和地面设备（包括下滑台、航向台和指点信标）。将地面设备置于仿真机场的实际位置，并发射无线电波，产生信标信号，机载设备接收该信号，经计算后由机载设备进行指示，根据指示判断飞机偏离机场跑道情况。

3. 无线电导航控制模块

该模块通过建立飞机的动力学模型，模拟航空工程项目“起落航线控制”，并融入自动测向和仪表着陆系统的工作流程。系统通过建立的飞机动力学模型，模拟飞机从机场起飞，经四次转弯后，进场着陆的全过程。在四转弯中，模拟自动测向系统的工作流程和控制方法，测量相对方位角等实验参数。在进场着陆阶段，模拟仪表着陆系统的工作流程和控制方法，记录相关着陆实验数据，并画出相关实验曲线。

三、实验教学系统实现路径

在综合航空电子与控制虚拟仿真实验教学中，灵活采用线上线下相结合、案例教学、情景体验式教学、小组讨论等教学方法。学生根据虚拟仿真实验教学系统发布的教学资源完成课前、课中、课后的全部实验内容，并利用校园网络平台的在线实验资源自行设定学习路径和策略，如查阅实验操作资料、观看教学引导视频、交互式研讨实验内容及小组协同实验等。实验教师或实验员需要关注学生线上学习状态和学习效果，并将其作为线下教学的依据，确定需要重点讲解的内容及实验操作过程、注意事项及必要的答疑等。线上线下深度融合的实验教学打破了传统的课程教学与实验教学相互独立的教学形态，教师"教"与学生"学"的边界相互渗透，因此要求实验教师具有较强的实验素养、知识结构和教学技能，同时可以充分调动学生学习的主动性、积极性，突出了以学生为中心的实验教学理念，由过去的被动实验操作转变为主动实验设计。以本实验系统中被立项为江西省虚拟仿真实验项目"战斗机飞控及火控任务操控虚拟仿真"为例，线上线下深度融合实验教学模式实施过程如图 8 –21 所示。

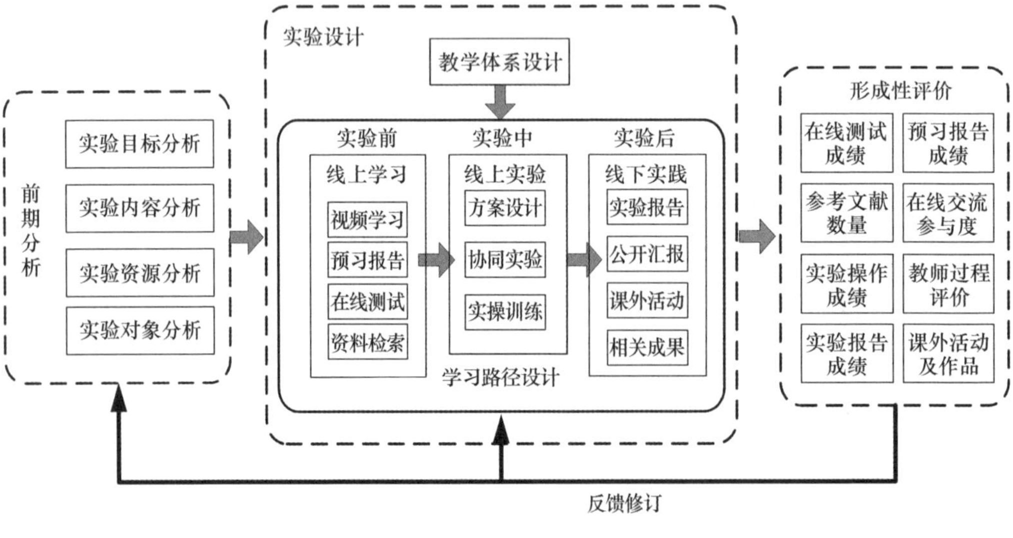

图 8 –21　线上线下融合实验教学模式实施过程

（一）实验教学体系设计

实验能力和实验方法是科研人员必备的技能之一，也是培育学生创新素养的一个重要因素。以创新素养和实验教学目标的三个维度为切入点，学校制定了基础实验教学过程分析流程(图 8－22)。实验教学内容是与理论课相辅相成的,是把理论知识转化为实际操作的一种方式,同时也是加深理论理解的过程,可以提高学生的动手能力。所以重点对其中的实验内容设计、硬件设施配套、实验教学过程、实验评价方式开展了优化和实践工作。

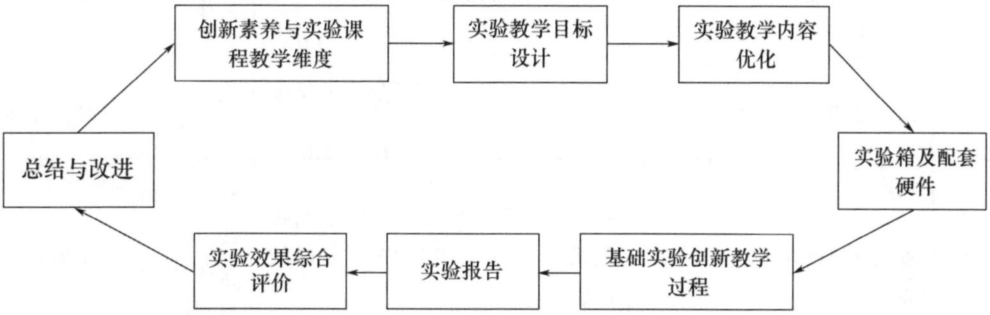

图 8－22　实验教学过程分析流程

其中,虚拟仿真实验项目作为线上线下深度融合实验教学的主要平台,一方面需要加强虚拟仿真实验项目自身建设,另一方面还需要将实验过程中涉及的相关理论知识融合到实验项目资源设计中,并着重考虑如何联动线上线下融合教学的情境设计。为此,必须从实验教学体系设计入手,强调实验前期分析,由实验教师预先对实验目标、实验内容、实验过程、学习者进行分析后完成实验教学设计,明确实验教学理论框架,建设相对完整的虚拟仿真实验资源库,并提供给不同层次的学生使用。学生通过实验前自主学习、实验中内容设计、实验后报告写作完成全部实验,如有疑问可在线提出,由实验教学团队负责答疑。线上线下深度融合实验教学体系设计框架见表 8－1。

表 8－1　线上线下深度融合实验教学体系设计框架

实验单元	实验教学目标(学习达成度)	教学过程或活动设计	教学方式	教学主体
1	培养学生问题求解能力,树立航空报国理念	依托虚拟仿真实验项目教学资源,学生查阅相关资料,自主学习	线上自学、线下面授	教师主讲
2	掌握航空电子相关概念及基本技术、技巧,使用相关工具及其子系统工作原理等知识的能力	线上实验,视频学习、在线测试;线下听课、答疑	线上自学、线下面授	师生参与

续表 8-1

实验单元	实验教学目标（学习达成度）	教学过程或活动设计	教学方式	教学主体
3	知识迁移能力	线上实验设计，运用先行课程知识理解实验理论，分析与解释实验数据	线上实验操作	学生为主
4	团队合作，沟通交流能力	线上学习讨论，线下开展实验结果汇报、交流	线上讨论、线下答疑	师生互动
5	批判性思维训练	不同实验设计方案的结果比较，批判式地发现实验操作中出现的问题	线上实验、线下实验报告撰写、教师批阅	学生为主
6	可持续学习与发展能力	参加专业竞赛，参与教师科研项目，申请专利，科研论文写作，为学生提供扩展性学习途径	线上学习、线下实践	学生为主

（二）学习路径设计

基于实验主体对象学习行为和特征分析，本实验主体对象为飞行制导与控制、电子信息类（航电方向）专业的高年级本科生，也可以是航空类相关专业的低年级本科生。对于专业类高年级学生，侧重通过该实验掌握航电系统原理及其较深层次应用，并能够自主设计实验内容，从而培养创新型思维能力；非专业低年级学生则仅需要通过该实验教学掌握航电系统工作基本原理及飞控、火控系统的简单应用，从而对飞机综合航电系统及其应用具有一定的认识。为兼顾两类学习主体特征，可以将全数字航电环境下飞控和火控系统操控实验按照实验教学全寿命划分为认知层（课前）、操控层（课中）、创新层（课后）三个层次，学习者根据自身专业基础选择相应层次的实验内容和操作即可。

1. 认知层

以虚拟仿真技术展示战斗机及座舱环境全部仪器仪表的全貌，尤其对第三代综合航电系统主要功能模块及相互关系，包括机上电源、多功能显示器、惯性导航系统、大气机、任务机、武器外挂管理系统等与雷达相关的综合航电系统主要设备的工作情况及使用技能的仿真演示，帮助学生从原理到实现的全过程完成认知。认知层设计的重要内容就是实验教学辅助资源设计，学生通过实验资源完成自主学习。实验前，学生通过观看虚拟仿真项目简介视频、实验教学引导视频，掌握实验的目标、要求、内容及操控技能；实验基础理论介绍可以让学生准确完成实验基础理论知识的储备，学生通过线下学习查阅资料，完成实验前相关知识预备；在线测试可以评估认知层所要求的实验教学目标达成度，如问题求解能力、基本实验技能等。

2. 操控层

利用虚拟仿真技术真实显示实验室场景、综合航电仪表、飞机座舱环境等实验活动场景，让学生有“沉浸感”的操控体验。学生通过运行虚拟仿真软件完成战机飞控系统操控任务模拟和战机火控系统操控任务模拟两大实验内容。在操控实验过程中，要求学生自行设计控制律，完成飞行路线设置，并能够根据飞行参数模拟状况调整飞行姿态，模拟导弹攻击和电子对抗等战术动作，旨在提升学生对战斗机飞控系统和火控系统核心理论的掌握程度。线上交流和讨论模块方便学生就实验内容和结果开展分析，相互答疑；实验教师发布实验要求，开展专题讨论，促进学生知识迁移能力、沟通交流能力等核心能力提升。

3. 创新层

创新层的学习路径着重强调线下学习，同时依托线上教学中的辅助教学资源库完成。例如，学生可以学习科技论文撰写、专利申请技巧等扩展内容，也可以通过协助教师申请科研项目、参加各类科技竞赛等活动来达到可持续学习与发展能力的培养目标；可以从线下实验报告撰写入手来培养综合能力，尤其是通过对实验现象、数据和结果的观察和分析，加深对实验课的理解，提倡采用论文式实验报告的方法来锻炼学生分析问题的能力，在实验报告写作中有助于培养学生批判性思维能力。

（三）实验教学方法

1. 线上线下相结合教学法

由于 GPS 卫星导航及 SY－80A 型火控雷达设备配置数量有限，或 GPS 卫星导航的一些重要功能（如航线监测、故障报警）无法实现，需采用线上线下相结合的方式进行实验教学，对重要的真机设备采用虚拟现实技术，让学生直接、快速、精炼地进行认知实践，同时允许学生对重要的设备进行网络查找资料及教学资源等，使学生具有坚实的理论基础。

2. 案例教学法

在教师的指导下，由学生在全数字航电系统环境下自主选定飞行控制系统典型案例，自行完成案例学习，在学习过程中提出问题、展开讨论、归纳总结、做出判断和评价。

这种实验教学方法拓宽了学生的思维空间,可以印证原理、加深理解、巩固知识,充分发挥实验项目的启发性、实践性。这种范式特别适合培养学生的应用能力。

3. 情景体验式教学法

实验项目模拟了20种不同的飞行环境。学生在飞航模拟中可真实体验飞行环境和操作环境,不受实体座舱数量限制,提供驾驶、机组人员及乘客等,针对不同的飞行情况进行模拟训练,并且强化训练人员的操作水平。

4. 小组讨论法

在本实验项目教学中多处采用小组讨论法。讨论主题可以由教师指定,如飞行器通信协议、航电系统架构及组成、航电系统安全性分析、网络通信与控制一体化、飞行器协同自主控制;也可以由各小组学生自由进行,学生根据实验项目涉及的知识点,自主决定实验时长、次数。小组成员之间相互依赖、相互沟通、相互合作,共同负责,强调集体性任务,强调教师放权给学生,非常符合飞行器导航及控制实践中的真实情况。

5. 产学研协同教学法

通过校企合作,持续拓展虚拟仿真实验教学项目,提升航空电子与控制虚拟实验教学平台的内涵,完善虚实结合的在线虚拟仿真实验教学资源库,促进教学资源的深入建设。以此为基础,学校成立了校企联合虚拟仿真实验室,构建系统先进、综合性强的航空电子与控制虚拟仿真实验教学体系,引导学生将虚拟仿真技术应用于实验实践和科技竞赛中,促进VR技术在实践教学中的普及,巩固产学研协同育人的合作成果。

(四)实验教学评价

在实验教学评价体系中,实验报告评价和实验操作评价包含了对所有监控体系中教学环节的评价标准。通过内容体系、监控体系和评价体系三个体系相互联系,融合一体,形成一个完整的课程考核体系,如图8-23所示。多主体评价体现了利益相关者的共同参与,激发了学生的内驱力,加大了企业界的参与度和话语权。多维度评价体现了教学过程、教师指导、教学目标三个要素整合。多样化评价增强了评价方法与OBE理念的符合度,非标准答案考核有效促进了学生批判性思维和创新性应用。

实验教学评价需要与线上线下深度融合教学模式相对应,不仅需要评价教学培养目标的达成度,还需要研究虚拟仿真项目整个实验教学过程所产生的功能效用。显然,虚拟仿真实验项目在实验教学中的广泛应用必然弱化传统教学中一些教学元素的作用,如教师授课状态、教学场所等。学生实验不再限于规定时间、实验室,实验主体对象的组织也具有更大的灵活性,实验场景及条件随机变化。这就要求采用"形成性评价"

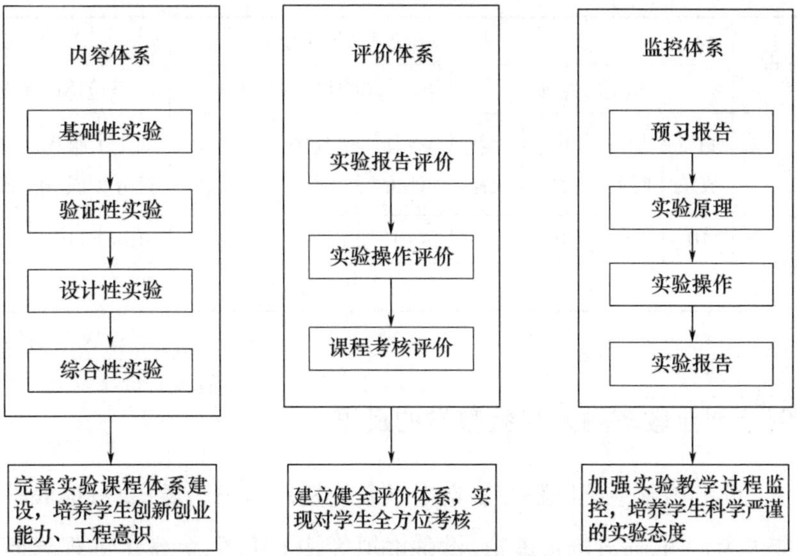

图 8－23　电路分析实验课程考核评价体系

机制，有效融合线上线下教学评价要素，设计能够反映出全实验过程中评价学生能力的指标点，通过严格的实验流程规范学生学习过程，动态跟踪记录学生学习轨迹，从而实现区分实验主体对象有效学习能力的鉴定与评价体系（表 8－2）。在形成性评价体系中，各层次对学生综合创新能力培养的界限并不是明确的，各评价权重也需要实验教师根据各地方高校实际教学情况进行调整。

表 8－2　线上线下实验教学融合形成性评价体系

评价指标点	评价层										
	认知层（课前）				操控层（课中）			创新层（课后）			
实验目标	熟练掌握综合航电系统各部分子系统工作原理及组成，明确实验要求				独立完成实验设计，按照实验目标完成预定操作任务			实验报告及科研实践活动中提出问题、分析问题和解决问题的能力			
能力指标	自主学习主动性		知识迁移能力		问题求解能力	交流沟通能力	实验基础技能	批判性思维	交流沟通能力	可持续学习与发展	
评价路径	线上自学效果评定				线上实验操作评定			线下综合评定			
评价方式	在线测试	视频学习	预习报告	资料查阅	实验设计	团队协作	操作技能	公开汇报	实验报告	课外活动	科技成果

续表 8-2

评价指标点	评价层										
	认知层(课前)				操控层(课中)			创新层(课后)			
评价依据	测试成绩	学习时间	线上批阅	提供文献	教师评价	教师评价	实验成绩	师生打分	报告成绩	参加次数	教师评价
评价权重/%	10	5	10	5	10	5	20	10	15	5	5
	30				35			35			

四、创新创业教育融入实验教学的反思

虚拟仿真实验教学系统以服务航空电子系统发展需求为导向,以培养学生工程实践和创新能力为目的,通过场景虚拟、设备虚拟等技术手段,为学生展现与航电系统及飞行控制实际相一致的操作流程,帮助学生操作包括机上电源、多功能显示器、惯性导航系统、大气机、任务机、武器外挂管理系统等与雷达相关的综合航电系统主要设备的工作情况及使用技能,达到指导训练和操作的目的,搭建起学校和用人单位间的技术桥梁。通过紧密结合航空国防特色科研,更多的优质科研资源将转化为课程教学虚拟仿真实验项目。

建设优秀的示范性虚拟仿真实验教学项目是线上线下实验教学模式设计及应用的核心部分,直接决定了地方高校实验教学体现创新创业教育理念改革的成效。本书论述的虚拟仿真实验项目是综合性、创新性较明显的实验项目,涉及飞行动力学、探测与制导、信号及信息处理、飞行控制技术等多门课程和相关专业技术、基础知识。实验内容包含第三代航电系统概念演示、导航定位、飞行航线设置及演示、航电操作平台参数设置等。要求学生具有在实验中聆听、观察、记录、质疑相关数据并对实验结果进行分析的能力,熟练操作模拟驾驶舱、熟悉航电显示仪表、设置各项参数的动手操作能力,以及与团队小组成员合作交流及沟通能力,能对实验现象、数据进行科学分析,独立完成实验报告。同时,具备较强的独立实验设计能力,对于不熟悉的实验内容,能够通过自主查阅资料完成实验内容。随着虚拟仿真实验项目建设的不断推进,线上线下教学环节融合的程度必然加深,这就要求不同学科、不同课程的实验教师团队要考虑教与学双方主体特点、实验项目自身特点,对实验教学系统进行重构设计。从实验教学实践来看,本书构建的实验教学模式比较适合综合性、实践性较强的专业核心课程实验,提出的实验教学改革方法和经验创新了专业技术教育与创新创业教育深度融合的“实验教学系统重构”的目标,可以为地方高校实验教学开展创新创业教育改革提供有价值的参

考。同时,我们对虚拟仿真教学中存在的问题也不断进行了反思。

(1)虚拟仿真教育资源的共享性、开放性决定了受众面广,这就要求虚拟仿真教学在实施过程中要把握重点,根据学生的专业要求、认知水平、自身特点等相关因素,综合考虑教学内容的难易、详细程度,不断在实践中了解情况,认真总结分析。

(2)明确情景式教学实施时的教学环节,切忌虚拟情景泛滥化。虚拟仿真项目建设需要注重理论讲解、内容分析、实践操作的协同实施;同时,要注重教学督导反馈,及时征求学生的意见建议,不断改进方法。这就要求教师要全身心地投入到教学工作中,认真拟定教学计划、编写教案、设计课程、开发情景仿真教学模块。

(3)虚拟仿真教学效果的发挥需要不断完善仿真软件的功能和性能,重视虚拟仿真教学的在线教学服务和技术支持服务。虚拟仿真教学软件作为实验教学的重要载体,其开发必须坚持满足实验教学目标及学生需求,这也是决定其能否调动教师实验改革的积极性和学生学习主动性的重要因素。只有实现了教师主导和学生主体作用在教学活动中互相作用,教学相长,才能真正推进教学深化,最终实现传授知识的目的。

第四节　融合创新创业理念的省一流课程建设实践

一流课程建设是新工科背景下提高工程教育质量、实现创新型人才培养目标的重要手段,课程建设质量直接决定了人才培养质量。在省一流课程的基础上,发挥课程更大作用,深挖课程教学痛点问题,探索课程对学生创新能力的再培养,帮助人才培养质量再提升,是一流课程持续改进的需要,也符合"金课"标准下高阶应用型人才培养的需要,具有积极意义。

一、省一流课程建设基础

(一)学校办学定位

南昌航空大学的办学定位为"工科优势突出、航空特色鲜明"的多学科教学研究型大学。学校以航空国防需求为导向,积极服务国家航空工业和江西省地方经济社会发展,确定了培养具有一定国际视野,基础扎实、实践能力强的复合型、创新型高级专门人才的办学定位。

南昌航空大学信息工程学院成立于 2009 年 6 月,由原电子信息工程学院(其前身为创建于 1979 年的电子系)等组建而成。学院拥有计算机科学与技术、控制科学与工程、信息与通信工程 3 个一级学科硕士学位授予权点。其中,南昌航空大学电子信息工程专业源于1978年首次招生的电子仪器与测试技术本科专业。1998年，教育部专业名称整合为电子信息工程专业。该专业是江西省唯一的以航空电子作为特色的电子专业，专业2002年获得江西省品牌专业，2008年获批为国家特色专业，2019年获得首批江西省一流特色专业，2022年被评为国家级一流本科专业建设点。电子信息工程专业在武汉大学中国教育质量评价中心发布的“中国大学本科教育专业竞争力排行榜”中被评为4星级专业。以服务航空和区域电子信息产业需求为立足点，专业确立了培养基础扎实、系统能力强、国际视野宽，能解决电子信息领域复杂工程问题，具有高度使命感与担当精神的高级工程技术人才作为人才培养目标。多年来为航空企事业单位及电子信息产业输送了大批专业人才，有力促进了地方经济和航空产业的发展。

（二）学生情况

南昌航空大学现有全日制在校生2.3万余人，其中本科生2万余人，研究生2 400余人。航空电子系统综合课程面向南昌航空大学电子信息工程专业，该专业为国家一流专业、国家特色专业和江西省首批一流特色专业，专业每届招收6个班，约200余人，在校生800余人。

（三）专业人才培养要求

电子信息工程专业培养适应国家、地方经济发展和航空产业发展的需求，具备健全人格、社会责任感、创新精神和国际视野，基础扎实、实践能力强，系统掌握电子信息领域的基础理论、专业知识和工程技术，能够在电子电路、信息处理、嵌入式技术等相关领域从事研究、设计、开发、应用、管理和技术服务的高级工程技术人才。

（四）学习本课程后应该达到的知识、能力水平

通过本课程的课堂和实践教学环节的实施，学生能够了解航空电子技术发展趋势，掌握典型航空电子系统（以下简称航电系统）的基本组成、工作原理、性能特点和工程分析方法，并达成以下能力目标：

（1）分析问题能力：能够运用电子信息技术相关知识和模型对航空电子工程领域的通信系统和导航系统进行定性和定量分析，评估系统性能参数是否满足航空通信和导航的需求。

（2）知识运用能力：能够运用飞行控制的相关知识，获取飞行控制、综合控制与管理和座舱显示与控制等系统的控制参量，进行测算和控制，掌握飞机综合控制的方法。

（3）对解决方案的分析和比较能力：能够对机载网络等系统不同解决方案的优劣进

行分析、比较和综合,并能确定不同应用条件下的最佳方案。

二、省一流课程的构建与实践

(一)本课程的建设发展历程

电子信息工程专业在国内率先建立航电系统课程群,包括“航空电子系统综合”“航空总线技术”“航空测试系统”和“雷达技术”,以深化专业的航空电子特色。课程群涵盖知识关联的专业基础课、核心课及拓展课。每个课程群设有来自科研成果和企业课题的配套综合实践项目,以加强学生创新实践能力培养。

南昌航空大学自2010年起面向电子信息工程专业开设“航空电子系统综合”课程。2014年,教学团队依托中央地方共建投入的经费,建成了本课程配套的实验室“综合航电系统数字实验平台”;2016年,启动课程的在线教学网站的建设工作,建成后已投入多期学生使用;2018年,基于本课程的“航空电子与控制虚拟仿真实验教学系统开发”获批教育部产学合作协同育人项目;2019年,本课程的虚拟仿真实验“全数字航电环境下战斗机飞控及火控操控任务仿真实验”被评为江西省级虚拟仿真实验,课程入选校级创新创业课程,并获得南昌航空大学一流课程建设资助;2020年,基于虚拟仿真实验应用的“建设航空特色虚拟仿真实验项目,推进线上线下融合式课程群教学模式改革”获得南昌航空大学教学成果一等奖;2021年,以本课程为例的“思政+双创的行业特色高校专业课程教学模式构建与实证研究”课题获批为江西省“十四五”教育规划项目,同年教学团队主编并出版本课程的最新教材《综合航空电子技术》;2022年,本课程团队负责建设的虚拟仿真实验“面向大型民用机场飞机返场的无线电导航控制虚拟仿真实验”和“全数字航电环境下战斗机飞控及火控操控任务仿真”均被评为江西省虚拟仿真实验一流本科课程。目前,教学团队围绕学校办学定位和创新型人才培养要求,着力打造具备航空特色、与我国航空产业紧密结合、采用线上线下混合教学模式的精品课程。

课程建设之前开展了严格的论证。通过开展社会调查,对收集到的各种信息进行分析研究,按照系统梳理和对比分析的原则对现有的有关综合航电系统的学术论文、研究报告、国家政策文件和国内外的实践案例等资料进行整理,明确新工科对专业人才的知识结构要求;按照“立德树人”的根本任务,以省内高校学科建设、学生发展以及各专业人才培养目标和培养规格要求为依据,明确课程在专业教学计划中的地位、作用和任务;结合OBE理念,理清该课程教学目标与毕业要求的对应关系,按照“循序渐进”的思考逻辑完成课程教学目标及大纲设计。

（二）课程与教学改革要解决的重点问题

“航空电子系统综合”是一门涉及知识面广、工程实践性强的专业课程，如何以产出为导向，培养思想过硬、具有创新实践能力和解决航空电子复杂工程问题能力的电子信息技术人才是本课程教学改革需要重点解决的问题，主要包括：

（1）如何建设实践教学体系，提升学生的创新实践能力和解决航空电子工程复杂问题的能力。

（2）如何通过教学设计将思政元素融入航空类专业课程的教学内容中，培养思想过硬的航空电子技术人才。

（3）如何改革课程的教学内容，使其紧密跟踪当前航空电子技术发展的最新潮流，培养学生的创新研究能力。

（三）混合式教学设计

教学团队按照“两性一度”（高阶性、创新性，挑战度）的标准开展课程建设工作，其课程设计思路如图 8－24 所示。首先，对课程涉及的最新行业动态和企业需求进行分析，提炼共性特征及存在问题。然后，依托学校创新创业教师团队理论实践成果，结合学科特点和创新创业人才技能需求，以高阶性、创新性和挑战度（两性一度）为主线。坚持学生中心、产出导向、持续改进的理念，从“课前、课中、课后”三个维度，围绕教学方法、教学设计、教学内容和考核评价方式开展课程建设的教学探索与实践工作，实现多学科交叉融合的创新创业课程体系，建设满足行业、企业人才需要的课程、项目和教材资源，其重点突出“两性一度”的课程建设理念。

基于综合航空电子系统内涵，从不同层次、维度和视角，分析提炼共性特征与存在问题，系统研究课程知识逻辑体系。通过聚焦创新创业教育发展的瓶颈问题并结合课体系结构定位，按照多学科交叉融合的设计思路对课程教学内容、教学重点进行梳理完善，同时结合国内航电系统发展趋势及江西省航空产业现状，设计出具有一定层次性、渐进性和可操作性的教学内容。

具体教学设计路径为：系统梳理综合航电系统技术专业知识逻辑体系—多学科交叉融合课程的综合化设计—课程的交融性研究与科学设计—课程的项目化和应用实践性研究—适应创新创业型人才培养要求的模块化教学内容设计—以项目案例为链条的多学科交叉融合知识点设计—成果汇总与研究报告编制。同时，重点关注工程教育认证理念在课程教学过程中的落实情况，以及使用新型教学方式方法取得的学习成效。通过所学知识的综合性、博深性、融合性，拓宽学生视野，为省内高校一流课程的教学实

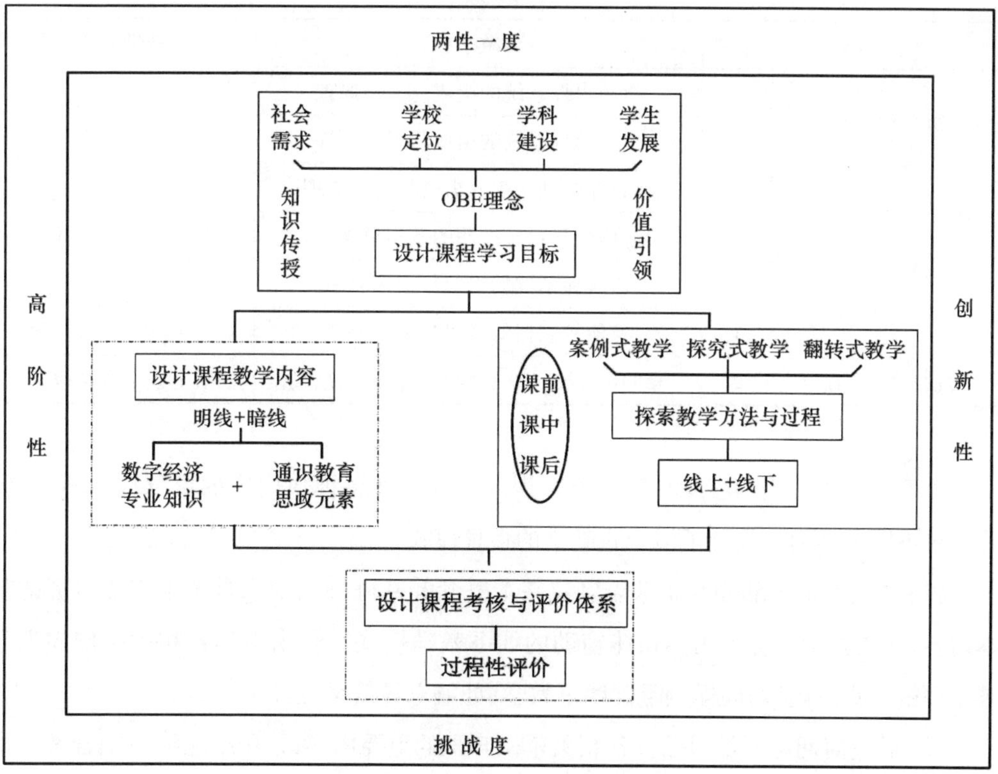

图 8-24　基于"两性一度"的课程设计思路

践提供参考。此外,本课程具有 32 学时的理论教学和 8 学时的实验教学,教学团队根据课程目标和不同知识点的特点,对理论课进行混合式教学设计(表 8-3),并根据混合式教学设计按照课前、课中、课后和评价四个阶段实施。

表 8-3　课程理论教学的混合式教学设计

教学模块	课时	主要教学内容	教学方式
绪论	2	航空电子的基本概念、部分专业术语	线下教学
通信、导航与飞行控制系统	4	航空通信系统的组成与工作原理	线下教学
	4	航空导航系统的组成与工作原理	线下教学
	2	飞行控制系统的组成与工作原理	线下教学
目标探测与电子对抗系统	4	雷达的分类、组成与工作原理	线上线下融合教学
	1	光电探测系统的组成与工作原理	线上线下融合教学
	2	电子对抗系统的组成与工作原理	线上线下融合教学

续表 8－3

教学模块	课时	主要教学内容	教学方式
综合控制与管理系统	3	机载火控系统的组成与工作原理	翻转课堂
		飞行管理系统的组成与工作原理	
		飞行器管理系统的组成与工作原理	
座舱显示与控制系统	2	座舱显示与控制的基本概念	线上线下融合教学
	5	座舱显示器的组成与工作原理	线上线下融合教学
	1	座舱控制器的组成与工作原理	线上线下融合教学
机载网络系统	2	1553B 总线、429 总线和其他新型总线	线上线下融合教学

由于学生对课程内容所具备先验知识的差异以及各模块内容的重要程度不同，因此针对不同教学内容设计了混合式教学的多种模式。

（1）航空电子的部分专业术语以及基本概念等基础理论知识是学生需要掌握的基本内容，此类教学内容采用多媒体辅助的线下教学模式。学生不具备相关基础知识且难于理解的重点内容，同样偏重于线下教学，如航空导航系统等。

（2）通过前期课程学习已具备相关基础知识的重要内容，采用线上线下融合教学模式进行教学，即学生利用课前提前观看、学习、练习，课堂上主要组织学生运用相关内容进行互动合作、交流展示、动手实践、项目任务等学习活动，培养学生问题解决、合作交流等能力品格，如目标探测系统。

（3）教学资源丰富且易于理解的教学内容，采用翻转课堂模式，即学生在线自学各模块内容，通过在线模块与其他同学交流和讨论自主学习的成果，并与教师进行在线交流，获得教师的答疑解惑，如综合控制与管理系统。

（四）课程内容与资源建设及应用情况

本课程为航空特色专业课，教学团队从 2016 年开始建设课程的网络资源，首先对课程理论教学内容进行深入分析，以知识点为单元进行教学视频的录制，并针对一些知识点制作微课或引入网络资源作为知识拓展，多角度、多方面、深入浅出地展示航电系统的技术内涵以提升学生的学习兴趣。目前本课程在南昌航空大学网络教学平台超星慕课上共有教学视频 45 个，约 445 分钟，并添加了电子课件、课堂练习、考试题库、课外读物和参考书目等内容，形成了完备的“航空电子系统综合”课程教学辅助平台。教学团队利用该教学网站提供的交互功能定期解答学生的学习问题，利用该平台中作业功能，在线布置作业并批改作业、发布成绩等。在线课程首页如图 8－25 所示，图 8－26

至图 8－28 为课程视频展示截图(课程网址:https://mooc1. chaoxing. com/course/214776641. html edit = true)。

图 8－25　“航空电子系统综合”在线课程首页

图 8－26　课程视频展示截图(刘辉博士)

图 8－27　课程视频展示截图(涂继亮博士)

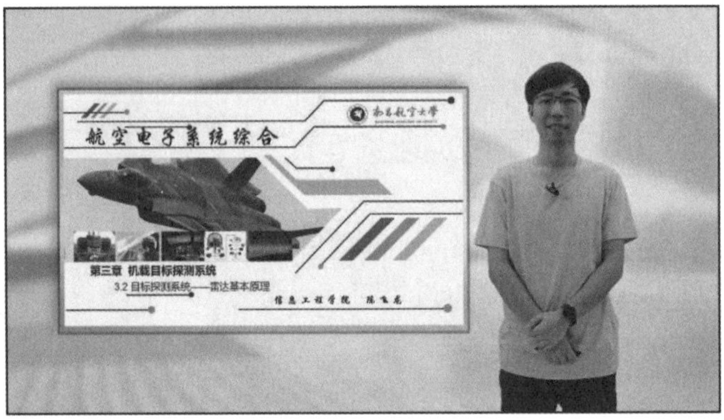

图 8 – 28 课程视频展示截图(陈飞龙博士)

本课程在实践资源方面主要有综合航电系统数字实验平台,以及两个省级虚拟仿真实验,分别是“全数字航电环境下战斗机飞控及火控操控任务仿真实验”(图 8 – 29)和“面向大型民用机场飞机返场的无线电导航控制虚拟仿真实验”(图 8 – 30)。综合航电系统数字实验平台以现代军用飞机为蓝本,构建了航电系统的总体仿真平台,通过该平台的线下教学,可以为学生建立航电系统的整体感性认识。两个虚拟仿真实验以航空电子背景的工程项目为案例,按照“两性一度”的标准进行实验设计,均已在江西省高校虚拟仿真实验教学共享服务平台(http://123.56.121.49/)共享使用。

图 8 – 29 全数字航电环境下战斗机飞控及火控操控任务仿真实验

图 8－30　面向大型民用机场飞机返场的无线电导航控制虚拟仿真实验

(五)教育教学方法改革

改进教学方法,加强以学生为中心的教育教学理念。为此,我们拟采用问题驱动学习、小组学习、项目式学习相结合的教学方式,重视教学团队航空电子信息科学领域科学研究和项目管理经验与教学的融合与建构,引导学生进行研究型、探讨性和体验式学习,突显新工科背景下多学科交叉融合性教学的实践性、情景性以及师生经验的建构意义。

在具体教学改革中,综合采用启发式、项目案例式和混合式等教学方法,按照“引入问题、案例驱动、引导讨论、启发思考”的流程,由浅入深地展开教学。首先,在线课堂开始时针对军用飞机的任务需求,提出对航电系统的设计有何要求的问题,引入课程内容,并通过先进战机航电系统的案例激发学生的学习兴趣,促进其主动思考和在线学习。其次,线下课堂中通过答疑、讨论、辩论等方式,启发学生举一反三,逐步挖掘先进航电系统的基本特点和技术特征,促进新知识的消化和升华。最后,通过课后文献阅读、小组研讨、制作教案等形式,启发学生思考当前航电系统存在的问题、未来发展的趋势,拓宽知识视野、完善知识结构,提高创新精神、创新意识和创新能力。下面以第一章第二节“航空电子系统的结构模式”的内容为例说明教学方法的实施过程,如图8－31 所示。

1. 线上营造问答情境氛围

学生通过课前查找文献资料以及教师分享的在线图片、视频资源,分析前三代航电系统典型案例具有的优缺点,并以此提出问题:当前军用飞机任务需求对第四代航电系统设计有何要求?以 F－22 等先进战机的航电系统为案例,说明第四代航电系统的基本特点和技术特征是什么?组织学生根据教师提出的问题展开讨论。

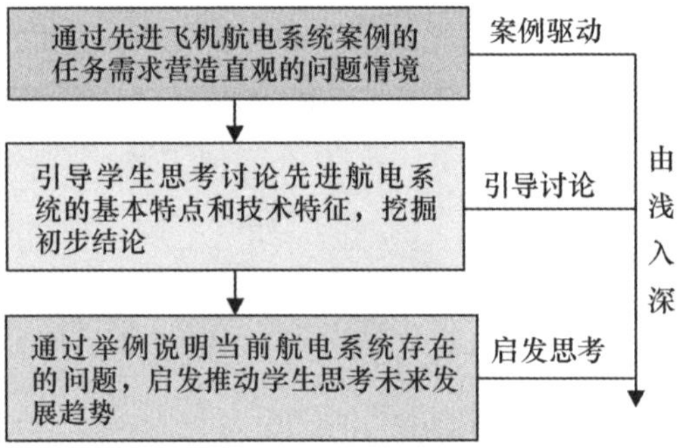

图 8－31　教学方法的实施过程

2. 线下课堂引导讨论分析场景

引出问题并对学生进行解析之后，在线下课堂中组织学生讨论交流。教师在学生的讨论过程中，积极加以引导，适时提出本课程“综合航空电子技术”这个核心概念，并通过国内外第四代战机的案例，说明电子技术的发展和空中作战需求是推动航电系统发展的两个主要因素。通过与前三代航电系统典型案例的对比，采用启发式教学方法由学生总结出第四代航电系统的基本特点和技术特征。在启发式教学过程中，需加入第四代航电系统的项目案例，引导学生推理思考，推动新知识的消化和升华。

3. 课后启发案例推理思考

课后为进一步升华新知识，启发学生思考第四代航电系统未来可能存在的问题以及解决和应对的方法，更深入地分析未来航电系统应具备的特征。上述教学方法使学生能够由浅入深地不断发现问题、解决问题，有助于培养学生的创新精神、创新意识和创新能力。

（六）课程教学内容及组织实施情况

考虑到未来学生毕业后将从事航电系统的设计和研发工作，因此本课程教学内容的组织从综合航电系统的设计需求思路出发，按照“需求牵引、层次递进、主线凝聚”的思路进行教学，如图 8－32 所示。通过该组织方式，让学生熟悉航空企事业单位的航电系统设计流程，提高其创新研究能力，为将来毕业后从事相关工作打下坚实的基础。

1. 需求牵引

综合航电系统的任务需求来源于军用飞机的作战使命，其设计也要围绕军用飞机的需求而展开。因此，从一般军用飞机的作战需求出发，抽象出综合航电系统的共性需求，作为系统设计的顶层输入，使课程内容更符合装备实际，也更具普适性。

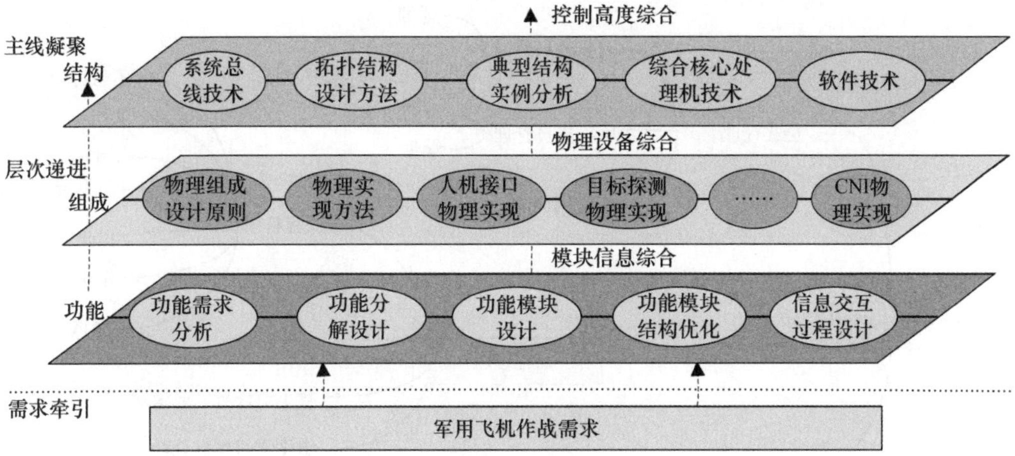

图8－32　本课程教学内容及组织实施方式

2. 层次递进

遵循装备实际构建教学内容的递进层次模型。首先，从综合航电系统顶层作战需求出发，介绍系统的功能设计、信息交互结构设计。其次，介绍功能模块的物理实现。最后，以系统总线为牵引，分析系统结构设计方法，进一步阐述综合航电系统的新技术和新方法。

3. 主线凝聚

以“综合化”为主线牵引每个层次的教学，例如，以“信息综合”组织功能层的内容，按照“设备综合”组织物理层的内容，围绕“控制调度综合”组织结构层的内容。主线凝聚的内容组织思路，不仅反映综合航电系统技术现状与趋势，也使教学内容重点突出。

为实现课程体系建设目标，课程团队建立了一套“知识模块＋实践应用”的教学资源组织体系。该体系遵循“以跨学科专业教育为基础，知识多元化、内容专业化”的原则，教学方式采用“一基两线”的模式，其中“一基”指的是“创新创业能力”这一基础，“两线”指的是为实施提升学生专业素养能力教育提供两大保障的“一个平台”和“两条渠道”，具体如图8－33所示：

“一个平台”具体是指“课程管理—班级管理—项目管理”的课程管理链条，为实施课程教学提供管理层面的保障。“两条渠道”具体是指线上自学、线下教学两大课程教学实施渠道，采用互动网络教学平台作为教学管理平台，创建多样化的互动方式。例如，可以通过问卷、提问、讨论、调查、考试等方式与学生互动，针对重点教学内容录制短视频、微课教学视频，为学生提供图文、音频、视频等各类互动教学内容，实现“全过程”“多维度”为学生深层次学习行为提供多样化的“助学”的教学需求。

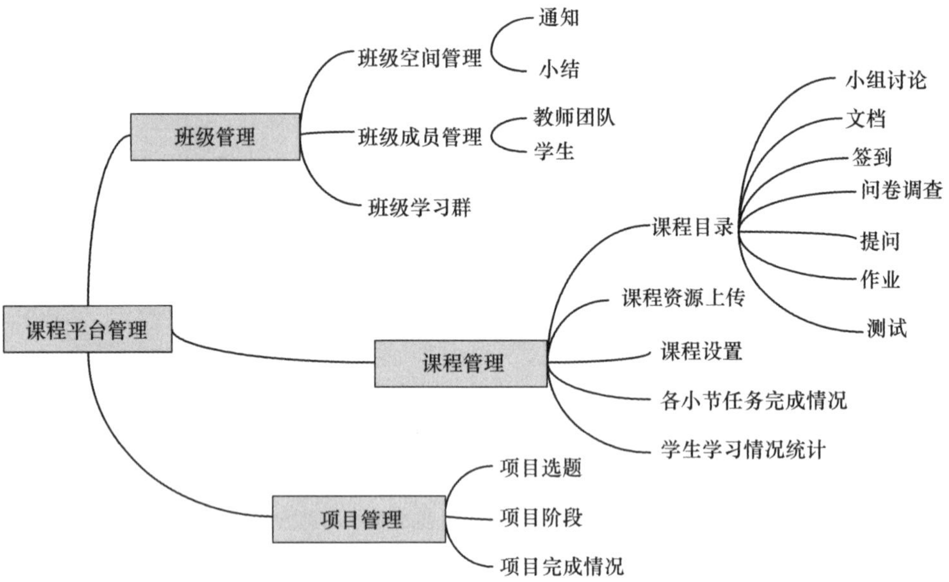

图 8－33　课资源组织框架

在建设课程知识逻辑体系的基础上，基于多维度与多元化模式相结合的研究思路，打破传统教学中课程与专业课程彼此独立封闭的壁垒，注重前沿知识、专业知识和学科交叉知识体系融合综合建设，引领未来航电系统产业与科技发展；并以辩证统一的思维方式挖掘课程思政内容，深度挖掘提炼课程内容体系中蕴含的科技元素、思政元素，从而对课程进行交融性研究、科学设计和进一步综合化梳理。面向多学科交叉融合的课程内容交融性设计如图 8－34 所示。

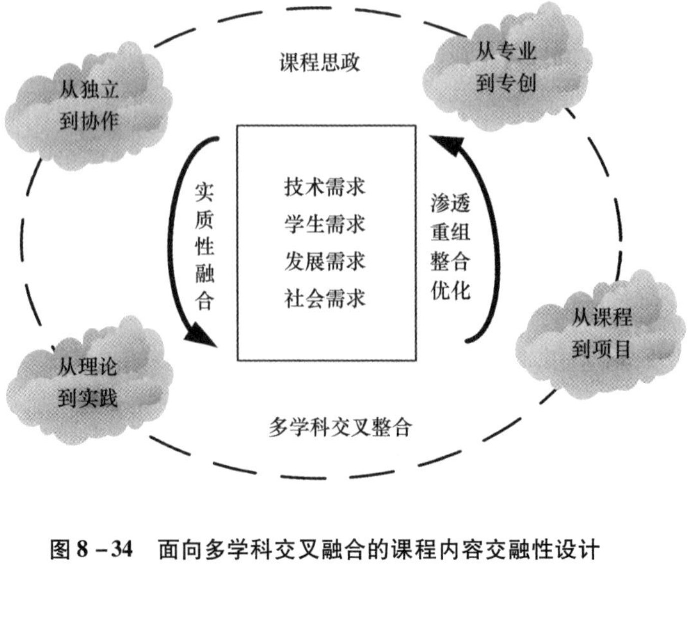

图 8－34　面向多学科交叉融合的课程内容交融性设计

（七）课程成绩评定方式

对当前大部分高校课程考核评价普遍存在的问题进行总结与分析，我们结合授课内容特点，确定课堂讨论、课堂辩论和撰写读书报告、小论文等考核办法在课程中的评价规则；拟从反应层、学习层、行为层、结果层四个层级出发，构建包括学生学习数据和教学过程数据在内的课评教学价指标体系，具体评价内容和权重分配见表8-4，并探索利用模糊变换原理和最大隶属度原则做出综合评判的多因素评价方式，充分体现智能时代“元宇宙”“区块链”等新数字技术带来的新思维、新格局，最终形成面向过程化评价的教学数据采集规范和标准。

表8-4　具体评价内容和权重分配

评价层次	分层权重	评价指标	评价内容	指标权重
反应层	0.15	线上学习态度	网络平台登录频次	0.5
			线上教学在线时长	
			线上作业提交次数	
		线下学习态度	考勤记录情况	0.5
			课堂精神面貌	
			课堂互动情况	
学习层	0.4	数字素养能力	数字知识小测	0.4
			数据收集和分析	
			自我认知评价	
		自主学习能力	作业完成情况	0.2
			课程预习情况	
		交流表达能力	汇报展示情况	0.2
			小组辩论情况	
		合作组织能力	小组任务分工	0.2
			小组合作作业	
行为层	0.25	创新思维能力	反思辨析情况	0.6
			小论文写作情况	
			包容、共情的表现	
		学习态度变化	解决问题方案	0.4
			课外学习情况	

续表 8－4

评价层次	分层权重	评价指标	评价内容	指标权重
结果层	0.2	学习成果情况	课程达成度分析	0.6
		后续发展情况	本专业学习表现	0.4
			课外活动获奖情况	

采用问卷调查的形式，对两轮教学实践后课程教学过程、教学方法、教材选用、教学效果等进行综合分析，开展长期的教学测评。

学校电子信息工程专业于2020年开始进行工程教育认证工作，现已通过专家进校审核。本课程属于专业核心课，因此教学团队按照工程教育认证的标准，以产出为导向，采用平时成绩＋期末考试的综合考核方式，即课程总评成绩＝平时成绩＊40%＋期末考试成绩＊60%。平时成绩由线上学习成绩、课后作业和大作业完成情况以及课程实验完成情况组成：(1)线上学习成绩通过课程网站自动统计完成，包括视频学习、在线互动和线上考核等项目；(2)课后作业分为6章，独立完成即不扣减平时分；(3)大作业主要让学生查阅相关文献，对当前航空电子的新技术和新装备进行分析研究，每3人一组提交一份报告，培养学生终身学习的意识，大作业评分细则见表8－5；(4)课程实验包括虚拟仿真实验和实体实验，虚拟仿真实验对学生实验进行全过程记录和自动化考核，实体实验则根据实验过程和实验报告进行打分，最后按每个实验的课时数分配权重进行综合。期末考试采用闭卷考试，主要考核学生对本课程学习整体掌握程度，基本分析能力，综合运用所学知识分析问题、解决问题的能力。本课程的成绩评定方式见表8－6，评定标准见表8－7。

表8－5 大作业评分细则

评分项目	评分标准			
1. 报告格式规范性(15%)	报告格式规范，符合学术性文档要求，错别字在3‰之内	报告格式较规范，基本符合学术性文档要求，错别字在8‰之内	报告格式一般，学术规范性一般，错别字在10‰之内	报告格式较乱，学术规范性较差，错别字较多
	15分	12分	9分	5分

续表 8－5

评分项目	评分标准			
2. 检索文献能力（15%）	合理运用检索方法检索权威性和代表性文献 5 篇以上，并能反映当前技术前沿	较合理运用检索方法检索文献 3～4 篇，基本能反映当前技术前沿	能运用检索方法检索文献 3～4 篇，文献较新	检索文献 3 篇以下，代表性和权威性不够
	15 分	12 分	9 分	5 分
3. 理解文献能力（20%）	重点研读主要文献，能对资料进行分类归纳整理、内容翔实全面	重点研读主要文献，能对资料进行整理，归纳全面	重点研读主要文献，能对资料进行简单整理、归纳	重点研读文献，资料整理零乱、逻辑性不足
	20 分	15 分	10 分	5 分
4. 结论分析能力（20%）	进行了对比分析，提出有价值的详细见解	进行了对比分析，提出自己的见解	进行了简单分析，给出了结论	进行了简单分析，给出了简单的结论
	20 分	15 分	10 分	5 分
5. 文献引用规范（15%）	引用文献标识规范，学风端正，结论为独立研究总结得出，有新意	引用文献标识规范，学风端正，结论为独立研究总结得出，新意不够	引用文献标识不够规范，研究结论缺乏新意	引用文献不规范，研究结论不明确或缺乏针对性和独立见解
	15 分	12 分	9 分	5 分
6. 团队协作（15%）	分工明确，相互间研究讨论充分。讲解声音洪亮，叙述清楚、有逻辑性，能很好地互动	分工明确，责任分明，研究讨论较充分。讲解声音洪亮，叙述清楚、逻辑性一般，能较好地互动	有分工，相互间研究讨论有所不足。叙述清楚、逻辑性一般，能与同学简单互动	有分工，但有组员没有很好地承担任务，相互间研究讨论有所不足。叙述含糊，互动不足
	15 分	12 分	9 分	5 分

表 8－6　本课程成绩评定方式

课程目标	考核环节与权重分配						总成绩（100 分）
	平时成绩（占总成绩 40%）				期末成绩（占总成绩 60%）		
	线上学习	课后作业	大作业	实验	卷面考核（分析题）	卷面考核（综合题）	
课程目标 1：能够运用电子技术相关知识和模型对航空电子工程领域的通信、导航、飞行控制、综合控制与管理、座舱显示与控制和机载网络等系统的解决方案进行比较和综合	20 分	20 分		20 分	60 分	20 分	72 分
课程目标 2：理解航空电子工程师对航空安全、健康和福祉，以及环境保护的社会责任，能够在航空电子工程实践中自觉履行责任				10 分		10 分	10 分
课程目标 3：能了解航空电子技术的国际发展趋势和研究热点	10 分					10 分	10 分
课程目标 4：能认识不断探索和学习航空电子新技术、新设备等的必要性，具有自主学习和终身学习航空电子相关技能的意识			20 分				8 分

表 8－7　本课程成绩评定标准

课程目标	课程成绩的评定标准			
	优秀（90% ~100%）	良好（75% ~89%）	合格（60% ~74%）	不合格（<60%）
课程目标 1	能运用所学航空电子技术的知识准确回答作业和考试中的问题；实验操作正确率高，报告规范	能运用所学航空电子技术的知识回答作业和考试中的问题；实验操作正确率较高，报告较规范	能运用所学航空电子技术的知识基本回答作业和考试中的部分问题；实验操作正确率一般，报告较规范	不能运用所学航空电子技术的知识回答作业和考试中的问题；实验操作混乱，正确率低，报告差

续表 8-7

课程目标	课程成绩的评定标准			
	优秀（90%～100%）	良好（75%～89%）	合格（60%～74%）	不合格（<60%）
课程目标 2	能够深入理解航空电子工程师对航空安全、健康和福祉，以及环境保护的社会责任，能够在航空电子工程实践中自觉履行责任	能够理解航空电子工程师对航空安全、健康和福祉，以及环境保护的社会责任，能够在航空电子工程实践中自觉履行责任	知道航空电子工程师对航空安全、健康和福祉，以及环境保护的社会责任，能够在航空电子工程实践中较自觉履行责任	不清楚航空电子工程师对航空安全、健康和福祉，以及环境保护的社会责任，不能够在航空电子工程实践中自觉履行责任
课程目标 3	能全面了解航空电子技术的国际发展趋势和研究热点	能较全面了解航空电子技术的国际发展趋势和研究热点	能部分了解航空电子技术的国际发展趋势和研究热点	不清楚航空电子技术的国际发展趋势和研究热点
课程目标 4	能深刻认识不断探索和学习航空电子新技术、新设备等的必要性，具有强的自主学习和终身学习航空电子相关技能的意识	能认识不断探索和学习航空电子新技术、新设备等的必要性，具有较强的自主学习和终身学习航空电子相关技能的意识	知道不断探索和学习航空电子新技术、新设备等的必要性，具有基本的自主学习和终身学习航空电子相关技能的意识	不能认识到不断探索和学习航空电子新技术、新设备等的必要性，不具有基本的自主学习和终身学习航空电子相关技能的意识

（八）课程评价情况

“航空电子系统综合”是一门专业性强、技术含量高的课程，在航空国防特色创新型人才培养过程中具有其他课程不可替代的重要作用。教学团队以学生为中心，以培养航空电子技术创新型人才为目标，创新教学方法，在课程建设方面取得了一定的成效，教学效果受到了校内外的一致赞誉。

近年来，本课程一直是电子信息工程专业学生最受欢迎的课程之一，校内学生评教总分也一直名列前茅。学生普遍反映课程教学团队教师知识渊博，是学校一门航空特色鲜明的课程，上课内容丰富、生动，重点突出；无论是理论教学、实验教学，还是工程应用实践，都给学生留下了深刻印象，深受学生欢迎；学生普遍对教师的教学感到非常满意。本课程在校外也获得了专家的肯定。

（九）课程建设成效

经过教学团队多年的努力，课程改革取得了一定的成效。

1. 课程实验建设取得了较为丰硕的成果

教学团队成员主持建设了本课程的两项江西省级虚拟仿真实验，分别是“面向大型民用机场飞机返场的无线电导航控制虚拟仿真实验”（课程负责人排第1、课程第2参与人排第2）和“全数字航电环境下战斗机飞控及火控操控任务仿真实验”（课程第2参与人排第1、课程负责人排第2）；依托中央地方共建投入的经费，建成了课程配套的实验室“综合航电系统数字实验平台”，三个实验平台对于提高学生在航空电子领域的创新实践能力具有重要作用。

2. 教学团队成员在教学改革研究方面取得了一定的成绩

基于本课程的“思政＋双创的行业特色高校专业课程教学模式构建与实证研究——以南昌航空大学为例”2021年获得江西省教育科学“十四五”规划课题立项，“航空电子与控制虚拟仿真实验教学系统开发”2018年获批教育部产学合作协同育人项目；获校级教学成果一等奖3项，其中基于本课程虚拟仿真实验应用的“建设航空特色虚拟仿真实验项目，推进线上线下融合式课程群教学模式改革”获得2020年校级教学成果一等奖；近五年教学团队发表与本课程相关的教研论文6篇，其中中文核心期刊2篇，主编本课程的教材《综合航空电子技术》。

3. 学生的专业水平得到了提升

近五年电子信息工程专业学生获得大学生电子竞赛、智能小车、机器人等各种国家级竞赛奖励40余人次，其中，教学团队成员以第一指导教师指导学生获得大学生智能汽车竞赛全国一等奖1项、二等奖7项，全国大学生电子设计大赛二等奖1项，取得本专业近年来在全国大学生各种电子信息类竞赛的最好成绩。

三、省一流课程课程的特色与创新

本课程贯彻“学生为本，创新为魂”的教学理念，通过优化教学体系，培养思想过硬、创新实践能力强的航空国防领域的电子信息技术人才，形成了以下的课程特色及教学改革创新点。

（一）以“两性一度”的标准建设课程资源，培养学生的创新实践能力和解决航空电子工程复杂问题的能力

本课程是一门涉及知识面广、工程实践性强的航空特色专业课，其中实践教学是培

养航空创新型人才的重要环节。由于真实的航空实验具有高危险、高成本的特点，本课程的传统实验多为演示验证类，实际动手操作的参与度低。虚拟仿真实验不受实体的限制，具有很高的灵活性。

首先，实验以航空电子背景的工程项目为案例进行实验设计，按照与实际工程项目相一致的操作流程，帮助学生理解航电系统的工作原理、掌握相关的操作技能，实验教学内容属于最前沿的工程实践，使得本课程具有"创新性"。例如，在"面向大型民用机场飞机返场的无线电导航控制虚拟仿真实验"中，以航空工程项目"起落航线控制"为案例，将无线电导航系统工作过程融入其中，使学生真实体验大型民用机场飞行无线电导航控制环境，并创造出逼真的飞行环境与操作环境来进行无线电导航控制模拟控制，使学生在模拟逼真的飞行过程中掌握自动测向系统和仪表着陆系统的工作过程和控制方法，提高工程实践和创新能力。

其次，本课程的虚拟仿真实验属于综合设计实验，五个环节三个层级的实验体系融入了知识、能力与素养的培养要求，使得本课程具有"高阶性"。例如，将虚拟仿真实验由易到难分为认知实验、基础实验和综合设计实验三个层级，由三个层级展开为自动测向系统和仪表着陆系统的认知、无线电测向系统实验、仪表着陆系统实验、四转弯飞行自动测向和进场着陆控制五个实验环节，将 12 项知识点、解决自动测向问题和仪表着陆问题的综合能力以及素质培养目标融合在各实验环节中。

最后，虚拟仿真实验根据飞机动力学模型模拟设置航电系统的工作流程，具有较高的工程复杂性，需要学生运用多门课程的原理、方法和技术才能解决，使得本课程具有"挑战度"。

（二）思政元素融入专业课程，激发学生的航空报国情怀

基于课程负责人主持的江西省"十四五"教育科学规划项目"思政＋双创的行业特色高校专业课程教学模式构建与实证研究"，教学团队进行了课程思政改革。每章教学内容至少融入一个课程思政点，对每个思政点都建立了课程思政案例，并形成了航空课程思政案例库。航空产业是融入国家发展战略的高技术行业，培养思想过硬的高素质航空电子技术人才是本课程的一项重要任务。学校作为航空特色的高校，为航空国防贡献了大量的科研和教学成果，具有天然的航空报国情怀，因此将航空报国思政元素融入本课程的教学具有很好的育人作用。

课程组在教学过程中，有意识地介绍我国航空事业发展过程中取得的成就，激发学生的航空报国情怀。例如，介绍我国航空电子技术发展过程中典型人物和事迹，通过新闻、报道和视频等方式展现我国航空事业经过先辈们艰苦卓绝的努力取得了今天如此

辉煌的成就;介绍中国制造为我国航空电子技术的新装备和新机型提供了技术和资金保障,并引入国外飞机的航空电子系统进行对比,充分展开讨论;特别是通过对我国先进战机的航电系统介绍,突出强调我国航空电子技术取得的巨大成就,引发学生的爱国热情和民族自豪感。通过航空报国课程思政的教学改革,近年来电子信息工程专业的毕业生到航空企事业单位工作的人数逐年增加,并在各自的岗位上为我国的航空国防事业贡献自己的力量。

(三)紧密跟踪航空电子技术的发展潮流,突出航空国防特色

本课程是介绍先进航空电子技术的专业课程,教学团队对原有课程内容进行了改革,并根据改革成果出版了《综合航空电子技术》教材,使学生在潜移默化中掌握航空电子的最新技术,改革主要体现在以下几个方面:

(1)由于最新的航空电子技术往往最先应用于军事航空用途,因此本课程在介绍通用航空电子技术的基础上,重点介绍军事航空电子技术,紧密结合国防领域航电系统的关键技术和方向,突出航空国防特色。本课程主要介绍了航空电子技术的概况和军民共用的通用航空电子技术,重点介绍了应用于军用航空中的目标探测和电子对抗系统、综合控制和管理系统、座舱综合显示和控制系统以及先进军用飞机的航电系统。

(2)将传统的以分立式航电系统为主的教学内容转变为以机载网络为中心的先进综合航电系统。通过与传统航电系统的对比,并根据军事航空的共性需求引出最新的第四代先进航电系统结构,使课程内容能够体现当今航空电子技术发展的最新潮流。

(3)将新的科研成果及时加入到课程内容中,构建以航空电子的新知识、新技术、新成果等为基础的课程内容,所涵盖的教学知识点综合性强,更加注重理论细节和物理概念,形成了以培养创新实践人才为目标,系统先进、综合性强的航电系统课程知识体系。

参考文献

[1]李亚员.创新创业教育:内涵阐释与研究展望[J].思想理论教育,2016(4):83-87.

[2]王丽娟,吕际云.学习借鉴熊彼特创新创业思想的中国路径研究[J].江苏社会科学,2014(6):267-271.

[3]查建国,陈炼.科学把握党的创新理论的世界观和方法论[N].中国社会科学报,2022-12-12(002).

[4]单婷婷,田小丫.跨界创新:概念内涵、研究框架、未来展望[J].南京邮电大学学报(社会科学版),2022(5):42-52.

[5]崔军,戴越.高校创业教育理论研究[J].高教发展与评估,2018(1):30-38.

[6]吴金秋.中国高校"融入式"创新创业教育[M].哈尔滨:黑龙江人民出版社,2013.

[7]王洪才.创新创业教育的意义、本质及其实现[J].创新与创业教育,2020(6):1-9.

[8]陶丹.基于AHP分析法的创新教育质量评价标准建构[J].创新创业理论研究与实践,2022(19):10-16.

[9]单春晓.高校思想政治教育工作新视界[M].北京:人民出版社,2011.

[10]傅忠贤.科学发展观视域下高校思想政治教育创新研究[M].成都:四川大学出版社,2010.

[11]段从宇.创业教育的内涵、要素与实现路径[J].新疆师范大学学报(哲学社会科学版),2016(6):43-51.

[12]潘燕萍.从"自上而下"向"创业本质"的回归:以日本的创新创业教育为例[J].高教探索,2016(8):49-55.

[13]张庆晓,许礼刚,王轶珍.美国高校开展一流创新创业教育的经验及启发[J].黑龙江高教研究,2020(4):98-102.

[14]尹洪炜.新加坡创新创业教育对我国的启示[J].江苏高教,2018(11):86-88.

[15]陶秋香,涂继亮,舒建文.江西省高校创新创业教育现状、关键影响因素分析及政策建议[J].教育与教学研究,2018(11):66-73.

[16]贾铮,吴昕瑶.地方高校转型发展背景下创新创业教育新体系研究:以浙江省本科高校为例[J].创新创业理论研究与实践,2020(3):90-93.

[17]孙翠香,孙奇涵,徐荣青.地方高校转型研究的现状、反思与展望[J].教育与职业,2019(12):25-32.
[18]冯滨鲁,毕廷延.深化高等教育综合改革 推动地方高校转型发展[J].中国高等教育,2019(10):34-36.
[19]向芳青,王友云,陈俭.区域高等教育治理转型背景下地方高校教学转变探讨[J].中国高等教育,2019(2):41-43.
[20]姜尔林.市场转型背景下我国高等教育扩张的社会动力研究:地位竞争的视角[J].北京大学教育评论, 2013(3):85-98,191-192.
[21]郭建如,吴红斌.地方本科院校转型对学生发展的影响及其机制分析:基于多层模型的分析[J].国家教育行政学院学报,2018(7):23-33.
[22]黄兆信,王志强.高校创业教育生态系统构建路径研究[J].教育研究,2017(4):37-42.
[23]张熙.社会转型时期我国大学制度的变迁机制研究:基于历史制度主义的分析与反思[J].重庆高教研究,2017(2):48-56.
[24]曾羽.中国高等教育制度变迁及创新研究[M].上海:复旦大学出版社,2015.
[25]程文冬,闫莉,李星,等.新工科视域下基于"智造创新工场"的劳动教育模式探索与实践[J].高等工程教育研究,2022(6):32-38,164.
[26]张滢瑶,宫龙江.新工科背景下应用型本科院校创新创业教育问题及对策研究[J].创新创业理论研究与实践,2022(22):96-98.
[27]邓勇新.在工程教育中开展内创业教育的内涵、意义及关键问题[J].黑龙江高教研究,2020(8):127-131.
[28]秦璐,董羽.新工科背景下工程教育人才培养模式的创新性研究[J].江苏高教,2022(12):90-94
[29]廖倩,张海龙.利益相关者视域下高校创新创业教育多元支持体系的构建[J].华北理工大学学报(社会科学版),2019(1):86-90.
[30]刘奕琳.高校主体间性创新创业教育的实现路径分析[J].江苏高教,2017(9):41-44.
[31]秦静怡,李华,陈秀,等.新工科与创新创业教育融合的模型研究:基于扎根理论的80所高校样本分析[J].中国高校科技,2022(8):10-16.
[32]吴晓波.以"基于创新的创业"为核心理念的创新创业教育模式探索[J].中国大学教学,2022(12):10-14.
[33]郭连锋.美国高校创业教育课程体系与教学模式:特点及启示[J].继续教育研究,

2013(5):155－157.

[34]焦健,沈亚强.美国、德国高校创新创业教育的发展历程、特点及启示[J].河南科技学院学报,2016(12):49－52.

[35]程智开.欧美高校构建创业教育体系的基础与实践[N].中国社会科学报,2021－10－11(007).

[36]戚业国,杜瑛.教育价值的多元与教育评价范式的转变[J]华东师范大学学报(教育科学版),2011(2):11－18.

[37]单正义.美国高校创新创业教育特色与启示[J].创新与创业教育,2020(1):151－154.

[38]段世飞,段伯渊.美国研究型大学如何向创业型大学转型:基于斯坦福大学的个案研究[J].中国高校科技,2022(9):47－53.

[39]梅伟惠.保守大学的创新创业转型:耶鲁大学 20 年发展路径与特点[J].中国高教研究,2017(6):73－76.

[40]马永霞,孟尚尚.英国高校创业教育的发展历程与特征[J].辽宁教育行政学院学报,2022(1): 79－86.

[41]崔军.英国高校创新创业教育国家框架:理念更新与思路借鉴[J].比较教育研究,2020(5):63－69.

[42]曹虹剑,王嘉熙.英国以商学院为主体发展创新创业教育[N].中国社会科学报,2022－04－18(007).

[43]孙秀丽.英国大学创新创业教育体系的研究及启示[J].广东外语外贸大学学报,2019(2):138－144.

[44]张国峰,樊增广.英国高校创新创业教育发展与启示[J].中国冶金教育,2020(2):75－78.

[45]施永川.全球化背景下英国高校创新创业教育的发展现状及未来走向:访英国创新创业教育者学会国际研究员张静女士[J].世界教育信息,2020(4):36－41.

[46]杨秋宁.德国高校创业教育的特点及启示[J].人民论坛,2014(32):235－237.

[47]陈文,赖炳根,关福远.德国高校创业教育特点及启示[J].学校党建与思想教育,2012(28):93－94.

[48]刘海,高莲莲,白涛涛,等.德国高校创新创业教育研究:以汉堡大学“汉堡创意协会”合作项目为例[J].创新创业理论研究与实践,2022(19):78－81.

[49]焦蓉,贾建军,温自强.日本高校创新创业教育的发展路径与现实启示[J].创新创业理论研究与实践,2022(12):90－95,99.

[50]朱文玉,李汝敏.日本高校创新创业教育及对我国的启示[J].教育探索,2018(4):121-125.
[51]陈江.日本高校创业教育:历史演进、发展特征和经验启示[J].现代教育科学,2017(1):150-155.
[52]樊冲.日本高校产学研合作创新实践及其启示[J].创新与创业教育,2021(6):139-144.
[53]梅伟惠.美国高校创业教育模式研究[J].比较教育研究,2008(5):52-56.
[54]房国忠,刘宏妍.美国大学生创业教育模式及其启示[J].外国教育研究,2006(12):41-44
[55]杨颖.中美高校创业教育模式比较研究[D].武汉:武汉工程大学,2018.
[56]陈强胜,高俊山.中美高校创业教育的比较及启示[J].湖北社会科学,2018(9):147-151.
[57]许涛,严骊.国际高等教育领域创新创业教育的生态系统模型和要素研究:以美国麻省理工学院为例[J].远程教育杂志,2017(4):15-29.
[58]刘林青,夏清华,周潞.创业型大学的创业生态系统初探:以麻省理工学院为例[J].高等教育研究,2009(3):19-26
[59]程聪慧,刘昱呈.高校创新创业实验室建设的国际镜鉴:美国顶尖大学的经验及启示[J].现代远程教育研究,2022(2):85-92,102.
[60]陆春萍,赵明仁.世界一流大学创业教育实践项目的特点分析:以麻省理工学院和斯坦福大学为例[J].高等工程教育研究,2020(4):174-179.
[61]黄兆信,李雨蕙.美国密歇根大学创新教育及其启示[J].浙江社会科学,2020(8):140-147,160.
[62]罗振敏,张小娟,孙璐,等.新工科背景下安全学科创新创业教育模式探究与实践[J].创新创业理论研究与实践,2022(11):148-150.
[63]刘敏,王耀南,谭浩然,等.专创融合研究生创新创业教育模式的探索实践:以湖南大学控制学科为例[J].研究生教育研究,2023(1):54-57
[64]仝月荣,陈江平,李翠超.面向新工科的实践教育体系构建:以上海交通大学学生创新中心为例[J].高等工程教育研究,2020(1):56-61,122.
[65]李洋,杨华民.特色专业教育融入创新创业教育改革实践研究:以长春理工大学创新创业教育发展建设为例[J].长春理工大学学报(社会科学版),2019(6):54-57,63.
[66]潘军.双一流建设的路径演化:一个制度创新的论域[J].国家教育行政学院学报,

2018(2):23-29.

[67]胡德鑫.“双一流”战略下地方高校的发展困境与治理路径研究:基于多重制度逻辑的解析[J].教育科学,2018(3):32-38.

[68]舒长江,洪攀,黄佳卉.高等教育为产业发展提供支撑的理论逻辑和实现路径:基于江西省航空产业的实证研究[J].教育学术月刊,2019(5):105-111.

[69]刘卫东,雷铁.基于人才培养全过程的创新创业课程体系建设研究[J].国家教育行政学院学报,2017(8):8-14.

[70]马楠,曾玲晖,刘叶.基于协同创新的应用型本科高校创业教育模式研究[J].高等工程教育研究,2017(4):146-150.

[71]高伟,李国辉.高校创新创业教育体系建设探析:基于创新生态系统理论[J].创新与创业教育,2020(4):31-38.

[72]顾明远.学习和解读《国家中长期教育改革和发展规划纲要(2010—2020)》[J].高等教育研究,2010(7):1-6.

[73]龚怡祖.大学治理结构:建立大学变化中的力量平衡——从理论思考到政策行动[J].高等教育研究,2010(12):49-55,60.

[74]陶秋香,涂继亮,杜为.“双一流”建设视域下行业特色高校创新创业教育生态系统的构建与区域化发展[J].南昌航空大学学报(社会科学版),2019(3):110-118.

[75]王雅静.高职教育的区域化发展模式:以浙江 JM 学院创业教育的社会网为例[J].中国高校科技,2018(12):60-64.

[76]刘怡,徐志平.“双一流”建设背景下我国高教研究机构的转型研究:基于复杂性理论的分析[J].江苏高教,2018(10):47-52.

[77]吴旭东,朱泓,孟凡芹,等.新工业革命背景下我国工程教育发展的战略选择[J].高等工程教育研究,2016(2):21-25.

[78]蒋平.地方普通本科院校转型发展:三重螺旋模式下的政策指向[J].教育发展研究,2016(5):1-10.

[79]张庆祝,朱泓,李志义.创新创业教育的时代背景、动力及保障机制探讨[J].高等工程教育研究,2017(3):162-165,178.

[80]陈世伟,俞荣建.“双一流”建设背景下地方高校内部治理体系和治理能力现代化研究[J].黑龙江高教研究,2019(2):12-15.

[81]高畅,张玲玲,杨振.创新三螺旋系统共识空间何以构建:中国大科学工程实践的启示[J].科学学研究,2021(11):2077-2088.

[82]汤贤正,何瑛,李雯琦.新商科理念下创新型管理人才“知识-能力-素质”体系框

架与培养路径研究[J]. 创新与创业教育,2022(5):1－8.
[83]周曼,李红春,华磊,等. 创新创业教育与大学生高质量就业:基于江西五所高校调研数据的实证分析[J]. 教育学术月刊, 2015(9):89－95.
[84]李旭辉,胡笑梅,汪鑫. 高校创新创业教育效果评价体系研究:基于群组 G1 法的分析[J]. 教育发展研究, 2016(21):29－36.
[85]梅伟惠,孟莹. 中国高校创新创业教育:政府、高校和社会的角色定位与行动策略[J]. 高等教育研究, 2016(8):9－15.
[86]李双寿,李乐飞,孙宏斌,等. “三位一体、三创融合”的高校创新创业训练体系构建[J]. 清华大学教育研究, 2017(2):111－116.
[87]李爱华,杨淑琴. 大学生创新创业教育[M]. 上海:上海交通大学出版社,2018.
[88]刘宇,吴小钗. 江苏大学生创新创业教育绩效的影响因素研究[J]. 黑龙江高教研究, 2017(1):121－125.
[89]薛成龙, 卢彩晨, 李端淼. “十二五”期间高校创新创业教育的回顾与思考:基于《高等教育第三方评估报告》的分析[J]. 中国高教研究, 2016(2):20－28.
[90]高志刚, 战燕, 王刚. 论高校创新创业教育课程教学体系构建[J]. 黑龙江高教研究, 2016(3):93－95.
[91]郭丹,姚先国,杨若邻,等. 高技能人才创新素质:内容及结构[J]. 科学学研究,2017(7):1112－1120.
[92]高树昱,邹晓东. 工程科技人才创业能力培养机制的实证研究[J]. 高等工程教育研究,2015(1):130－134.
[93]袁旦,赵磊. 地方高水平大学学生创新素质对人才培养适配性的影响研究[J]. 高等工程教育研究,2017(3):111－115.
[94]牟蕾,惠嘉,刘西林. 科技人才创新实践能力培养质量关键因素的实证研究[J]. 科技管理研究,2016(4):113－120.
[95]任飏,陈安. 论创新型人才及其行为特征[J]. 教育研究,2017(1):149－153.
[96]徐志强,陈雪波,孙秋柏,等. 大学生创新能力影响因素实证研究[J]. 教育进展,2014(3):61－70.
[97]史恒亮,吴庆涛,高晶晶,等. 新工科背景下高校创新创业教育的分析及对策[J]. 教育教学论坛,2019(13):1－2.
[98]周倩. 应用型高校开展创客教育的价值、问题与对策[J]. 教育与职业,2021(20):72－77.
[99]张珺. 地方高校新工科人才创新创业能力培养模式研究[J]. 创新创业理论研究与

实践,2020(20):131-133,136.

[100]张维梅,刘树忠.地方高校与区域经济互动发展研究:以长株潭“两型社会”试验区为例[J].国家教育行政学院学报,2017(2):45-50.

[101]吴磊,郭铭铭,贺曦冉,等.基于标杆管理的高校创新驱动发展与评价研究[J].科研管理,2017(S1):650-655.

[102]TAYLOR T. The politics of innovation:why some countries are better than others at science and technology[J]. International affairs,2016(6):1535-1536.

[103]HUANG Y,SWAMIDASS P,RAJU D A. The nature of innovation in emerging industries in China:an exploratory study[J]. Journal of technology transfer,2016(3):451-468.

[104]MURRAY D R. Direct and indirect implications of pathogen prevalence for scientific and technological innovation[J]. Journal of cross-cultural psychology,2014(6):971-985.

[105]PATELLI A,CIMINI G,PUGLIESE E,et al. The scientific influence of nations on global scientific and technological development[J]. Journal of informetrics,2017(4):1229-1237.

[106]魏建良,梦非,纪浩,等.面向分类的科技创新服务平台绩效实证研究:以浙江省为例[J].科技进步与对策,2018(13):49-56.

[107]王莉,牛振喜.众创背景下高校学生创新行为演化系统动力学分析[J].科技进步与对策,2017(7):133-138.

[108]安蓉,马亮.西部地区地方高校科技创新能力评价研究[J].科研管理,2015(S1):15-21.

[109]刘永,李汉邦,张水潮,等.地方高校科技创新能力诊断性评价实证研究:以河南省高校比较分析为例[J].中国高教研究,2008(9):55-59.

[110]易平涛,李伟伟,郭亚军,等.区域高校科技创新力排名及评价分析[J].科研管理,2017(S1):83-89

[111]白玉,郑童桐,刘辉,等.基于扎根理论的高校科技创新能力评价模型构建[J].科技管理研究,2017(5):102-108.

[112]戴先中.对工程教育专业认证标准的再认识[J].中国大学教学,2022(11):4-11.

[113]李明.美国高校工程教育质量保障的实践逻辑、理性审思与趋势研判[J].高等工程教育研究,2022(3):190-194.

[114]康俊亚.地方高校“新工科”建设人才培养[N].中国社会科学报,2022-10-19

(011).
[115]向沅,张国强,刘政轩,等.全面质量管理(TQM)在新工科教育中应用的路径研究[J].工程管理年刊,2021(Z1):207-213.
[116]黄文祥.工程教育认证背景下行业学院教学质量监控要点探究[J].应用型高等教育研究,2019(3):55-59.
[117]胡海洋.高校创新创业教育管理组织机构类型的质量比较研究:以上海高校为例[J].东华大学学报(社会科学版),2016(2):114-120.
[118]白晶,张宏.工程教育认证视角下高校创新创业教育融入专业教育的路径分析[J].经济师,2021(5):170-171.
[119]鲁海峰,陈孝杨,刘启蒙,等.工程教育专业认证视角下高校创新创业教育模式探索[J].煤炭高等教育,2022(4):7-13.
[120]杨晓慧.大学生就业创业教育研究[M].北京:经济科学出版社,2015.
[121]李双寿,张晓晖,胡庆夕,等.面向新工科的工程实践与创新能力竞赛平台构建[J].实验技术与管理,2023(1):185-190,202.
[122]王利芬,胡利方,程伟丽,等.新工科视野下创新型卓越人才培养模式构建策略和实施路径[J].创新创业理论研究与实践,2022(11):151-153.
[123]张春良,刘长红,江帆,等."多元协同、多维评价"工程人才培养模式探索[J].高等工程教育研究,2022(3):112-116.
[124]吴荣华,胡振宇,温泉.基于校友资源整合下高校创新创业教育师资队伍建设研究[J].创新创业理论研究与实践,2022(5):81-83.
[125]李滋阳,石宏伟,罗建强.高校创新策源能力的概念、维度与提升策略:研究中的辨析与讨论[J].中国高校科技,2022(9):67-75.
[126]韩燕霞.高职院校"专创融合"课程体系的问题反思与重构[J].江苏高教,2022(12):122-127.
[127]胡天佑,李晓.应用型本科高校"专创融合"的价值导向、阻滞因素及推进策略[J].黑龙江高教研究,2022(12):127-131.
[128]刘中亮,周统建.高校创新创业教育生态场域构建探析[J].江苏高教,2022(10):80-84.
[129]祁丽,朱虹,苏佳萍.多学科交叉融合的创新创业型人才培养研究[J].教育探索,2018(3):60-62.
[130]苏佳萍,祁丽,林丽.高校多学科交叉融合创新创业教育价值研究[J].东北农业大学学报(社会科学版),2018(2):93-96.

[131]潘海生,王世斌,余建星.新时期中国工程教育体系及其构建[J].高等工程教育研究,2010(6):39-43.

[132]郑红伟,马玉琼,王伟,等.面向工程教育认证建设高校工程训练支持条件[J].实验室科学,2018(1):153-155,160.

[133]王兴立.大学生创新创业教育质量评价的矛盾困境、体系优化及创新举措[J].教育与职业,2018(4):68-72.

[134]黄兆信,黄扬杰.复杂系统视角下高等学校创业教育与专业教育融合[J].教育研究,2022(8):110-120.

[135]严明明.地方高校大学生创新创业教育评价的原则、功能和内容[J].长春教育学院学报,2017(12):13-16.

[136]曾茂林.增强地方院校服务和创新功能的破"五唯"评价[J].上海教育评估研究,2022(4):6-11.

[137]洪晓畅,毛玲朋.创新创业教育的思想政治教育功能研究[J].思想教育研究,2022(5):155-159.

[138]于博.大学生创业意愿的演变趋势、驱动因素与效能影响[J].外国经济与管理,2023(5):38-52.

[139]朱凯琳,谢妮.创新创业教育与高等教育:从无涉到深耕[J].教育学术月刊,2017(11):97-105.

[140]蔡芸,石邦宏.高等教育质量测量要素模型的改进[J].中国高教研究,2019(4):74-79.

[141]刘尧.教育评价是教育质量的守护神吗:一个古今教育评价重心变迁的解析视角[J].中国地质大学学报(社会科学版),2016(6):145-151.

[142]于玺,刁衍斌,许泽浩.新工科体验式创业教育系统评价的构建[J].系统科学学报,2022(1):114-118.

[143]钟柏昌,龚佳欣.跨学科创新能力评价指标体系的构建与实证研究[J].中国电化教育,2022(12):27-34.

[144]王伟,易新.高职学生创新创业能力素质综合评价指标体系构建[J].教育理论与实践,2020(33):19-21.

[145]李景旺.关于高校实施创业教育的构想[J].新乡师范高等专科学校学报,2003(4):107-110.

[146]田夏.高校创业教育评价体系的类型与构建[J].教育探索,2016(4):82-85.

[147]秦敬民.基于QFD的高校创业教育质量评价研究[D].天津:天津大学,2010.

[148]吴维东,张晓然,叶雨晴,等.基于竞赛数据画像的双创教育评价:中国国际“互联网+”大学生创新创业大赛数据分析[J].高等工程教育研究,2022(2):155-159.

[149]蒋晓光,李文俊.“新工科”背景下工程人才创新能力培养评价研究:基于CIPP模型的7所地方高校实证分析[J].中国高校科技,2022(8):5-9.

[150]兰文巧.组织绩效评估视域下高校创新创业教育价值取向的反观与思考[J].黑龙江高教研究,2020(9):117-121.

[151]骆方,田雪涛,屠焯然,等.教育评价新趋向:智能化测评研究综述[J].现代远程教育研究,2021(5):42-52.

[152]冯霞,侯士兵.双创视角下高校创业教育评价指标体系再探[J].学校党建与思想教育,2020(8):69-71.

[153]杨小芳.建构大学生创新创业教育质量评价体系:评《中国高校创新创业教育质量评价研究》[J].大学教育科学,2021(5):129.

[154]木志荣.大学生创业教育和创业意向关系研究[M].北京:清华大学出版社,2016.

[155]犹瑆.着力优化科技创新生态 奋力推进创新江西建设:关于优化我省科技创新生态的调研与思考[J].当代江西,2022(3):38-40.

[156]王磊,赵臣啸,薛惠锋,等.基于犹豫模糊语言的专家综合集成研讨方法[J].系统工程理论与实践,2021(8):2157-2168.

[157]陈义安,王斯,杨澈洲.基于云模型的乡村振兴战略实施效果综合评价[J].重庆社会科学,2022(11):53-66.

[158]李奎,张侹,吴娟,等.基于云模型的装备试验数据质量评价方法[J].火力与指挥控制,2022(9):174-179.

[159]WANG G, XU C, LI D. Generic normal cloud model[J]. Information Sciences, 2014(280): 1-15.

[160]JIA Q, HU J, HE Q, et al. A multicriteria group decision-making method based on AIVIFSs, Z-numbers, and trapezium clouds[J]. Information sciences, 2021(566): 38-56.

[161]WANG P, HUANG S, CAI C. Dual linguistic term set and its application based on the normal cloud model[J]. IEEE transactions on fuzzy systems, 2020(8): 2180-2194.

[162]SAATY T L. How to make a decision: the analytic hierarchy process[J]. European journal of operational research, 1990(1): 9-26.

[163]GE L, LI Y, ZHU X, et al. An evaluation system for HVDC protection systems by a

novel indicator framework and a self-learning combination method[J]. IEEE Access, 2020(8): 152053 - 152070.

[164]杨贤金. 高等工程教育的挑战和机遇[J]. 中国高等教育,2022(18):13 - 15.

[165]秦仪,张焱. 基于设计思维的创新创业课程设计与实践[J]. 创新与创业教育,2017(4):63 - 67,70.

[166]屈莉莉,陈燕,杨明. 创新创业教育导向的信息管理课程设计改革与探索[J]. 实验室研究与探索,2019(2):172 - 175.

[167]唐毅谦,叶安胜,陈烈. 基于创客教育理念重构应用型人才培养模式[J]. 中国大学教学,2018(8):26 - 29.

[168]邱家明,陈鹏. 地方本科高校创客教育模式的探索与实践[J]. 中国大学教学,2018(8):30 - 32,61.

[169]高昱树. 工程科技人才的创业能力培养机制研究[D]. 杭州:浙江大学,2013.

[170]杨忠泰. 量化奖励还是创新激励:如何破解高校科研"奖"与"不奖"及"如何奖"的困境[J]. 江苏高教,2022(6):54 - 61.

[171]赵继. 以"双创"教育理念引领本科教育改革[J]. 中国大学教学,2016(8):7 - 11.

[172]孙晗霖,刘新智,刘志彬. 新时期高校创业教育教材建设发展趋向[J]. 科技与出版,2016(1):102 - 104.

[173]刘伟. 重庆市地方本科院校创新创业教育研究[D]. 重庆:重庆师范大学,2017.

[174]童俊,李征珍. 以项目为导向的高职创新创业教材建构探究[J]. 广州番禺职业技术学院学报,2011(8):24 - 27.

[175]霍宏. 校园文化活动与大学生创业能力培养初探[J]. 中国市场,2008(6):104 - 105.

后　　记

当今世界,以智能化、信息化为主要特征的第四次科技革命、产业革命和教育革命的汇聚发展正在加速重塑全球科技版图和创新格局,创新成为引领发展的第一动力。习近平总书记在《致二〇一三年全球创业周中国站活动组委会的贺信》中指出:“创新是社会进步的灵魂,创业是推动经济社会发展、改善民生的重要途径。青年学生富有想象力和创造力,是创新创业的有生力量。”与“老工科”相比,新工科建设理念并不是全新的,它更强调学科的实用性、交叉性与综合性。新工科人才应该具备较强的工程实践能力、创新能力和国际竞争力,是能够引领未来技术和产业发展的高素质复合型人才。在这样的时代背景下,我们更要深刻认识到:高校创新创业教育需要切切实实融入人才培养的全过程。尤其在新工科建设和创新创业教育深入推进的今天,我们要时刻思考创新创业教育的短板和不足到底如何规避和改进。

我们教学团队近几年都在关注创新创业教育系列改革的课题研究,组织团队教师开展社会调研,参与各类教育教学研讨会,和同行们交流、探讨,向学者专家们请教等。在江西省高校人文社科、江西省教育规划、教育部高校人文社科等系列科研项目资助下,我们在创新创业教育研究上下功夫,全面深入地就创新创业教育几个关键问题开展系统性研究。特别是在2020年后,我们更加感受到国家和教育部门,还有学校对教育教学工作的重视,正值专业进行专业教学评估、工程教育认证、一流课程建设之际,我们团结课程组老师,通过不断摸索与研讨,开展了对组织化教学、体验式教学等的探索,尤其在专业建设、创新教学方式、优化教学效果、出版教材等方面,取得了不少成绩,为地方高校创新创业教育的改革实践探索出了一定发展经验。

关于如何做好创新创业教育,我们将目光聚焦未来,认为可以从以下几个方面来把握创业趋势,找突破口,希望能为教育部门或正在创业的大学生们带来些许帮助。

第一,区域经济层面。地方政府需要坚持把科技创新摆在全省经济社会发展全局的核心位置,大力实施创新驱动发展战略。促进大学生创业,以创业带动就业将是政府大力引导的方向。创业者要主动适应、积极引领经济新常态,抓住新科技革命和产业变革的重要机遇。政府应当积极充当创业者的领头羊,深入推进供给侧结构性改革,推动新技术、新产业、新业态蓬勃发展,建立以企业为主体、产学研用协同的创新机制,促进科技创新与经济社会发展深度融合。实施产业转型升级战略过程中必须坚持以科技创新为核心，选准主攻方向，加大研发投入，加快发展以技术、品牌、质量为核心的新产品、新产业和新市场，特别是注重营造创新生态，推进理论、制度、文化等各方面创新。

第二，教育体制层面。高等教育区域化已成为地方高校发展的一个重要趋势，而创新创业教育发展可以作为区域经济的增长点。地方政府及教育机构应该促进创新创业教育与区域经济间有效沟通及深度合作，进一步提高创新创业教育对区域经济增长的促进作用。以转变理念为先导，发挥统筹规划的组织功能，指导地方高校创新创业教育深入持久有效开展，探索建立具有行业特色的创新创业教育理论和实践体系，定位服务社会的功能特点，采取相应的转型发展策略，构建与区域经济体制和教育内在规律相适应、不同类型教育相互沟通、相互衔接的创新创业教育体制。创业已然过了粗放式发展的阶段，未来，创新创业教育的各方主体要考虑的不是“面面俱到”，而是在扩大平台影响力的基础上，深度、定向扶持创业项目，帮助种子阶段的创业公司度过所谓的“死亡谷”，并在融资、市场、政策方面给予更深入连续的体制支持。未来，针对大学生创业者的政策支持将变得更多元化、可持续化，同时在垂直领域更细分化。

第三，地方高校层面。地方高校在实施创新驱动发展战略中也要在区域科技创新中起到引领作用，为此，更需要加大学科资源整合力度，构建专业学科平台，发挥好行业特色学科综合的优势，健全创新创业教育体系。随着来自清华大学、北京大学、上海交通大学等高校的校友企业的不断壮大，反哺给高校创业者的创业资金和影响力都会增加。在这种大趋势下，地方高校要把解决高校创新创业教育存在的突出问题作为深化高校创新创业教育改革的着力点，集聚高校创新创业教育要素与资源。地方高校可通过健全创新创业教育课程体系来深化创新创业课程内容和教学方式方法改革，形成自身有特色的内涵式人才培养模式。例如，丰富实践教学方法，支持学生以科技创新成果、创业项目等形式申请学分，建立有利于支持大学生创新创业的学籍管理制度；实现教育课程体系的有机融合，尤其是对专业课程体系进行升级改造，在专业课程中融入创新创业最新的理论、技术和实践等内容；进一步汇聚创新人才，加强地方高校创新创业师资队伍建设，在师资队伍建设中融入创新创业教育，有意识地组建一些跨学科、跨院系、跨学校的创新创业导师团队；在创新创业教师绩效考核监督制度方面需要进一步完善，建立一套行之有效的激励机制，发挥好政策导向的优势；鼓励相关专业教师、创新创业教育专职教师到企业挂职锻炼，从而使一大批创新创业教育的专职教师脱颖而出。此外，地方高校要进一步加强创新创业实习实训平台、社团活动平台、大学科技园、学科竞赛平台、创业孵化基地等创新创业实践平台建设，制定相关运行机制及评价机制，并可通过整合全校实践教学资源建设创新创业学院的方式来促进上述平台的深度交叉互补，促进创新创业教育资源共享。

第四，学生家庭层面。目前，大学生创业的热度并没有显著减退，越来越多的大学生更为理性地看待创业这个问题。2021 年我国应届毕业生首次突破 900 万人，2022 年应届毕业生人数首次突破 1 000 万人，达到 1 076 万人，今后几年的劳动力市场和就业形势都不容乐观。然而，现在的家长对于自己孩子在校的学习、生活、人际交往、就业以及高校相关管理事务工作的关心程度都有了很大提高，这也使得家庭环境及父母教育对学生创新素质提升的影响程度更为密切。广大家长首先应该意识到创新素质对于大学生培养的重要性。创业对于大多数大学生而言并不是一件容易的事，大学生正在逐渐认清自己，家长要努力提高自身创新素质，改变过去重视子女知识学习和成绩考核的教育观念，在家庭经济条件允许的情况下可给孩子适当灌输自主创业、艰苦创业、科技创业的理念，当孩子有了创意，鼓励他去“尝试”。目前，中国市值排名前 50 的创业公司的创始人第一次创业的平均年龄是 30.2 岁，其中 22 岁以下就开始尝试创业的占 16.7%。全球除中国外市值排名前 50 的创业公司的创始人第一次创业的平均年龄是 27.2 岁，其中22 岁以下就开始尝试创业的占25.4%。相信这个年龄数据在未来几年还会越来越小，这也坚定了高校创新创业教育的决心。日常交流中，家长应该鼓励孩子多参加暑期工作、各类创新创业竞赛、科技活动、社团参观、社会实习等，尽快熟悉创新创业的相关政策及流程等。尤其是那些自身就具有创业经验的父母，可以根据自身职业特性，对孩子的创业计划提出可行性建议。

第五，校企合作层面。地方高校应该解决好“服务面向谁”的问题，找准为地方经济社会发展服务的切入点。产学研结合就是地方高校与企业、政府相互促进、共建共赢的最佳途径，吸引社会资源和国外优质教育资源参与创新创业人才培养，也是地方高校加快发展、提高综合实力的根本出路，地方高校应该大力实施校企合作的发展战略。推动创新创业教育高水平发展，需要搭建开放协同平台，鼓励多方参与，以构建创新创业实践平台为基础，为大学生创新创业实践提供保障。地方高校要在重视理论教育的同时注重校企合作实践平台的建设，进一步深化建立校校、校企、校地、校所以及国际合作的协同育人新机制，形成大学、政府、企业和非营利组织的多层次社会援助网络。各地方高校可联合相关企业、政府机构联合举办系列专题对接洽谈活动和高峰技术论坛，广泛邀请知名校友、社会各界创业人士来学校做创业沙龙讲座，以先进事迹介绍、科技成果汇编展示、项目路演、洽谈交流等方式为载体，让师生及时了解当前创业热点，以榜样力量激发他们的创新创业热情与潜能，切实提高校企深层次合作效果。

创新创业教育是地方高校的未来。随着我国国力的强盛，中国制造将变成中国创造。中国的学生尤其是受到高等教育的学生，势必会加入这历史的潮流。随着人工智能、量子计算、工程和生物技术等领域在经济和安全方面的重要性日益增加，全球 STEM 人才正在成为越来越重要的国家资产。除此之外，不只在高校中，社会层面也正在出现更多关于培养创新力、领导力的非应试课程，学生接触创新创业知识的渠道越来越广。未来，我国将吸引并培育更多的有创造力、创新力的人才，提升整体的科技创新竞争力。基于这一点，大学生创新创业不应只是一个“热门话题”，必须学以致用，将创新意识、冒险精神真正融入高校学子的思维中，这将是我们共同努力的方向。

事实上，这本书能够顺利撰写完成，离不开我们团队的每位教师和研究生。像陶秋香、刘辉老师，他们的课颇受学生欢迎。而我们团队的研究生，像张家贤、刘攀、叶身辉、童俊等，他们也积极地为我们提供创新教育改革的一些想法，帮助整理数据并分析计算。每个学期结束，我们也会组织学生代表交流座谈，一起对这学期所做的教育教学改革进行总结反思、分享交流。

同时感谢南昌航空大学信息工程学院及科技处对出版工作的指导。本书的出版获得了南昌航空大学学术专著出版基金的资助，在此向他们的默默付出表示深深的感谢。

作　者

2023 年 4 月